P9 工作法

夯实技术硬实力、架构力和领导力

朱春茂　纪大松　何凡　王伟　陈勇毅　著

电子工业出版社
Publishing House of Electronics Industry
北京·BEIJING

内 容 简 介

本书创新性地构建了一个技术能力层次模型，用中国哲学中的"术、法、道"概念分别代表技术硬实力、技术架构力和技术领导力，深入剖析了技术人全面发展的框架，清晰揭示了技术人成长的关键路径：从提升个人技能到培养团队领导力，从解决技术问题到推动业务创新。书中不仅包含如编写代码、编写系统分析文档、定义接口契约、实现领域建模、应用分布式技术等高级实战技巧，还包括沟通、会议、应急处理、风险管理、团队协作等实用职场策略，更提供了对技术架构的独特见解和应用，以及对技术管理者常见管理难题的解析和建议。

本书的建议和技巧均源自资深技术人的一线工作经验，并在大型技术团队管理实践中得到验证，旨在帮助更多技术人提升工作质量，推动项目发展，以及更顺畅地实现个人成长。本书颇具洞察力、全面性和前瞻性，适合所有技术人案头备用、查阅。

未经许可，不得以任何方式复制或抄袭本书之部分或全部内容。
版权所有，侵权必究。

图书在版编目（CIP）数据

P9 工作法：夯实技术硬实力、架构力和领导力 / 朱春茂等著． -- 北京：电子工业出版社，2024.10.（2025.9重印）．
ISBN 978-7-121-48814-6

Ⅰ．B026-49

中国国家版本馆 CIP 数据核字第 2024F3P009 号

责任编辑：孙学瑛
印　　刷：北京捷迅佳彩印刷有限公司
装　　订：北京捷迅佳彩印刷有限公司
出版发行：电子工业出版社
　　　　　北京市海淀区万寿路 173 信箱　　　邮编：100036
开　　本：720×1000　1/32　　印张：22.25　　字数：423.6 千字
版　　次：2024 年 10 月第 1 版
印　　次：2025 年 9 月第 6 次印刷
定　　价：118.00 元

凡所购买电子工业出版社图书有缺损问题，请向购买书店调换。若书店售缺，请与本社发行部联系，联系及邮购电话：（010）88254888，88258888。

质量投诉请发邮件至 zlts@phei.com.cn，盗版侵权举报请发邮件至 dbqq@phei.com.cn。
本书咨询联系方式：sxy@phei.com.cn。

推荐序一

在当今时代,科技的发展速度之快,信息技术的变革正以前所未有的速度深刻影响着各行各业。如人工智能、云计算等新兴技术不断涌现,对软件工程师的要求也在发生深刻的改变。一方面,企业为了抓住技术红利,加快了调整组织架构和新业务方向的尝试;另一方面,技术团队对于既定技能的要求也日益精细化和前沿化。在这个时代,好的工作方法不仅仅是一种锦上添花的选择,而是成为了每个技术人不可或缺的核心修为之一。

在这样的背景下,我很欣喜地看到朱春茂等五位资深的研发人士共同写作了《P9工作法:夯实技术硬实力、架构力和领导力》。这本书凝聚了作者们多年来的实践经验,通过他们的深刻洞察,为广大软件工程师朋友们提供了一套系统化的工作方法,以应对复杂多变的技术挑战。

本书的独特之处在于其对研发工作的全面剖析,涵盖了术、法、道三个层次,从硬实力到软技能的全面提升路径。

首先,本书深入探讨了如何通过有效的编码实践来提升"研发硬实力"。它包括对于好代码、好体系设计、好建模等最佳实践的总结,这些都有助于编写出更加健壮、易于维护的代码。同时,本书也对分布式系统中的各种陷阱和挑战进行了详细探讨,旨在帮助读者识别并规避这些常见问题,从而确保系统的稳定性和性能。此外,除了编程,本书还对于围绕技术项目的沟通给出了详尽的分析,这无疑都是有助于显著提高开发效率的。

其次,本书针对"架构力"的培养提出了许多宝贵的建议。本书强调,一个优秀的架构不仅要能支持当前的业务需求,还应该能够预见未来可能发生的变化,确保系统的可扩展性和灵活性。通过学习本书中提供的架构设计原则和最佳实践,读者将掌握如何根据不同的业务场景,构建出既满足当前需求又能适应未来发展的技术架构,为项目的长期发展打下坚实的基础。

最后,本书还着重于领导力的提升。随着个体工程师成长为研发主管,他们不仅需要具备扎实的技术能力,还必须学会如何激励团队和培养人才。本书在这方面提供了具体的指导方案,帮助管理者理解如何通过建立积极向上的团队文化、合理分配任务、有效沟通等方式,激发团队成员的潜力,从而打造一支具有高度凝聚力和高效能的研发队伍。

为什么这套工作方法值得推荐？

这套工作方法值得推荐的原因在于，它并非空洞的理论堆砌，而是基于作者们在多年实战中积累的真实案例与经验总结。这意味着，读者不仅可以学到具体的操作技巧，更能领悟到背后蕴含的深刻思考，从而将这些知识内化为自己的能力。这种方法论不仅具有实用性和可操作性，还能够帮助读者在面对复杂的技术挑战时，形成自己的见解和解决问题的策略。

如何将这套工作方法转化为自己的能力呢？

要将好的工作方法转化为自己的能力，我的建议是，不妨尝试将书中介绍的方法应用到日常工作中去，哪怕是从一个小项目开始。理论知识固然重要，但只有通过实际操作，才能真正掌握。

愿这本书能够成为不断追求进步的工程师的良师益友，伴随大家迈向更加辉煌的职业生涯。

刘湘雯

阿里云智能集团副总裁、市场总裁

推荐序二

蚂蚁国际技术团队每天面对着巨大的技术挑战：承载和处理千亿级资金量，涉及上百种货币类型，支持全球不同国家众多业务主体的运营。我们为包括收单支付、外汇、金融、数字营销在内的十几个领域的产品和服务提供技术支持。在技术实施中，我们既要确保系统的大容量和高并发处理能力，又要考虑全球多区域的部署策略；既要实现数据隔离和保护，又要保持服务间的互联互通；既要迅速响应业务的变化和发展需求，又要确保系统的稳定运行，防止任何故障和资金损失。

为了应对这些挑战，蚂蚁国际技术团队经过十余年的努力，从零开始，经过多次迭代和优化，成功构建了一套自主知识产权的国际支付核心系统。

本书的五位作者皆是参与构建这套系统的核心成员，他们亲历了系统从起步到成熟的多次迭代过程。这些作者，包括朱春茂在内的大多数人，都是从应届毕业生阶段就加入了系统开发，随着系统的不断进化，他们个人也迅速成长为资深的技术领导者。

本书内容围绕技术硬实力、架构力和领导力这三个核心方面展开，总结了商业系统软件开发的关键要素。这三篇不仅映射了作者们的个人成长路径，也代表了优秀软件开发人员发展的三个阶段。书中不仅阐释了关键技术点、历史经验教训，还深入探讨了技术的本质、方案选择原则、团队合作理念，以及技术人员的最佳思考方式。

阅读本书，我感受到，这并非一本单调的技术指南，而是由一群有深度见解的技术专家分享的技术理念、处世哲学和领导智慧。我相信，无论软件技术人员处于哪个发展阶段，本书都能提供新颖的启发和深刻的思考。

尹俊

蚂蚁国际事业群 CTO

前言

2022年11月，ChatGPT的发布极大地推动了大型语言模型（Large Language Model，LLM）和生成式人工智能领域的快速发展。在自然语言处理、计算机视觉、语音识别等多个场景中，已经出现了众多实践案例。人工智能技术能够生成图片供游戏原画师挑选，创作故事剧本供短视频制作者修改，以及通过语音回答用户咨询的产品问题。这股技术浪潮不仅为人类带来工作效率的提升，同时也引发人们对职业危机的焦虑。许多程序员自嘲地表示，大模型甚至能够生成代码，未来编程工作可能会被人工智能机器人所取代，程序员们或许将面临不得不进行自我革命的局面。

新技术的诞生与应用对程序员产生了巨大冲击，同时，行业本身的竞争也异常激烈。近年来，中国的互联网技术圈一直弥漫着"35岁焦虑"，大龄程序员可能被更年轻、更能加班的程序员所替代。在这个新旧生产力更迭、焦虑情绪泛滥的大时代背景下，技术人不应停留在表象，而应深入挖掘本质，并在看透本质之后寻找解决之道。

未来消失的不会是程序员，而是那些不会使用工具的程序员。然而，只会使用工具的程序员也难以走远。工具的使用可以快速补齐短板，但也可能导致人们沉迷于工具使用而难以精进。

未来将属于那些熟练掌握新技术、深刻理解新技术的底层逻辑、知道如何利用新技术推动业务发展、懂得如何提升团队作战能力的技术人，他们将使技术持续为商业成功提供独特的价值。

这些能力实际上并不依赖某一项具体的技术，只要经过适当的练习，就可以普遍适用于所有技术。为此，我们结合了超过10年的互联网大厂工作经验，总结了一套技术人的工作方法，旨在帮助大家深入理解技术、架构和团队领导力的本质，从而获得持续成长的方法。

全书分为三篇。第一篇重点讨论技术硬实力。内容涵盖如何编写优质代码、撰写系统分析文档、进行领域模型设计、执行代码自测，以及识别典型的分布式技术盲区等五个方面，以提升技术编码的硬实力。要成为团队的资深研发力量，不仅需要具备足够强的硬实力，软实力同样不容忽视，两者都需要坚实。为此，我们还总结了技术人在日常项目协作中所需的软技能，包括沟通、协作、会议等。

第二篇重点讨论技术架构力。从技术人的成长路径来看，成为技术架构师是必经之路。虽然许多技术人都渴望成为架构师，但架构的复杂性往往导致他们仅学会了方法论（套路），而未能掌握其精髓。为此，我们根据实际工作经验，沉淀并总结了一些实战技巧。本篇将从客观认知技术架构的复杂性、理解技术架构是做取舍的本质、清晰把握技术架构的演进过程，以及技术架构师的系统性思维这四个方面，深入剖析如何提升技术架构力。

第三篇重点讨论技术领导力。常言道，"不想当将军的士兵不是好士兵"，在技术人的职业发展道路上，大多数人都期望能成为 CTO。CTO 这一角色的要求更为综合和全面，不仅需要具备技术硬实力和技术架构力，更重要的是，还要拥有技术领导力——即通过技术的掌握和运用，带领技术团队助力业务实现突破并取得商业成功。我们根据领导上百人规模团队的实际工作经验，提炼并总结了如何从团队绩效管理、技术目标的设定、技术组织的成长与发展三个方面打造一个持续发展的技术团队。一般而言，团队的状态往往反映了主管的状态，团队的上限往往由团队的主管决定。因此，我们也根据实践经验，总结了技术主管的自我提升方法。

技术硬实力是技术人的立身之本，技术架构力让技术人能够脱颖而出，而技术领导力则使技术人能够协同作战，取得更大的成功。实践证明，这"三力"是每个技术人精进成长的必备技能。无论人工智能技术如何发展，无论它能在多大程度上替代人类的工作，软件工程中对复杂现象本质的洞察与思考、对目标设定的权衡与判断，以及大规模组织的领导与协同永远不会消失，反而会变得越来越重要。这是我们撰写这本书的初衷。我们期望更多的技术人能够通过掌握本书所呈现的这套成长秘籍，进而在技术和职业上取得成长，成为更好的自己。

序章：重新理解技术能力

不知从何时起，技术界开始广泛讨论"35 岁焦虑"问题。许多人担忧随着年龄的增长，由于身体健康问题或家庭责任，个人的精力可能无法满足工作需求，面临被公司或市场淘汰的风险。然而，许多技术领域的杰出人物在 35 岁之后依然活跃在技术前沿。例如，"Java 并发编程之父"Doug Lea 在 49 岁时发布了 Java 并发工具包 concurrent，阳振坤教授在 45 岁时创建了 OceanBase 数据库。

实际上，所谓的"35 岁焦虑"往往源于工作年限的增长并未同步带来相应技术能力的提升。试想，一个技术人如果具备以下素质：

◎ 扎实的技术实力，能够开发核心代码；

◎ 高超的技术架构能力，能够管理大型项目；

◎ 卓越的技术领导力，能够带领团队取得成果。

那么，这样的人即便年过 35 岁，又有什么可担忧的呢？

到底什么是技术能力

技术能力是一个宏大的概念。它不仅包括编写代码的技能，还包括对技术的深入理解、解决问题、创新突破、团队合作和项目管理等多方面的能力。在技术人的职业生涯中，特别是在 35 岁这个年龄节点，"是否继续编写代码"往往成为一个重要的职业选择。

对于热爱编写代码的技术骨干来说，他们可能会担心随着年龄的增长，自己无法像年轻人那样加班，或者担心技术更新换代太快，自己的编程技能会落后。而对于架构师或团队主管来说，他们可能会担心长时间不亲自编写代码而使得自己的技术功底退化，影响对团队的技术指导。

要回答"是否继续编写代码"这个问题，我们需要深入理解技术能力的本质。为此，我们可以通过对比两类技术人的日常工作内容来进行剖析。

1. 重复/琐碎类工作

在技术团队中，处理重复、琐碎的工作是不可避免的。例如，日常支持工作，解答同事关于排查、定位系统报错的咨询。这类工作的特点是，频繁且可能多人问相同的问题。对于这类工作，通常有以下四种不同的处理方式。

◎ 就事论事：直接回答问题，仅解决了当前的某个具体问题，不会产生额外的收益。这是大多数技术人日常采用的方法。
- **总结文档**：在回答问题后，立即总结并整理成文档，详细记录排查步骤，以提高团队内其他同事处理类似问题的效率。
- **工具化**：将问题的排查方法和逻辑固化为小工具，提供给咨询的同事使用，使他们能够自行解决问题。这种方法既帮助他人解决了问题，又彻底解放了团队内其他同事的精力，实现了双赢。
- **根因解决**：深入挖掘问题背后的根本原因（即根因），从业务原理或产品设计的角度寻找解决方案，完善业务流程和功能。这种方法不仅关注技术效率的提升，还着眼于架构的合理性，并试图在业务层面寻求彻底的解决办法。

从这四种不同的处理方式可以看出，即使是这些看似"脏活、累活"的工作，也可以通过扩大受益面的角度来提炼价值，寻求多层次的解决方案。

2. 抽象/复杂类工作

处理抽象、复杂的工作是技术团队面临的另一挑战，例如，复杂的系统链路可能导致项目的联调测试效率低下。这类工作的特点是问题明显，但原因难以定位，缺乏明确的目标和固定的解决方案，需要自行制定方案和策略。对于这类工作，常见的处理方式如下。

- **针对性解决**：直接与反馈问题的人沟通，了解具体是哪个项目在哪个链路下的联调效率低下，对单个问题进行解决。这种方法能够快速响应，但可能无法解决潜在的系统性问题。
- **问题收集与分类**：广泛收集问题，将问题整理成表格，并进行归类分析，然后安排负责人跟进解决，并定期跟踪进度。这种方法有助于系统化地解决问题，并确保问题得到跟进。
- **深入分析与架构优化**：对表格中的问题进行深入分析，并抽象归类，从架构调优和产品设计优化的角度探究原因，寻找解决这些问题带来的业务价值，并设定目标，拆解实现路径，最后按照任务推进和跟踪进展。这种方法能够从根本上解决问题，并带来长远的价值。
- **全局思考与团队培养**：从全局的角度考虑问题，与技术年度目标甚至组织发展相结合，思考如何解决当前的实际问题，同时长远考虑如何锻炼和培养团队。这种方法不仅解决了技术问题，还促进了团队的成长和发展。

可以看出，处理抽象/复杂类工作也有多种做法。如果做得更细致，可以实现技术架构或产品设计的调优；如果做得更有深度，则能与技术目标、组织成长结合在一起，从而带来更大的价值和影响力。

通过上述对重复/琐碎类工作和抽象/复杂类工作的分析，我们可以清晰地看到技术能力的本质在于解决问题的能力。这种能力是一种以解决特定问题为目标，涵盖思路、方法和执行手段的综合体现。

在商业竞争中，技术能力的应用尤为重要。它涉及对遇到的业务问题进行抽象、提炼和逻辑构建，通过研发工具来提升解决问题的效率，构建技术竞争壁垒。这样的技术能力不仅能够提高工作效率，还能为业务在市场上取得成功提供更多的可能性。

技术能力的"术、法、道"

这里我们借鉴中国哲学中的"术、法、道"概念，构建一个技术能力层次模型，如图1所示。这个模型可以帮助技术人理解技术能力的不同层面，并指导大家成长为更优秀的技术专家。

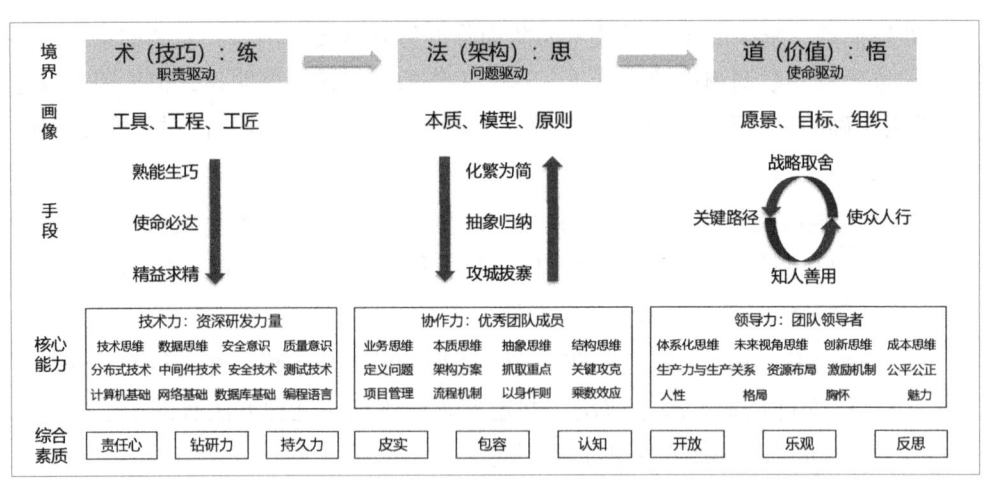

图1 技术能力层次模型

术：技术硬实力

在技术能力层次模型中，"术"代表技术硬实力，是技术人的基础和立身之本。许多刚开始工作的技术人急于上手，往往希望尽快掌握业务知识。然而，真正的首要任务其实是技术功底的积累和深度学习。业务知识通常可以在工作过程中的学习和同事的帮助来逐渐掌握，而技术的掌握则需要个人的自我驱动和持续学习。

在"术"的阶段，技术人应该熟练掌握常用的研发工具，拥有丰富的软件工程研发经验，并对工作持有精益求精的态度。这样的人通常是团队中的资深研发力量。要达到这个水平,不仅需要扎实的技术功底,还需要在个人素质上不断磨炼,包括使命必达的精神、精益求精的态度,并在日常工作中保持刻意练习。

在这个阶段,最重要的是修炼核心技术能力。这包括扎实的计算机基础、网络基础、数据库基础、编程语言,以及对分布式技术、中间件技术、安全技术和测试技术等的深入了解。此外,通过大量的刻意练习,培养技术思维、数据思维、安全意识和质量意识。衡量技术功底是否扎实的标准除了会用这门技术,更重要的是能否理解其原理并解决实际问题。

除了技术功底,个人素质的提升也至关重要,特别是责任心、钻研力和持久力。例如,逐行阅读和理解源代码,进行调试,并梳理成序列图,这些都需要大量的精力和持久的钻研力。责任心是积累口碑和赢得更多机会的关键,它体现在对工作的回应、落实和交代上。扎实的技术功底加上责任心,能够发挥最大价值,而精益求精则能让责任心发挥更大的作用。在处理重复/琐碎类工作时,每一种做法都体现了责任心,越到后面,精益求精的态度对问题解决和个人成长的推动就越明显。精益求精不是在无谓的事情上浪费精力,而是让所做的事情价值最大化,让更多人受益。

法:技术架构力

在技术能力层次模型中,"法"代表的是技术架构力,这个层次的技术人能够透过现象看到本质,将复杂的世界简化为模型和原则来表达。这需要一种问题驱动的高阶技术架构思维,强调发现、定义、分析和解决问题的能力。通常,拥有5~10年经验的技术人会处于这个层次。

在这个层次,技术人不仅需要丰富的场景案例历练,还需要大量的思考和总结。这包括对业务发展阶段的思考、对技术风险的评估、对技术架构治理的思考等。然而,这个阶段也存在一些盲区,比如,有些技术人可能会简单理解为只需要学习很多方法论和套路就具备技术架构力。真正的技术架构力远不止于此,它在于能够从形式中看到实质,从混乱中抓住关键,帮助业务人员解决短期困难,并奠定中长期发展的能力。

除了结构化的思考力,技术人的心力也需要精进,特别是皮实、包容和认知。技术架构作为支撑业务发展的核心力量,其过程中的困难和挑战是不可避免的。例如,面对时间紧迫、任务重、技术负债重、业务压力大等情况,技术架构师需要保持皮实和包容的心态,以应对各种不确定性,并在此过程中不断成长,推动技术架构的迭代演进。

皮实和包容的心态意味着在面对压力和挑战时能够保持冷静，接受批评和反馈，同时也能够坚持自己的原则和判断。这种心态有助于技术架构师在复杂多变的业务环境中保持清晰的思维，做出明智的决策，并能够在团队中建立信任和尊重。

道：技术领导力

在技术能力层次模型中，"道"代表的是技术领导力，这是技术人职业生涯中的一个高级阶段，通常出现在工作 10 年以上的技术人身上。在这个层次，技术人不仅需要思考技术架构问题，还要考虑业务问题和技术组织问题。他们需要超越技术范畴，寻找非技术解法，以帮助业务人员突破技术和非技术的瓶颈。

技术领导力的核心在于如何制定目标、如何找到实现目标的关键路径和里程碑、如何搭建团队并发挥每个人的优势、如何建立机制和流程以促进团队的长期发展。这是一个对个人要求非常高的阶段，很多技术人在这个阶段可能会有误解，比如，只学到表面的东西而未掌握精髓，或者变成了纯粹的理论家而忘记了初心。

技术领导者需要具备开放、乐观的心态，并保持不断反思的状态。开放的心态能够帮助领导者听取不同的意见和反馈，积极参与团队的建设。乐观的心态则使人在面对不确定性和复杂性时，能够带领团队前行并取得成果。反思是技术领导力中最重要的特质之一，它能够帮助领导者不断改进自己，保持开放和乐观，用创新思维解决问题。

技术领导力的修炼不仅需要技术知识的深度，还需要人际交往的能力、战略规划的视野，以及持续学习的态度。这是一种综合能力，需要技术人在实践中不断学习和成长。通过这样的修炼，技术领导者能够更好地凝聚团队，实现战略目标，取得业绩结果。

读者服务

◎ 微信扫码回复 48814

◎ 加入本书读者交流群，与更多同道中人互动

◎ 获取【百场业界大咖直播合集】（持续更新），
　　仅需 1 元

目录

第1篇 技术硬实力 / 1

第1章 编码技能：代码是技术人的名片 / 2

1.1 好代码都是这样的 / 2

　　1.1.1 好代码的标准是"一眼看到底" / 2

　　1.1.2 七步做到"一眼看到底" / 3

　　1.1.3 好代码修炼的三个阶段 / 10

1.2 警惕坏的编码习惯 / 11

　　1.2.1 让队友失败的坏习惯 / 11

　　1.2.2 让团队疲惫的坏习惯 / 14

　　1.2.3 让团队跌份的坏习惯 / 16

1.3 代码重构不得不知 / 18

　　1.3.1 重构不是除恶务尽 / 18

　　1.3.2 重构必须守住底线 / 21

　　1.3.3 重构不是英雄主义行为 / 22

第2章 系统分析：好系分让研发事半功倍 / 23

2.1 系分认知盲区 / 23

　　2.1.1 系分的投入不是可选项 / 23

　　2.1.2 系分作用的不只是自己 / 24

　　2.1.3 系分的实质是严密的逻辑推导 / 25

　　2.1.4 系分的价值是达成共识 / 26

　　2.1.5 项目成功离不开好系分 / 27

2.2 写好系分的标准范式 / 28

　　2.2.1 上承需求 / 29

　　2.2.2 下启代码 / 30

　　2.2.3 守住底线 / 34

　　2.2.4 精益求精 / 35

2.3 复杂项目的定海神针 / 36

　　2.3.1 为什么要做接口契约 / 37

　　2.3.2 实施接口契约的难点 / 40

　　2.3.3 接口契约应该怎么做 / 41

第 3 章 领域建模：技术人都该是设计师 / 46

3.1 练成领域建模这一神功 / 46
3.1.1 领域建模易筋洗髓 / 46
3.1.2 领域模型的模型 / 47
3.1.3 领域建模的普适四招 / 49

3.2 领域模型神功可护体 / 53
3.2.1 面对万般变化，仍能泰然自在 / 53
3.2.2 分分合合，却能浑然一体 / 54
3.2.3 自下而上，各司其职 / 54
3.2.4 由内向外，层层布防 / 55
3.2.5 从左及右，步步为营 / 56

3.3 领域模型也有软肋 / 57
3.3.1 没有一招鲜吃遍天 / 57
3.3.2 时刻谨防"破窗效应" / 59
3.3.3 手里拿着锤子的人，看什么都是钉子 / 59
3.3.4 使你成功的也阻止你进步 / 60

第 4 章 代码测试：不懂质量的不是好研发 / 64

4.1 好代码先过自己这关 / 65
4.1.1 高质量源于优生产 / 65
4.1.2 用户故事验证功能准确性 / 65
4.1.3 自测用例护航关键设计 / 67
4.1.4 高质量代码积累好口碑 / 70

4.2 自测用例可能是"灰犀牛" / 70
4.2.1 从资产变成负债 / 70
4.2.2 让伤害来得更猛烈些 / 72
4.2.3 自测代码也需要设计 / 74

第 5 章 分布式技术的常见认知盲区 / 75

5.1 行之无效的幂等性控制 / 75
5.1.1 幂等性的本质 / 75
5.1.2 无效的幂等性控制案例 / 77

5.2 故障频出的错误码 / 85
5.2.1 错误码到底是什么 / 86
5.2.2 处理错误码的三种典型技术盲区 / 86
5.2.3 本质是异构系统的数据一致性问题 / 88

5.2.4 错误码的处理 / 92

5.3 难以驾驭的分布式事务 / 93

5.3.1 深刻认知分布式事务原理 / 94

5.3.2 两阶段提交原理 / 96

5.3.3 两阶段提交大敌之事务悬挂 / 98

5.3.4 两阶段提交并不是唯一解 / 101

5.4 麻烦不断的分布式缓存 / 102

5.4.1 只要使用缓存，就会存在可用性风险 / 103

5.4.2 只要使用缓存，就会存在数据不一致问题 / 106

5.4.3 缓存是把"双刃剑" / 111

5.5 捉摸不定的异步化任务处理 / 112

5.5.1 异步化的本质是用时间换容量 / 112

5.5.2 异步化任务处理不代表无时效性 / 114

5.5.3 异步化任务处理天然存在数据不一致 / 117

5.6 不可迷信的高可用方案 / 121

5.6.1 高可用方案的控制点 / 121

5.6.2 常见数据库的高可用方案及盲区 / 122

5.6.3 不完美也可以有所作为 / 131

第 6 章 软技能也要炼成硬实力 / 132

6.1 要事第一 / 132

6.1.1 正确识别要事 / 133

6.1.2 降低启动成本 / 134

6.1.3 学会拒绝别人 / 135

6.2 要做有效沟通 / 136

6.2.1 沟通要促进目标的达成 / 137

6.2.2 注重沟通形式 / 138

6.2.3 沟通的功夫在诗外 / 138

6.3 会"干"，更要会"说" / 139

6.3.1 "说"的背后是思考 / 140

6.3.2 "说"也是一门技术 / 140

6.3.3 感受"说"带来的成长 / 143

6.4 应急中的真功夫 / 143

6.4.1 应急有"三宝" / 143

6.4.2 功夫在平时 / 146

6.4.3 不打无准备之战 / 147
6.5 暴露风险的技巧 / 147
　　6.5.1 不敢暴露风险的心态 / 148
　　6.5.2 如何有效暴露风险 / 149
　　6.5.3 暴露风险，练就危机处理能力 / 151
6.6 开会也是手艺活 / 151
　　6.6.1 被你忽视的会议成本 / 151
　　6.6.2 会议的高效需要经营 / 152
　　6.6.3 在会议中经营人设 / 155
6.7 协作共赢的力量 / 155
　　6.7.1 协作困难的典型现象 / 155
　　6.7.2 协作共赢的方法 / 156

第 2 篇　技术架构力 / 159

第 7 章　架构起于对复杂性的认知 / 160

7.1 摒弃完美主义 / 161
　　7.1.1 妄想全知全能 / 161
　　7.1.2 世界本就 VUCA / 162
　　7.1.3 确定性是唯一解药 / 163
　　7.1.4 药效要能恰如其分 / 164
　　7.1.5 价值是必需药方 / 165
7.2 警觉风险主义 / 166
　　7.2.1 没有绝对安全 / 167
　　7.2.2 风险即概率 / 167
　　7.2.3 要发展，也要底线 / 168
　　7.2.4 避免最坏结果 / 169
　　7.2.5 时刻关注技术先进性 / 170
7.3 避免单一主义 / 171
　　7.3.1 有我也未必行 / 172
　　7.3.2 商业亦是适者生存 / 172
　　7.3.3 要让业务有选择权 / 173
　　7.3.4 只有前瞻，才有选择权 / 174
　　7.3.5 积极为业务创造发展空间 / 176

第 8 章　架构的过程就是取舍的过程 / 178

8.1 从繁到简平乱局 / 178

8.1.1　定义实体 / 179
　　8.1.2　明确功能 / 180
　　8.1.3　以最复杂场景做验证 / 181
8.2　从虚到实定军心 / 181
　　8.2.1　回到根本 / 182
　　8.2.2　形成理论公式 / 182
　　8.2.3　长出能力树 / 183
　　8.2.4　定义性能参数 / 185
8.3　从无到有拓疆界 / 186
　　8.3.1　七见模型看清架构的三重挑战 / 186
　　8.3.2　五步生长法开辟新领域 / 189
8.4　从上到下保可用 / 193
　　8.4.1　高可用保障的顶层公式 / 193
　　8.4.2　以公式驱动的四大高可用设计 / 194
8.5　从内到外防资损 / 197
　　8.5.1　资损防控的核心目标 / 198
　　8.5.2　资损防控的核心法则 / 198
　　8.5.3　资防四式 / 199
8.6　从前到后做兜底 / 202
　　8.6.1　事前找准风险 / 202
　　8.6.2　事中控牢变更 / 205
　　8.6.3　事后做好业务运营处置 / 207
　　8.6.4　做风险的朋友 / 207

第 9 章　以经营者姿态看待架构演进 / 208
9.1　架构演进是场持久战 / 208
　　9.1.1　架构演进是必然 / 208
　　9.1.2　架构演进源于觉察 / 209
　　9.1.3　架构演进始于共识 / 210
　　9.1.4　架构演进成于过程 / 210
　　9.1.5　架构演进不是线性迭代 / 211
9.2　用极致目标约束架构治理 / 213
　　9.2.1　矫枉必须过正 / 213
　　9.2.2　置之死地的极致目标 / 214
　　9.2.3　极致目标搭配长期坚持 / 215

9.3 用业务思维促进架构升级 / 216
   9.3.1 业务视角思考架构升级 / 217
   9.3.2 业务价值论证架构升级 / 219
   9.3.3 架构升级谨防"后院起火" / 220
9.4 重视架构决策的过程正义 / 221
   9.4.1 架构决策的一波三折 / 221
   9.4.2 架构决策的公正性 / 222
   9.4.3 架构决策文档模板 / 222
9.5 做好架构传承的三个场子 / 224
   9.5.1 架构原则的贯彻场 / 224
   9.5.2 架构成熟度的审计场 / 225
   9.5.3 架构文化的传承场 / 225

第 10 章 系统思维才是架构师的真内核 / 228

10.1 架构师的生态位置 / 228
   10.1.1 架构在产研中的位置 / 229
   10.1.2 业产技是三角关系 / 230
   10.1.3 架构师的三大权责 / 231
10.2 架构师的系统思维 / 233
   10.2.1 架构设计思考法 / 233
   10.2.2 架构思维胜在无招 / 238
10.3 人人都是架构师 / 238
   10.3.1 架构师是一种角色 / 239
   10.3.2 优秀架构师的必备素质 / 239
   10.3.3 架构师的三重能力 / 243
   10.3.4 架构师的四面镜子 / 246

第 3 篇 技术领导力 / 248

第 11 章 团队管理的科学与艺术 / 249

11.1 技术主管要成就他人 / 249
   11.1.1 技术主管的三重关键职责 / 249
   11.1.2 警惕四种心态 / 251
   11.1.3 角色转型的建议 / 252
11.2 设定有激发性的目标 / 255
   11.2.1 SMART / 256

11.2.2　Inspire / 259
11.3　有效的绩效过程管理 / 262
11.3.1　追过程的重点 / 262
11.3.2　如何有效追过程 / 264
11.3.3　追过程的下一步 / 265
11.4　赏罚分明的绩效评分 / 266
11.4.1　绩效考评是手段还是目标 / 266
11.4.2　绩效考评的一般原则 / 267
11.4.3　绩效是团队的指挥棒 / 270
11.5　开启有深度的绩效对话 / 270
11.5.1　倾听是对话的基础 / 271
11.5.2　有启发式的引导 / 272
11.5.3　正式且明确的反馈 / 273
11.5.4　是终点也是起点 / 274

第 12 章　技术目标的拆解与咬合 / 275
12.1　技术演进与业务发展的双螺旋促进 / 275
12.1.1　没有业务成功，就没有技术先进性 / 275
12.1.2　缺乏技术先进性，就丧失业务可能性 / 276
12.1.3　技术与业务的双螺旋促进 / 276
12.2　技术规划的高度、深度和锐度 / 280
12.2.1　为什么谈高度、深度和锐度 / 280
12.2.2　什么是高度、深度和锐度 / 282
12.2.3　怎样求高度、深度和锐度 / 283
12.3　技术规划的目标、路径和里程碑 / 285
12.3.1　目标的关键在于咬合 / 285
12.3.2　路径选择的关键在于拆解 / 287
12.3.3　里程碑的关键在于反馈 / 289
12.3.4　技术规划是工作之锚 / 291
12.4　技术底盘的底线、理想和决心 / 291
12.4.1　技术底盘不止于技术风险 / 291
12.4.2　用底线思维控技术风险 / 293
12.4.3　用业务视角做能力建设 / 294
12.4.4　保持战略定力做三年工程 / 295

第 13 章 技术团队的成长与发展 / 297

13.1 用专业夯实团队的发展 / 297
13.1.1 经验丰富不等于专业 / 297
13.1.2 团队管理的阴与阳 / 298
13.1.3 风物长宜放眼量 / 299

13.2 带领团队做持续的突破 / 300
13.2.1 主管可能是团队的上限 / 301
13.2.2 突破自我，不做团队发展的天花板 / 302
13.2.3 你是什么样，团队就是什么样 / 305

13.3 负反馈是团队精进的力量 / 305
13.3.1 是能力，也可能是阻力 / 305
13.3.2 从低阶平衡到高阶平衡 / 306
13.3.3 好团队是直面问题的勇士 / 308

13.4 打造生生不息的优秀团队 / 308
13.4.1 统一思想，才能统一行动 / 309
13.4.2 己所不欲、勿施于新 / 310
13.4.3 十年树木、百年树人 / 311

13.5 源于工作而超越工作的情谊 / 313
13.5.1 一定要有独特的味儿 / 313
13.5.2 聚是一团火、散是满天星 / 318

第 14 章 技术领导力的自我修炼 / 319

14.1 优秀的技术主管抓什么 / 319
14.1.1 回归本职工作 / 319
14.1.2 基本功练到极致 / 320
14.1.3 无招胜有招 / 323

14.2 超越组织的边界 / 323
14.2.1 权力与影响力 / 324
14.2.2 注重个人品牌积累 / 324
14.2.3 舍得分享发展利益 / 325

14.3 不断丰富完善自己 / 327
14.3.1 承认自己的不完美 / 327
14.3.2 借用团队的力量蜕变 / 327
14.3.3 用创业的心态干事业 / 328
14.3.4 完善自己的底层思考模型 / 328

后记 / 331

第 1 篇

技术硬实力

编写优秀的代码是技术人的核心技能，技术精湛是对他们最高的赞誉，同时也是他们自我要求的底线。那么，如何才能算得上技术精湛呢？

许多技术人认为，只要参与的项目足够多，编写的代码量足够大，就能提升技术硬实力。然而，"熟能生巧"并不一定能带来精湛的技术能力，这可能导致只是在重复同一件事情 100 次，使你在处理同类事务时变得更快，却无法触类旁通、举一反三，解决不同类型的问题。这种成长方式是有风险的，长期下去，工作年限可能不再是你的优势，反而可能成为你的负担。

本篇将首先从日常编码的四个方面——编码技能、系统分析、领域模型设计、代码质量——探讨提升技术实力的实践方法。接着，我们将讨论关键分布式技术中容易被忽视的盲点。最后，将分享关于技术人员如何提高沟通协作等软技能的经验和心得。

第 1 章
编码技能：代码是技术人的名片

人们常常用"码农"这个词汇来泛指从事软件研发工作的人员。尽管一些技术人员认为这个称呼降低了他们的职业地位，但我个人认为"码农"这个词非常贴切。其中，"码"字直接反映了技术人的工作本质——使用代码构建神奇的虚拟数字世界。

正如一句老话所说："见字如见人"，在软件研发领域，我认为同样适用的是"见代码如见人"。通过代码，我们能够洞察作者当时的工作状态和精神面貌，甚至可以反映出作者所在团队的价值观念。代码结构清晰、变量命名恰当的作者往往思维严谨，其所在团队也更可能强调利他精神；而代码结构不佳、仅注重功能实现且充斥着大量的魔法数字的情况，通常表明作者追求速度而忽视质量，这样的团队可能更容易遭受故障的困扰，技术成就感也较低。可以说，代码不仅是技术人的饭碗，是他们安身立命的手艺，是他们立德立言的作品，更是技术团队内涵修养和匠心精神的体现。

然而，写出好代码并非一日之功，它需要大量的刻意练习和规避各种盲区。接下来，本章将详细论述优秀代码的特质，以及哪些代码里又"暗藏杀机"。

1.1 好代码都是这样的

在 2000 年 8 月 25 日，讨论 Linux 内核线程优化问题时，Linus Torvalds 对一项理论上可行的方案回应道："Talk is cheap. Show me the code." 这句话迅速成为 IT 界的经典名言。编写优雅的代码是技术人员的基本素养，然而，在现实工作中，许多技术人员编写代码时，往往只是模仿团队内部其他成员的代码风格，或者简单地堆砌逻辑以实现业务功能，可能并未深入思考过何为好代码，以及如何培养编写好代码的能力。

1.1.1 好代码的标准是"一眼看到底"

何为好代码？从编程的第一天起，我们便从前辈的教导或教科书中了解到，好代码应当具备可读性、可复用性、可扩展性、鲁棒性、安全性和可测试性等特质。然而，这些抽象且复杂的评判维度往往让人感到困惑，难以在实践中一一遵循。毕竟，很少有人会在编写完代码后，再次从这些维度出发进行详细检查。化繁为简、回归本质，抛去这些复杂概念，基于我十多年的编程经验，我总结出一个评判好代码的标准："好代码应当能够'一眼看到底'。"

这里的"一眼看到底"，并不仅仅是对自己的要求，更重要的是利于他人阅读、理解与维护。这个标准看似简单，实则要求极高。它不仅仅意味着变量命名清晰、注释易于理解，更深层次的是要求代码具有明确的职责划分、良好的结构设计，以及简单直观的逻辑表达。许多业界顶尖人物，如 Linus Torvalds（Linux 内核的创建者和主要开发者）、Guido van Rossum（Python 语言的创造者）和 Martin Fowler（敏捷开发实践的先驱），都倡导编写简洁、清晰、易于理解的代码。

"一眼看到底"意味着将复杂性简化，将模糊性明确化，将个人利益转向团队利益，这样的代码阅读起来应如大夏天饮冰可乐般畅快淋漓，又似欣赏小桥流水般的优美宁静，更应体现大道至简的质朴无华。那么，如何实现代码的"一眼看到底"呢？关键在于做好以下七个步骤。

1.1.2 七步做到"一眼看到底"

1. 第一步：遵循统一的规范原则

编写代码时，我们要牢记代码首先是写给他人阅读的，不应过度彰显个人风格。Linus Torvalds 非常重视代码规范，包括注释、缩进、变量命名、异常处理等细节。每家公司都应有自己的代码规范，加入公司后，个人应放弃原有的编码习惯，遵循公司的统一规范。如果公司没有明确的代码规范，建议参考和学习阿里巴巴集团发布的《阿里巴巴 Java 开发手册（第 2 版）》以及相应的代码模板工具。

除了遵循规范，还需要遵守业界的一些共识原则。例如，面向对象编程中的"SOLID 原则"和"23 种设计模式"。在编写代码之前，务必深入理解这些原则和模式。

这里可以再重温下 SOLID 原则。

单一职责原则（Single Responsibility Principle，SRP）是 SOLID 原则中的一个重要组成部分，由 Robert C. Martin 提出。该原则强调一个类或模块应该只有一个引起它变化的原因。换句话说，一个类或模块应该只有一个职责，即它应该只负责一件事情。

开闭原则（Open-Closed Principle，OCP）是 SOLID 原则中的另一个重要原则，由 Bertrand Meyer 提出。开闭原则的核心思想是软件实体（如类、模块、函数等）应该对扩展是开放的，但对修改是封闭的。这意味着一个实体允许其行为在不修改其源代码的情况下被扩展。数据库连接的设计如图 1-1 所示。通过接口 DataBaseConnection 定义数据库连接行为，MySqlDataBaseConnectionImpl 和

OracleDataBaseConnectionImpl 分别为 MySQL 和 Oracle 数据库连接的实现实例。若要添加 OceanBase 数据库连接，只需新增 OceanbaseDataBaseConnectionImpl 即可，无须修改原有两个数据库的实现，体现开闭原则。

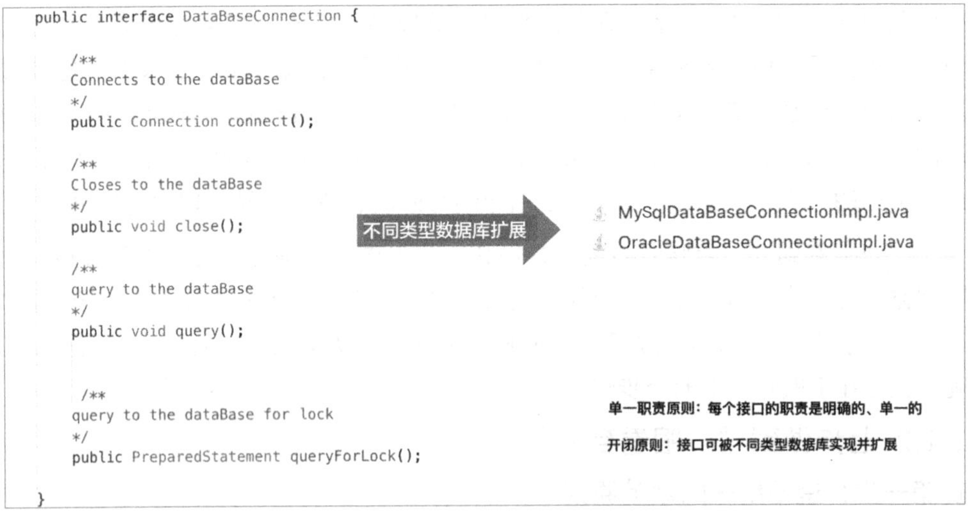

```java
public interface DataBaseConnection {
    /**
    Connects to the dataBase
    */
    public Connection connect();

    /**
    Closes to the dataBase
    */
    public void close();

    /**
    query to the dataBase
    */
    public void query();

    /**
    query to the dataBase for lock
    */
    public PreparedStatement queryForLock();
}
```

不同类型数据库扩展 → MySqlDataBaseConnectionImpl.java
OracleDataBaseConnectionImpl.java

单一职责原则：每个接口的职责是明确的、单一的
开闭原则：接口可被不同类型数据库实现并扩展

图 1-1 开闭原则：数据库连接

里氏替换原则（Liskov Substitution Principle，LSP）：子类必须能够替换它们的父类。也就是说，一个子类可以替换其父类在程序中出现的任何地方，并且不会破坏程序的正确性。如图 1-2 所示，MySqlDataBaseConnectionImpl 实现类继承了父类 AbstractDataBaseConnectionBase 的代码逻辑，但 MySqlDataBaseConnectionImpl 的 isSupported 方法可以重新覆盖掉父类 AbstractDatabaseConnectionBase 的逻辑。这就是里氏替换原则。

```java
public class MysqlDataBaseConnectionImpl extends AbstractDataBaseConnectionBase implements DataBaseConnection {
    /* DB_DRIVER **/
    private static final String DB_DRIVER = "com.mysql.mm.jdbc.Driver";

    /* DB_CONNECTION **/
    private static final String DB_CONNECTION = "jdbc:mysql://localhost:3306/mydatabase";

    /* DB_USER **/
    private static final String DB_USER = "root";

    /* DB_PASSWORD **/
    private static final String DB_PASSWORD = "password";

    @Override
    protected boolean isSupported() {
        return true;
    }
}
```

里氏替换原则：子类重写父类，且不破坏其他程序正确性

图 1-2 里氏替换原则

接口隔离原则（Interface Segregation Principle，ISP）：客户端不应依赖它不需要的接口。这意味着应该将接口拆分成更小、更具体的部分，确保客户端只需依赖它实际使用的那部分接口。遇到带有模糊业务含义的泛化参数或功能过于广泛的"万能接口"时，应警觉这很可能是不良的代码设计。

依赖反转原则（Dependency Inversion Principle，DIP）：高层模块不应依赖低层模块，它们都应依赖抽象层。这意味着应该通过抽象层来减少模块间的直接依赖，从而提升软件的灵活性和可扩展性。如图 1-3 所示，在操作数据库的 DataBaseConnectionExecuterImpl 类中，通过 Spring 框架将 DataBaseConnection 实例注入，根据配置文件选择注入 MySQL 或 Oracle 数据库连接。这就是依赖反转原则。

```
3   public class DataBaseConnectionExecuterImpl implements DataBaseConnectionExecuter{
4
5       Logger logger = Logger.getLogger("DataBaseConnectionExecuterImpl");
6
7       /**数据库连接实现实例 */
8       private DataBaseConnection dataBaseConnection;
9
10      @Override
11      public void dataBaseConnectionExecuter(){
12
13          try{
14              //1. 数据库连接
15              dataBaseConnection.connect();
16
17              //2. 执行数据库查询
18              dataBaseConnection.query();
19
20              //3. 数据库连接关闭
21              dataBaseConnection.close();
22
23          }catch(Exception e){
24              logger.info(e.getMessage());
25          }
26      }
27  }
```

接口隔离：数据库连接和执行是两个接口，且互相不耦合
依赖反转：数据库执行的具体事例依赖注入，不直接依赖

图 1-3 依赖反转原则：操作数据库

2. 第二步：使用团队共识的框架和模型

与个人开发者不同，团队在编码语言、工具和框架的选择上也需要达成共识。新框架或新特性的引入本身并非问题，关键在于团队内部是否就此达成一致。

JDK 1.8 版本推出时，Lambda 表达式、函数式接口、Stream API、新的日期和时间 API 等因其简洁语法而广受欢迎。然而，我所在的团队在一段时间内禁止使用这些新语法。我的观点是，只有当团队所有成员都深刻理解这些新语法后，才能广泛采用。原因很简单：如果团队成员无法理解你的代码，那么无论是在研发过程中还是在代码评审时，发现问题和解决问题的能力都会大打折扣。

部分技术人员出于提升个人技术能力的初衷，有时会倾向于重新创造新的框架和工具，而放弃使用系统中已经存在且表现良好的框架和工具。他们常常会说："之前的解决方案不够优雅，我们需要研发更好的框架和工具。"在许多系统中，长期存在 V1、V2、V3 等不同版本的模型或接口，往往都能找到这种想法的痕迹。

"独行行快，众行行远"，代码是团队的资产，编程是非常典型的团队工作。因此，使用团队共识的框架和模型是必须遵守的原则。

3. 第三步：设计清晰的模块结构

程序是由代码块构成的。然而，如果将所有代码块堆砌到一个文件中，导致代码行数达到数千甚至上万，将极大地增加维护难度。代码需要精心组织，特别是对于复杂系统，模块化结构反映了对于业务逻辑和问题本质的深刻理解。

好的代码特点是，一个主方法会调用若干个子方法，每个子方法会解决一个子问题。通常一个主方法体里面只有几行代码，但就这几行代码却回答了一个更大问题。看代码时也是在确认大问题的回答逻辑后，再深入到子问题进行验证，如此层层深入，整个代码的层次结构就像洋葱一样。这也是"一眼看到底"原则的核心体现。

4. 第四步：撰写准确的代码注释

很多人不喜欢写注释，而且还冠以"代码即文档"的说辞。实际上，这是一个认知误区。代码是针对现实问题的解决方案，如果现实问题本身很复杂，那么代码逻辑也不可能简单到几行就能解决，必定需要大量的注释来辅助解释。因此，代码必须有注释。

然而，很多人写注释只是做表面文章，例如方法名是什么，注释就写什么，仅仅是从英文翻译成中文。真正好的注释应该揭示在代码行中看不到但对整体有深刻影响的内容，比如要解决的问题、前提假设、约束条件、核心思路、关联关系等。这些内容能让阅读代码的人准确地理解上下文。

如图 1-4 所示的注释堪称"惊艳"，用文本图将状态机扭转讲清楚，让看代码的人一目了然。

```
 *                <---------------INIT----------------------->MANUAL
 *               |                 | |                |       |
 *               |                 | |                |       |
 *               |                 | |                |       |
 *               |                 \/                 |       |
 *               |           CHANNEL_REQUEST          |       |
 *               |               //  \\               |       |
 *               |              //    \\              |       |
 *               |             //      \\             |       |
 *               |            //        \\            |       \|/
 *               -----> SUCCESS      FAILURE <-------------PENDING
 *                        ||            |               |
 *                        ||            |               |
 *                        ||            |               |
 *                        \/           \|/              |
 *                      SETTLED     PROCESSED <----------------
 * </pre>
 * <li>在充值退款场景中，如果渠道支持系统自动退款，则可以将状态扭转至渠道请求阶段。
 * <li>退款请求生成时，系统需要计算可退款金额。若发生超额退款，系统将标记为MANUAL，此时需等待人工处理。
 * <li>如果渠道设置需要等待处理，或者退款金额不满足渠道的退款限额等条件，则系统将标记为PENDING状态。
 *
 * @author marsman
 * @version v 0.1 2023年7月23日
 */
public enum TopUpAndRefundStatus implements Status {

    /** 初始化 */
    INIT("IN", "初始化"),

    /** 渠道请求 */
    CHANNEL_REQUEST("RE", "渠道请求"),

    /** 渠道受理成功 */
    CHANNEL_ACCEPTED("AC", "渠道受理成功"),
```

图 1-4 注释示例：状态机扭转

5. 第五步：拿捏关键的实现细节

在处理任何问题时，掌握关键的实现细节至关重要。只要这些关键细节得到妥善处理，就可以避免重大错误的发生。例如，在编写处理账户转账场景的代码时，必须考虑到账户锁定以防止并发问题。关键在于确保操作不会引发死锁。账户锁定应当在专门的函数中处理，并且在锁定之前对账户进行排序，如图 1-5 所示。所有这些关键的实现细节都蕴涵着高效、稳健和安全性。

"一眼看到底"不仅表示整体结构清晰，还意味着能够迅速识别问题的关键点，理解背后的决策逻辑，以及确认实现处理的简洁有效。

```
1   //1. 获取转账账户列表
2   List<AccountInfo> accountList = new ArrayList<AccountInfo>();
3   accountList.add(inAccount);
4   accountList.add(outAccount);
5
6   //2. 进行排序，防止并发死锁
7   Collections.sort(accountList, new AccountComparator());
8
9   //3. 悲观锁锁定账户，并执行资金处理，这样并发就不会出现死锁
10  accountInfo = accountDAO.loadByLockForUpdate(txid,accountList.get(0));
11
12  //4. 开始进行转账处理
13  transfer(accountList, Money transferAmount);
```

图 1-5　账户转账防死锁

6. 第六步：提供充分的测试用例

好代码的标准不仅适用于功能实现代码，还包括测试用例代码。测试用例是代码完整性的一部分。

代码设计的好坏直接影响测试用例的设计难度。例如，如果一个对象没有遵循单一职责原则，测试的边界就会变得模糊；如果一段逻辑没有拆分成模块，测试也就无法按模块进行。

同时，好的测试用例本身也需要精心设计。测试用例的设计和实现所需的时间，通常不少于甚至有时超过编写功能代码的时间。如图 1-6 所示，针对字符串处理工具类 StringUtils 的测试用例，不仅要对 toUpperCase、toLowerCase、isEmpty 等方法进行正常功能的测试，还要对空字符串、NULL 值等特殊情况做测试验证。这样的测试用例确保在后续对 StringUtils 工具类进行逻辑修改时，能够检测出是否引入了新的 Bug。

```
/**
测试工程除了正常功能测试，还需要包括特殊情况、边界测试，并要验证是否符合预期等
*/
@Test
public void testStringUtil() {
    // Test toUpperCase method
    assertEquals("HELLO WORLD", StringUtils.toUpperCase("Hello World"));
    assertEquals("", StringUtils.toUpperCase(""));
    assertEquals(null, StringUtils.toUpperCase(null));

    // Test toLowerCase method
    assertEquals("hello world", StringUtils.toLowerCase("Hello World"));
    assertEquals("", StringUtils.toLowerCase(""));
    assertEquals(null, StringUtils.toLowerCase(null));

    // Test isEmpty method
    assertTrue(StringUtils.isEmpty(""));
    assertTrue(StringUtils.isEmpty(null));
    assertTrue(StringUtils.isEmpty("Hello World"));
}
```

图 1-6 测试用例示例

7. 第七步：建立良好的协作界面

好代码也是良好的协作界面，因为代码不仅是逻辑实现的产物，还是组织协作的枢纽。好的代码不仅能封装内部复杂性，还能在上游提供友好使用体验的同时，清晰表达关键的业务要素。

良好的协作界面涵盖多个方面，如简单易用的集成接口、直观易懂的框架模型、语义清晰的数据结构，等等，其中集成接口的设计尤为典型。

如果我们将传统的组装参数对象的 API 改造成基于 DSL（Domain-Specific Language，领域特定语言）的交互式 API，那么可以显著提高协作效率。例如，在出国旅游时去银行将人民币兑换成美元的场景中，传统的接口设计通常需要将汇率价格、交易币种、币种买卖方向等外汇专业的值组装为参数对象。这些专业术语往往难以理解且容易出错，比如汇率价格的买入价和卖出价经常被混淆，导致故障。

通过采用 DSL，可以实现三行代码的对话式接口调用，将专业细节封装在接口内部。这样，调用方只需简单地按照 DSL 的语法进行交互，无须深入了解内部实现细节。这种设计大大降低了调用方的使用成本，提高了接口的易用性，从而提升了双方的协作效能。

前后对比分别如图 1-7 和图 1-8 所示。

```
public Amount ForeignExchangeProcess(String requestId,String inCurrency,String outCurrency,
                                     Amount contraAmount)

    //1. 组装获取汇率的参数
    QuoteConsultRequest request = new QuoteConsultRequest();
    request.setRequestId()=requestId;
    request.setInCurrency()=inCurrency;
    request.setOutCurrency()=outCurrency;

    //2. 调取汇率获取服务
    QuoteConsultResult result = foreignExchangeTranscationService.consultClientQuot(request);
    if(result!=null){

        //3.如果汇率获取正常,则计算兑换金额需要付出的金额
        Amount transactionAmount = foreignExchangeTranscationService.calculatePayAmount(result,contraAmount);

        //4.根据外汇专业术语组装兑换请求参数
        TradeOrderRequest orderRequest = new TradeOrderRequest()
        orderRequest.setRequestId(requestId)
        orderRequest.setTransactionAmount(transactionAmount);
        orderRequest.setContraAmount(contraAmount);
        orderRequest.SetTranscationCurrency(outCurrency);
        orderRequest.setContraCurrecny(inCurrency);
        orderRequest.setClientSide("sell");
        orderRequest.setBidQuote(result.getBidQuote);

        //5.调用外汇兑换服务
        foreignExchangeTranscationService.tradeOrder(orderRequest);
    }
}
```

图 1-7 基于业务场景平铺接口的传统实现

```
//1.获取人民币兑换欧元的汇率
Quote quote = ForeignExchangeTranscationClient.consultQuote().receive(Currency.USD).pay(Currency.CNY).quote();

//2.计算兑换1000美元需要付出的人民币金额
Amount cnyAmount = quote. receive(Currency.USD.amount(1000)).pay(Currency.CNY);

//3.用上面得到的汇率和计算要付出的金额进行外汇交易
Order order = ForeignExchangeTranscationClient. tradeOrder(). receive(Currency.USD.amount(1000).pay(cnyAmount).useQuote(quote.token());
```

图 1-8 基于 DSL 封装领域专业性的接口

1.1.3 好代码修炼的三个阶段

追求好的代码是所有技术人员的共同理想。好代码的修炼过程可以大致总结为三个阶段。

第一阶段，初入编码行业时，能够实现对应的功能，不出 Bug 即可。此时，代码逻辑直接反映业务流程。如图 1-7 所示，按照业务逻辑将调用外汇的参数组装在一起，发送给外汇系统以完成兑换功能。

第二阶段，开始追求编码能力的提升。领域驱动设计、开源代码框架、"23 种设计模式"等都能激发技术人员掌握并实际应用的欲望。掌握得越多，编码能力就会越高。延续外汇兑换场景，可能采用工厂模式组织外汇参数，以适应不同场景下的扩展性要求；或可能采用领域建模方法管理外汇请求参数的专业性，将校验逻辑内置在模型中。

第三阶段，回归初心，把解决实际问题作为追求。代码是为了解决问题，高端的技艺和手法只是解决问题的手段。理解问题，适当抽象问题背后的模型，结合专业技巧，在简洁中寻求平衡，并能随问题的发展不断演进，这是好代码的第三个阶段。如图 1-8 所示，通过 DSL 方法直接实现对话式 API 的交互，外汇兑换就是：收到什么币种、多少资金，需要支付什么币种、多少资金，用什么汇率。这样回到业务原理原点的代码既简洁，也高效。

正如"看山是山，看山不是山，看山还是山"的哲学思想，代码的修炼过程也是一个不断深入、回归本源的过程。

1.2 警惕坏的编码习惯

"坏"代码通常容易识别，因为它们可能存在功能缺陷。然而，"坏"的编码习惯往往难以察觉，还可能带来无穷的后患。许多技术人员都有过这样的经历：发现一段代码逻辑不严谨，对其进行了优化修改，结果反而导致了生产环境故障。经排查，发现故障源于上游代码调用端依赖一段不严谨的代码。之前由于上游逻辑的不严谨恰好与这段代码的缺陷相抵消，此次对局部逻辑进行优化后，反而触发了错误，导致了生产环境的故障；生产环境故障发生后，使用日志定位问题时，可能会发现日志要么没有打印关键数据，要么打印了过多数据，导致排查困难；代码中未及时关闭文件流问题可能导致资源泄漏，逐步积累后触发 JVM 虚拟机的全量垃圾回收（Full GC），影响系统性能。

有些代码在功能上看似正常，但技术人员在编写时有以下细小的坏的编码习惯，这些习惯在极端情况下可能导致生产环境出现故障，使整个团队在后续需要付出巨大代价来进行修复。

1.2.1 让队友失败的坏习惯

许多技术团队信奉"不让队友失败"的口号。然而，在日常编码中，很多技术人员可能不注意，留下了无数隐患，导致队友犯错。实际上，队友的错误最终也会影响到自己，因为一旦发生生产环境故障，整个团队都需要参与应急处理。常见的让队友失败的编码坏习惯包括以下几个。

1. 暧昧不拒绝

很多技术人员在编写条件判断时，可能会使用 switch-case 结构来处理分支逻辑。然而，如果所有条件都走完后，default 逻辑仍未抛出异常，而是提供了默认逻辑，这可能会留下巨大的隐患，使得后续的维护者容易犯错，如图 1-9 所示。

```
28      /**
29       *逻辑处理使用默认值,给队友埋坑
30       *@param code 枚举值
31       *
32       */
33      public void processRefundByStatus(TopUpAndRefundStatus status) {
34          switch (status) {
35              case INIT:
36                  // 状态是INIT,无须处理,转人工
37                  logger.info(status.getDescription, +"转人工");
38                  break;
39
40              case CHANNEL_ACCEPTED:
41                  // 状态是渠道已成功,可走系统退款
42                  logger.info(status.getDescription, +"走系统处理");
43                  break;
44
45              case SUCCESS:
46                  // 状态是退款成功,无须重复处理
47                  logger.info(status.getDescription, +"退款已成功,无须重复处理");
48                  break;
49
50              default:
51                  // 若匹配不上,都是无须处理
52                  logger.info("无须处理");
53          }
54
55      }
```

若新增状态,则会走到默认逻辑的隐患

图 1-9 默认逻辑给新增状态留隐患

在某些场景中,当从 List 中取第一个元素进行业务逻辑处理时,编码者可能基于当时的业务语义判断 List 中只有一个元素,因此直接使用 get(0) 而不进行长度判断。如图 1-10 所示,这种做法在系统上线后可能会带来问题。

当这段代码交给团队其他成员维护时,由于没有明确的断言来保证 List 中只有一个元素,维护者可能不会轻易修改这段代码。一旦 List 中包含多个元素,直接使用 get(0) 就会非常容易取到错误的值,从而导致后续逻辑错误、生产环境故障。

错误的写法,不做长度判断,直接取值
```
public class Main {
    public static void main(String[] args) {
        ArrayList<Integer> arrayList = new ArrayList<>();
        arrayList.add(1);

        // List只有一个元素,取元素第一个值自增+1后,重新赋值,并输出
        arrayList.set(0, arrayList.get(0) + 1);
    }
}
```

正确写法

```
public class Main {
    public static void main(String[] args) {
        ArrayList<Integer> arrayList = new ArrayList<>();
        arrayList.add(1);

        // List只有一个元素,取第一个值自增+1后,重新赋值,并输出
        AssertUtils.isTrue(arrayList.size()==1,"arrayList size is not 1");
        arrayList.set(0, arrayList.get(0) + 1);
    }
}
```

图 1-10 逻辑明确的代码要显性化

这样的案例在编程实战中很常见。例如,在数据库条目更新时,如果不进行影响数据量的断言,当底层数据源更换后,这次更新可能没有进入正确的数据库,就

会导致"空更新"。没有更新条目数量的断言，可能又是一个大故障。

在编程逻辑中，应该编写明确的逻辑，对于任何不清楚或考虑不到的情况，都应该明确拒绝执行。这种"宁愿不做"和"不错做"的策略是编程中最好的安全措施。

2. 擒贼不擒王

在处理并发问题时，悲观锁是常用方案：首先使用数据库的悲观锁来锁定资源，然后检查数据状态，最后执行其他资源的更新操作。尽管这种方法原理简单且应用广泛，但在使用时仍需特别注意一个关键点，即必须锁定模型的根。

以会员密码安全场景为例，假设用户 A 的密码遭到窃取，需要进行密码修改。然而，如果在密码修改过程中，系统只对密码本身进行了锁定保护，而未对用户模型实施锁定，这将产生一个安全漏洞。利用此漏洞，盗号者可能在用户 A 修改密码的同时，擅自更改其密保问题，进而实现账号的再次窃取。这是因为密码和密保问题均属于同一个用户模型。若在密码修改过程中未能锁定整个用户模型，就可能在同一时间窗口内，发生对用户数据的多次非法修改。

为了避免这种情况，应该锁定用户模型的根，即在整个用户模型上应用悲观锁。这样，在修改密码和修改密保问题的操作中，就能够实现互斥，从而确保数据的安全性和一致性。

3. 风险管控不集中

代码不仅要处理各种业务异常场景，更重要的是，要管控可能发生的风险。技术人员最容易犯的错误之一是，将风险控制逻辑分散在代码的不同部分，而不是集中进行管理。

以账户模型为例，账户状态的合法性校验通常在具体使用账户的代码中进行，而账户余额是否充足则在转账方法代码中自行校验。这种做法在功能层面上可能确保了校验点齐全，但容易给后续维护者留下隐患。因为一旦需要调整业务校验规则，就很容易出现校验点逻辑修改遗漏的情况。

更好的做法是将这类高风险的检查逻辑集中在账户的领域模型中进行管理。例如，可以创建一个账户状态检查的方法，该方法包含所有与账户状态相关的检查逻辑。转账方法只需调用这个检查方法，而无须自行实现检查逻辑。采用这种方式，当业务规则发生变化时，只需在检查方法中进行相应的更新，而不是在各个业务方法中修改。如图 1-11 所示。

```java
/**
 * 转账场景，账户模型完整性检查
 */
public void checkAccountModel(){
    //1.转账属性完整性检查                                    集中管控模型的领域风险：完整性检查、状态机检
    AssertUtils.isNull(accountNo,"accountNo is blank");      查、金额检查等
    AssertUtils.notNull(accountType,"accountType is null");
    AssertUtils.notNull(accountStatus,"accountStatus is blank");

    //2.转账账户状态要合法
    AssertUtils.isTrue(accountStatus==AccountStatusEnum.ENABLE,"accountStatus is enable");

    //3.转账金额要大于0
    AssertUtils.isTrue(MoneyUtil.moneyGreaterThanZero(transcationAmount), "amount is greater than 0 ");
}
```

图 1-11 账户风险集中管控

1.2.2 让团队疲惫的坏习惯

最让技术团队疲惫的莫过于发生了生产环境故障：一旦发生，团队成员必须迅速响应，进行紧急修复，有时甚至需要在非工作时间进行应急处理。应急处理结束后，还需进行故障复盘，找出根本原因并制定改进措施，这往往意味着要打断其他生产计划，强制执行改进措施。生产环境故障实质上是一种计划外的工作，对团队原有生产计划造成巨大冲击。因此，技术人员应避免以下导致团队陷入疲惫应急的坏习惯。

1. 依赖不稳定逻辑

世上最难解决的问题之一不是 Bug，而是不定期出现的 Bug。这些 Bug 之所以难以捉摸，最根本的原因之一是，它们依赖不稳定的逻辑。例如，在需要读取数据库中的数据分页并写入文件的场景中，如果 SQL 语句中用于分页排序的字段是时间字段，而数据库中这个时间字段的精度不足，且数据写入的并发量很大，就可能出现同一个时刻有多条数据写入的情况。当进行排序时，由于时间字段的精度不足，可能会出现多次排序的结果不一致，从而导致同一条数据被多次写入到文件中。

依赖不稳定逻辑是导致偶发 Bug 的一个常见原因。为了确保排序逻辑的严谨性，排序的字段值应该要么是单调递增，要么是单调递减的。例如，如图 1-12 所示，如果排序依赖的字段 create_time 不是单调的，那么在部分数据库磁盘中随机写入数据，加上排序算法的稳定性问题，依赖 create_time 字段的排序读取结果可能会不稳定。

SELECT * FROM test_demo ORDER BY create_time ASC

id	name	create_time
1	王一	2023-08-31 08:00
2	王二	2023-08-31 08:00
3	王三	2023-08-31 08:00
4	王四	2023-08-31 08:00
5	王五	2023-08-31 08:00
6	王六	2023-08-31 08:00
7	王七	2023-08-31 08:00
8	王八	2023-08-31 08:00

排序字段非单调 →

id	name	create_time
1	王一	2023-08-31 08:00
7	王七	2023-08-31 08:00
3	王三	2023-08-31 08:00
2	王二	2023-08-31 08:00
5	王五	2023-08-31 08:00
8	王八	2023-08-31 08:00
6	王六	2023-08-31 08:00
4	王四	2023-08-31 08:00

图 1-12　依赖非单调字段进行排序

2. 照猫画虎反类犬

在编写代码时，最怕的是没有真正理解场景和他人的代码就贸然使用其代码。一个典型的例子是分布式事务消息的回查逻辑。

分布式事务消息需要回查，是因为消息发送方的本地事务结束后，通知消息中心的网络请求可能会失败，导致消息中间件无法判断消息是应该继续投递给消费方还是删除。因此，这时需要消息发送方执行消息回查逻辑，即判断发送方本地事务是否成功提交。

如果认为回查逻辑仅是查询一条数据并判断其是否存在，那就大错特错了。如果本次查询的数据还处在消息发送时的事务提交过程中，那么这样的消息回查逻辑就有致命的缺陷。

如图 1-13 所示，这种情况未考虑到事务状态未知的场景。

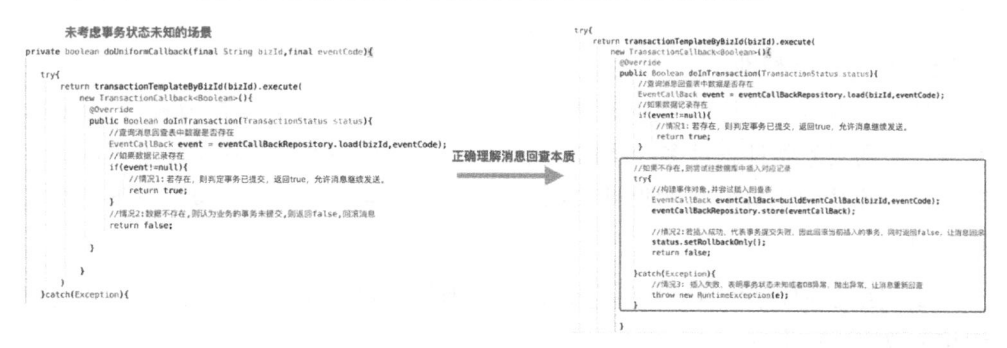

图 1-13　正确理解消息回查本质

3. 不给应急留后路

在编程界，没有人敢保证自己写的代码没有缺陷，代码有缺陷是很常见的。但最怕的是，在代码运行异常时，没有应急处置的机会。典型案例是定时任务的批处理，这是对请求进行"削峰填谷扩大容量"的常见手法。批处理任务包括分页捞取数据、运行核心逻辑处理数据和更新数据状态三个步骤。

通常，批处理任务每分钟能处理的数据量都是经过充分评估的，许多技术人员会将这个数据量直接写"死"在代码中。然而，当数据量过大时，固定写死的逻辑会导致无法快速调整，进而造成数据积压。服务器负载过高时，固定写死的逻辑可能会使服务器进一步过载，甚至崩溃。

为了解决这个问题，最好的做法是，将批处理任务的处理策略配置化。这样，一旦生产环境中出现异常，就可以灵活调整数据处理量，从而快速应对，如图1-14所示。

如果考虑得更加全面，可以进一步将批处理的队列分为两个：一个是处理正常数据的队列，另一个是处理失败数据的异常恢复队列。这样就不会出现由于处理失败的数据再次被捞取后仍然无法处理成功，而正常数据没有机会被捞取出来处理的情况。

ID	task_type	batch_count	task_size	switch	priority
1	A	10	100	ON	1
2	B	5	50	ON	2
3	C	1	20	OFF	3

图 1-14 批处理任务的处理策略配置化

1.2.3 让团队跌份的坏习惯

见代码如见人，见代码如见团队。代码能够反映出团队的价值追求、精神面貌和专业素养。

1. 任性而为，不利他

打印日志是一项基础工作，但要把日志打印好，还需要下功夫。在排查问题时，经常会遇到服务器日志过多或结构混乱的情况，这使得查找关键信息变得困难。因此，应该结构化且有目的性地打印日志，如图1-15所示。这包括以下三个基本原则。

（1）定位到数据：日志中应包含请求处理的时间，以便在出现问题时快速找到相关数据进行排查。

（2）定位到代码：日志应包含堆栈信息，以便在出现问题时快速定位到相关代码，并结合数据进行分析。

（3）便于监控：大多数系统日志都会接入专门的监控软件进行分析和监控。因此，日志应尽量打印得结构化，避免出现大量无组织的日志信息。

无结构：把请求和结果信息全部打印出来

2023-09-05 22:19:34 trade—info—digest
[c0a81fac1693923569276100115217,0,-,-,0,,]deal success,
request:OrderCreateRequest[requestId=202309033456789,
product=Product[productId=productTest12345,
saleName=Shoes, shoppePrice=10.03, shoppeCurrency=CNY,
salePrice=24.11, saleCurrency=CNY, saleDescription=made in china,
block=12, permitNo=CN546789],buyer=User[userId=123456789,
userName=Brad Pitt, mobileNo=10-3456789]]
result:OrderCreateResult[success=true,
errorMsg=-,orderId=3489012345],cost:123ms

→ 结构化且有目的性地打印日志 →

023-09-05 22:19:34 trade-info-digest-
[c0a81fac1693923569276100115217,0,-,-,0,,]deal success, requestId:202309033456789, productId: productTest12345, buyerId:123456789, isSuccess:true, orderId:3489012345, cost:123ms

图 1-15 结构化且有目的性地打印日志

2. 随性而为，不精进

细节见功夫。例如，给数据库字段赋值数字来表示账户状态，如 1 代表开户、2 代表销户等。这些数字通常来源于系统代码的枚举定义，然后存储到数据库中，如图 1-16 所示。其他开发者必须从系统代码中查找枚举定义才能理解这些数字的含义，这种做法既麻烦又未能节省多少数据库空间。实际上，将完整的含义直接存入数据库是一个细节上的改进，这反映了团队的精益求精。

```
/** 账户开户 */
ACCOUNT_CREATE("1", "账户开户"),

/** 账户销户 */
ACCOUNT_DELETE("2", "账户注销"),

/** 账户冻结 */
ACCOUNT_FREEZE("3", "账户冻结"),

/** 账户解冻 */
ACCOUNT_UNFREEZE("5", "账户解冻"),

/** 余额冻结 */
BALANCE_FREEZE("6", "余额冻结"),

/** 余额解冻 */
UNFREEZE_BALANCE("7", "余额解冻"),
```

将账户操作的数字存储数据库 →

id	user_id	account_operation	create_time
20230905123456	20181234	1	2013-09-05 08:00
20230905123457	20181235	2	2013-09-05 08:01
20230905123458	20181236	3	2013-09-05 08:02
20230905123451	20181231	5	2013-09-05 08:05
20230905123452	20181232	6	2013-09-05 08:09
20230905123454	20181233	7	2013-09-05 08:07

↓ 细节贴心设计

id	user_id	account_operation	create_time
20230905123456	20181234	账户开户	2013-09-05 08:00
20230905123457	20181235	账户销户	2013-09-05 08:01
20230905123458	20181236	账户冻结	2013-09-05 08:02
20230905123451	20181231	账户解冻	2013-09-05 08:05
20230905123452	20181232	余额冻结	2013-09-05 08:09
20230905123454	20181233	余额解冻	2013-09-05 08:07

图 1-16 用数字替代业务语义

3. 率性而为，不专业

许多系统在更新数据的同时也会更新最新的修改时间字段（如 modify 字段）。一些开发者习惯于将更新时间的逻辑直接写入 SQL 语句中。从功能角度来说，这看似没有问题，因为主要功能正常，modify 字段的值也被正确更新。然而，这种做法实际上比较草率。

在同一个事务中，如果每张表的更新时间由各自独立的 SQL 语句控制，那么每张表的 modify 字段值可能会不一致，从而破坏了数据的统一时间轴，影响数据的质量。这对 Bug 定位和数据分析有较大影响。

更好的做法是，应用统一从数据库中获取一个单点时间，然后在每个表的更新操作中均使用这个单点时间来更新 modify 字段。这样可以确保所有表的修改时间一致，保持数据的一致性和质量。这种方法虽然稍微复杂一些，但可以显著提高数据的准确性和可靠性。

开发软件是一项团队协作的工程，需要多人、多团队的通力合作。虽然写代码也带有创作的成分，但遵循工程的规范更为重要。技术人首先需要明白，用代码解决实际问题是基本要求；更重要的是，要让他人能够更好地理解并维护这些代码。

1.3 代码重构不得不知

前面既论述了好代码的最佳实践，也剖析了编码的坏习惯。然而，大多数的好代码并非一次性编写完成，而是经过多代维护者不断重构和打磨而成的。代码重构就像身体锻炼一样，旨在甩掉赘肉，保持体形的健康、优美。代码重构是每个软件系统都不可避免的问题。某种意义上，代码在第一次上线的那一刻起，就开始了不断被重构的历程。

无论是从时间投入还是从逻辑复杂性的角度来看，代码重构的难度实际上远超过从头开始编写代码。在进行代码重构时，不仅需要明确目标代码的结构和功能，还要理解现有代码的成因和逻辑。此外，重构过程中需要运用高超的技巧，既要大胆又要细致，以避免引入新的质量问题。这就像是在给代码进行一系列的精细手术。

1.3.1 重构不是除恶务尽

技术人往往都有完美主义情结，对于不尽如人意的代码，总是渴望进行优化。这是技术人最质朴、纯粹的特质。然而，对于一个技术团队来说，对坏代码的处理并不总是"除恶务尽"。评判一段代码是否需要重构，需要考虑多个因素，包括代码质量、业务影响、维护成本及团队资源等。重构决策应基于全面的评估，确保优化工作能够带来真正的价值。

1. 诱人的重构理由

在技术团队中，不重构代码的理由可能只有一个：时间紧、任务重、来不及。然而，要想重构一段代码，可能会有千万条理由，如图 1-17 所示。

代码的可读性差，风格和规范不统一。虽然这个问题看似不大，但实际上却很重要。根本原因在于，代码不仅是为了自己编写，还要考虑到将来可能需要别人来维护。如果代码的可读性太差，让人无法理解，那么不进行重构显然是不合理的。

代码的复用性差，代码的本质是实现逻辑的复用，将重复工作交给计算机完成。如果代码无法复用，每次需求都要从头开始，就像每次吃饭都要重新搭建灶台。

代码的扩展性差，没有一段代码能完美解决未来需求，因为需求是复杂多变的。如果每个新需求都需重新编写，就像原本的厨房只能做中餐，改做西餐却需要重新改建。

代码的**可靠性差**，代码应保证质量，包括功能、可用性、安全性和效率。就像厨房要开火时而打不着火，这是可靠性问题。

代码的**可维护性差**，代码需要保养维护。可维护性差就像烹饪腰花，必须精确掌握顺序和火候，而可维护性好的代码则像红烧肉，只要调料齐全，怎么做结果都不会太差。可维护性差的代码改动风险高、代价大。

图 1-17 诱人的重构理由

这些问题在大多数系统中都可能存在，但这并不意味着一定需要进行代码重构。面对是否重构的决策，需要深入分析背后的逻辑和成本效益。越是有吸引力的机遇，越需要清晰地看到其背后的逻辑，否则可能会陷入更大的陷阱。因此，在决定是否重构时，需要权衡代码的质量、团队的资源、项目的紧迫性，以及重构可能带来的长期利益。

2. 重构的本质是投资

如果现有系统的代码存在众多问题，完全置之不理是不可行的，毕竟重构的诉求宜疏不宜堵。面对这些问题，需要采取适当的策略。在决定是否重构时，需要考虑多种因素，如项目交付时间、资源状况、重构的紧迫性、对业务的短期和长期影响等。

本质上，代码重构其实是一种技术投资，投入时间和资源以优化代码，从而获得支持业务发展的收益。作为一种投资行为，代码重构的最佳评价模型是投入产出比（ROI），即收益与成本的比值，如图 1-18 所示。可以从以下几个方面来考虑 ROI。

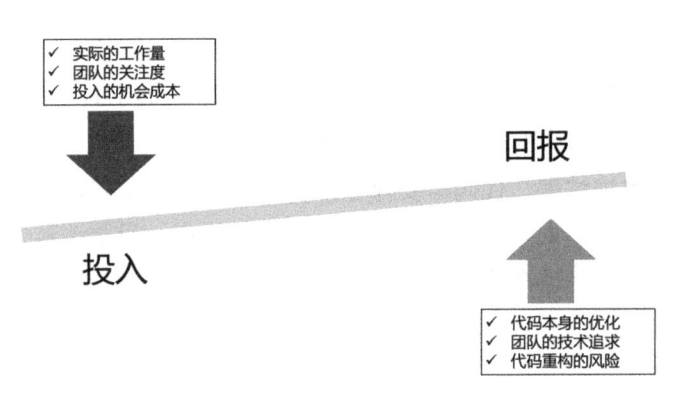

图 1-18 重构的本质是投资

投入能否承担。代码重构通常发生在业务项目中，因此必须考虑技术投入是否超出了项目的承受范围。过度的重构可能导致项目周期延长，从而使业务失去市场先机。技术团队也容易乐观地同时进行多个代码重构事项，这可能导致整个团队的投入超负荷。表面上看起来是在进行代码重构优化，但实际上由于投入过大而分散了精力，反而可能制造新一轮的"垃圾"。因此，在进行代码重构时，需要谨慎评估，确保投入与产出相匹配，避免过度重构和资源分散。

产出是否足够。如果按照公司为一个技术人每月付出 1 万元的工资计算，1 人日的开销为 454 元（假设一个月 22 个工作日）。对于一个大约 50 人日规模的代码重构项目（相当于 2 个人工作一个月），公司的成本大约为 2.27 万元。作为技术重构的发起方，必须考虑 2.27 万元的投入是否能带来足够的回报。

如果预计代码重构能提高效率，那么需要明确效率提升的具体程度，以及需要多长时间才能通过收益来覆盖成本。如果计算结果显示投资可能亏损，那么必须仔细考虑和慎重决策。

当然，代码重构的产出不一定都是可量化的金钱收益，也可能包括技术氛围和技术文化的精神收益。但在明确量化金钱收益之前，最好不要将所有产出都归为精神收益。首先计算清楚物质账，才能合理评估精神收益。

产出的受益方是谁。代码重构的收益到底是个人还是团队，这是一个容易被忽视的问题。例如，对于代码可读性的重构，如果团队没有就代码可读性的标准达成共识，那么这样的重构可能只是满足了个别人的偏好，并不能为整个团队带来实际的简洁性和可维护性收益。

还有一类情况是，针对代码优化的重构。有些技术人员可能会过度抽象框架、提炼工具类，或使用技术更先进的中间件来优化现有系统。然而，这类重构行为可能导致"重复造轮子"或引入团队成员不熟悉的技术，从而给技术团队带来更大的负担。

1.3.2 重构必须守住底线

在代码重构过程中，许多技术团队都曾遇到过生产环境故障，严重的故障甚至可能让团队被贴上"不敬畏生产，没事找事"的标签。代码重构的目的是修理不良的代码，使之更加优雅和简洁。如果现存代码是满足业务需求的最低标准，那么代码重构就是追求更好发展的过程。因此，代码重构的底线是：不能为了发展而牺牲了系统的稳定性。

1. 先补用例再重构

代码重构是在保持现有功能的前提下进行的优化。可以将其拆分为两个部分来理解。

保证现有功能不出错：这意味着重构后的代码必须能够与之前代码的行为保持一致。这不仅是为了确保功能的完整性，也是为了在出现问题时能够快速定位问题是否由重构引起，从而有利于问题的排查和重构的持续推进。

实现某种优化目标：这包括性能优化、可读性提高、可维护性增强等。在完成这些优化后，代码应能够更好地支持未来的需求和系统的发展。

因此，代码重构应首先确保功能的稳定性和一致性，然后再追求代码的优化和性能提升。

最佳的实践方法是在重构前后补充并运行完整的测试用例，确保测试结果的一致性。不要依赖团队内部的口口相传经验，而是应该将听到的、看到的、想到的信息转化为具体的测试用例，并在重构前在现有代码上运行一遍。

当已经补充完善的测试用例在重构后的代码中运行失败时，绝对不能仅仅因为自信就认为是测试用例的问题，而应对比新旧代码的运行结果，仔细分析、思考、判断。许多生产环境中的故障都是由于技术人员的这种逻辑自信导致的。

2. 必须做逻辑等价

在重构过程中，我们经常会遇到一些看似复杂且缺乏逻辑的代码，这些代码在生产环境中可能已经运行了很长时间。这些代码可能是由多个错误叠加而成的，但最终却产生了正确的结果。因此，在生产环境中运行的代码，每一行都有其存在的意义。这是代码重构的一条黄金法则，也是不变的真理。

代码重构必须遵循逻辑等价的原则。这意味着在重构过程中，新的代码必须与旧代码在逻辑上保持一致，以确保功能的连续性和稳定性。例如，Apache 开源工具类 StringUtils 中的 isBlank 方法和 isEmpty 方法，尽管它们看起来相似，但对空字符串的处理结果是不同的。isBlank 方法返回 true，而 isEmpty 方法返回 false，如图 1-19 所示。这种情况下，如果原有代码使用的是 isEmpty 方法，那么在重构时不应仅为了规范统一而将其全部改为 isBlank 方法，而应该保持原有的逻辑等价。

```
// Empty checks
//-----------------------------------
/**
 * <p>Checks if a String is empty ("") or null.</p>
 *
 * <pre>
 * StringUtils.isEmpty(null)      = true
 * StringUtils.isEmpty("")        = true
 * StringUtils.isEmpty(" ")       = false
 * StringUtils.isEmpty("bob")     = false
 * StringUtils.isEmpty("  bob  ") = false
 * </pre>
 *
 * <p>NOTE: This method changed in Lang version 2.0.
 * It no longer trims the String.
 * That functionality is available in isBlank().</p>
 *
 * @param str  the String to check, may be null
 * @return <code>true</code> if the String is empty or null
 */
public static boolean isEmpty(String str) {
    return str == null || str.length() == 0;
}
```

```
/**
 * <p>Checks if a String is whitespace, empty ("") or null.</p>
 *
 * <pre>
 * StringUtils.isBlank(null)      = true
 * StringUtils.isBlank("")        = true
 * StringUtils.isBlank(" ")       = true
 * StringUtils.isBlank("bob")     = false
 * StringUtils.isBlank("  bob  ") = false
 * </pre>
 *
 * @param str  the String to check, may be null
 * @return <code>true</code> if the String is null, empty or whitespace
 * @since 2.0
 */
public static boolean isBlank(String str) {
    int strLen;
    if (str == null || (strLen = str.length()) == 0) {
        return true;
    }
    for (int i = 0; i < strLen; i++) {
        if ((Character.isWhitespace(str.charAt(i)) == false)) {
            return false;
        }
    }
    return true;
}
```

图 1-19　逻辑不等价案例

从更广泛的逻辑等价角度来看，程序的处理可以看作是"输入—逻辑—输出"三个部分。在进行代码重构时，需要确保无论内部逻辑如何优化，只要与输入参数保持一致，就应该得到一致的输出结果。

在实际实践过程中，系统通常会记录对外提供服务的接口参数和返回信息。在内部逻辑重构之后，使用相同的输入参数，检查是否能够得到相同的返回信息，以此来证明逻辑等价。这种方法有助于确保重构后的代码与原有代码在功能上保持一致，从而避免引入新的问题。

1.3.3　重构不是英雄主义行为

代码重构不是技术主管的一厢情愿，也不是资深程序员的个人炫技，更不是某个人的"代码洁癖"或个人英雄主义行为。代码重构是一种优化团队集体资产的投资行为。在这个过程中，我认为有三重意义需要探求。

重构的过程意义：重构并非一蹴而就，而是精心打磨代码的具体实践。在重构过程中，团队成员通过相互探讨和纠正，逐渐习得何为好代码的标准，以及如何识别和改善坏代码。

重构的方法意义：在重构过程中，必须量化价值，衡量投入产出比，制定里程碑目标，有计划地推进实施。这样可以帮助团队形成对某件事值不值得做的默契和共识，并积累常规的代码重构方法和思路。同时，这些经验也为后续的架构治理和技术规划提供了宝贵的经验。

重构的结果意义：重构最直接的结果是降低技术负债，间接地促进了业务支持速度的提升。一个优秀的技术团队应该是持续精进且脚踏实地、追求完美且灵活变通的。而团队对代码重构的态度，就能很好地体现了这个团队的追求。

第 2 章
系统分析：好系分让研发事半功倍

代码是逻辑的具体体现，好代码的背后必然要有好的逻辑。在复杂多变的业务需求中，梳理出清晰完整的逻辑，是系统分析文档（以下简称"系分"）需要承担的重要职责。系分是对用户需求实现方式的分析设计文档，是对抽象逻辑思考进行结构化梳理和产出的具象化承载物。系分是产出良好逻辑的有效手段，是"工欲善其事，必先利其器"中的利器。

尽管许多技术团队有流程制度要求必须编写系统分析文档，这些文档确实有助于技术人员产出良好的逻辑，但实际情况是，许多技术人员对系分的重视程度不够，认知不全面，产出的系分质量不高。接下来将探讨在日常研发中的系分认知盲区，以及如何撰写高质量的系分。

2.1 系分认知盲区

系分是连接业务需求和系统改造的桥梁，也是进入正式编码阶段时的第一步。然而，关于系分存在如下一些常见的疑问。

流程繁杂：一些团队可能会觉得花费大量时间编写系分影响编码进度，尤其是在紧张的项目周期中。

形式大于实质：有些团队可能会在系分模板中增加大量默认内容，或者在发生生产环境故障后简单地在系分中添加相关条目，导致文档冗长且内容空洞。

无人关心：在系分评审过程中，其他团队成员可能不积极参与，导致系分的实际价值得不到充分体现。

这些问题通常源于对系分的认知误区或系分撰写质量不高。接下来，我们将逐一解释这些疑问，并提供提高系分质量的建议。

2.1.1 系分的投入不是可选项

1. 故障让团队陷入泥潭

每个技术人在面对生产环境故障时都会感到痛苦："如果系分写得更加仔细一些，我们可能就能规避这个问题。"这种情况下，团队不仅需要修复代码和数据，还需要进行多轮、多层级的汇报和复盘，撰写大量材料，留下许多待办事项。

这种情况可能导致团队陷入恶性循环：研发质量差导致生产环境故障增多，故障增多后又需要投入更多精力去修复，从而减少投入研发的时间和精力。这将导致团队成员压力增大、时间紧张，从而使得研发质量进一步恶化。

2. 磨刀不误砍柴工

技术人员常常因为业务项目的压力而不自觉地追求速度和效率。然而，"快就是慢，多就是少"这个道理告诉我们，过于追求速度和数量可能导致质量问题，最终需要花费更多时间和资源来修复。

从组织的视角来看，可用的人力资源和时间资源是有限的。同时，从需求的角度出发，进行系统分析的工作量也是固定的，所需投入的人力资源与时间资源同样是不变的。关键在于，系统分析工作是在项目初期主动进行，还是在问题发生后被动补充。这两种做法有着本质的区别。一旦在项目后期发生生产环境故障，不仅需要投入加倍的时间来修复，还可能给用户带来更大的损害，有时甚至会造成无法逆转的后果。因此，系统分析工作是不可或缺的，其所需要的人力资源和时间资源必须得到充分保障，并且要在项目的早期阶段就开始。

团队应该主动将时间和资源用于提升团队成长，而不是被动地用于生产环境故障的应急处理。通过充分的系分和重构，可以减少技术债务，提高系统的稳定性和可靠性，从而为团队和项目的长期成功打下坚实的基础。

2.1.2 系分作用的不只是自己

系分到底是写给谁的？这个问题看似简单，但很多技术人并没有一个清晰的答案。有人可能认为系分主要是写给自己的，这有一定道理，因为系分可以帮助自己梳理思路，确保逻辑清晰。然而，系分的受众绝不仅仅是自己，还包括项目的其他角色，如研发人员、项目经理、产品经理等，如图 2-1 所示。

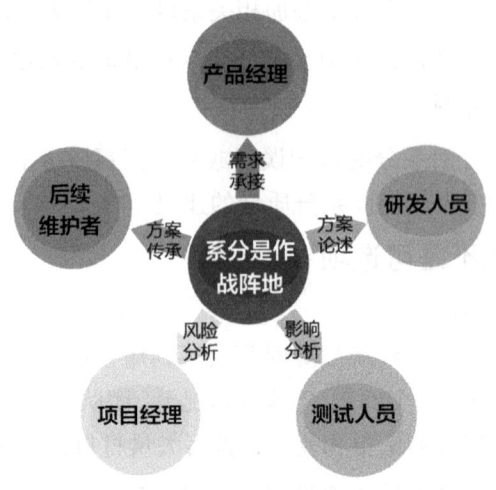

图 2-1 系分是各角色的作战阵地

系分的目的不仅是让自己想清楚,更重要的是让项目中的各角色建立共识。通过系分,可以确保团队成员对项目目标和实现方式有共同的理解,减少沟通成本和理解偏差。因此,在做系分时,我们也必须从更大的受众视角出发,考虑不同角色的需求和理解能力,以提高系分的有效性和影响力。

◎ 对产品经理而言,他们不需要关心具体的技术实施方案,但必须确保技术人理解的需求与产品需求一致。因此,系分需要详细明确地列出承接的需求,确保业务需求源头的准确无误。

◎ 对项目组的研发人员而言,系分是他们行动的纲领,需要明确技术方案,不能含糊不清。

◎ 对项目组的测试人员而言,系分是重要的参考资料,需要清晰地论述改造目标、具体方案和影响范围。

◎ 对项目组的项目经理而言,系分要告知项目里程碑节点和关键风险,以便进行项目进度管控。

◎ 对后续维护者而言,系分的价值不仅在于记录了哪些改动,更在于传承了为什么进行这些改动,以及当时可选方案有哪些,为什么选择了现在的方案。

在短期项目中,系分的目标是消除项目组成员之间的信息差,提升协作效率;从长期来看,系分记录了系统的演进历史,沉淀了经验,使得后续维护者能够更好地把控系统的发展。

2.1.3 系分的实质是严密的逻辑推导

系分可以被视为代码编写之前的"设计稿",是系统实施改造的关键图纸。系分的实质是严密的逻辑推导,它详细阐述了系统如何满足用户需求,以及技术实现的具体方案。

1. 写明白才算想明白

许多技术人在排查复杂 Bug 时都曾使用过小黄鸭调试法,如图 2-2 所示。这种方法源于一个故事,程序大师在调试代码时,会在桌上放上一只小黄鸭,然后详细地向鸭子解释每行代码。通过这种方式,技术人可以帮助自己厘清思路和逻辑,从而找到程序中的逻辑缺陷。小黄鸭调试法强调了清晰表达和逻辑推理的重要性,有助于技术人更深入地理解问题并找到解决方案。

图 2-2 小黄鸭调试法

在对业务需求进行逻辑推导的过程中,系分就像那只小黄鸭,让程序员在纸面上清晰、明确地阐述分析逻辑。这是因为在大脑中进行逻辑推演时,容易陷入思维惯性的误区,可能跳过关键的推理步骤,导致结论不够严谨。

通过将逻辑推演过程书面化,并在系分中详细论述,可以有效梳理和验证大脑中的逻辑推演,确保逻辑的完整性和严谨性。这样做可保障高质量的逻辑推演,有助于发现和避免潜在的逻辑缺陷,提高代码质量和系统可靠性。

2. 清晰的系分结构服务于业务需求

清晰的系分结构不仅体现在模板上,更重要的是与业务需求相匹配。系分的结构通常从业务需求和业务流程开始,重点阐述系统流程、功能设计、接口契约、核心模型、核心算法、质量分析、风险控制等方面,最后包括工作量分析和项目安排。

系统分析的每个章节都应当包含自洽的论述逻辑,确保有明确的观点和支撑的论据。最基本的分析逻辑结构包括:达成什么样的目标、达成目标的关键因素是什么、有哪些可选方案、基于什么逻辑选择方案、如何控制风险、如何验证方案的正确性。这种结构有助于确保系分的全面性和逻辑性,使其他团队成员能够从多个角度审视系统分析,从而提高沟通和协作的效率。

许多系分仅简单地罗列改造点,例如在兼容性分析中,直接指出系统中需要修改的代码段,并附上代码位置的截图,甚至提供兼容逻辑的伪代码。这种做法看似直接高效,实则隐藏着巨大的风险。因为它没有阐明兼容性的范围、如何确保兼容方案的准确性,以及在出现兼容性问题时应如何处理。这些分析论述才是最为关键的。

省略了所有的分析过程,只写出具体的操作步骤的系分,不仅可能让自己误以为已经考虑周全,还会导致其他相关人员无法真正评估其有效性,从而失去了从多个角度审视系统分析的可能性。

2.1.4 系分的价值是达成共识

1. 重视"最后一公里"

系分不是仅仅为了写来看的,而是为了让项目组达成共识,共同推进项目。然而,很多时候,系分的"最后一公里"评审并没有做好。

系分评审会议中，通常讲的人只关注自己讲完，而没有主动提醒相关方确认关键之处。听的人可能一边听一边看手机，甚至与旁边的人闲谈。这样的评审会议只是走了流程，却没有实际结果。参与人员众多，时间成本高，收效甚微。评审会上讲到的内容在会后仍然需要反复询问，会议中达成的共识在会后继续争论。这样的系分评审无法真正达成共识，是低效的。

2. 系分评审也是技术活

要做好系分评审，有几个关键点需要注意，如图 2-3 所示。

明确评审目标：系分评审必须有一个明确的目标清单，明确要与哪些人达成哪些共识，得到哪些明确结论。否则，评审会议可能会变得没有方向，效率低下。

先讲全局方案：评审会议应首先从全局的业务和技术方案入手，让参与人员对项目有一个整体感知。如果一开始就从细节入手，则可能会降低与会人员的参与度和体验度。

厘清架构边界：在进入细节之前，应先评审架构的边界，特别是接口契约。这样可以让与会人员专注于自己关心的内容，提高会议效率。

确认领域细节：领域技术的细节最好在会后讨论，因为系分评审会议如果涉及每个细节点，就会变得冗长，无法达到预期的效果。

做好变更记录：评审过程中的任何反馈都需要及时记录并修订补充到系分中。这不仅是项目组待办事项的跟踪依据，也是未来系分追溯的重要依据。

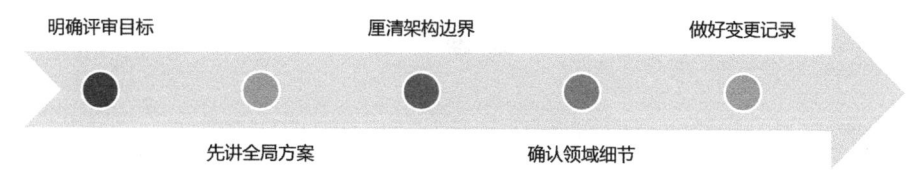

图 2-3 系分评审关键环节

2.1.5 项目成功离不开好系分

系分是项目开发中承上启下的关键阶段。在这个阶段中，需要与多方反复沟通，对系统现状进行全面分析，对可行方案进行充分推演，对质量风险进行严格把控。任何一个环节出现问题，都可能对项目产生重大影响，轻则导致项目延期，重则需要推翻重来，甚至可能引发重大生产环境故障。

从研发实践来看，生产环境故障的发生往往能够追溯到系分工作的疏忽、遗漏或分析错误。相反，结构清晰、逻辑严谨的系分能够有效规避大部分问题，控制关键风险，提升项目质量。

将时间投入到系分的论述中，实际上是一种能力提升，否则就会把时间花在生产环境故障的复盘、改进上。好的系分直接影响着整个项目的研发质量。毫不夸张地说，系分是项目的灵魂，它对项目的成功与否起着决定性的作用。

2.2 写好系分的标准范式

一份优秀的系分的标准范式价值可能高达数十万元人民币。这个价值是如何计算出来的呢？我们组织了多位技术专家和十几位一线技术主管对系分进行对比、总结。针对大型项目、小型项目、业务型项目、技术改造型项目等不同类型的项目系分，进行了多轮、长时间的讨论并不断完善，最终形成了优秀的系分。仅人力成本本身就价值不菲。

为什么要投入如此高的代价来做这件事呢？因为系分的重要性不言而喻。涉及的系统越多、协作的人员越广、系统维护的时间越长、所在业务领域的专业性越强，系统分析的重要性就越突出。一份好的系分能够清晰地描述系统与上下文的关系、过去与未来的联系、问题的原因与后果、方案的取舍逻辑，以及实现方案的核心关键步骤。

基于系分在项目中的灵魂地位，我们将好系分总结为四个关键维度：上承需求、下启代码、守住底线和精益求精，如图 2-4 所示。

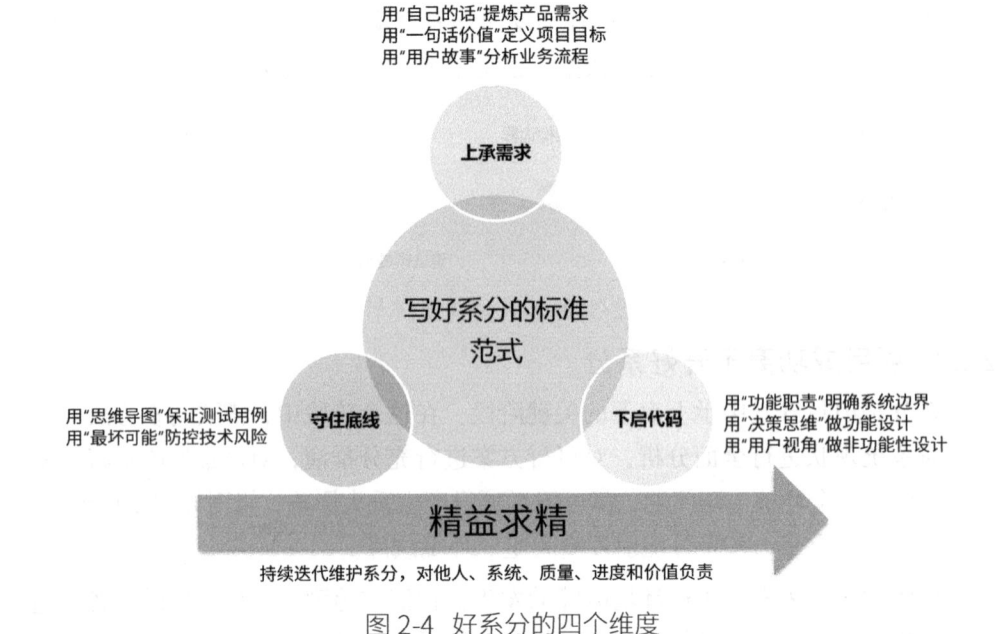

图 2-4 好系分的四个维度

2.2.1 上承需求

产品需求是软件研发工作的起始点。对需求描述的准确性和深入程度直接影响着系分的质量。然而，在实际操作中，这部分内容往往是最容易被忽视和弱化的。

在许多系分中，需求描述往往过于简略，这可能导致后续的系统分析、设计和开发工作缺乏明确的指导，进而增加项目的风险和不确定性。

1. 用"自己的话"提炼产品需求

很多技术人对系分中的需求描述不够重视，通常的原因是认为产品文档已经涵盖所有内容，或者简单地按照产品文档的内容抄一下。然而，在实践中，更好的做法是先以原始产品需求文字（或产品文档的链接地址）作为引用，再用技术人的语言重新描述产品需求。其原因主要有两点。

一是确保真正理解：对需求文档进行言简意赅的总结提炼，并请产品经理进行二次确认，即从源头校验偏差。

二是融入技术视角：相对产品经理注重最终效果和对客体验，技术人会更注重需求背后的实质。用技术视角重新审视需求可能会有不一样的思考和补充。

以账户转账场景为例，产品经理提出的需求是实现账户之间互转、准实时到账的功能。技术人可以重新描述需求，例如：实现两个账户之间的资金转账能力，不支持账户到银行卡的转账，转账时效要求在 5 分钟以内，吞吐量至少要支持 100 TPS（每秒事务数），服务可用性需达到 99.99% 等。

2. 用"一句话价值"定义项目目标

很多技术人可能会误以为项目目标就是实现产品需求，但实际上，产品需求只是实现项目目标的手段，而不是项目目标本身。真正的项目目标应该是解决用户实际的问题。只有清晰地提出了项目目标，技术团队才能对要解决的问题及如何解决问题达成共识。

更重要的是，清晰的项目目标意味着投入边界、测试验收，确保项目不会出现大的偏差和遗漏。这不仅是业务人员、产品经理、技术人和测试人员等各角色给出明确意见和反馈的焦点，也有助于减少项目后续的撕扯。

一般来说，业务需求驱动的项目都有两个目标：用户价值目标和技术目标。用户价值目标通常不会被忽略，因为如果解决不了用户的问题，项目验收就不会通过。然而，技术目标往往被忽略。

实践经验表明，一个明确的项目目标应当能够用一句话简洁地表达，即所谓的"一句话价值"。这并非简单地缩减项目目标的文字，而是需要深入总结和提炼，抓住核心要义。通常，"一句话价值"的表述格式为："通过建设××系统能力，实现××技术指标，达成××业务效果。"这样的表述既展现了项目所做的事情，也体现了项目完成后的技术价值和业务价值。无论项目多么复杂，其目标都应能够被精练为"一句话价值"。一个出色的"一句话价值"能够有效激发项目组成员的共鸣，增强战斗力，并在项目实施过程中，一旦目标出现偏差，能够及时进行纠正。

3. 用"用户故事"分析业务流程

用户问题可以用业务流程进行细化分析，这样做有两大好处。

让项目组达成一致认识：通过分析业务流程，项目组可以对业务操作有共同的理解，这是讨论具体改造方案的前提。

明确业务用例和用户影响：了解用户在特定场景下的操作及其对用户的影响，有助于理解业务流程中的关键环节。

梳理清楚业务流程后，团队可以知道本次改造针对的是业务流程的哪个环节，从而对影响面和风险有清晰的认识。

业务流程分析应从用户场景出发，明确用户的操作、影响，以及各参与者的角色、动作和关系。例如，在账户转账场景中，分析应该从用户进入转账页面开始，包括用户如何选择转账人，发起转账后的流程（是弹窗显示结果还是跳转到结果页面等）。

为了清晰地展示业务流程，可以使用用例图和业务流程图，并用不同颜色标记本次的变动范围。同时，配上文字说明，以确保图和文字相互校验，提供完整的业务流程描述，示例如图 2-5 所示。

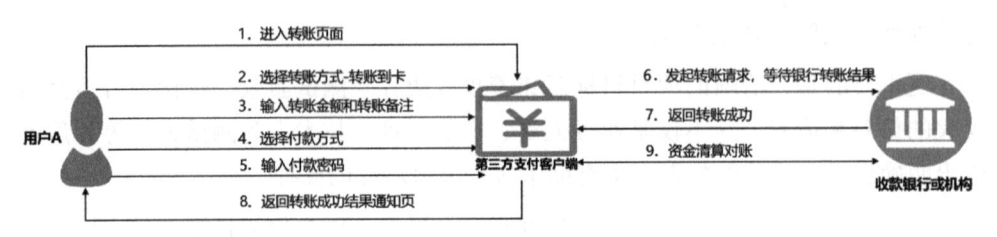

图 2-5 转账业务流程

2.2.2 下启代码

在产品需求得到确认之后，系分应接着阐述如何修改本次系分涉及的系统，以指导代码的编写。这主要完成以下三个步骤：首先，明确本系统与其他系统之间的边界和关系；其次，详细描述本系统如何进行功能性设计以满足产品需求；

最后，探讨本系统如何进行非功能性设计，以确保系统的高容量、高性能等技术指标的实现。

1. 用"功能职责"明确系统边界

当多个系统需要协作时，确定每个系统应该承担哪些功能职责常常是争论的焦点。不同的评判依据可能导致不同的结论，这些依据容易随着项目或团队情况的变化而变化，例如，工作量、风险高低或项目投入资源的充裕程度等。这些评判依据都不够稳定，无法成为长期协作的明确边界。

实践表明，比较合适的评判依据是系统的功能职责，即"应该谁做"而不是"谁可以做"。每个系统都有其特定的模型，这些中心代表了解决问题的领域，也就有了明确的功能职责。例如，在账户转账场景中，用户中心负责控制用户特征和信息，其他系统需要使用用户信息时只能从用户中心获取。这里强调领域系统获取，这确保了领域职责的纯粹性。所有关于用户账户的资金操作都应集中到账户中心进行管控，以确保账户资金的安全。

系统边界的确定有助于明确系统间的交互内容和交互方式。时序图是一种很好的方式来呈现系统间和类间的交互关系，如图 2-6 所示，且必须辅以文字说明。图文并茂不仅是为了美观，更重要的是能够起到相互校正的作用，确保图像所表达的含义与文字描述的含义相一致。

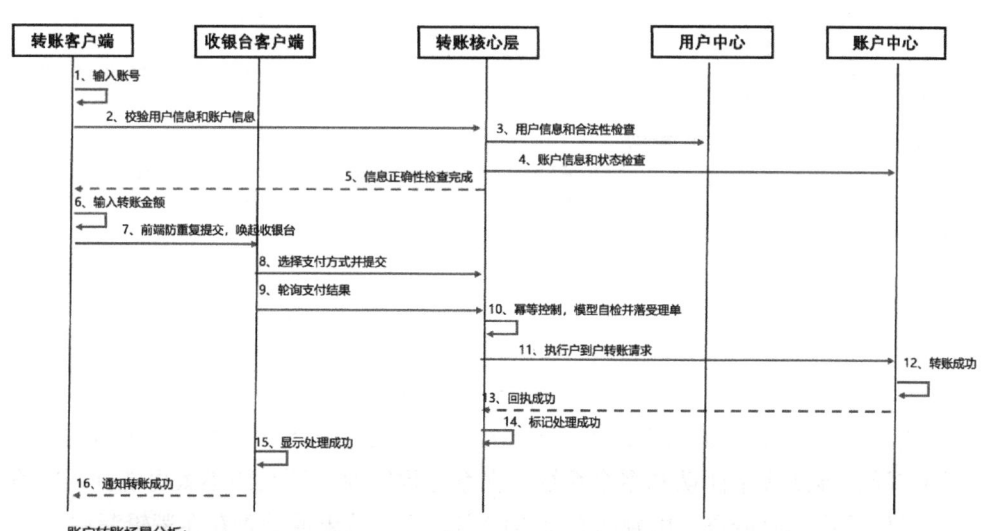

图 2-6　转账场景简化时序图

2. 用"决策思维"做功能设计

功能设计是系分的核心环节。它不仅需要直接回应产品需求，并阐述了具体的实现方案，以及选择这些方案的原因，还需要清晰地阐述不同方案的优劣，并给出取舍判断。

以配置不同支付工具额度的需求（如图 2-7 所示）为例，如果系分仅表明在代码中增加额度配置逻辑，则可能是不完整的，而应该探讨不同的实现方案，并基于项目的资源情况、系统的架构扩展性要求、架构风险控制偏好等因素，来论述选择特定方案的原因和结论。

例如，可以考虑以下方案进行额度配置。

（1）代码中硬编码：工作量少，但无扩展性，架构风险低。

（2）利用分布式资源动态配置框架：工作量中，扩展性好，但风险较高。

（3）利用配置表和缓存：工作量大，扩展性中，但架构风险低。

系分选择的方案应该基于对不同方案的全面评估，包括技术实现的可行性、系统的可扩展性、架构风险及维护成本等因素。通过这样的功能设计，可以确保项目的顺利实施，并满足业务需求。

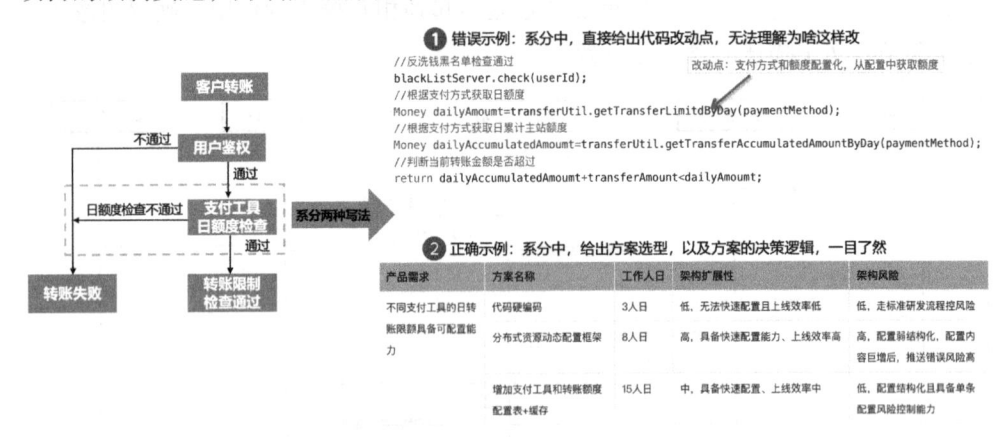

图 2-7 决策思维写系分

用"决策思维"做功能设计，对于大型项目尤为重要，因为大型项目的协作范围广泛，涉及多个团队和多个系统。在系分评审时，项目组不太可能深入审查每个具体的代码改造点，以判断其是否能实现业务效果或是否存在逻辑漏洞。

评审时，团队成员主要基于设计者的决策逻辑进行评价和反馈，要关注逻辑是否有漏洞，是否考虑了所有相关场景，是否会留下新的隐患等。因此，好的系分应该清晰地记录功能设计的决策条件、决策理由和决策结论。这个过程不仅是自我梳理和决策的过程，也是评审文档过程中集体审查逻辑和集体决策的过程。

通过这样的方法，可以确保功能设计在逻辑上严密，在实现上可行，并且在整个项目团队中达成共识。这有助于提高项目的成功率，减少实施过程中的风险和不确定性。

3. 用"用户视角"做非功能性设计

功能性需求是系统解决用户问题所必须具备的特性。例如，转账系统必须支持两个账户之间的资金互转，这是功能性需求。而非功能性需求则是指除满足用户需求外，系统所必须具备的特性。转账系统的服务可用性达到 99.99% 就是非功能性需求。

在系分中，功能设计旨在满足项目的用户价值目标，而非功能性设计则旨在满足技术目标。通常，对于非功能性需求，用户或产品经理可能难以准确提出，只有技术人通过对系统现状的分析和对业务发展的未来预估，才能挖掘出来。常见的非功能性需求包括用户操作功能的耗时体验、系统的可用性、系统的容量、系统支持业务需求的效能等。

技术人有时可能认为需求只是在原有系统上做小改动，不需要进行非功能性设计，或者由于项目时间紧张，认为非功能性设计可以后续再做。这种做法只会导致"技术债务"的积累，最终可能难以还清。系统的更新维护就像逆水行舟，不进则退。因此，在每一次业务需求改造时，都应该重新审视非功能性需求，做好非功能性设计，将系统的维护和升级分散在日常的业务需求中实现，以确保系统始终处于良好的状态，满足用户和业务的需求。

实践表明，以"用户视角"来做非功能性设计是非常重要的。以转账系统为例，从用户的角度来看，可能存在以下三类隐藏的非功能性需求。

操作耗时要求：用户希望转账操作能够快速完成，最好在秒级内到账。如果超过 1 分钟，用户就可能会感到担忧。

安全性要求：用户希望系统能够阻止将资金转账给陌生人或其他可疑人员，以保障资金安全。

可用性要求：用户希望系统随时可用，能够随时查看转账记录，并在需要时进行转账操作。系统的大面积不可用可能会引起用户的焦虑。

这些非功能性需求需要从用户的角度深入挖掘，并在系分中有相应的论述。通过这样的设计，可以确保系统不仅满足用户的功能性需求，还提供良好的用户体验和安全感。

2.2.3 守住底线

质量和风险管理是技术人永恒的话题，也是项目成功的核心，它们就如同数字"1"，而功能实现则是跟在后面的"0"。没有坚实的质量和风险管理体系，即使实现了再多的功能，也只是数量的增加，而没有任何实质性的价值。一旦生产环境出现故障，再优秀的设计、再优雅的代码也会黯然无光。

1. 用"思维导图"保证测试用例

有一种误解认为，写测试用例是测试人员的职责，而编写代码的技术人员不需要过多关注。这是一个很大的误区。首先，每个人都应对质量负责。质量问题损害的是用户价值和大家的共同利益。其次，从源头控制质量的成本最低。自己编写的代码自己最清楚，因此技术人员应承担起源头控制质量的责任。最后，从另一个角度看，编写代码自测有助于技术人员重新梳理思路，检查逻辑漏洞，避免低级 Bug 的出现。

如何定义测试用例？推荐使用思维导图，如图 2-8 所示。针对变化点穷举所有可能场景，明确每种场景的输入、输出和检查点。要做到不重不漏，就必须考虑正常流程和异常流程，同时要兼顾历史单据和新增单据的处理，还需考虑新老链路的兼容性，以及业务操作可能出现的成功、失败和未知等三种状态。最后，我们还要确保核心要素的一致性和完整性，进行平衡性检查。思维导图是一种有效的工具，它可以帮助我们很好地实现上述目标。

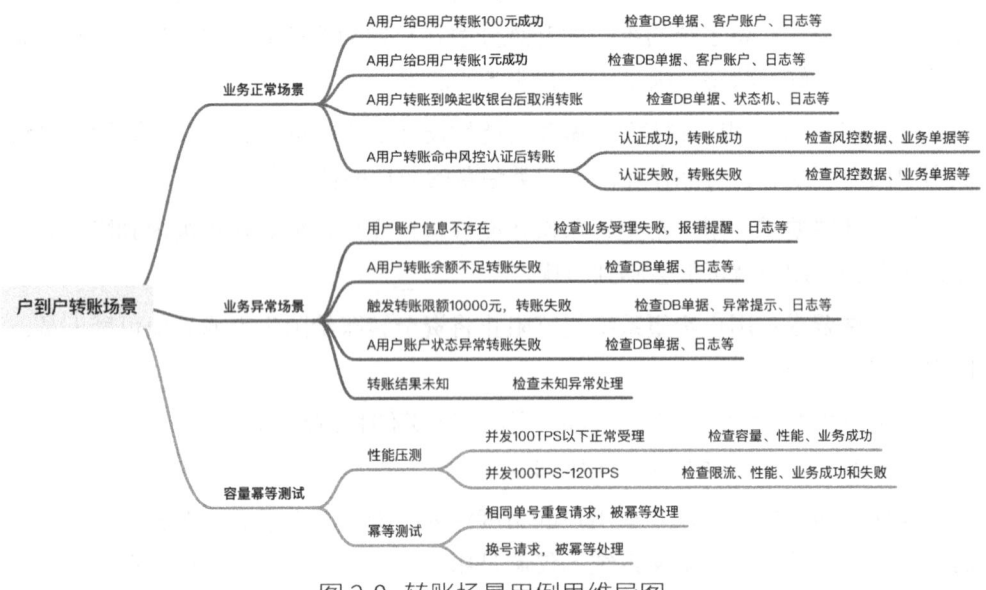

图 2-8 转账场景用例思维导图

2. 用"最坏可能"防控技术风险

"凡事预则立，不预则废"，在项目分析阶段充分考虑风险，并进行严谨的设计，这是应对风险的最佳方式。质疑"最坏可能"，考虑在无法查清原因的情况下对系统的影响，以及对用户价值的影响，然后进行兜底的防控设计，是必要的。

以实现定时任务功能的系分为例，除了正常的任务调度和执行分析设计，还应该考虑以下 4 种"最坏可能"的情况。

◎ 数据因某种原因被重复调度执行，最坏的影响是什么，怎么办？
◎ 定时任务的处理时效不符合预期，最坏的影响是什么，怎么办？
◎ 某种无法追踪的原因导致数据积压，最坏的影响是什么，怎么办？
◎ 面对短时间内无法诊断的系统缺陷导致的数据问题，要阻止这些数据的执行，应该怎么办？

在明确了上述最坏影响后，应该进一步倒推如何监控、处置，系统设计上需要做哪些约束，以及在人工流程上需要做哪些设计等。

2.2.4 精益求精

好的系分除了包含指导写代码的内容，还需要对一些细节精益求精，例如，系分修订记录、专业术语、工作量分析等。以系分的修订记录和工作量分析为例。

系分修订记录包括版本号、变更人、主要变更点说明和时间，如表 2-1 所示。良好的系分修订记录有助于追溯变更过程，并让读者清楚地知道文档是否过时。文档修订记录通常放在系分文档的最前面，任何对系分的改动都应该更新修订记录。

表 2-1 系分修订记录

版本号	变更人	主要变更点说明	时间
1.0	张三	文稿创建，完成系分框架搭建	2023/9/28
1.1	李四	完成系分示例说明，包括需求背景、兼容性分析、测试用例分析等模块 完成系分领域模型设计和接口设计	2023/10/8

工作量分析是系分中的一个重要组成部分。它不仅评估了改造点的工作量，并产出了合理的项目里程碑。更重要的是，它能够影响系分方案的选择。很多时候，单纯从合理性角度难以判断一个方案的优劣。但一旦加上时间和资源约束，就很容易评判一个项目方案的投入产出比是否足够高，是否适合在当前阶段实施。

工作量分析的最佳呈现形式是表格。通过表格，可以清晰地列出改造内容、负责人、预计人日等信息，如表 2-2 所示。单个任务的工作量最好控制在 3 人日以下，如果超过 3 人日，则需要进一步拆分任务，以防估算不准确导致实际投入与预期投入出现较大偏差。

表 2-2 工作量分析表

改造内容	负责人	预计人日
某某系统接口和模型改造	小 A	3
某某系统消息和模型改造	小 A	3
研发自测	小 A	3
质量测试	小 C	3

所有这些论述都表明，系分是项目过程中最具挑战性的工作之一。它涉及各类抉择，影响着多个协作方，并决定着项目的成败。然而，系分不可能一蹴而就，需要迭代优化，把不清楚的地方讨论清楚，把不明确的共识转化为结论。因此，写系分需要精益求精，需要对他人、系统、质量、进度和价值负责。

为了肩负起这些责任，技术团队需要总结和分享项目中的标准范式。这不仅是项目成功的关键，也是技术团队专业能力进阶的标志。

2.3 复杂项目的定海神针

上一节论述了系分在产品研发流程中的重要作用。一份优秀的系分可以帮助项目组对齐目标，确保技术方案的充分理解和认知，同时界定清楚各协作团队的边界，实现既有统一目标又能互相解耦的研发。这种松耦合的研发模式是大型组织实现敏捷研发的关键。

为了实现这种松耦合的研发模式，系分必须包含接口契约这一重要内容。接口契约明确了不同团队之间的交互方式和数据交换规范，确保了各个团队在独立开发的同时，能够顺畅地协作和集成。通过清晰的接口契约，各团队可以专注于自己的职责，同时确保整体系统的协调性和一致性，这样有助于提高研发效率，降低集成风险，促进项目的快速迭代和持续改进。

2.3.1 为什么要做接口契约

很多技术人员可能会对接口契约的重要性产生疑问。他们可能会认为，在日常研发过程中，没有特别注意做接口契约，也没有引起很大的麻烦。此外，如果系统中每个接口都有注释，那么是否还需要专门的"契约文档"呢？这种疑问主要有两个原因。

项目规模相关：在规模较小、系统交互链路简单、清晰且稳定的情况下，通过接口的注释，团队成员通常能够理解如何交互和使用。即使注释不够清晰，也可以通过快速沟通来解决。

系统复杂度相关：如果一个系统已经传承了好几代，但没有任何对外提供服务的文档说明，那么每次改动的逻辑都需要深入分析代码，这无疑会增加难度和风险。

所以在大型复杂系统上研发需要跨团队协作的需求，必定要用上接口契约文档。以某电子商务购物网站的用户购买行为为例，如图 2-10 所示。

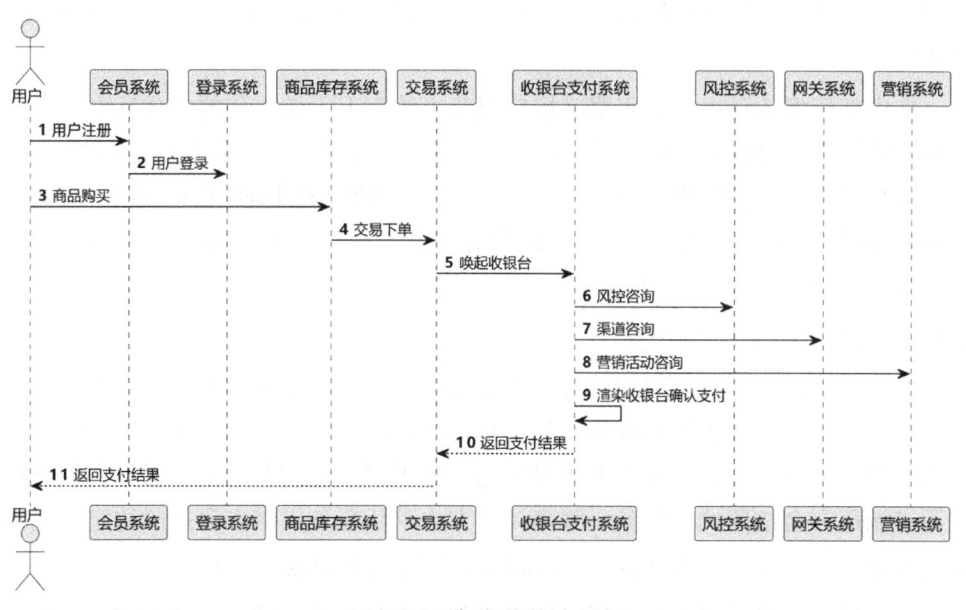

图 2-10 电商购物交互图

在图 2-10 所示的电商购物交互中，从用户注册为会员，到用户登录，再到商品购买，一共涉及 8 个系统的 11 次接口交互中，假设每个接口的使用细节确认需要 3 人日的工作量，那么全链路上仅确认接口使用的正确性就需要 33 人日。在进行端到端联调测试时，从用户登录到支付成功，每一次联调测试都需要 8 个系统在同一环境中保持稳定，每个系统的负责技术人员也都需要在线实时确保上下游及自身数据的正确性，确保每个环节都不出现错误。这样的时间和资源投入无疑是巨大的。

然而，真实场景远比上述简化示例复杂得多。在大型业务软件的研发中，仅交易下单环节就可能根据交易前、交易中、交易后和交易后台管理分为四个不同的系统交互。收银台更是根据支付方式的不同，由多个不同系统分别处理。这些还只是冰山一角，在交易流程之下，还有账务核算系统、清算系统、计费系统等。在一笔完整的交易链路上，涉及的系统可能接近一百个，接口数量更是成百上千。面对如此复杂的系统交互链路，如果每个接口都需要人工确认，研发活动将难以进行。

在大厂中，这种规模的研发活动基本是常态。如果不能很好地解决协作问题，将会在无意义的对焦会议上大量消耗人日资源。要解决这个问题，不需要华丽的招数，而是要回归到最纯粹、最基础的接口的定义与约束上。例如，与支付宝、微信支付等机构集成时，他们通常会提供一个标准的 PDF 文档来阐述接口的入参、出参、错误码等，方便服务调用方使用。服务提供方需要保证文档内容的准确性，而服务调用方需要确保遵循使用规范，这实际上是对双方行为的一种约束，也是权责关系的体现。

在内部研发活动中，利用明确接口规范来约束上下游协作的方式反而较少。系统边界与职责、接口调用规范与约束等关键问题，如果没有在接口契约环节明确，那么这些问题最终会在对焦会议或端到端联调测试的问题排查中被迫解决。因此，前期投入时间和精力在接口契约的明确和规范上，实际上是一种能力的体现，而后期再投入则可能被迫转化为技术焦虑。

1. 接口契约在研发中的价值

从实践经验上，接口契约具有两个重要的价值：研发解耦和质量栅栏。接口契约作为团队协作边界的承载物，其定义清晰且讨论明确，后续研发过程中只需要按照约定行事，无须反复争辩边界问题，也无须担心细节问题。服务提供方默认服务调用方会按照约定传参，服务调用方也默认服务提供方会按照约定提供稳定的服务，这样双方就可以按照自己的节奏研发业务功能，无须互相等待。

不仅代码研发可以实现解耦，还可以省去不必要的端到端联调测试。端到端联调测试是非常耗费精力的过程，在大型项目研发中通常需要占据 15%~20% 的精力。然而，有了接口契约的约定，只要服务提供方保障接口契约定义的准确性，服务使用方保证自己的使用场景和入参的准确性，就可以保障接口的出参返回值和业务结果的正确，不再需要进行联调测试，从而有效提升整体的研发效率。

沿着"去联调测试"的思路推演，可以发现，服务提供方为了确保服务的持续准确性，需要针对接口契约定义的入参、出参和错误码设计对应的契约测试用例。这些测试用例是确保在规定的契约输入情况下，服务能够得到对应的结果，从而保证系统的服务质量。

这一套契约测试用例是建立系统质量栅栏的关键。通过这些测试用例，可以确保系统的关键部分在重构过程中仍然能够保持稳定性和可靠性，减少重构带来的风险。

很多运行多年的系统旧代码之所以不敢轻易重构以减轻技术负债，核心原因就是缺乏能够保障质量的手段，担心改动可能会破坏系统的运行逻辑。然而，有了这套接口契约及相应的契约测试用例，就能够很好地支持系统重构，快速甩掉系统的技术负债。

2. 接口契约并不是新概念

接口契约的概念并非新鲜事物，从软件研发的早期开始，技术人就在定义规范和接口约束。接口契约的楷模就是 JDK 自带的说明文档。它清晰地对不同版本的 JDK 中提供的对象、属性、方法进行了说明。

回想一下我们学习 Java 的过程，一旦遇到某个不确定的函数或方法，最可靠的选择往往是打开 JDK 的官网文档进行查阅，以确保对函数或方法的适用场景和结果有正确的理解。例如，我们以 JDK 20 中的 String.format 函数为例，如图 2-11 所示，可以通过查阅 JDK 文档来了解该函数的使用方法、参数、返回值，以及可能出现的异常情况。这样的文档对于确保代码的正确使用和理解至关重要。

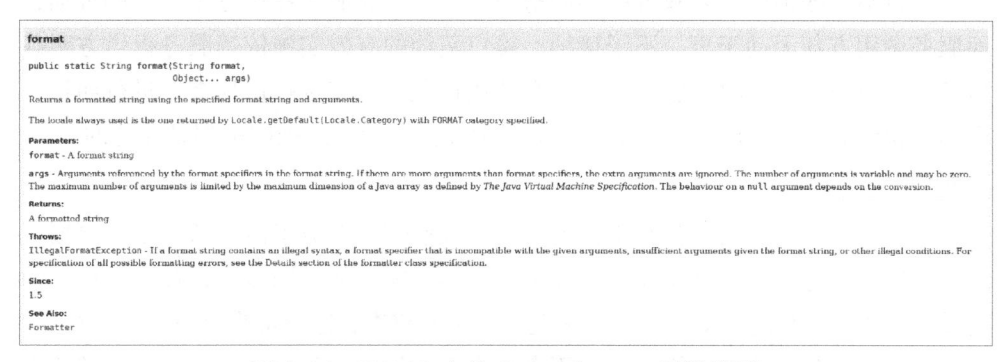

```
format

public static String format(String format,
                            Object... args)

Returns a formatted string using the specified format string and arguments.

The locale always used is the one returned by Locale.getDefault(Locale.Category) with FORMAT category specified.

Parameters:
format - A format string
args - Arguments referenced by the format specifiers in the format string. If there are more arguments than format specifiers, the extra arguments are ignored. The number of arguments is variable and may be zero. The maximum number of arguments is limited by the maximum dimension of a Java array as defined by The Java Virtual Machine Specification. The behaviour on a null argument depends on the conversion.

Returns:
A formatted string

Throws:
IllegalFormatException - If a format string contains an illegal syntax, a format specifier that is incompatible with the given arguments, insufficient arguments given the format string, or other illegal conditions. For specification of all possible formatting errors, see the Details section of the formatter class specification.

Since:
1.5

See Also:
Formatter
```

图 2-11 JDK 20 中的 String.format 函数说明

JDK 文档中的 String.format 函数说明是一个很好的接口契约示例。文档首先对 String.format 函数的整体效果进行了说明，指出它提供了在指定格式下对输入字符串进行格式化的功能。接着，在 Parameters 部分对所有的入参进行了逐一说明，包括如何填写和遵循的规范。

对于出参，Returns 部分进行了详细的描述。此外，接口契约还包括对已知和未知的错误进行处理和反馈的部分，这在 Throws 部分进行了说明，提示服务调用方应该对可能抛出的 IllegalFormatException 异常进行充分的识别和处理。

最后，对于多版本接口，文档明确了该文档内容描述符合的版本。通过这样的文档说明，我们可以放心地使用 String.format 函数，并对预期的结果有十足的把握。

这个例子表明，接口契约并不是新概念，已在我们日常的编码活动中无处不在。然而，难的是如何在日常编码中做到像官方文档一样清晰地定义每一个接口实现，确保其无二义性、有效性和可维护性。这需要我们在编码及文档编写中投入更多的关注和努力。

2.3.2 实施接口契约的难点

实施接口契约这一理念表面上看似无懈可击，却在实际应用中遭遇了重重阻力，其背后原因颇为复杂。具体而言，主要面临如下三大挑战。

1. 接口契约认知的缺失

接口契约认知的缺失是一个普遍存在的问题，这主要因为人们习惯于通过直观的方式验证系统功能的正常是否。在几乎所有中大型项目中，都会有一个全链路端到端联调测试环节，用以确认功能的准确性。这种方法既直观又易于实施，因此成为首选。然而，这种惯例式做法却使得接口契约难以得到重视和应用。

接口契约的推广需要双方的共同努力，不能仅靠服务提供方单方面的推动，而服务调用方却无动于衷、不予接纳。接口契约的有效实施依赖服务提供方明确地定义接口契约，同时，服务调用方在使用过程中应持续提供反馈并进行纠正，以形成积极的互动循环。任何单方面的努力在接口契约的推广中都是徒劳的。

2. 显性投入过高

长期以来，由于接口契约工作的缺失，人们普遍形成了研发活动不需要接口契约的固有观念。在实际操作中，如果一个项目需要使用旧接口，按照接口契约的要求，就需要对这些接口的历史情况进行全面审查，这通常难以被项目组接受。尽管项目组清楚，这些分析工作并不会因为不使用接口契约而减少，而是转移到会议沟通、故障排查甚至生产环境故障应急中，这种显性投入仍然会引发抵触情绪。许多团队在接口契约推行上的半途而废，很大程度上就是由此造成的。

此外，接口契约的效益特别依赖规模。即使某些系统已经实施了接口契约，项目组出于谨慎，往往仍会进行端到端联调测试。因此，在未达到足够规模效应之前，接口契约的实际作用是有限的。

3. 公地悲剧

在某种程度上，接口契约的规范化运作带来的全局收益远超过个人收益。例如，某次改动可能只是微小的调整，通过接口的扩展参数传递值，或者在代码中添加一个简单的条件判断就能解决。然而，如果遵循接口契约，就必须慎重考虑是否需要升级接口，是否需要更新接口契约文档，这无疑会增加当前研发工作的成本。这种现象体现了"公地"悲剧：尽管大家都将从接口契约（公地）中受益，但个人却不愿承担相应的代价。

尽管实施接口契约面临诸多挑战，但对于大型技术组织来说，这无疑是正确的选择。一旦确定了方向，所面临的困难就变成了待解决的问题，而任何被明确定义的问题都有相应的解决方法。

2.3.3 接口契约应该怎么做

接口契约的推广实施可以划分为两个主要部分：首先是针对现有接口的契约制定，其次是针对全新接口的契约创建。控制新增契约，同时对存量问题进行持续治理，是一种常见且有效的工作策略。

1. 存量接口还原事实

许多技术团队在梳理存量接口契约时，常常担心所制定的契约不符合未来业务发展的需求，这是一个常见的误解。实际上，对于存量接口契约的整理，其目的在于客观地记录当前的事实，而不必过分关注契约的合理性或其是否满足未来业务的需求。

从某种角度来看，接口契约的核心并非在于使接口变得更加合理，因为这涉及对业务需求的理解、领域模型的抽象及技术的前瞻性判断等多方面因素。接口契约的主要作用是，明确服务提供方和服务调用方之间的权责关系，并就此达成共识。

因此，对于存量接口的契约，应专注于反映服务提供方所承诺的内容和服务调用方需要遵守的规范，将当前的事实真实地体现在接口契约文档中。这样做可以显著降低团队推行接口契约的难度。

2. 新增接口立好规则

对于存量接口的治理需要持续进行，同时，新增加的接口必须遵守明确的规则，以避免再次陷入存量接口治理的困境。实际上，新接口的规则同样适用于存量接口契约的升级和治理。总的来说，制定接口契约的重点在于清晰地表达契约承诺。以支付接口设计为例,说明如下。

无二义性的字段说明:接口契约文档中的字段业务含义必须明确无误,需要精确描述每个参数的具体业务语义、是否为必需项、传值范围及其作用。如果字段之间存在逻辑关系,也必须特别指出。例如,在图 2-12 中展示的 pay 接口,每个请求体参数都有清晰的业务语义说明。以 paymentRequestId 字段为例,文档中指出该字段最大长度为 128 个字符,用于系统进行业务幂等性处理,即如果收到相同的 paymentRequestId,系统将视为重复请求。

```
Request parameters

order  Order object  REQUIRED
The order details that are agreed upon by the buyer and the merchant, including the information about the buyer,
the merchant, the goods, the initial order amount, and so on. The order details are displayed in purchase records
and used for risk and regulatory reporting.

paymentRequestId  String  REQUIRED
The unique ID that is assigned by the merchant to identify a payment order.

• This field is an API idempotency field.For requests that are initiated with the same paymentRequestId,
  it regards the requests as repeated and processes the requests only once. Acquirer checks the consistency
  of the following key request parameters: paymentAmount,
  paymentMethod.paymentMethodType, and order.orderAmount. If any of their values is different from
  that in the previous request, it returns the REPEAT_REQ_INCONSISTENT result code.
• Maximum length: 128 characters.
```

图 2-12 清晰简明的入参示例

明确的业务处理结果结构体:接口处理的最终业务结果往往是接口契约中被忽视的部分,而生产环境中许多故障正是由于对业务处理结果的理解不一致所导致的。如图 2-13 所示,契约中包含了业务处理结果 Response parameters 的信息,例如 paymentId、paymentTime 等;更重要的是,它包含了详细的 result 结构体信息。例如,result.resultStatus 中的 S 状态表示支付处理结果成功,如图 2-14 所示。然而,许多接口契约在此处存在缺陷,因为它们没有明确区分成功是指业务处理成功还是系统交互的成功,这是导致严重生产环境故障的根本原因。在同步受理而异步处理的接口中,返回的 S 状态通常仅表示系统交互成功,而不代表业务处理的成功。如果接口契约未能清晰定义这一点,服务调用方可能会误认为业务处理已经成功,这将成为代码上线后的故障隐患。

Response parameters

result Result object **REQUIRED**

The result of the business processing, including the result status, result code, and result message. For more information about how to handle the result of the **pay** API, see *How to handle the result*.

Show child parameters

orderId String

The unique ID that is assigned by Acquirer to identify an acquiring and payment request

This parameter is returned by Acquirer if the value of the *result.resultCode* parameter is SUCCESS, which means that the payment succeeds.

- Maximum length: 128 characters

paymentId String

The unique ID that is assigned by Acquirer to identify a payment order.

This parameter is returned by Acquirer if the value of the *result.resultCode* parameter is SUCCESS, which means that the payment succeeds.

- Maximum length: 128 characters

paymentTime Datetime

The date and time when the payment order reaches a final state.

This parameter is returned by Acquirer if the value of the *result.resultCode* parameter is SUCCESS, which means that the payment succeeds.

- The value follows the **ISOXXX** standard format. For example, "2024-11-27T12:01:01+08:00".

图 2-13 响应结果详细说明示例

result.resultStatus	result.resultCode	Payment status	Actions
S	SUCCESS	Payment succeeds.	Update the status at the ACQP side.
F	Multiple possible values exist, such as ACCESS_DENIED, BUSINESS_NOT_SUPPORT, etc.	Payment fails.	Take actions according to the result code.
U	PAYMENT_IN_PROCESS	Payment is in processing.	Call the **inquiryPayment** API to inquire the payment result. You can send the **inquiryPayment** request 5 to 10 times within 60 seconds.
U	Values other than PAYMENT_IN_PROCESS	Unknown.	Retry the same request. Ensure that the value specified on the *paymentRequestId* parameter is the same as the one specified in the previous request.

图 2-14 错误码处理说明示例

清晰完整的调用样例：仅仅提供接口定义可能不足以让服务调用方完全理解接口的使用方法，最有效的方式是提供具体的示例。如图 2-15 所示的是请求报文（Request Body）的示例，而图 2-16 展示的是响应报文（Response Body）的示例。明确的请求和响应报文示例不仅有助于服务提供方根据这些示例模拟（mock）报文来验证自身服务逻辑的准确性，同时也有助于服务调用方根据这些示例实现模拟代理，从而获得符合契约的返回参数，实现服务调用方和服务提供方在研发过程中的解耦。

Request Body

```json
payment request                                                JSON  复制代码
1 ▾ {
2       "paymentNotifyUrl": "https://xxx.inc.payment.net/api/paymentNotify.htm",
3       "paymentRequestId": "pay_12435342323234_6787564344223",
4 ▾     "paymentFactor": {
5           "isAgreementPayment": "true",
6           "presentmentMode": "UNIFIED"
7       },
8 ▾     "order": {
9           "referenceOrderId": "234534232424",
10          "orderDescription": "CUPS",
11 ▾        "orderAmount": {
12              "currency": "JPY",
13              "value": "1000"
14          },
15 ▾        "merchant": {
16              "referenceMerchantId": "M0000000032432401",
17              "merchantName": "UGX",
18              "merchantMCC": "5411",
19 ▾            "merchantAddress": {
20                  "region": "JP",
21                  "city": "xxx"
22              }
23          },
24 ▾        "env": {
25              "terminalType": "APP",
26              "osType": "IOS"
27          },
28 ▾        "buyer": {
29              "referenceBuyerId": "324324232423423"
30          }
31      },
32 ▾    "settlementStrategy": {
33          "settlementCurrency": "JPY"
34      },
35 ▾    "paymentAmount": {
36          "currency": "JPY",
37          "value": "100"
38      },
39 ▾    "paymentMethod": {
40          "paymentMethodType": "CONNECT_WALLET",
41          "paymentMethodId": "281010033AB2F588D14B43238637264FCA5A1234"
42      }
43  }
```

图 2-15 请求报文示例

Response Body

```json
payment response
1 ▾ {
2      "acquirerId": "20242281000000000034232132",
3 ▾    "result": {
4          "resultCode": "PAYMENT_IN_PROCESS",
5          "resultStatus": "U",
6          "resultMessage": "The payment in process."
7      },
8      "paymentId": "20190608114010800100188820223423423",
9      "mppPaymentId": "pay_1089764324234270_102772345070001",
10 ▾   "paymentAmount": {
11         "value": "1000",
12         "currency": "JPY"
13     },
14     "paymentTime": "2024-04-08T14:48:50+08:00",
15     "customerId": "208812211210000",
16     "pspId": "1022088000000000000",
17     "walletBrandName": "walletName",
18 ▾   "settlementAmount": {
19         "currency": "JPY",
20         "value": "1000"
21     }
22 }
```

图 2-16 响应报文示例

3. 统一管理接口契约

接口契约是一个持续性的工程，需要不断克服破窗效应[1]。每一代负责系统的技术人都需要持续维护和更新接口契约。如果接口契约只是零散的文档片段，那么显然无法有效管理。然而，也没有必要开发一个独立的系统来承载接口契约。例如，AlipayPlus 官网的做法就是一个不错的选择：提供一个统一的空间来存放接口契约文档，建立明确的接口契约发布机制及其纠正和更新机制。

接口契约不仅强调规模化的重要性，也关注边际收益。在系统的最初顶层设计阶段就应制定好接口契约，并在后续的研发迭代中养成良好的习惯，始终以接口契约为中心来界定研发边界和权责。这样，就能形成接口契约的规模化效益。这是大型组织实现敏捷研发的有效协作机制，也是大型组织走向高效协作的必由之路。

---

[1] 破窗效应（Broken Windows Theory）是一个社会心理学理论，最初由詹姆斯·威尔逊（James Q. Wilson）和乔治·凯林（George L. Kelling）在 1982 年提出。这个理论认为，环境中小的缺陷和不良现象，如破窗、涂鸦、废弃车辆等，如果不被及时修复或处理，会给人传递一种无人关心和失序的信号，从而可能导致更多的犯罪或不良行为，因为这些行为看起来不会受到惩罚或关注。破窗效应强调了环境对人们行为的影响，以及维护秩序和整洁对于预防犯罪的重要性。

第 3 章
领域建模：技术人都该是设计师

在软件研发领域，领域建模（Domain-Driven Modeling，DDM）作为一种高效的方法，已经被广泛采用。掌握了 DDM 就像掌握了内功，通过不断的实践和应用，我们能够逐步深化对业务的理解、提升结构设计能力，以及加强对关键环节的控制。

接下来，让我们一起深入探索领域建模的奥秘，掌握其核心要义，发挥其巨大价值，并理解其局限性。

3.1 练成领域建模这一神功

模型是经验的抽象集合，如谚语、公式、定理、方法等实际上都是模型，如图 3-1 所示。模型是我们理解世界的方式。例如，在文化领域，"人无远虑，必有近忧"是模型；在数学领域，"正态分布"是模型；在科学领域，"爱因斯坦场方程"是模型；在经济领域，"边际收益递减"是模型；在金融领域，"投资不可能三角"是模型在计算机领域，架构模型、算法模型、网络协议模型等更是多得难以计数。

模型是对现实世界的简化、抽象和形式化，是处理特定问题有价值经验的积累。没有模型，我们很难进行深入思考。然而，比仅仅掌握现有模型更重要的是能够自己创建模型。

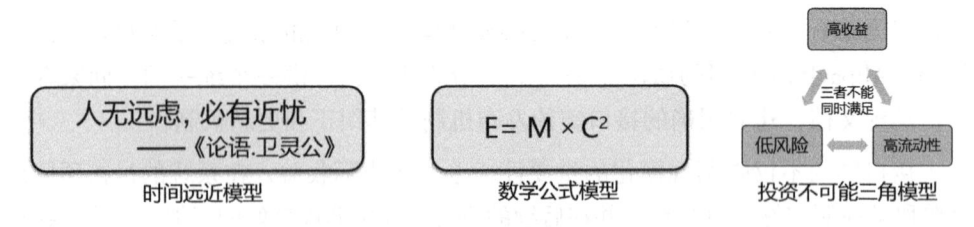

图 3-1 各种模型

3.1.1 领域建模易筋洗髓

在金庸的小说中，易筋洗髓是九阳神功练成后的境界，它不仅能让内力迅速增长、无穷无尽，还能使普通的拳脚招式发挥巨大的攻击力。此外，它还能大幅提升速度，自动护体，反弹外力攻击，使人百病不生，诸毒不侵。最神奇的是，它能让人融会贯通各种武学体系，使天下武学皆可为我所用。

这与领域建模对技术人的影响相似。掌握领域建模的能力，不仅能够从业务表象中洞察本质，从复杂关系中找到脉络，还能从模糊的描述中抓住关键。它是技术人从编码走向架构的必备内功。

同样，领域模型对于系统来说也至关重要。领域模型就像是系统的核心，系统通过它来提供各种外部服务。因此，系统的服务质量、效率和风险都直接受领域模型的影响。

3.1.2 领域模型的模型

领域模型包含三个核心要素：目标、实体和关系，如图 3-2 所示。目标指的是问题域，即任何模型都是为了回答某个问题，这也意味着领域模型是有明确边界的。实体是客观存在的、可相互区分的对象。强调客观性，一方面是为了准确描绘客观世界，另一方面是因为只有真实存在的事物才能被精准认知。关系则是指实体之间的依赖、关联、继承、聚合、组合等。关系使得实体不再孤立，也使得实体成为更高层次有机体的组成部分。

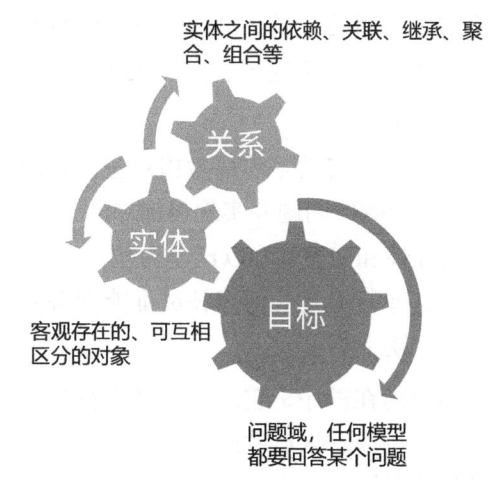

图 3-2 领域模型的核心三要素

总体而言，领域模型是有边界的、有机的、分层的，并且遵循成熟范式的。

1. 实体构成的必备六大要素

实体是领域模型的基本构成单元，其定义的准确性直接影响着领域模型的质量。我们也许没办法一下子回答"某个实体对不对"的问题，但我们能够快速回答"某个实体坏不坏"的问题。如果实体没有包含全六大要素，那它大概率就是坏的。这六大要素包括属性、行为、状态机、完整性检查、平衡性检查，以及核心逻辑计算，如图 3-3 所示。

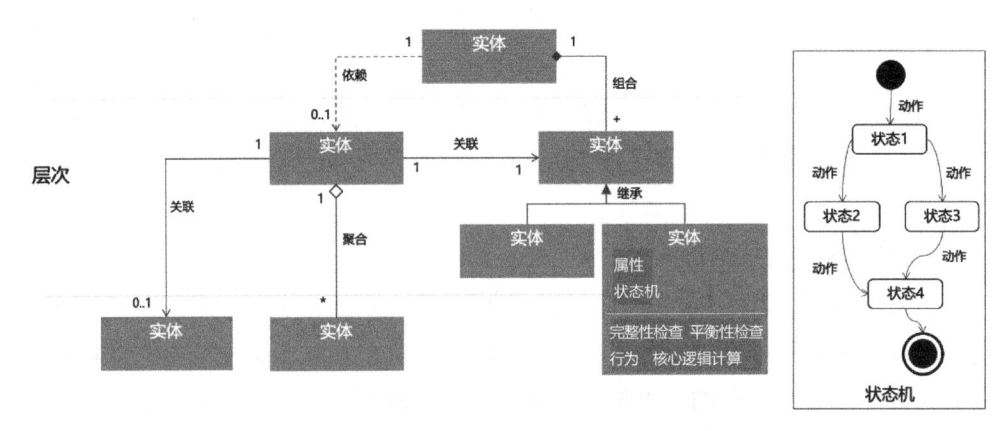

图 3-3 领域模型必备六大要素

属性：实体的特征值应与真实世界相呼应，并使用业务语言进行描述。属性可以进一步分为自有属性和关联属性。自有属性定义实体自身的特征，而关联属性则定义实体与其他实体之间的关系。例如，汽车的自有属性包括颜色、尺寸、车型等，而其关联属性则可能包括轮子、发动机等，并且需要明确描述汽车有4个轮子和1个发动机等关系。

行为：实体的行为应与真实世界的行为相对应，并使用业务语言进行描述。只有明确了行为，实体才能响应问题并实现目标。由于实体需要对外界产生影响，因此行为特别强调可交互性和完整性。以汽车为例，汽车的行为包括启动、挂挡、行驶、制动、关停等。这些行为是任何驾驶员都能理解和操作的，它们共同构成了一个完整的行为闭环，缺一不可。

状态机：这是实体的内在秩序，它决定了某个行为是否可以进行，以及行为完成后会发生什么变化。例如，未启动的汽车不允许挂挡，更不能行驶；已挂挡的汽车不能进入待行驶状态等。

完整性检查：这是实体的行为保证，它确保行为的输入和输出的完整性、合法性、准确性等。例如，汽车行驶前必须确保有轮子，并且这些轮子都要被充满气。在汽车启动时，系统会对模型的关键点进行自检，以确保模型的完整性，然后才提供行驶服务。

平衡性检查：这是实体的整体性保证。实体通常包含多个属性，并关联多个其他实体。作为一个有机整体，实体需要能够检查自身是否处于正确状态。例如，档位与车速之间必须满足特定的匹配关系。

核心逻辑计算：这是实体的内核。实体的性能取决于这一内核。例如，汽车的动力系统驱动就是其内核之一。

2. 领域模型的预期效果

每个领域模型都可以被视为一个故事，这个故事是对业务本质的深刻洞察。它通过抽象封装和逻辑分层，实现了对复杂世界的简化；通过结构定义和核心聚焦，实现了对现实世界的掌控；通过属性行为和业务语言，实现了与真实世界的紧密联系。例如，汽车可以被简化为具有四个或四个以上轮子、由发动机驱动、可载人或载货的交通工具。

最重要的是，领域模型是形成共识和推动大规模协同的关键工具。当所有人对汽车模型有了共同的认识时，就可以在设计、生产、销售、维修等各个环节建立有效的沟通语言。接下来，我们将探讨如何建立领域模型。

3.1.3 领域建模的普适四招

领域建模是一个过程，首先针对特定问题的所有相关方面进行抽象，其次，统一问题描述语言，以抓住问题的本质。最后，将复杂网状的事务进行结构化整理，建立实体间的关系，定义实体的结构和行为，以准确地表达业务含义。

尽管不同的人面临的问题和环境各不相同，但领域建模的基本方法是普遍适用的。每个方法的关注点也是一致的。我将这些方法定义为领域建模的普适四招，如图 3-4 所示。

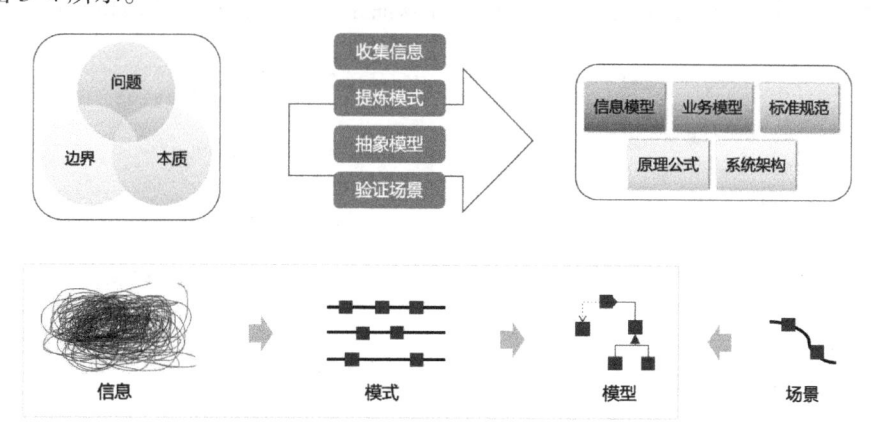

图 3-4 领域建模的普适四招

1. 第一招：从问题出发，收集信息

有人将认知分为四个层次：数据、信息、知识和智慧。数据是原始的、未经加工的事件、经历和现象，它们缺乏意义、组织和结构。信息是经过分类、结构化、有目的和加工处理的数据。知识是模型化的、有组织的信息，能够解释和预测现象。

智慧是对知识的选择性应用，懂得在多种可能性中选择最佳模型。我们的第一招是从问题出发，收集信息。这个过程包括以下五个步骤。

明确问题：问题的范围可以大，也可以小，但必须真实存在。

描述问题：收集与问题相关的所有数据，力求全面。

定义信息：在确认数据完备的基础上，对数据进行分类，并从多个维度和视角进行定义。关键在于确保数据在同一维度上的统一性。

统一信息：确保信息的标准化，与实际业务一致，并采用统一的表达方式。

还原问题：通过将问题重新呈现，检查信息是否能够清晰地描述问题，这是保证信息逻辑自洽的有效方法。

以设计账务记账系统为例，缺乏账户模型会导致多种问题。我们可以从问题出发，明确模型的关键属性。例如，缺乏账户模型可能导致账户余额的记录不准确，需要通过记账明细进行汇总才能得出账户余额。此外，查询特定账户的明细可能效率低下甚至几乎不可能，因为数据库没有为账户建立索引。确定资金变动的相关方也可能变得困难。通过解决这些问题，我们可以明确账户模型的关键属性，包括账号、余额、记账明细，以及明细中的时间戳、对方账户等信息。

在现实世界中，账户的余额不会无缘无故地消失或增加，它只会从一个账户转移到另一个账户。基于这些信息，我们可以抽象出一个领域模型，如图3-5所示。

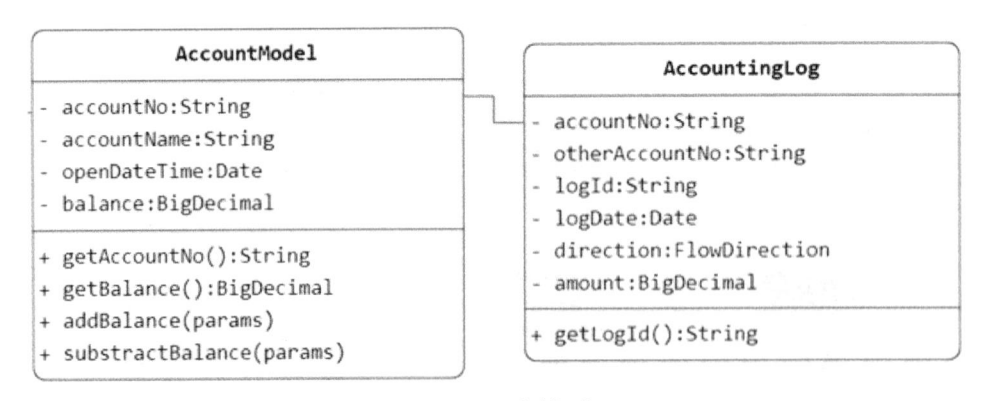

```
┌─────────────────────────────────┐         ┌─────────────────────────────────┐
│         AccountModel            │         │         AccountingLog           │
├─────────────────────────────────┤         ├─────────────────────────────────┤
│ - accountNo:String              │─────────│ - accountNo:String              │
│ - accountName:String            │         │ - otherAccountNo:String         │
│ - openDateTime:Date             │         │ - logId:String                  │
│ - balance:BigDecimal            │         │ - logDate:Date                  │
├─────────────────────────────────┤         │ - direction:FlowDirection       │
│ + getAccountNo():String         │         │ - amount:BigDecimal             │
│ + getBalance():BigDecimal       │         ├─────────────────────────────────┤
│ + addBalance(params)            │         │ + getLogId():String             │
│ + substractBalance(params)      │         │                                 │
└─────────────────────────────────┘         └─────────────────────────────────┘
```

图 3-5 账户模型

AccountModel 是账户的基础模型，它存储了账号、账户别名、账户开户时间和账户余额等关键信息。

AccountingLog 是记账明细模型，它存储了记账账户、记账明细 ID、对方账号和记账金额等信息。

2. 第二招：实例推演，提炼模式

围绕具体问题，从问题的实例出发，观察实例中各参与者的核心特征和行为。通过对这些特征和行为的归类，可以提炼出具有普遍适应性、稳定性和可操作性的模式。在提炼模式时，应从多个维度进行展开，抓住关键点，避免只看到局部而忽视整体。

模式提炼完成后，一种有效的验证方法是与多方进行对话，并尝试将新模式应用于新的案例中进行验证。

以账户模型为例，在运行过程中可能会发现存在热点账户问题，即某个账户由于频繁记账而成为性能瓶颈。通过对系统中所有存在账户热点的账户的特征和行为进行分析，可以找到突破点。

从记账金额来归类：

（1）一些账户可能表现出频繁的一进一出，但在日终时，其实际余额并没有显著变化。

（2）另一些账户则以频繁的资金流入为主要特征，资金流出可能表现为周期较长的大额流出，但总体上流出金额小于流入金额。

（3）还有一些账户的记账模式不规律，部分时段流入金额大于流出金额，而其他时段则相反。

从账户属性来归类：

（1）记账频率极高的账户，通常是值得信赖的大客户或用于内部资金管理的账户。这类账户具备一定的资金安全保障。

（2）大多数账户属于记账频率一般的普通账户。

通过整合记账金额归类和账户属性归类这两个维度的信息，可以推演出一个可能的操作模式：记账未必完全需要实时更新余额。对于某些场景下的特定账户，可以采取延迟更新余额的策略，以在余额准确性和记账效率之间找到平衡点：

◎ 对于资质较好的，可以采取延迟记账，在保证风险可控的前提下提升性能。这种模式称为延迟记账模式。

◎ 对于账户资质一般的账户，仍然走普通的实时记账，这部分不影响大局，不用冒风险提升性能。这种模式称为实时记账模式。

3. 第三招：结构分析，抽象模型

模式提炼后，我们对要回答的问题就有了基本的认知。从模式的参与者互动中，我们可以识别出实体，以及它们之间的关系，并构建实体的层次结构。在此基础上，我们可以不断细化实体的内部结构。在筛选实体时，应选择那些最接近真实、最简单的内容。找到那些稳定不变、必需的元素，并遵循"如无必要，勿增实体"的原则。针对上述账户模型，我们可以进一步进行结构化分析，根据记账的时效性，抽象出以下模型。

实时记账模型：这是所有账户默认遵循的记账策略，风险最低，但记账性能较差。

准实时记账模型：针对账户资质较好的账户，采用准实时记账策略，平衡记账风险和记账性能。

日末记账模型：针对内部资金管理类账户，采用日终汇总记账策略，以实现记账性能的最大化，但这种策略风险较高，因此必须严格控制。

基于上述的结构分析，我们需要在原有的 AccountModel 和 AccountingLog 模型基础上，加上记账策略模型，如图 3-6 所示。

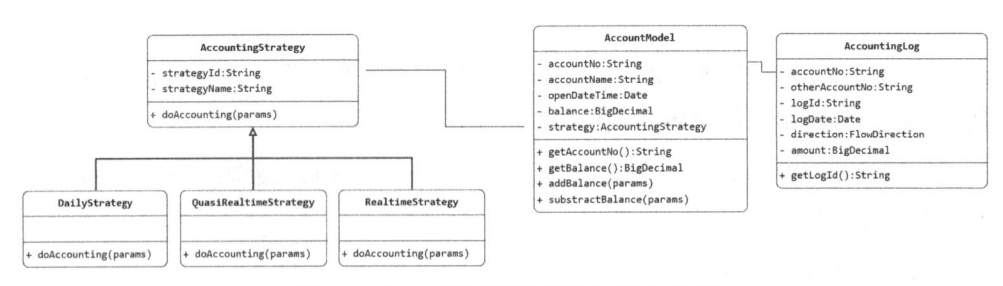

图 3-6 加上记账策略模型的账户模型

4. 第四招：真实还原，验证场景

领域模型建立后，具备了解释真实世界的能力。以提炼出的模式为指导，从真实案例出发，用领域模型演绎多种场景。场景可以具有一定的扩展性。关键在于在边界范围内尽可能全面地覆盖，同时保持脚踏实地，避免脱离实际。

在完成新的模型抽象后，需要重新回到真实的业务场景中，从源头验证领域建模的准确性，避免陷入纯逻辑推演。将记账策略模型应用于真实场景时，需要从策略配置的源头进行论证：

◎ 谁在何时配置记账策略？
◎ 谁来判断哪些账户适合哪种记账策略？
◎ 如何防范记账策略配置错误带来的风险？

从这些源头进行论证后，我们会发现仅拥有核心模型是不够的，还需要有配套的配置模型来规避风险。图 3-7 所示的示例通过引入配置模型来判断每个账号的适用记账策略。配置模型中记录当前账号的记账策略呈生效或失效状态，并通过记录表来记录操作人和变更历史，确保变更记录的完整性。同时，在激活记账策略时，通过账户模型中的账户类型来统计对应类型的历史动账记录规律，判断是否符合当前策略，从而实现记录变更和策略生效的检查。

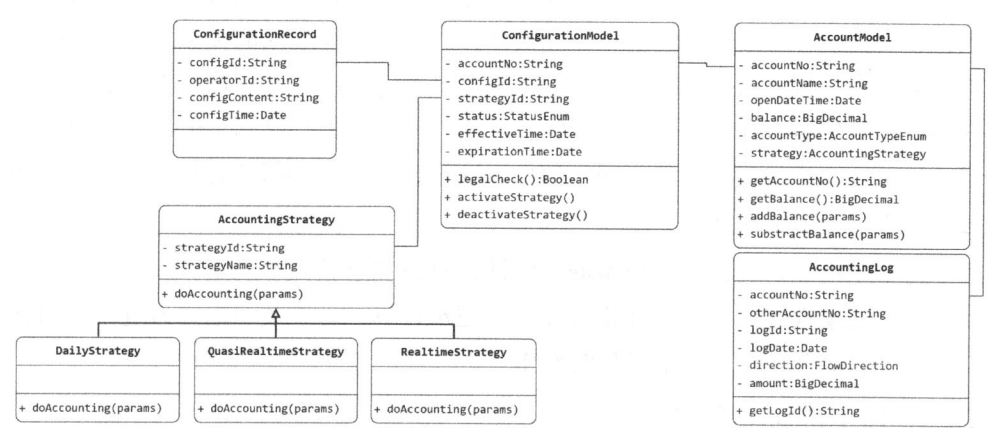

```
ConfigurationRecord
- configId:String
- operatorId:String
- configContent:String
- configTime:Date

ConfigurationModel
- accountNo:String
- configId:String
- strategyId:String
- status:StatusEnum
- effectiveTime:Date
- expirationTime:Date
+ legalCheck():Boolean
+ activateStrategy()
+ deactivateStrategy()

AccountModel
- accountNo:String
- accountName:String
- openDateTime:Date
- balance:BigDecimal
- accountType:AccountTypeEnum
- strategy:AccountingStrategy
+ getAccountNo():String
+ getBalance():BigDecimal
+ addBalance(params)
+ substractBalance(params)

AccountingStrategy
- strategyId:String
- strategyName:String
+ doAccounting(params)

DailyStrategy
+ doAccounting(params)

QuasiRealtimeStrategy
+ doAccounting(params)

RealtimeStrategy
+ doAccounting(params)

AccountingLog
- accountNo:String
- otherAccountNo:String
- logId:String
- logDate:Date
- direction:FlowDirection
- amount:BigDecimal
+ getLogId():String
```

图 3-7 通过配置模型管理记账策略

3.2 领域模型神功可护体

在编程领域，特别是金融级别的安全保障，有三个"强"标准。

（1）成体系、能掌控：建立多层次的质量防护网，每层防护关注特定方面，但相互之间应互补，确保整体的可控性。

（2）有大招、能兜底：无论系统如何变化或调整，只要核心的"大招"不失效，就不会出现重大问题。

（3）有秩序、能演进：建立并遵循统一的规范、结构、机制和范式，确保系统能够被有效地管理、优化和发展。

领域模型的设计恰好符合这三个"强"标准。它是一种有效的"护体神功"。

3.2.1 面对万般变化，仍能泰然自在

业务和系统在快速迭代变化，但无论如何变化，领域模型始终是不可或缺的，因为它能够很好地满足安全保障的需求。

首先，基于领域模型建立的系统四层结构及其实体间的组合关系，构成了一张多层防护网。其次，模型层作为驱动器，加上其严格的自身状态、完整性、平衡性等检查，能够实现最终的安全兜底。最后，领域模型包含了众多最佳实践，如服务、模型、仓储等，易于形成自研体系，并特别适合建立不同角色、不同层级之间的协作关系。

领域模型通过其结构来对抗变化，确保任何变化都在合理范围内，从而防止系统性崩溃。

3.2.2 分分合合，却能浑然一体

从本质上讲，领域模型所做的就是课题分离。它将一个庞大、复杂、模糊的问题逐步拆解，形成层次结构，建立实体，并明确实体之间的关系。这就如同制造一辆汽车，汽车由发动机、底盘、车轮等模块组成，这些模块由不同的公司独立生产，然后组合在一起形成一个完整的汽车实体。通过结构上的分工和协作，不同的工厂生产组成汽车的不同零部件，这些拆解出的零部件就是一个个独立课题，也可以称为子模型。

每个子模型都符合领域模型的自洽性，具备完整的六个要素：属性、行为、状态机、完整性检查、平衡性检查和核心逻辑计算。各子模型之间通过行为和领域服务进行交互，形成一个完整的整体。

3.2.3 自下而上，各司其职

实体通过聚合、组合、关联等关系组织在一起。按照依赖顺序，我们可以建立起自下而上的图谱，其中上面的实体对下面的实体具有依赖关系。下面的实体通常也是上面实体的逻辑组成部分。当每个实体都通过状态机、完整性检查、平衡性检查等方式进行自我保护后，整个系统也就得到了保障。

组合指的是一个实体不能脱离另一个实体独立存在，而聚合则是指一个实体虽然属于另一个实体的组成部分，但仍然可以独立存在。以汽车为例，汽车与车架的关系是组合，因为汽车报废时，车架通常也会报废，即它们的寿命是一致的。而汽车与车轮的关系是聚合，因为即使汽车报废，车轮仍然可以被转移到其他汽车上使用。

汽车每一层的模型都必须是完整且自洽的，即每个模型都有其需要解决的业务问题，同时对上层模型隐藏所有细节，提供给上层模型一个安全、可靠、可用的完整模型，如图3-8所示。不同模型的关键属性、行为，以及行为间的检查都是自包含且自洽的。

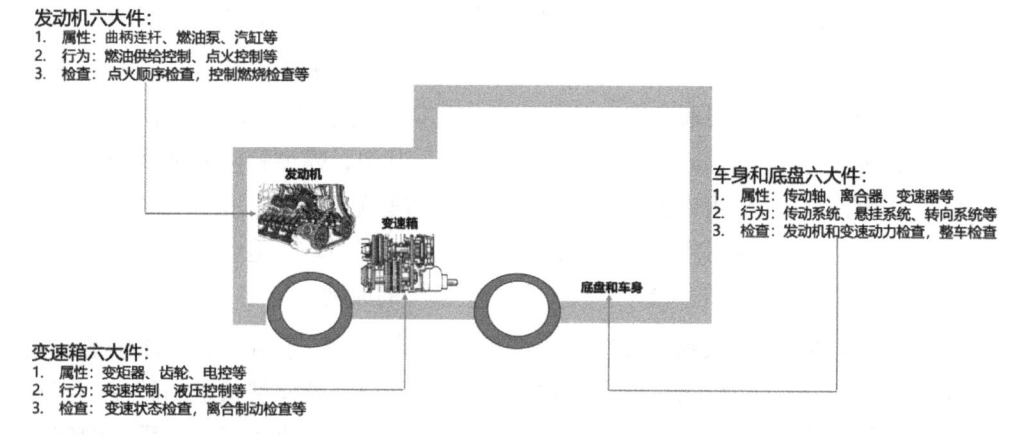

发动机六大件：
1. 属性：曲柄连杆、燃油泵、汽缸等
2. 行为：燃油供给控制、点火控制等
3. 检查：点火顺序检查，控制燃烧检查等

车身和底盘六大件：
1. 属性：传动轴、离合器、变速器等
2. 行为：传动系统、悬挂系统、转向系统等
3. 检查：发动机和变速动力检查，整车检查

变速箱六大件：
1. 属性：变矩器、齿轮、电控等
2. 行为：变速控制、液压控制等
3. 检查：变速状态检查，离合制动检查等

图 3-8 汽车领域模型

3.2.4 由内向外，层层布防

一个系统的核心是其领域模型，它驱动着整个系统的构建。要掌握一个系统或熟悉某个业务，最快捷的方法就是理解其领域模型。大多数服务端应用架构，从内向外主要分为四层，如图 3-9 所示。

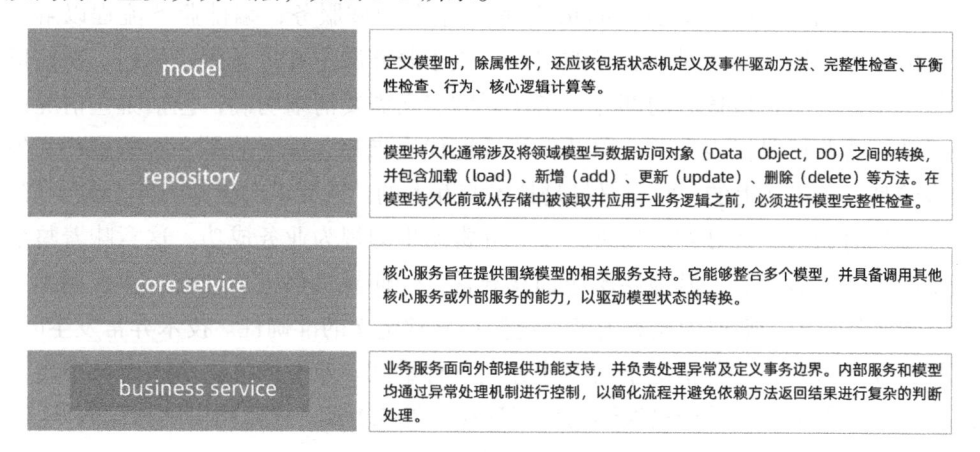

model	定义模型时，除属性外，还应该包括状态机定义及事件驱动方法、完整性检查、平衡性检查、行为、核心逻辑计算等。
repository	模型持久化通常涉及将领域模型与数据访问对象（Data Object，DO）之间的转换，并包含加载（load）、新增（add）、更新（update）、删除（delete）等方法。在模型持久化前或从存储中被读取并应用于业务逻辑之前，必须进行模型完整性检查。
core service	核心服务旨在提供围绕模型的相关服务支持。它能够整合多个模型，并具备调用其他核心服务或外部服务的能力，以驱动模型状态的转换。
business service	业务服务面向外部提供功能支持，并负责处理异常及定义事务边界。内部服务和模型均通过异常处理机制进行控制，以简化流程并避免依赖方法返回结果进行复杂的判断处理。

图 3-9 服务端应用架构

核心就是**领域模型层（model）**。它是对应用要解决的业务问题的顶级抽象和描述，主要定义了"属性、行为、状态机、完整性检验、平衡性检查、核心逻辑计算"这六个要素。这是整个领域模型的基础，也是风险控制和最终安全兜底的关键。模型层的定义和变更需要进行严格的控制。领域模型层之下就是仓储层。

仓储层（repository）负责将领域模型数据持久化到数据库，并将数据从数据库加载为领域模型。使用仓储层可以确保领域模型的完整性。在模型持久化或加载之前，模型会经过严格的自校验逻辑，这样即使有人违规修改了数据库中的数据，也无法通过模型的自检，从而防止错误数据提供服务，避免错误进一步扩大。

仓储层应尽可能简化操作并统一标准，因为简化和统一本身就是风险和质量控制的最佳保障。仓储层通常定义的行为操作包括模型加载（load）、新增（add）、更新（update）、删除（delete）和加锁（lock）。其中，模型删除通常采用逻辑删除而非物理删除，这样可以保持系统稳定性，同时避免数据碎片化和无法回溯的问题。新增操作要求实现幂等性控制，以解决并行插入的问题。仓储层的核心技术点在于模型加锁，实现时需遵循"一锁二判三更新"的原则。

核心服务层（core service）是围绕模型提供相关服务的一层，该层逻辑通过调用领域模型的行为来解决特定的领域问题，驱动领域模型状态的转变。核心服务层负责构建整个系统的异常管理体系。这是由它上承业务、下启模型的位置所决定的。之所以称为异常管理体系，是因为它能描述业务的不同阶段及其可能出现的异常，并对异常进行分类和分组，以便外部理解和处理。同时，它还需要记录一些必要的信息，如堆栈、数据、描述、异常等级等。信息的记录也需要根据异常的严重程度、监控的难易程度等因素进行文件和日志格式的设计。

业务服务层（business service）负责整合领域服务，编排业务流程以解决特定的业务问题。作为对外服务的门面，业务服务层主要定义接口契约。在接口契约中，错误码是最核心的部分。错误码的定义需要清晰明确，包括哪些情况代表成功、哪些情况代表失败，以及哪些情况代表未知。重要的是，这些成功和失败指的是业务语义上的，而非仅仅是技术交互上的。这要求对异常有充分的了解，并在设计时做好兜底处理。通常，没有异常发生即视为业务成功。这意味着整个系统除了业务服务层，其他层不应捕获异常。任何异常都应被处理后再次抛出。业务异常发生时，则视为业务失败，这依赖异常定义的准确性。技术异常发生时，则视为业务未知，这种情况下需要业务端进行重试。业务服务层清晰定义了整个上下游的协作关系。关于错误码的详细论述可见 5.2 节"故障频出的错误码"。

每层都有其聚焦的课题，这也是分治原则的体现。业务变化较快，而模型变化较慢，这种设计既能保证核心的稳定，又能快速适应业务需求的变化。层层布防共同构成了系统的坚实屏障。

3.2.5 从左及右，步步为营

在进行系统服务的变更或升级时，最令人头疼的是，对风险及现有业务影响的评估。如果系统没有经过体系化的组织，那么这个过程将会非常繁杂和模糊。变更者可能不知道从哪里开始，即使开始，也可能因为耗时费力且风险高而感到担忧。

领域模型能够给人们带来信心。它不仅能帮助人们快速理解业务本质，还能清晰地展示系统的整体结构和逻辑。此外，通过领域模型的保底手段，可以准确合理地进行变更，如图 3-10 所示。

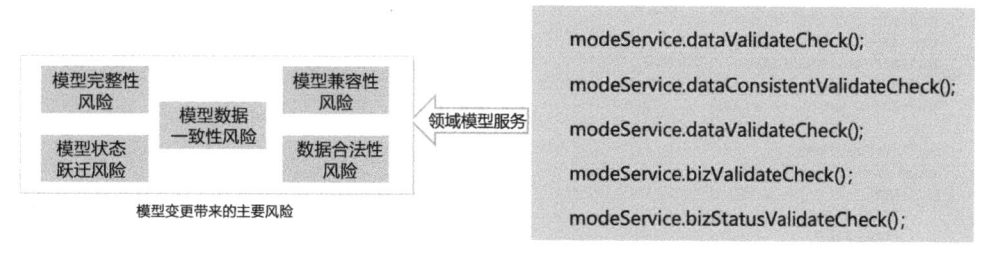

图 3-10　领域模型服务对抗变更风险

业务服务的变更主要描述的是映射逻辑或依赖关系，这类变更通常不会对系统造成根本性的影响。通过使用一些开关控制，可以更放心地执行。

而领域模型的变更可能既影响核心服务，也涉及模型结构。这类变更可能包括检查逻辑、计算逻辑或状态控制逻辑的调整。变更的位置不同，面临的风险大小也不同。特别是底层的数据和模型发生变化时，风险更大，可能引起连锁反应。领域模型的保底手段，如自检和状态机设计，就像一套法律体系，约束着每一个系统行为，严格控制状态机和状态检查，从而大大降低了模型变更出现故障的概率。

模型变更中最重要的一点是考虑模型的兼容性问题，这通常包括接口兼容、逻辑兼容和数据兼容。领域模型在解决兼容性问题上发挥着重要作用。可以通过分析领域模型属性及状态机的变化来评估兼容性问题，并通过切流控制和版本控制的方式来安全地进行模型变更。

3.3　领域模型也有软肋

阿喀琉斯是古希腊神话中武力值最高的英雄，全身刀枪不入，但他的脚踝是其致命弱点。他最终就是被人一箭射中脚踝而死的。领域模型这个强大的工具同样不是万能的，它也有局限性，有时甚至可能成为致命的缺陷。

3.3.1　没有一招鲜吃遍天

领域模型是对真实世界的简化和抽象，其核心在于提取关键要素，规范约束模型行为，并对风险进行集中管理。然而，软件是一个复杂的系统工程，其成功并不仅仅取决于单一维度。可以说，领域模型是决定软件成功与否的核心，但要使软件真正成功，还需要其他辅助设施的配合。

常见的方法是，在领域模型中包含一个用于验证模型合理性和完整性的自检查机制。这意味着在模型组装完成并准备使用，或者模型被持久化到数据库之前，需要进行模型的自检，示例如图 3-11 所示。

```java
public class Order {

    private int id; // 订单ID
    private String product; // 商品名称
    private int quantity; // 商品数量
    private double price; // 商品价格
    private OrderState state; // 订单状态

    // 订单状态枚举类
    enum OrderState {
        NEW,        // 新订单
        PROCESSING, // 订单处理中
        COMPLETED,  // 订单完成
        CANCELLED   // 订单取消
    }

    public Order(int id, String product, int quantity, double price) {
        this.id = id;
        this.product = product;
        this.quantity = quantity;
        this.price = price;
        this.state = OrderState.NEW; // 初始状态为 NEW
    }

    // 自检查函数，检查订单是否合法
    public boolean selfCheck() {
        assert id > 0 : "Invalid order ID";
        assert product != null && !product.trim().isEmpty() : "Invalid product name";
        assert quantity > 0 : "Invalid quantity";
        assert price > 0 : "Invalid price";
        assert state == OrderState.NEW || state == OrderState.PROCESSING
            || state == OrderState.COMPLETED || state == OrderState.CANCELLED : "Invalid order state";
        return true; // 所有断言通过，订单合法
    }
}
```

图 3-11 订单模型自检案例

通过这种方法，模型一旦生成就是可用的，并且一旦存储到数据库中就是可信的。这是保障数据完整性的一种非常有效的实践。需要注意的是，即使系统在领域模型上进行了检查，也不能认为万事大吉。相反，为了维持数据的完整性，还需要从流程制度上形成规范和约束。例如，对于直接在数据库中修改数据的行为，必须谨慎处理，并实施相应的审批流程，以防止破坏数据完整性的行为。此外，部署跨领域系统数据一致性的核对机制，可以解决单一领域无法解决的数据一致性问题。

真实世界是复杂多变的，没有任何单一方法能够永久有效。这是客观规律。在领域模型的应用中，必要时需要结合流程制度的设计和其他技术的辅助，以确保模型的完整性。

3.3.2 时刻谨防"破窗效应"

一个优秀的领域模型能够很好地解释业务问题，从而有效地支持业务的发展。然而，要获得这样的领域模型，需要投入大量的时间和精力，并且需要团队的共同维护。越是这样优秀的模型，越要警惕"破窗效应"的发生。

新团队成员可能难以理解一个完整且复杂的领域模型，就会在领域模型中添加临时的 if else 逻辑。即使是经验丰富的资深研发人员，在面临繁重的研发任务时，也可能因为追求快速满足业务需求而采用临时解决方案。这会破坏领域模型的完整性和约束力。如果团队没有建立起对领域模型的有效管控机制，那么上述情况很可能会发生。即使有了规范的管控机制，团队也需要投入大量精力来维护领域模型。每个硬币都有两面，团队在享受领域模型带来的好处的同时，也需要承担起维护它的责任。

3.3.3 手里拿着锤子的人，看什么都是钉子

查理·芒格曾说过："手里拿着锤子的人，看什么都是钉子。"这句话反映了一些熟悉领域建模的技术人可能会犯的一个错误，即认为任何场景和问题都可以用领域模型来解决。

对于一些只是流程编排类的系统，如门户系统，其职责主要是聚合各个业务领域的服务并呈现给用户，并不适合使用领域模型。在这种情况下，如果强行使用领域模型，就可能会导致研发流程变得笨重，响应速度变慢。

在已经使用了领域模型的系统中，也不意味着所有子系统都需要使用领域模型。例如，系统 A 负责管理账户余额，包括用户账户余额和账户明细等。显然，系统 A 需要一个严谨的领域模型来管理账户状态，约束账户模型的行为，甚至进行账户模型的自校验。

然而，如果系统 A 仅提供账户状态查询服务，那么为了获取一个简单的账户信息，需要加载整个账户的完整模型，使用领域模型就显得过于复杂。正确的做法是，直接返回账户状态信息，避免不必要的复杂性，如图 3-12 所示。

```java
public class AccountQueryServiceImpl implements AccountQueryService {

    private final AccountDAO accountDAO;

    //此方法查询账户状态
    public AccountStatusEnum queryStatus(String accountNo){

        return AccountStatusEnum.getByCode(accountDAO.queryStatus(accountNo));
    }
    //比起使用复杂的领域模型Repository查询, 再取状态, 不如直接使用DAO进行
    public AccountQueryService(AccountDAO accountDAO){
        this.accountDAO=accountDAO;
    }
}
```

图 3-12 账户状态查询

3.3.4 使你成功的也阻止你进步

通常情况下，拥有良好领域模型的系统风险更低，对业务的支撑效能也更好，这是领域驱动研发的优势所在。然而，没有什么是永久不变的。随着对业务本质问题的深入了解，领域模型也应该相应地演进，以解决新的问题。但在这个过程中，曾经让你成功的要素可能会成为再次进步的障碍。这通常有两个原因。

第一，未来的不确定性。由于无法准确预测未来业务问题的本质，因此不敢轻易升级模型。

第二，升级到新模型会导致对老模型的改造工作量巨大。模型就像基石，一旦改变，不仅需要修改代码，更复杂的是数据的兼容性问题。这种改造过程往往需要数月甚至数年的时间。

以记账模型的演进为例。

第一阶段：模型只需要具备最基础的记账能力，即一个基础的账号模型 AccountModel，以及一个记账记录模型 AccountingLog，这两个模型共同构成了一个简单的账户领域模型，它们能够满足基本的记流水账和计算余额的需求，如图 3-13 所示。

第一阶段：满足基础记账功能

```
┌─────────────────────────────┐       ┌─────────────────────────────┐
│       AccountModel          │       │       AccountingLog         │
├─────────────────────────────┤       ├─────────────────────────────┤
│ - accountNo:String          │───────│ - accountNo:String          │
│ - balance:BigDecimal        │       │ - otherAccountNo:String     │
│ - strategy:ConfigurationModel│       │ - logId:String              │
├─────────────────────────────┤       │ - logDate:Date              │
│ + getAccountNo():String     │       │ - direction:FlowDirection   │
│ + getBalance():BigDecimal   │       │ - amount:BigDecimal         │
│ + addBalance(params)        │       ├─────────────────────────────┤
│ + substractBalance(params)  │       │ + getLogId():String         │
└─────────────────────────────┘       └─────────────────────────────┘
```

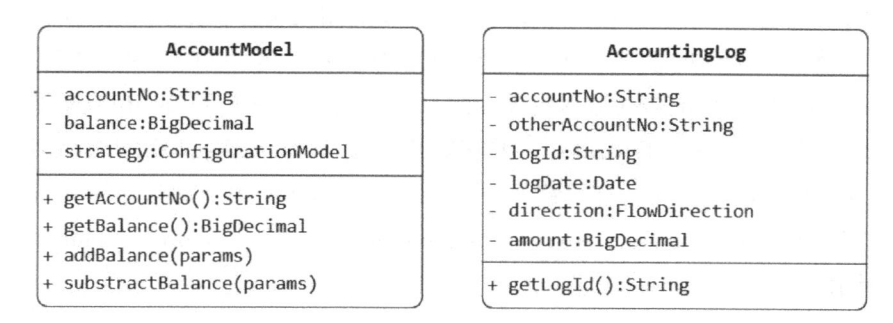

图 3-13 记账模型的第一阶段

第二阶段：业务提出要增加账户的日终结算能力，即汇总账户的每日发生额，并对日终余额进行记录。为此，在原有的模型基础上增加了日终汇总模型 AccountDaily，用于存储账户每天的流入金额、流入笔数、流出金额、流出笔数等信息。这样，模型就从 AccountModel 和 AccountingLog 扩展到了 AccountModel、AccountingLog 和 AccountDaily 三个模型。

此外，在领域模型的演化过程中，逐渐发现单一的记账模式无法满足所有账号的记账需求。因此，模型进一步演化，发展出了不同账号具备不同记账策略的模型。模型进入第二阶段，开始支持多种记账策略，如图 3-14 所示。

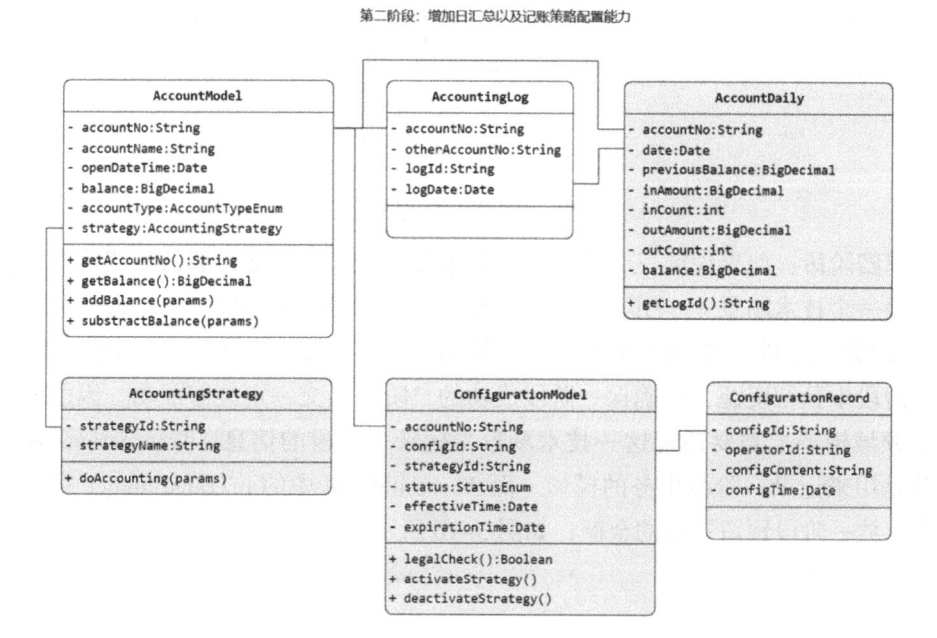

第二阶段：增加日汇总以及记账策略配置能力

```
┌──────────────────────────────┐  ┌──────────────────────────┐  ┌──────────────────────────┐
│        AccountModel          │  │      AccountingLog       │  │      AccountDaily        │
├──────────────────────────────┤  ├──────────────────────────┤  ├──────────────────────────┤
│ - accountNo:String           │──│ - accountNo:String       │──│ - accountNo:String       │
│ - accountName:String         │  │ - otherAccountNo:String  │  │ - date:Date              │
│ - openDateTime:Date          │  │ - logId:String           │  │ - previousBalance:BigDecimal│
│ - balance:BigDecimal         │  │ - logDate:Date           │  │ - inAmount:BigDecimal    │
│ - accountType:AccountTypeEnum│  └──────────────────────────┘  │ - inCount:int            │
│ - strategy:AccountingStrategy│                                │ - outAmount:BigDecimal   │
├──────────────────────────────┤                                │ - outCount:int           │
│ + getAccountNo():String      │                                │ - balance:BigDecimal     │
│ + getBalance():BigDecimal    │                                ├──────────────────────────┤
│ + addBalance(params)         │                                │ + getLogId():String      │
│ + substractBalance(params)   │                                └──────────────────────────┘
└──────────────────────────────┘

┌──────────────────────────────┐  ┌──────────────────────────┐  ┌──────────────────────────┐
│     AccountingStrategy       │  │    ConfigurationModel    │  │   ConfigurationRecord    │
├──────────────────────────────┤  ├──────────────────────────┤  ├──────────────────────────┤
│ - strategyId:String          │  │ - accountNo:String       │  │ - configId:String        │
│ - strategyName:String        │  │ - configId:String        │──│ - operatorId:String      │
├──────────────────────────────┤  │ - strategyId:String      │  │ - configContent:String   │
│ + doAccounting(params)       │  │ - status:StatusEnum      │  │ - configTime:Date        │
└──────────────────────────────┘  │ - effectiveTime:Date     │  └──────────────────────────┘
                                  │ - expirationTime:Date    │
                                  ├──────────────────────────┤
                                  │ + legalCheck():Boolean   │
                                  │ + activateStrategy()     │
                                  │ + deactivateStrategy()   │
                                  └──────────────────────────┘
```

图 3-14 记账模型的第二阶段

第三阶段：业务需要在原有记账能力的基础上，增加余额冻结和解冻的功能。为此，有两种选择：第一种是在原模型基础上增加相关属性和方法，以满足需求；第二种是增加一个新的模型，共同构成新的领域模型。冻结和解冻有特定的业务场景和标准操作，与记账的流入流出不同，因此应该选择方案二。在原模型基础上，增加冻结记录模型 FreezeLog，并在账户模型 AccountModel 中增加冻结金额字段 freezeBalance，同时，在日终汇总模型 AccountDaily 中增加与冻结和解冻金额相关的字段 freezeAmount、freezeCount、unfreezeAmount 和 unfreezeCount，如图 3-15 所示。

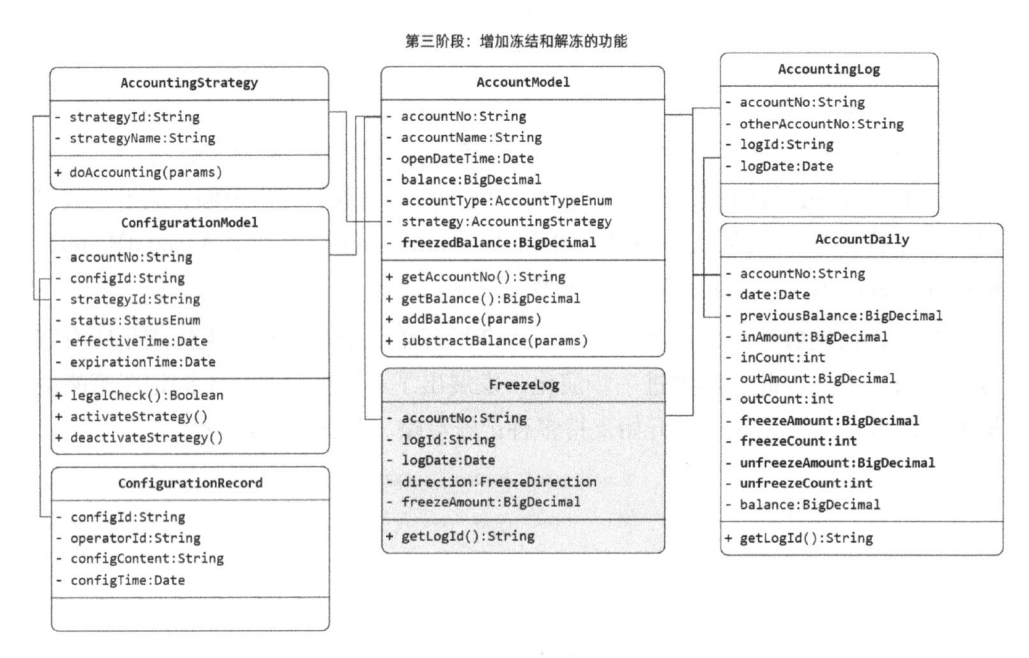

图 3-15 记账模型的第三阶段

第四阶段：如果说前三个阶段都是业务发展带来的变动，那么第四阶段，我们假设一个技术场景——引入分布式事务架构，将记账动作从简单的远程服务调用升级到基于两阶段提交的分布式事务架构。在两阶段提交协议中，最重要的是在一阶段中预留资源，以确保一阶段成功的二阶段提交一定能够成功。因此，在业务领域模型上需要适配这一技术场景，记录一阶段的信息。TransactionLog 模型就是用来记录一阶段事务的模型，而 AccountModel 中的 inTransBalance 字段则用来存放一阶段预留资源的金额，如图 3-16 所示。

第四阶段：引入分布式事务架构

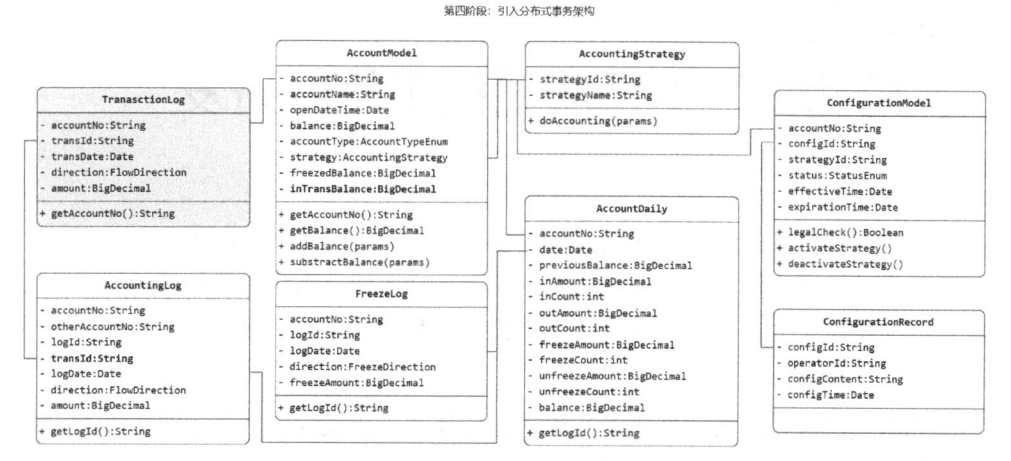

图 3-16　记账模型的第四阶段

领域模型帮助技术团队更好地将业务的关键原则融入系统管理中，以集中控制风险并灵活应对业务变化。在某种意义上，技术人实际上就是领域模型的设计师。领域模型体现了技术人对物理真实世界的认知，以及对客观规律的观察和利用。然而，事物都有两面性，领域模型的优点也可能带来相应的缺点。技术人必须清楚认识这些，以便更好地做出选择，理解模型的弱点有助于设计出更优秀的系统。

无论怎样，领域模型承载的是团队对当前业务阶段的理解和抽象。随着团队认知的成熟，随着业务的不断发展，领域模型也必须同步演进和升级。

第 4 章
代码测试：不懂质量的不是好研发

软件研发中有一个专业领域叫软件测试，它专门负责软件的质量保障。因此，本章标题"不懂质量的不是好研发"可能会让许多研发人员感到困惑：既然有专业的测试团队，为什么研发人员还需要把控质量？这难道不是违背了分工带来效率提升的原则吗？

如果我们深入剖析软件研发的质量保障体系，会发现它实际上是一个多层次的保障网络，不同保障阶段的责任人也不尽相同。

一般来说，质量保障体系会分为以下六个层次，如图 4-1 所示。

层次	说明	特点
单元测试	通过自动化测试工具和框架，使用测试脚本来覆盖基于代码逻辑实现的功能的正确性，通常会对第三方服务进行模拟（mock），以确保代码的功能性	自动化、频繁集成、快速反馈、可重复性
接口契约场景测试	基于业务场景和契约约定，补充测试用例时，需要确保覆盖所有业务场景，包括场景的边界条件。对于其他服务的依赖，建议在稳定的 Service 环境中进行调用，以保证测试的准确性和可靠性	自动化、隔离性、快速反馈、场景API交互
平台功能集成测试	在构建用例集时，应基于平台的能力而非仅仅基于业务场景。特别是对于中台应用，应重点关注其通用能力，如流程引擎、权限审批等	自动化、隔离性、域内闭环、平台功能
全链路场景测试	端到端场景测试或用户故事测试，是基于真实用户使用软件的完整场景进行模拟测试。这种测试跨越多个系统和环节，旨在确保系统整体的正确性和流畅性	自动化、端到端、模拟真实场景，跨越多系统
UAT测试	用户验收测试（UAT测试）通常由产品负责人或最终用户执行，以验证系统在真实场景下的功能是否满足需求	人工执行、真实场景
A/B测试	灰度环境、分组发布和蓝绿发布本质上都属于A/B测试的范畴。这些方法通过控制流量，将用户分成不同组别，分别访问新旧版本，以验证新功能、新场景或者老功能的质量是否稳定	真实小流量、随机性、有损性

图 4-1 六层质量网

◎ 单元测试：确保代码逻辑功能的正确性，通常通过单元测试框架实现，例如 Java 的 JUnit 框架。

◎ 接口契约场景测试：围绕契约服务场景补充相应的测试用例，并确保场景边界的质量。

◎ 平台功能集成测试：基于平台能力的完整视角进行测试用例的补充，而不是业务场景，典型的例子是中台型应用，如权限审批功能。

- ◎ 全链路场景测试：即端到端场景测试或用户故事测试，基于真实用户使用软件的完整场景进行模拟测试。
- ◎ UAT 测试：即用户验收测试（User Acceptance Testing），是在软件几乎完成时进行的最终测试，以确保软件满足业务需求。
- ◎ A/B 测试：通过小流量验证新功能，常见的实现方案包括灰度环境、蓝绿发布、小流量引流等。

4.1 好代码先过自己这关

每个技术人员都可能经历过这样的时刻：在代码审查时被同事发现逻辑不严密的问题，在代码交付给测试人员后发现了低级缺陷，或者在生产环境出现故障时发现是自己的错误。为了避免这些看似"低级"的问题导致的尴尬，技术人员在将代码交给他人审查、验证之前，应该先对自己的代码进行充分的检查，确保交付的代码质量。

4.1.1 高质量源于优生产

如同新鲜的食材是制作美食的关键，高质量的代码是确保最终交付高品质产品的基础。无论是用户交付的业务功能，还是系统架构的设计和实施，都应如此。

根据成本控制理论，在生产源头严格把控质量可以有效降低后续修复的成本。在自测阶段发现的逻辑漏洞，只需要自己修改后重新运行自测用例即可。然而，一旦缺陷出现在测试阶段，就需要测试人员报告缺陷，通知开发人员修复，修复后还需由测试人员再次验收。这个过程涉及多个角色，耗时更长，因此成本更高。如果缺陷被发布到生产环境，除了上述的修复流程，还需要故障报告和复盘。

有些微小的错误只能在编码阶段被发现。例如，特定情况下系统可能进入死循环，这类微小错误对测试人员来说难以察觉，在生产环境中发现的概率也很低，但一旦发生，其影响可能非常严重。这种概率性问题通常只能在编码阶段被发现，除非投入大量精力对类似问题进行梳理并建立检测机制。

由技术细节问题导致的业务功能性问题，测试人员通常更容易发现。然而，对于技术方面的非功能性要求，如变量命名、注释和编码规范等，几乎不可能由测试人员发现，这些需要在代码审查环节由技术人员在生产阶段进行控制，以确保代码符合规范。

4.1.2 用户故事验证功能准确性

进行代码自测时，有许多技巧可以采用，如边界值测试、兼容性测试、代码行覆盖、逻辑分支覆盖等。然而，仅仅讨论手段是没有意义的，因为这样容易陷入手段代替目标的陷阱。关键还是必须回归到真正的目标上。研发代码的目标是解决用户的问题，因此代码自测也必须为目标服务。在自测技巧之上，更重要的是从用户的视角去验证代码的逻辑实现。

1. 用户场景穷举不重不漏

从用户视角来验证研发功能的准确性，首先需要列举用户的使用场景，然后针对每一个细分场景进行验证。这种方法基于用户场景列举的完备性来证明代码逻辑的完备性。事实上，与证明逻辑的完备性相比，列举用户使用场景更容易实现。可以利用思维导图等工具来帮助梳理和呈现这些场景。用户支付场景穷举示意图如图 4-2 所示。

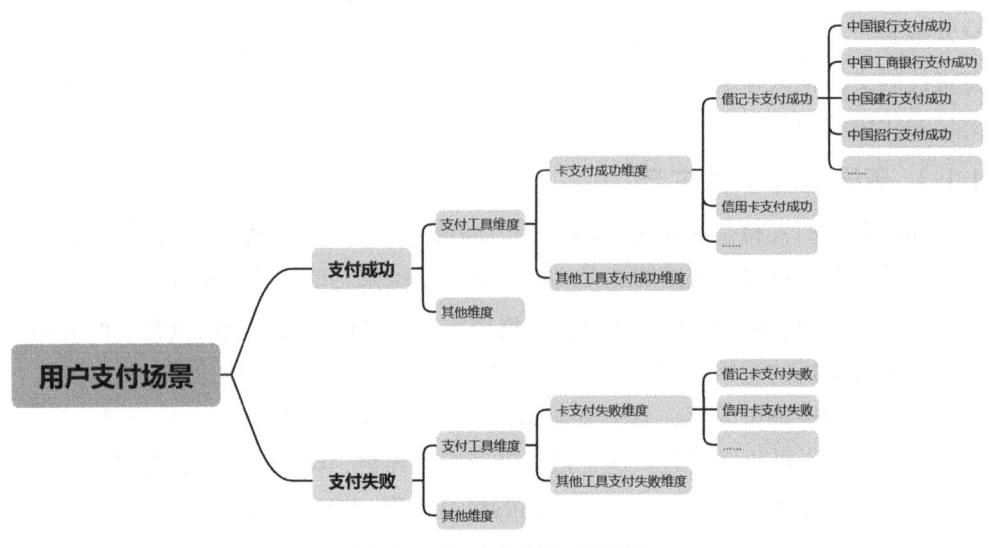

图 4-2 用户支付场景穷举

2. 用户视角闭环流程自测

单个功能的准确性自测只是基础条件。在现实中，用户通常是多个业务功能的组合使用。因此，除了对单个功能的用户使用场景进行穷举，还需要从用户视角进行闭环流程的自测。与单个场景的穷举相比，多个功能的组合才是更符合真实用户使用场景的测试。

以支付成功为例，这只是用户流程中的第一步。如果用户对收到的商品不满意，就可能会进行退款。在退款场景下，又会出现正常和异常的多种情况，例如正常的原路退款、退款到账户余额、多次退款金额正常、多次退款超过支付总金额、退款到银行卡失败后退回到账户余额、信用卡拒付与退款并发进行等。这些用户支付场景的闭环流程如图 4-3 所示，涵盖了多种支付工具的支付成功、不同模式的退款，以及退款过程中的各种异常场景。

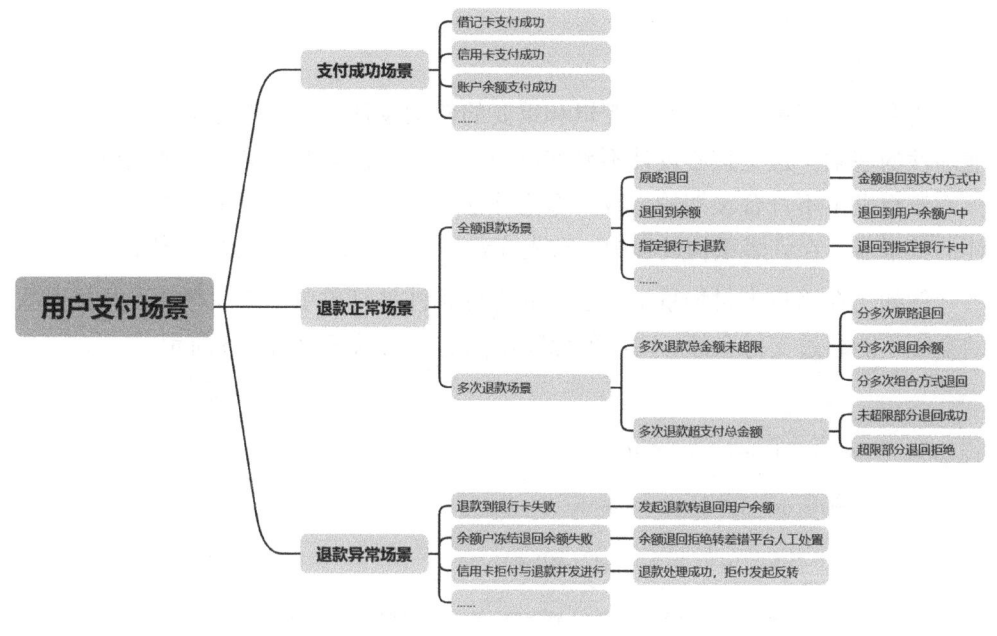

图 4-3 用户支付场景闭环流程

3．用户可感知异常验证

"宁愿不做，也不错做"是技术人员在编码时必须遵守的黄金法则。尤其是对于系统无法处理的行为，需要从用户的角度去验证功能的准确性和代码逻辑的严谨性。在用户支付场景中，幂等异常就是一个典型的用户行为异常。如果幂等性控制不严格，可能会导致用户重复支付，进而造成资金损失。这就要求技术人员站在用户可感知的角度，穷举所有幂等异常场景。具体验证场景如图 4-4 所示。

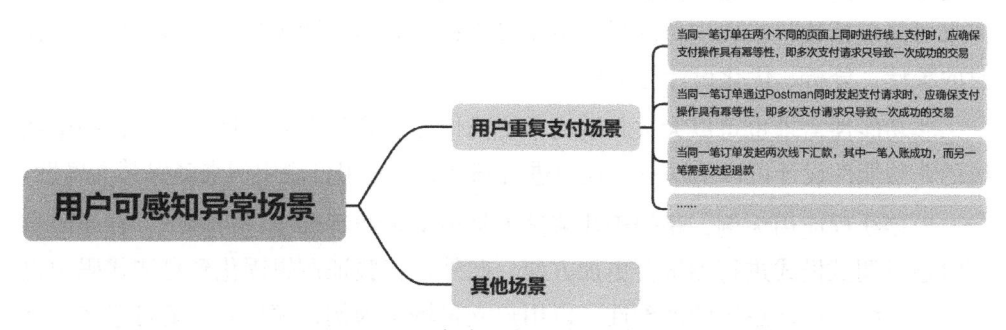

图 4-4 用户支付场景的异常验证

4.1.3 自测用例护航关键设计

技术人对架构愿景的构想和团队对技术理念的共识最终都会体现在代码中。

只有将这些共识的架构构想通过自测用例固化下来，使代码成为可自解释的，才能保持其新鲜度并传承下去。

1. 系统关键设计的保险

所有系统都包含关键业务逻辑和重要的架构设计，这些设计是确保系统内核准确性的基础。这些核心设计不允许出现错误，任何修改都应该非常谨慎。一旦核心逻辑发生不符合预期的修改，都应该立即告警。代码自测用例可以被视为最佳的警报器。在许多重构过程中，首先完善测试用例也是基于这个原因。

例如，在用户支付场景下，退款的充分条件是订单单据必须存在，并且退款的金额不能超过支付金额。对应的保障用例伪代码示意如图 4-5 所示。

```
/**
 用户支付成功退款满足场景用例检查
*/
public void testMeetRefund(RefundOrder order){

//1. 断言支付单据必须存在
assertNotNull(paymentService.query(order.getPaymentId()),"退款场景, 正向的支付单据必须存在");

//2. 断言支付单据状态必须成功
assertTrue(paymentService.query(order.getPaymentId()).getStauts()==PaymentStatusEnum.SUCCESS,"退款场景, 正向的支付单据必须存在");

//3. 断言退款的金额小于支付额
assertTrue(paymentService.query(order.getPaymentId()).getPaymentAmount()>order.getRefundAmount(),"退款金额, 必须小于支付金额");

}
```

图 4-5 退款满足前置检查保障用例

2. 非功能性设计的检查

功能性设计指的是对解决用户真实问题所必需的显性需求所做的系统实现，例如第三方支付钱包解决用户线下支付的问题。功能性设计就是构建一个支持扫码支付的钱包应用。而非功能性设计则是指在解决用户问题时，对用户或产品经理通常难以提出来的隐性需求所做的系统实现。例如，在上述案例中，非功能性需求可能包括钱包扫码支付的耗时不超过 3 秒。非功能性设计涉及对用户支付耗时的统计、分析、优化设计与实现。

非功能性需求也可以大致归纳为系统的性能、容量和稳定性。因此，一个系统的非功能性设计可以从这三个视角进行归类，并使用自测用例来确保其准确性。

以多线程应用为例，相较于让测试人员模拟多线程环境进行测试，在代码自测时通过调试模式进行测试会更加方便。此外，将验证逻辑固化到自测代码中也有助于持续确保该逻辑的准确性。以用户支付场景为例，模拟同一笔订单多次支付并发的幂等性控制是一个有效的自测方法，如图 4-6 所示。

```java
/**
 * 用户支付幂等场景测试保障，模拟多线程并发支付
 */
public void testPayIdempotent(PayRequest request){

    // 创建线程池
    ExecutorService executor = Executors.newFixedThreadPool(5);

    // 创建多个线程任务
    Runnable task = new Runnable() {

        @Override
        public void run(){
            // 线程执行支付动作
            payService.pay(request);

        }
    };

    // 提交同一笔支付请求的多线程并发任务
    for (int i = 0; i < 10; i++) {
        executor.submit(task);
    }

    // 关闭线程池
    executor.shutdown();

    // 支付成功的单据笔数是1
    assertTrue(payService.query(order.getPayId().size()==1),"支付单据必须是1");
}
```

图 4-6 支付幂等性控制

3. 确保数据生成的质量

在某种意义上，软件可以被视为逻辑与数据的结合体。数据是应用程序在解决用户问题时生成的，因此数据的质量直接取决于编码过程中对数据处理的精细程度。这就要求在进行自测时，必须对关键数据字段进行断言处理，以确保数据的准确性和可靠性。

例如，如果系统的时区处理采用夏令时，那么在进行相应的时间处理时，必须有相应的用例来保障时区处理没有问题。如图 4-7 所示，左侧展示了针对时区的时间处理逻辑，右侧则是对夏令时的数据用例保障，这样可以确保落地到数据库的时间数据是正确的。

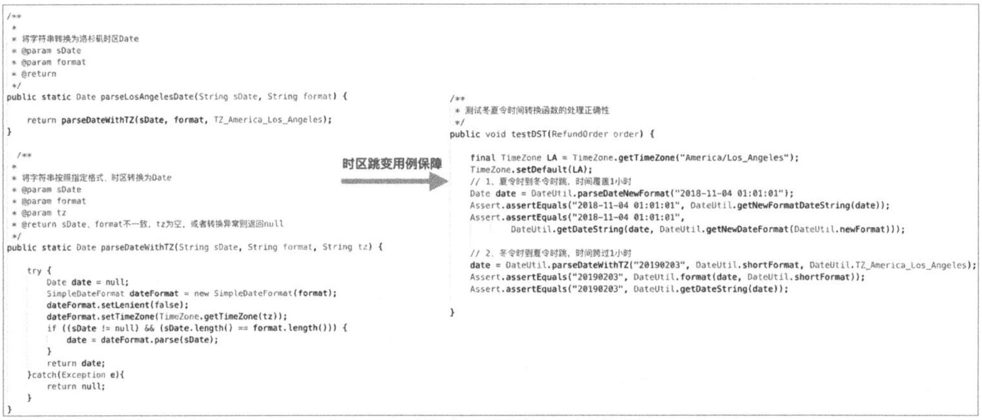

图 4-7 夏令时数据用例保障

4.1.4 高质量代码积累好口碑

场景化思考能够有效保障用户功能的准确性，而自测用例则是保护系统架构设计关键内核的关键。对个人而言，场景化思考和自测用例有助于减少因技术细节错误导致的严重缺陷，同时也是积累个人质量信誉的方式。对系统而言，在源头上做好质量控制，是后续业务功能迭代和技术变更的重要保障。

代码作为技术人员的名片，"高质量"就是这张名片上最耀眼的签名。做好自测不仅是个人口碑的保障，更是团队资产的沉淀。

4.2 自测用例可能是"灰犀牛"

如果在系统建设初期就建立了自测用例制度，质量提升带来的好处将非常明显。任何代码改动都会有完整的自测用例来确保逻辑的准确性，而研发人员在享受到质量提升的好处后，也会有更大的动力去补充和完善自测用例。这样，就形成了一个"自测用例保障代码改动、代码改动时补充自测用例"的正向循环。

然而，任何事物都有两面性。我们选择了自测用例来保障高质量代码产出好的这一面，就不可避免地要面对它不利的另一面。只有对不利面的认知越深刻，才有可能更好地利用好的一面。

4.2.1 从资产变成负债

随着系统功能的迭代和新的研发力量加入，自测用例的维护可能成为质量保证体系内部瓦解的关键点。这可能导致我们的自测用例从质量保障的优良资产演变成团队的负债，不断侵蚀团队的研发效能，甚至可能成为质量提升的障碍。

1. 用例只敢加不敢减

自测用例的代码并非直接运行在生产环境中为用户提供服务，因此在编写时，其严谨性、可读性和可维护性可能较差。这虽然符合投入产出比原则，但也正是问题的根源。

在系统进行新功能迭代时，需要梳理历史自测用例的测试意图。这通常是一项非常艰难的工作。在系统交接过程中，这个问题尤为突出。基于成本考虑，后续维护通常只对自己修改的功能补充新的自测用例，与旧的自测用例保持独立。只要旧用例不出错，就不会去修改它们；只要不能明确证明旧用例无用，就不会删除它们。这就导致用例越来越庞大，无效用例也越来越多。

2. 十次运行只一次过

许多技术人员都有过这样的深刻记忆：为了通过几个自测用例，他们经常需要熬夜到凌晨两三点。这些自测用例本身并没有逻辑性问题，但在像 Jenkins 这样的持续集成环境中偶尔会出现问题。

本质上，这是由自测用例的不稳定引起的。当然，这种情况并不总是发生，因此即使发现问题，许多人也更愿意重新运行自测用例，而不是花费时间去查找根本原因并彻底解决它。特别是当自测用例是前辈留下的"遗产"时，很多人会持有"多一事不如少一事"的态度。

3. 变成效能提升最大卡点

在系统设计中，异步处理是一种常见的技术手段，但对系统代码功能进行测试会面临相当大的挑战。例如，线程 A 将数据存入数据库，而线程 B 异步调度任务来获取这些数据并执行下一步的业务逻辑处理。从代码自测的角度来看，必须将线程 A 和线程 B 串联起来进行测试。

一种做法是在自测用例中设置等待时间，预估调度线程 B 的时间和业务逻辑处理的耗时，然后在校验数据准确性时再次进行测试。

这种方法在用例较少时可能有效，但当用例数量增加时，每个自测用例都得等待 10 秒，整个自测过程的耗时将非常长，同时也会导致用例的不稳定性（因为估算的等待时间并不总是可靠）。这样的自测用例最终可能成为研发效能提升的最大瓶颈。

4. 掩耳盗铃式自测无效果

通常有两种情况会让人误以为已经进行了全面的自测保证，但实际上并没有任何效果。这种掩耳盗铃式自测也是质量保障中最大的漏洞。

第一种情况是自测意图与自测逻辑实现不一致。例如，当测试接口字段是否满足对外提供的契约要求时，实际上只测试了字段是否必填和字段的最大允许长度，而字段之间的逻辑关联性并未测试。

第二种情况是自测用例的校验逻辑不完整。例如，仅仅断言了接口返回结果，而没有校验其中的关键字段，也没有去校验数据库中存储的数据是否正确。

这种类型的自测用例比没有编写自测用例的危害更大。因为它会让所有人误以为它是可靠的，从而将信任寄托于它，但实际上它却并不值得信任。

4.2.2 让伤害来得更猛烈些

本质上，自测用例的维护是一个熵增的过程。如果不加以控制，它会逐渐陷入无序状态，从而导致不稳定、运行效能低下，以及用例无效等问题。解决这个问题的唯一方法就是注入外部力量，以解决这个普遍存在的"灰犀牛"问题。

1. 全天候不间断运行

在自然界中，"用进废退"是演化的基本法则，这一原则同样适用于自测用例的维护。面对用例的不稳定性，我们要不要在彻底修复的高昂成本与多次尝试的等待成本之间犹豫不决？当用例执行缓慢时，我们选择默默忍受，还是立即优化耗时的逻辑？这些问题的核心，实际上在于自测用例的运行频率不足。只有在修改代码发布新功能时，我们才会想起运行自测用例以检查逻辑的准确性。这种十天半个月一次的频率，无疑会让人们选择"苟且"。然而，如果自测用例能够实现全天候不间断运行，每次出现问题都立即修复，那么在这种极端情况下，我相信人们将不再犹豫是否彻底修复自测用例，而是会立即解决每一个问题。

在实际操作中，追求自测用例的 100% 通过率并非总是必要的。我们可以设定一个实际可行的目标，例如，运行自测用例 10 次，有 9 次能通过。同时，我们应关注自测用例的执行时长，并有针对性地进行优化。"如果某件事让你痛苦，那就多做做"（"If it hurts, do it more often."），这一方法同样适用于自测用例的维护，能够显著提升其稳定性和效率。

2. 确保用例的独立性

用例的不稳定性，就像薛定谔的猫[1]一样，让人难以预测其失败的时刻和原因。

---

1 薛定谔的猫是一个著名的思想实验，由奥地利物理学家埃尔温·薛定谔在 1935 年提出，用以探讨量子力学中的一些悖论问题。实验的设定是这样的：一个盒子里有一个猫、一个装有毒气的容器、一个放射性原子、一个盖革计数器和一把锤子。如果盖革计数器检测到放射性原子衰变，锤子就会打破毒气容器，猫就会死亡。如果放射性原子没有衰变，猫就会活着。
根据量子力学的原理，在没有观察之前，放射性原子处于衰变和未衰变的叠加状态。因此，薛定谔认为，如果量子力学的原理适用于宏观世界，那么在没有打开盒子观察之前，猫也处于既死又活的叠加状态。

当你急于完成用例测试以便下班时，它却失败了；而当你试图复现并修复问题时，它却又奇迹般地成功了。用例不稳定的主要原因是缺乏独立性，过度依赖外部因素通常有如下几种情况。

- **依赖外部环境**：特别是依赖公共的研发数据库。由于多个团队成员可能同时修改这些数据，尤其是配置型数据，所以，如果自测用例基于这些数据，那么用例的不稳定性就难以避免。
- **依赖外部服务**：例如，在测试账户转账接口时，如果用例依赖会员系统的接口，而会员系统的服务不稳定，那么用例的稳定性也会受到影响。
- **用例之间的相互影响**。如果一个用例对某个变量进行了 Mock 但没有及时恢复，而另一个用例也使用了这个变量，那么第二个用例的稳定性就会受到影响。

为了解决这些问题，可以采取以下措施：

- 使用内存数据库替代公共研发数据库，确保数据的独立性和一致性。
- 对外部服务的依赖应一律进行模拟（mock），没有任何例外，以避免"破窗效应"。
- 使用统一的测试基类：在模板方法中清理所有 Mock 的变量，以确保每个用例的独立性，如图 4-8 所示。

```
1   @RunWith(MockitoJUnitRunner.class)
2   public class DemoMockMainTest {
3
4       @Mock
5       private  MockTestService mockTestService;
6
7       @Before
8       public void setUp() {
9           mockTestService.reset();
10      }
11  }
12
13  @RunWith(MockitoJUnitRunner.class)
14  public class DemoMockTest extends DemoMockMainTest{
15
16      @Before
17      public void setUp() {
18          this.super();
19      }
20
21  }
22
```

图 4-8 测试基类 Mock 统一化

3. 用度量指标删用例

自测用例的膨胀，从宝贵的资产转变为沉重的负担，主要源于其边际效益的递减。当无法明确验证自测用例的有效性，以及它们在确保质量方面的具体作用时，问题便随之产生。为了维持测试用例的精简和高效，关键在于剔除冗余和无用的用例。这要求我们建立一个自测用例的度量体系，利用量化指标来确定哪些用例应当被精简或淘汰。

这个度量体系大致分为两个方面。

（1）自测用例对代码逻辑的覆盖情况。

通常，评估软件质量时，代码的行覆盖率和分支覆盖率是两个常用的度量指标。尽管这两个指标不能全面衡量代码的质量（因为它们不考虑系统的配置数据等因素），但从投入产出比的角度来看，它们已经足够有效。

（2）自测用例的校验点断言质量。

代码的输出通常包括几类：存储到数据库或缓存中的数据、广播给外部系统的数据，以及返回给服务调用方的结果和数据。在编写校验点时，需要覆盖这些场景，以确保代码在各种情况下的准确性和质量。同时，在自测过程中，对这些输出结果进行评估是至关重要的，它有助于验证代码的功能是否符合预期，并确保系统的稳定性和可靠性。

4.2.3 自测代码也需要设计

服务于生产环节的代码需要精心设计，自测代码也同样需要。如果自测代码设计不当，就可能会导致一系列问题，如用例无法复用、可读性差、维护性差等。更严重的是，如果自测代码本身存在缺陷，那么可能无法有效检测生产代码中的故障，从而失去了自测的根本目的。

为了确保自测代码的有效性，并使其成为团队的宝贵资产而非负担，我们必须以对待生产代码的态度来对待自测代码。这意味着我们需要像提升编程技能一样，不断精进质量保障技术，以编写出高质量的自测代码，并充分发挥其价值。

第 5 章
分布式技术的常见认知盲区

高并发、大容量是技术领域中的热门话题。许多技术人员在面对没有高并发、大容量挑战的工作时，可能会感到缺乏编程的动力。因其中的关键技术是非常复杂、很难理解的分布式技术，且它在互联网业务中得到了广泛的应用。

为了降低分布式技术的使用成本，各种中间件应运而生。这些中间件的核心逻辑再次被封装，以简化应用系统的研发成本。这又进一步增加了深入理解分布式技术的难度。

本章将探讨分布式技术的一些常见认知盲区，包括幂等性、错误码、分布式事务、分布式缓存、异步化任务处理及高可用方案等方面。通过深入理解这些概念，我们可以不仅知其然，还能知其所以然，从而更好地掌握分布式技术。

5.1 行之无效的幂等性控制

每一位技术人在进行逻辑设计和测试时，都会考虑幂等性控制。然而，我们经常目睹由于幂等性控制设计缺陷导致的重大生产环境故障，例如在收费场景中的重复扣款问题。

在拥有标准研发流程的企业中，无论是架构设计、系统分析，还是编码环节，都应当包含对幂等性控制的设计和评审。尽管如此，幂等性控制设计导致的低级问题仍然屡见不鲜。这背后的根本原因在于对幂等性的理解不够深入。真正理解幂等性并非易事。幂等性不仅仅是一个技术概念，还涉及业务逻辑、系统设计、异常处理等多个方面。

5.1.1 幂等性的本质

幂等性最初是数学概念，即在某种运算下，元素被重复运算多次，但其结果保持不变的性质。在数学中，如果一个函数满足对于任何输入值，多次应用该函数得到的结果与单次应用的结果相同，那么这个函数就是幂等的，即 $f(f(x))=f(x)$。

在程序设计中，幂等性指的是对于相同的输入（通常是幂等性控制字段值），系统或函数总是返回相同的结果，而且任何后续的相同输入都不改变之前的结果。这意味着系统或函数应该具有原子性和传递性。

1. 原子性

用于控制幂等性的逻辑必须与业务处理逻辑紧密结合，形成一个完整的单元，就像数据库事务一样具备原子性。这意味着幂等性控制逻辑和业务处理逻辑必须同时成功或同时失败。这也是为什么幂等性控制通常使用数据库唯一键来实现，并且被包裹在业务处理逻辑的事务中。

如果幂等性控制逻辑和业务处理逻辑不具备原子性，可能会导致严重的问题。如图 5-1 所示，假设步骤 a 和步骤 b 合起来构成了幂等性控制逻辑，但如果步骤 a、b、c 三个逻辑不具备原子性，可能会出现步骤 b 处理成功，但步骤 c 更新请求数据状态失败的情况。当重复的请求再次到来时，在步骤 a 会判定其写入状态为 init，并继续处理步骤 b，这就会导致业务重复处理，从而引发故障。

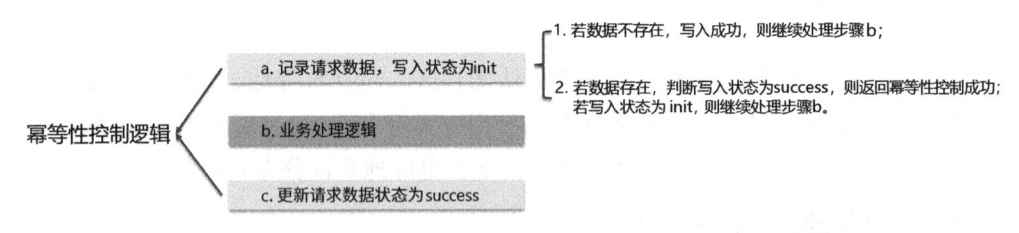

幂等性控制逻辑
- a. 记录请求数据，写入状态为 init
  1. 若数据不存在，写入成功，则继续处理步骤 b；
  2. 若数据存在，判断写入状态为 success，则返回幂等性控制成功；若写入状态为 init，则继续处理步骤 b。
- b. 业务处理逻辑
- c. 更新请求数据状态为 success

图 5-1 幂等性控制：原子性

2. 传递性

幂等的传递性是指在具有幂等性的函数链中，如果一个函数是幂等的，那么它所依赖的所有函数也必须是幂等的。这种性质确保了整个函数链在重复执行时，不会因为某个环节的不幂等而导致整体业务处理逻辑的不幂等。

以图 5-2 为例，假设业务处理函数 b 是一个提供幂等性功能的函数，它依赖业务处理函数 c。为了保持幂等性，业务处理函数 c 也必须是幂等的。如果业务处理函数 c 不是幂等的，那么在业务处理函数 b 处理业务请求失败并进行重试时，业务处理函数 c 可能会被重复调用，从而导致同一笔业务请求被处理多次。这是生产环境故障的一个常见来源。

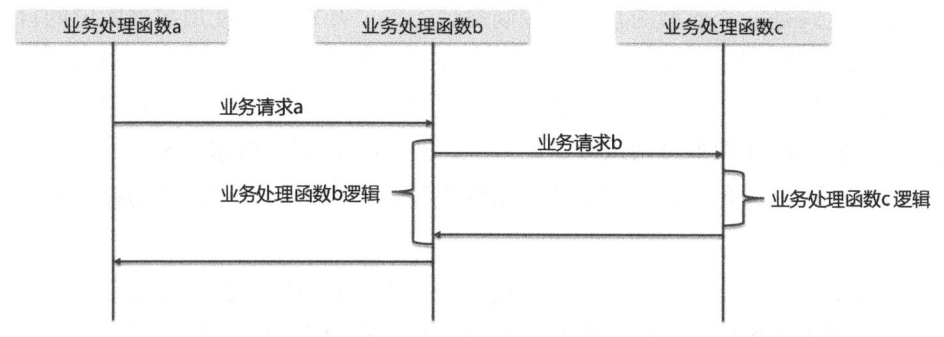

```
          业务处理函数a          业务处理函数b          业务处理函数c
                │                    │                    │
                │─── 业务请求a ──────>│                    │
                │                    │                    │
                │                    │─── 业务请求b ──────>│
                │                    │                    │
                │                    │ 业务处理函数b逻辑   │ 业务处理函数c逻辑
                │                    │                    │
                │<───────────────────│                    │
```

图 5-2 幂等性控制：传递性

幂等的传递性确保了在分布式系统中，即使发生重试，系统的行为也是可预测和一致的，是分布式技术中实现数据最终一致性的关键。在分布式系统中，由于网络问题、系统故障或其他原因，可能会发生请求重试。如果所有参与的函数都是幂等的，那么即使某个函数处理失败，重试请求也不会导致数据的重复处理或状态的不一致。

5.1.2 无效的幂等性控制案例

幂等性是分布式程序设计中的一个基本要求，但要实现有效的幂等性控制设计却颇具挑战。在理解了幂等的原子性和传递性之后，我们可以从幂等性控制字段的选取、存储，以及幂等性控制逻辑这三个方面，探讨一些常见的无效幂等性控制案例。

1. 会变化的幂等性控制字段

控制幂等性的首要任务是选择合适的幂等性控制字段来标示唯一性。这是至关重要的。然而，据观察，大部分幂等性故障都是由于选择了不合适的幂等性控制字段。

（1）**幂等性控制字段不唯一**。用于幂等性控制的字段必须保证在请求中具有唯一性。例如，开发者 A 最近负责设计一个用户余额提现场景，其代码如图 5-3 所示。

```java
public class WithdrawAssembler implements Assembler {
    public void assembleRequest(){
        // 构建提现请求
        WithdrawRequest newRequest = new WithdrawRequest();
        // 设置幂等性控制字段，Sequence长度为16位，从数据库中获取
        String idempotentId = SequenceRepository.getNextSequence();
        // 由于数据库字段长度只有8位，截取Sequence的后8位作为id
        newRequest.setRequestId(
            idempotentId.substring(idempotentId.length()-8, idempotentId.length()));
    }
}
```

图 5-3 用户余额提现场景：幂等字段取 Sequence 的后 8 位，幂等性控制失效

这段代码是一个典型的幂等性控制设计失误。开发者 A 使用数据库中的自增 Sequence 作为幂等性控制字段，但由于 requestId 的长度限制在 8 位，他直接截取 Sequence 的后 8 位作为幂等性控制字段。这种做法在短时间内可能看起来没有问题，随着时间推移和提现请求数量的增加，Sequence 值可能超出 8 位数的限制。这会导致截取后的幂等性控制字段值出现重复，进而引起数据库中的提现请求幂等性问题。

这个案例提醒我们，在实际应用场景中，需要对可能导致问题的"短号"保持警觉。幂等性控制字段值必须结合业务特性，确保在相关分区内保持永久的唯一性。

（2）**幂等性控制字段会变化**。开发者 A 在意识到幂等性问题后，采取了一种改进的策略，使用"8 位日期 +Sequence"的格式来生成幂等性控制字段，例如"2023072700000001"，如图 5-4 所示。这种格式理论上能够保证只要在一天内的请求不超过 1 亿个，就不会出现上述幂等性问题。

```java
public class WithdrawAssembler implements Assembler {

    @Override
    public void assemblerRequest() {

        // 构建提现请求对象
        WithdrawRequest newRequest = new WithdrawRequest();

        // 设置幂等控制字段，Sequence长度为16位，从数据库获取
        String idempotentId = sequenceRepository.getNextSequence();

        // 由于数据库字段长度只有8位，截取Sequence的后8位作为id
        // newRequest.setRequestId(
        //   idempotentid.substring(
        //   idempotentId.length()-8,idempotentId.length()));

        // 采用日期+请求号，设置幂等控制字段
        newTask.setIdempotentId(new SimpleDateFormat("YYYYMMDD").format(new Date()) + newRequest.getId());
    }
}
```

注释是改动前用Sequence作为幂等

改动后以服务器时间和请求号共同作为幂等字段

图 5-4 用户余额提现场景：8 位日期 +Sequence，幂等性控制失效

然而，即使有了这样的改进，代码上线一段时间后，用户反馈说他们提现了一次，但收到了两笔相同金额的钱，幂等性控制再次失效。经过调查，发现在数据库表中确实存在两条数据，它们具有相同的日期和 Sequence 值。

这是由网络抖动导致的请求重试。由于网络问题，同一个请求号"80000233"被投递了两次，时间先后只相差 1 秒，而这 1 秒正好跨越了两天，导致两条提现请求执行产生了不同的日期。因此，即使使用了改进的幂等性控制字段，由于网络延迟或其他外部因素，仍然可能出现幂等性问题。

幂等性控制失效的根本原因在于幂等性控制字段的值会随时间或环境变化。在使用日期和时间作为幂等性控制条件时，必须特别留意请求重试、时区差异，以及不同机器间的时间同步问题。这些都可能导致幂等性控制失效。

（3）**幂等性控制字段未共识**。幂等性控制字段的错误问题在某些情况下可能较为隐蔽，这通常源于上下游接口契约对幂等性控制字段的约束不够明确。例如，在集成第三方机构的系统时，由于对方技术体系较为陈旧，接口契约中并未明确规定幂等性控制字段。双方仅通过口头沟通，约定将文件中的 requestId 作为幂等性控制字段。

尽管这种做法在初期并未引发问题，但最终还是出现了意外情况：同一笔数据出现在两个文件中。与第三方机构沟通后发现，他们的设计存在问题，requestId 无法保证完整的幂等性。尽管第三方机构声称该问题属于极端情况，但也无法提供其他幂等性控制字段。

通过数据分析，我们发现每个文件名都包含时间信息。将时间中的日期与 requestId 拼接，可以形成一个有效的幂等性控制字段。统计历史数据后，确认这种幂等性控制逻辑是可行的。

然而，在修改幂等性控制字段的组成规则并重新发布上线后，问题并未得到根本解决。原因是第三方机构的系统缺陷导致文件名生成规则发生变化，使得原本应具备幂等性的数据仍然未能保持幂等。

在此情况下，再次与第三方机构沟通可能会变得复杂，因为他们可能会辩称这是服务调用方擅自修改了幂等性控制逻辑。因此，对于幂等性控制字段的取值，必须严格遵守接口契约中的约定，不得进行任何额外的逻辑加工。接口契约在对外合作中具有法律约束力，即使是服务提供方的契约存在错误，也应通过双方协商修订接口契约来解决，而不是由服务调用方单方面进行修改。

2. 未受约束的幂等性控制字段存储方案

幂等性控制是确定一个单一存储点来保存数据，并通过检查全局存储中数据的唯一性来确保操作的幂等性。因此，单一存储点和全局检查构成了幂等性控制不可或缺的两个要素。

（1）**幂等存储无约束**。使用数据库的唯一性索引是实现幂等性控制的一种常用且简单的方法。然而，简单的方法往往隐藏着潜在的风险。如果数据库的唯一性索引失效，那么整个系统的幂等性控制将彻底失效。例如，在注册新用户场景中，如果数据库表设计中未正确设置唯一性索引，或者由于某些原因（如数据迁移、表结构变更等）导致唯一性索引被破坏，那么幂等性控制逻辑将无法正常工作，可能导致用户重复注册或其他数据不一致的问题，如图 5-5 所示。

```
public class UserRepositoryImpl implements UserRepository {
    // 新增用户
    void registerUser(UserModel user) {
        // 用户模型全局检查
        user.check();
        // 幂等查询,检查用户是否已注册
        UserDO userDO = userDAO.query(user.getPhoneNumber());
        if (userDO != null) {
            throw new UserAlreadyExsitedException("用户信息存在,已注册过");
        } else {
            // 模型转换
            userDO = ModelConverter.toDO(user);
            try {
                // 插入用户
                userDAO.insert(userDO);
            } catch (DuplicatedKeyException ex) {
                // 触发幂等性控制
                throw new UserAlreadyExsitedException("用户插入被幂等");
            }
        }
    }
}
```

```
1  CREATE TABLE user_table (
2      user_Id int(64) NOT NULL AUTO_INCREMENT,
3      last_name varchar(255) NOT NULL,
4      first_name varchar(255),
5      phone_number varchar(32),
6      age int(16),
7      PRIMARY KEY (user_id),
8      UNIQUE (phone_number)
9  );
```

图 5-5 用户注册场景的幂等性控制设计示例

在用户注册场景中，首先检查用户信息是否存在，若已存在，则返回注册状态；若不存在，则插入新数据，通过数据库的唯一性索引约束来保证幂等性。数据库唯一性索引未正确设置或字段配置错误，在低并发量测试环境中难以发现。即使到生产环境，单个用户注册请求的并发量通常也不足以暴露问题。但当注册请求并发量增加，导致同一手机号码被多次注册时，就可能会显现出这个隐蔽的 Bug。

（2）**幂等存放不单点**。分库分表是分布式场景下常见的容量提升手段。但在使用分库分表时，必须确保相同的幂等性控制字段值落在相同的分库分表中，否则幂等性控制也会失效。例如，在用户注册场景中，按照年龄对用户进行分库分表，如图 5-6 所示。

```java
public class UserRepositoryImpl implements UserRepository {

    // 新增用户
    void registerUser(UserModel user) {
        // 用户模型全局检查
        user.check();
        // 幂等查询，检查用户是否已注册
        UserDO userDO = userDAO.query(user.getPhoneNumber());

        if (userDO != null) {
            throw new UserAlreadyExsitedException("用户信息存在，已注册过");
        } else {
            // 模型转换
            userDO = ModelConverter.toDO(user);
            try {
                // 插入用户
                userDAO.insert(userDO);

            } catch (DuplicatedKeyException ex) {
                // 触发幂等性控制
                throw new UserAlreadyExsitedException("用户插入被幂等");
            }
        }
    }
}
```

图 5-6 按照用户年龄做分库分表导致幂等性控制失效

如果使用可以更改的字段（如年龄）作为分库分表的依据，那么在用户通过填写不同年龄并使用相同手机号码完成注册时，即使手机号码字段唯一，也可能出现同一手机号码在不同的用户分表中的情况，从而导致幂等性控制失效。

使用年龄等可变字段作为分库分表的依据在现实中虽然不太常见，但如果幂等性控制字段非常复杂且有多个逻辑，就很容易犯这类错误。

3. 脱离业务的幂等性控制逻辑

在分布式技术环境中，有效的幂等性控制设计，关键在于紧密贴合业务需求、符合实际业务逻辑。

（1）**看似有用的前端防重**。在很多不严谨的代码设计中，会直接在页面前端对用户的请求行为进行防重提交，后端不再进行幂等性控制校验，这种做法存在极大风险。用户可以通过模拟构造请求、多线程多机器并发请求等方式，绕过前端的防重限制。即使前端控制得再好，也有可能由于网络抖动使得幂等被击穿。

（2）**暗藏玄机的并发控制**。在分布式环境中，采用"悲观锁"策略来解决并发条件下的幂等性控制问题是一种有效方法，即遵循"一锁二判三更新"。

一锁：根据幂等性约束，获取记录的悲观锁。

二判：检查加锁记录的状态是否符合预期。

三更新：在加锁和状态检查之后，执行业务逻辑，更新数据。

即便场景简单且低频，也应始终遵循"一锁二判三更新"的步骤，我们不能抱有侥幸心理。许多技术人员可能会侥幸地认为某个场景非常低频，数据是否幂等只需查询数据库即可。这种做法是不严谨的，它可能会给后人留下无数隐患。

在流量切换场景下进行跨系统的幂等性控制是一个容易出错的过程。如图5-7所示为跨系统切换并发幂等性控制失效示例，用户提现场景涉及两套系统：提现系统 A 为老系统，提现系统 B 为新系统，它们各自拥有数据库，并通过切流开关控制提现请求的处理。在切换之前，所有提现请求均由提现系统 A 处理，但由于网络抖动，提现系统 A 处理成功的回执未能及时通知提现门户。随后，提现门户使用相同的请求单号再次发起提现请求，恰逢流量切换，提现请求被发送到提现系统 B 处理。因此，相同单号的提现请求被 A 和 B 两个提现系统分别处理，导致重复提现。在新老系统数据切换的场景中，必须格外注意幂等性控制失效的问题。

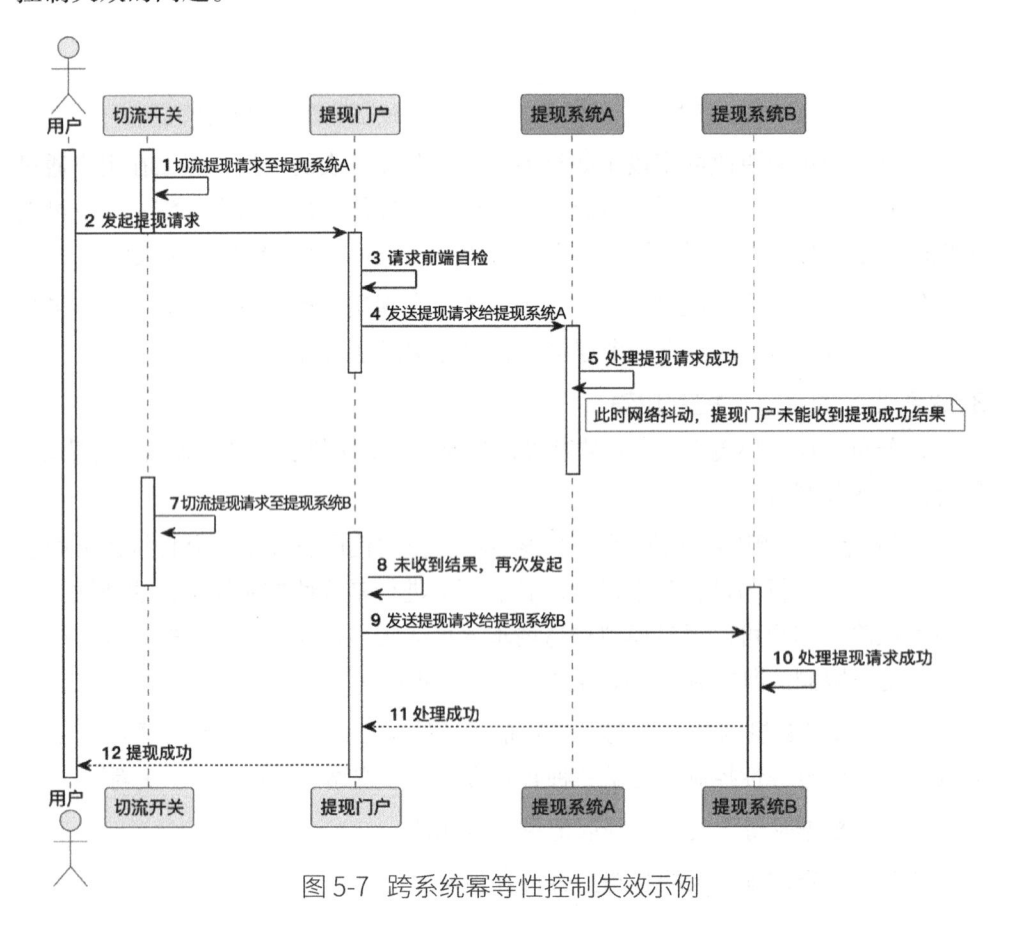

图 5-7 跨系统幂等性控制失效示例

（3）**有巨大隐患的缓存幂等**。在分布式场景中，采用分布式缓存作为幂等性处理的手段是一种普遍做法。分布式缓存能够记录上游发起的请求，确保每个请求仅由一台服务器处理一次。然而，这种方法需要仔细设计和实施，以避免潜在的问题。在如图 5-8 所示的设计中，分布式缓存可以拦截重复请求，但缓存中的记录仅表明请求曾经到达，而不能代表请求的实际处理结果。也就是说，缓存中的记录仅表示技术上处理过一次请求，但不一定代表业务上的实际处理完成。这并不符合幂等的要求。

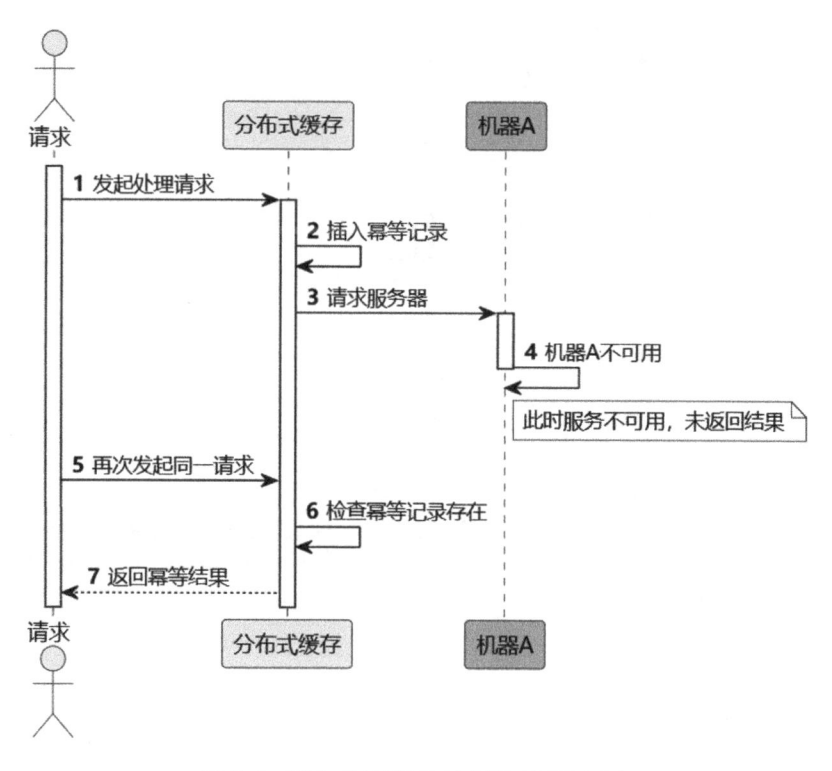

图 5-8 缓存做幂等性控制的错误案例

另一种情况是，当一笔请求 X 下发后，在分布式缓存中没有找到记录，请求被发送到机器 A 进行处理。然而，如果机器 A 不可用，那么从幂等性技术角度来看，请求 X 似乎已经被处理。但从幂等性业务角度来看，请求 X 并未真正被处理成功。当请求 X 再次发起重试时，由于分布式缓存中已有访问记录，该请求被视为幂等。这可能导致该笔请求永远无法再次被处理，实际上并不符合幂等的要求。

使用分布式缓存来拦截大量请求并配合幂等性控制是一个很好的实践方法。但必须注意，分布式缓存只能记录请求的路由情况，真正的业务幂等性需要用数据库来确认。

(4) 脱离业务的错误码处理。在错误码的处理上，分为服务提供方和服务调用方两类。对于服务提供方来说，必须确保对于同一笔请求，无论来多少次，都应该返回相同的终态结果。这要求服务提供方需要对每一次的服务请求和处理结果进行记录，并在相同的请求参数下返回同一个结果。否则，相同的数据请求可能会因为执行时间和环境差异，前后返回两次不同的业务结果，这会导致业务逻辑的不一致性和不可预测性，如图 5-9 所示。

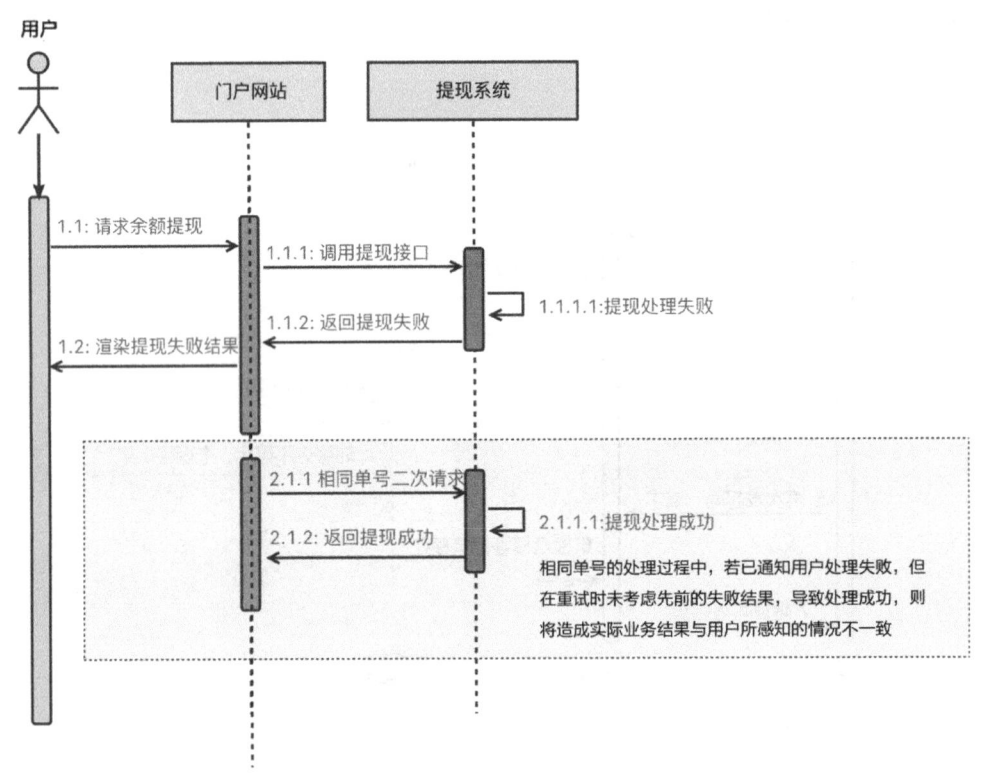

图 5-9 服务端要保存幂等结果，确保幂等不被击穿

对于服务调用方而言，需要正确理解服务提供方返回的错误码的含义。通常来说，服务调用方必须要求服务提供方针对幂等场景提供专门的错误码，以便在系统中识别并进行特殊处理。如果没有专门的错误码，服务调用方就可能无法正确识别幂等性，导致系统数据卡单无法被重试，从而无法恢复正常。因此，服务提供方和服务调用方之间必须明确幂等场景下的错误码，以确保系统的准确性和稳定性，如图 5-10 所示。

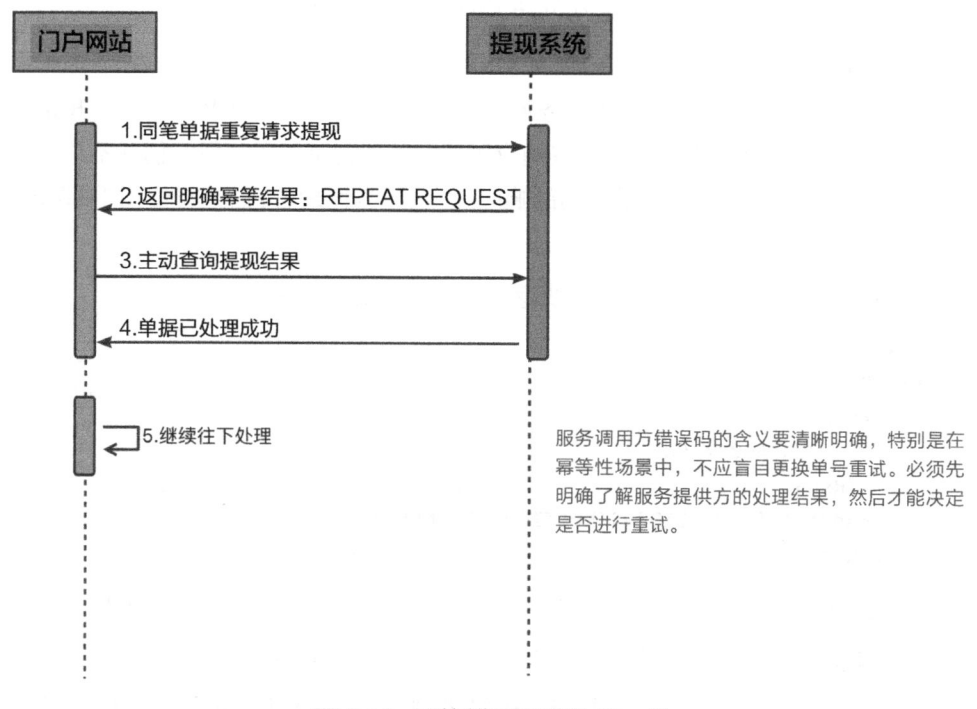

```
┌────────┐                    ┌────────┐
│门户网站│                    │提现系统│
└───┬────┘                    └───┬────┘
    │  1.同笔单据重复请求提现     │
    ├────────────────────────────>│
    │ 2.返回明确幂等结果：REPEAT REQUEST
    │<────────────────────────────┤
    │   3.主动查询提现结果        │
    ├────────────────────────────>│
    │   4.单据已处理成功          │
    │<────────────────────────────┤
    │                             │
    ┌─5.继续往下处理
    │
```

服务调用方错误码的含义要清晰明确，特别是在幂等性场景中，不应盲目更换单号重试。必须先明确了解服务提供方的处理结果，然后才能决定是否进行重试。

图 5-10 幂等错误码要约定一致

幂等性的实现看似简单，实则需要对业务场景有深入的理解，以及对系统架构和逻辑进行周全的考虑。在本节中，我们归纳了若干架构设计看似完善，但幂等性控制却失效的典型场景，旨在帮助大家更全面地理解有效幂等性的重要性。切记：一旦忽视业务细节和降低警觉，幂等性控制就可能失效。因此，结合对业务和系统架构的深入理解，全面考虑字段选择、存储机制和逻辑控制，是要在幂等性控制设计中必须做到的。

5.2 故障频出的错误码

接口集成是一项"高危"任务，尤其在集成银行、第三方支付机构的接口时，经常会出现资金处理异常故障，例如，当用户发起提现操作时，其银行卡收到了两笔款项。这种故障的原因通常较为普遍，即错误处理了银行或第三方支付机构接口返回的业务处理结果，将本应成功的单据错误地标记为失败。

这是一个非常小的疏漏导致的重大生产环境故障，甚至可能造成资金损失。初看这个问题并不复杂，似乎只是将银行、第三方支付机构的处理结果正确理解并转换为我方系统可识别的结果。然而，这样的问题却经常发生，即使采取了防控措施，仍然会出现故障。一个显而易见的问题得不到有效解决，一定有更深层次的原因。接下来，我们将逐步分析其中的技术原理和解决方法。

5.2.1 错误码到底是什么

在分布式系统中，错误码指服务调用方 A 调用服务提供方 B 系统时，B 系统返回的业务处理结果的响应码。这些响应码通常被称为错误码，但它们并不总是表示业务处理失败或出错，也包括成功的响应码。为了方便理解，后续将使用"错误码"这一术语来描述这些响应码。

以对接银行系统为例，银行系统返回的错误码如下所示。

```
<TxSts>RJCT</TxSts>
<StsRsnInf>
    <Rsn>
        <Cd>AG03</Cd>
    </Rsn>
    <AddtlInf>INVALIDINSTRUCTION</AddtlInf>
</StsRsnInf>
```

◎ 返回状态：表明银行系统处理请求的结果状态，例如 status=RJCT。

◎ 错误码：银行系统错误的具体原因，例如 resultCode=AG03。

◎ 错误码描述：对银行系统错误状态具体原因的描述，例如 resultMessage=INVALIDINSTRUCTION。

可以看出，错误码代表服务提供方对交易请求的业务处理结果。其本质作用包括：

◎ 映射交易状态，推进服务调用方的交易状态和后续业务流程。

◎ 对具体原因进行区分和定义，有助于达成一致理解，从而快速明确问题原因。

5.2.2 处理错误码的三种典型技术盲区

1. 系统交互结果与业务实际处理结果混淆

以用户提现场景为例，如果服务调用方调用银行提现接口，渠道返回 Request_Failed 状态，那么服务调用方将 Request_Failed 映射为提现失败（FAIL），并将提现单据更新为失败。然而，此时银行系统返回的 Request_Failed 可能仅仅代表本次请求的系统交互失败，并不一定意味着业务处理的真正失败。这是因为银行系统可能采用同步响应请求、异步处理资金的方式，最终资金处理可能是成功的。

因此，当用户再次发起提现请求时，可能会出现两次全额提现到账的情况，从而导致服务调用方的资金损失。这就是由于服务调用方没有仔细辨识清楚返回的错误码，将系统交互结果与业务实际处理结果混淆而引起的问题。

2. 网络超时场景错误码映射不当

以上述用户提现场景为例，如果服务调用方请求服务提供方（如银行系统）提现接口，但由于网络超时而抛出异常，服务调用方直接将该笔提现请求标记为失败，并把提现单据置为 FAIL，这同样可能导致资金损失的故障，如图 5-11 所示。将网络超时等异常视为失败是有问题的。因为无法确定是在请求未到达服务提供方，还是在服务提供方已处理成功但在返回结果时遇到网络超时。

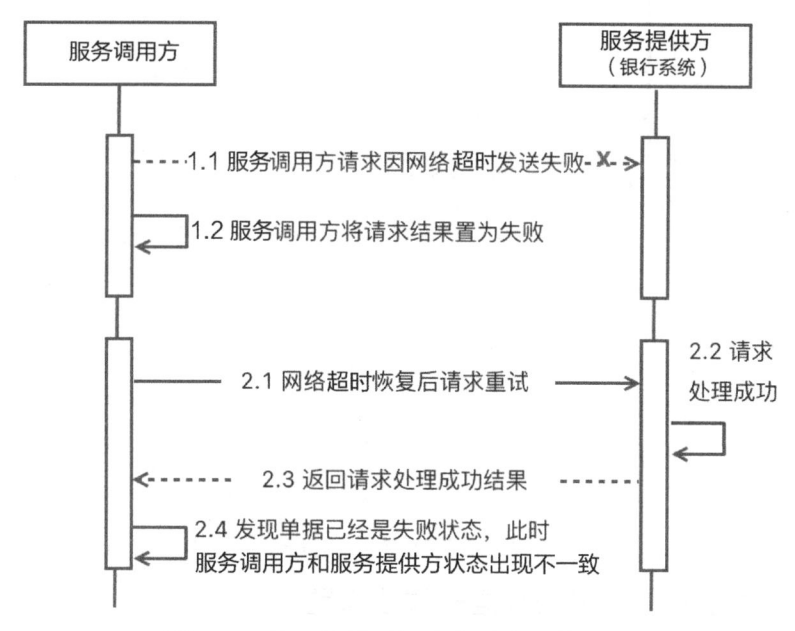

图 5-11 将网络超时视为失败交互的示例

3. 查询交易不存在场景的处理

在上述用户提现场景中，当服务调用方请求银行系统提现接口出现网络超时的时候，服务调用方明智地没有立即将此情况映射为失败，而是试图通过查询银行系统单据状态来明确该笔提现的具体情况。如果查询请求得到的结果是银行系统返回该笔提现交易不存在，那么服务提供方可能会返回 TRANSACTION_NOT_FOUND 错误码。

然而，如果服务调用方在这种情况下也认为该笔提现请求失败，这同样会导致资金损失的故障，如图 5-12 所示。因为在查询发起时，上一笔提现请求可能仍在系统处理过程中，数据库事务尚未完成提交，所以查询不到这笔交易。但最终，该笔提现处理可能仍然成功。这种情况下,银行系统实际处理成功,但服务调用方因查询不到交易而将其标记为失败,从而引起资金损失。

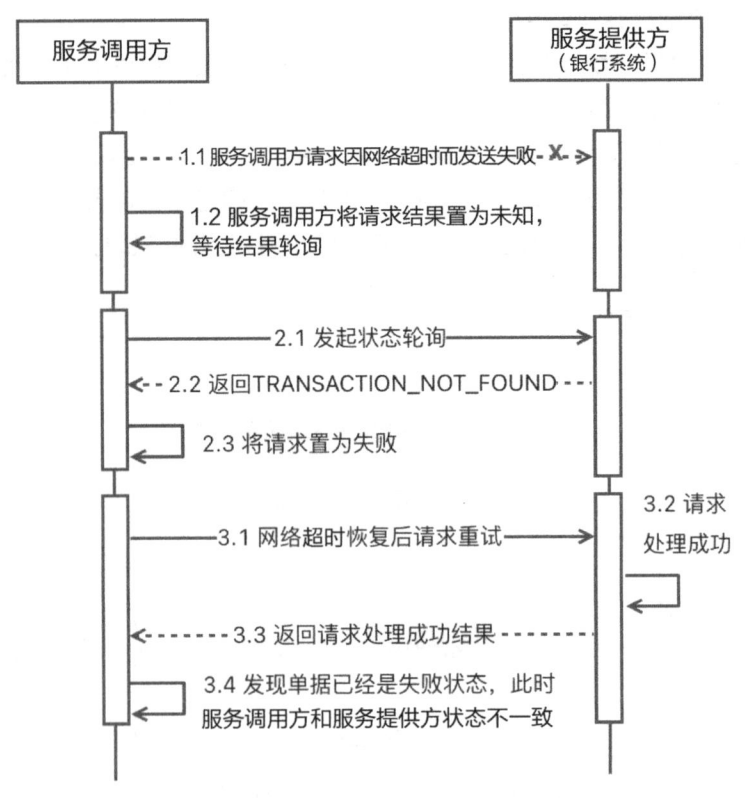

```
服务调用方                              服务提供方
                                      (银行系统)
   │                                      │
   │------1.1 服务调用方请求因网络超时而发送失败-X-→│
   │                                      │
   │← 1.2 服务调用方将请求结果置为未知,          │
   │      等待结果轮询                        │
   │                                      │
   │─────────2.1 发起状态轮询──────────────→│
   │                                      │
   │←----2.2 返回TRANSACTION_NOT_FOUND----│
   │                                      │
   │← 2.3 将请求置为失败                      │
   │                                      │
   │                                      │ 3.2 请求
   │─────3.1 网络超时恢复后请求重试─────────→│     处理成功
   │                                      │←
   │                                      │
   │←-----3.3 返回请求处理成功结果-----------│
   │                                      │
   │← 3.4 发现单据已经是失败状态,此时          │
   │      服务调用方和服务提供方状态不一致       │
```

图 5-12 将银行系统返回的查询错误码当作失败的示例

5.2.3 本质是异构系统的数据一致性问题

从上述案例可以看出,错误码的处理其实还有很多易错点,总结下来主要为以下两点。

业务语义理解的偏差。要根据服务提供方的错误码完整理解业务处理流程,需要一定的专业经验。例如,在提现场景中,银行系统返回账户余额不足的错误码,不同的银行系统可能有不同的解释:有的银行系统表示该笔订单流出失败;而有的银行系统则会自动重试,只要余额足够,就能自动处理重试成功。

如果接口集成的技术人员没有掌握这些专业知识,就很难辨识此类问题,从而容易出错。这要求接口集成人员在开发过程中,不仅要理解接口的编程细节,还要深入了解各银行系统的业务逻辑和处理流程,以确保正确处理各种可能出现的错误码和业务状态。

技术交互细节的影响。上述案例提到的查询因网络超时而无法获取结果，不能简单地认为该笔提现请求不存在而将其置为失败。这种技术实现方式也会影响错误码的映射处理。

无论是由于业务语义理解偏差还是技术交互细节导致的问题，其本质是分布式异构系统间进行网络交互时，服务调用方和服务提供方之间数据一致性的问题。关于分布式系统的数据一致性问题，对于同构系统，业界有多种解决方案，例如 Apache 开源的分布式事务框架 Seata。然而，异构系统面临更多限制，因为服务调用方和服务提供方可能采用不同的系统和技术架构，很难实现分布式事务方案。同时，服务调用方和服务提供方系统的不稳定、网络超时等未知情况，使得强一致性难以保障，只能追求数据的最终一致性，即双方数据在一定的时间窗口内必然存在差异。

为了实现数据的最终一致性，可以采取以下几种手段。

同步调用和结果同步：服务调用方调用服务提供方的服务的同时，服务提供方返回业务处理结果。这是正常状态，处理最为简单。

异常和补偿机制：当服务调用方调用服务出现异常，或服务提供方不能在接口中同步返回业务处理结果时，需要进行数据一致性的补偿。

数据一致性模式：服务调用方与服务提供方保持数据一致性有两种模式。

◎ 拉模式：服务调用方主动查询服务提供方的数据状态。

◎ 推模式：服务提供方把数据状态主动推送给服务调用方。

不管是拉模式还是推模式，要达到数据的最终一致性，都存在一个时间窗口。该时间窗口的大小取决于因数据不一致带来的业务影响容忍度。

1. 拉模式

拉模式是指服务调用方主动向服务提供方发起查询请求，以获取业务处理结果。查询结果通常有以下三种情况，如图 5-13 所示。

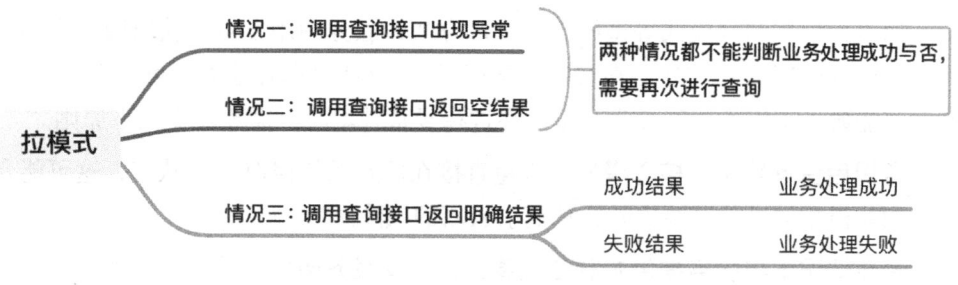

图 5-13 拉模式数据一致性处理的三种情况

调用查询接口出现异常（如网络超时等）。这种情况下，服务调用方没有拿到明确的结果，应该继续发起查询请求。

调用查询接口返回空结果。这种情况下，可能的原因包括：上一个服务调用请求仍在网络传输中，尚未到达服务提供方，服务提供方尚未写入数据，因此这次查询返回了没有数据的空结果；上一个服务调用请求的服务提供方仍在事务处理中，尚未提交，因此这次查询请求无法获取结果。由于空结果可能由多种原因导致，无法确定具体是哪一种，因此必须发起下一次查询以获取更准确的结果。

调用查询接口返回明确结果。在这种情况下，服务调用方可以根据返回的结果流转单据状态和推进业务流程。需要注意的是，业务结果返回值必须明确，并且服务提供方必须对此承担法律责任。这意味着服务提供方应将这种承诺纳入服务级别协议（SLA）中，并将其纳入商业合同，以形成业务约束力。

2. 推模式

推模式即服务提供方在完成业务单据处理后，通过 SPI（Service Provider Interface）等方式异步通知服务调用方。对于服务调用方来说，仍需注意以下几点。

异步通知结果的明确性及法律责任：服务调用方应确保异步通知中的结果返回值明确，并让服务提供方承担相应的法律责任。这通常要求服务提供方应将这种承诺纳入服务级别协议（SLA）中，并将其纳入商业合同，以形成业务约束力。

幂等性控制和业务状态机控制：服务调用方需要做好幂等性控制，以及业务状态机控制。一旦状态机达到终态，其状态就不允许再更改。例如，如果服务提供方通过 SPI 通知服务调用方某笔请求已处理失败，随后又通知该笔请求处理成功，那么这通常是由于服务提供方出现故障导致的。针对这类情况，服务调用方应做好日志记录和统计分析，并及时反馈给服务提供方，以修复故障。

通过这些措施，服务调用方可以确保在异步通知机制下业务流程的可靠性和一致性。

3. 数据一致性的异常补救

通过拉模式和推模式等系统自动补偿方式，服务调用方可以获取服务提供方的实际业务处理结果。然而，在特殊异常情况下，这些自动补偿方式可能无法恢复，此时就需要人工操作进行异常补救。在进行异常补救时，需要注意以下原则。

警惕后台系统绕过核心模型：避免直接在后台系统修改单据状态，这可能会导致领域模型的风险校验失效，从而引入新的风险。

紧急情况下与服务提供方联合应急：在涉及服务调用方数据订正的情况下，务必先更改服务调用方的单据状态，以防止服务调用方系统重试时再次处理。

例如，提现失败时，如果可以通过银行系统的网银界面进行人工打款，那么应首先将服务调用方的提现单据状态置为成功再打款。这样做可以避免在人工打款成功后，服务调用方在系统重试时再次执行打款操作，从而造成重复处理和资金损失。

4. 缩小达成最终一致性的时间窗口

（1）时间窗口的决定性因素。时间窗口的确定是分布式系统设计中的一个关键因素，它涉及系统交互层面的推拉模式。缩小不一致的时间窗口和确定合适的窗口大小是设计过程中需要考虑的问题。由于异构分布式系统无法实现数据的强一致性，存在不一致的时间窗口是不可避免的。时间窗口的大小取决于两种模式的不同情况。

◎ **在拉模式下**：时间窗口取决于服务调用方发起查询业务结果的频率，也取决于服务提供方的业务处理效率。理论上，服务调用方能够控制的查询频率越快，获取业务结果的速度就越快。

◎ **在推模式下**：时间窗口取决于服务调用方的业务处理效率及发起通知的频率。服务提供方能够控制发起通知的频率越高，服务调用方获取业务结果的速度就越快。

最后，我们来看下到底如何权衡时间窗口大小。

以用户支付和提现场景为例，推演几个数据不一致情况下的业务影响（表5-1中服务调用方称为我方，服务提供方称为机构）。

表 5-1 推演不同业务场景下时间窗口大小的选择

典型业务场景	我方业务处理状态	机构业务处理状态	业务影响
用户支付场景	处理失败	处理成功	时间窗口内用户不能及时看到支付成功结果
用户支付场景	处理成功	处理失败	不能出现，系统必须严格控制，否则会造成资金损失
用户提现场景	处理成功	处理失败	时间窗口内用户看到我方已经扣除余额，但是真实资金不能到账，引起用户投诉
用户提现场景	处理失败	处理成功	不能出现，系统必须严格控制，否则会造成大量资金损失

从表 5-1 来看，时间窗口大小的选择实际上是在权衡资金安全和用户体验。一方面，如果时间窗口设置过大，可能会牺牲用户体验，尽管机构单据已经处于明确状态，但由于时间窗口未到，我方还不能向用户给出明确的结果。另一方面，如果时间窗口设置过小，可能会增加资金损失风险，机构可能仍在处理中，但我方已经向用户给出了一个明确的结果，而这个结果可能与机构最终的处理结果不一致，从而导致资金损失。

（2）时间窗口必须落地为 SLA。从技术层面进行的理论分析表明，服务提供方提供的 SLA 承诺对于时间窗口的设定至关重要。服务提供方的时间窗口受到多种因素的影响，如系统事务超时、服务调用方的时间窗口依赖其下游服务、服务调用方可能存在的人工审核流程（如银行大额资金流转可能触发人工审核）等。

因此，服务调用方从服务提供方获取的 SLA 承诺必须具有法律效力。在有这样的承诺下，服务调用方应该做这样的处理。

◎ 服务调用方主动查询单据状态：如果因超过约定的时间而无法查询到单据状态，那么服务调用方应将该单据置为失败状态。

◎ 服务提供方主动通知：如果超过约定的时间才推送通知，那么服务调用方应拒绝处理并置单据为失败状态。

要实现这样的服务水平协议（SLA）承诺并非易事，服务提供方也必须按照相同的逻辑对其下游服务提供方提出类似的要求。但从技术原理上来讲，必须设计一套机制来保障这一承诺，并将其明确列入对外服务的契约中。

5.2.4 错误码的处理

上面论述了错误码的概念及其技术原理，在实际应用中，到底应该要怎么处理错误码，这里可以做一个分类总结。

1. 作为服务调用方集成外部接口

◎ 做好错误码映射原则：对于非明确表示业务成功或失败的错误码，应一律映射为未知状态。

◎ 做好错误码管理体系：由于所有不明确的错误码都需要映射为未知状态，所以可能会出现服务提供方新增错误码而服务调用方无法识别并正确映射为未知的情况，进而影响用户体验。因此，需要建立一个错误码管理体系，定期巡检未知错误码，并及时更新映射关系。

◎ 做好错误码映射变更审批：对于错误码映射的变更，应实施审批流程，并保留变更记录（留痕）。这样可以防止错误码的随意变更带来的风险，确保错误码映射的稳定性和可追溯性。

2. 作为服务提供方提供外部接口
- ◎ 明确错误码的含义：错误码应明确指示是系统处理状态还是业务处理状态，确保服务调用方和服务提供方对此有相同的理解。
- ◎ 设计数据一致性机制：确定服务调用方获取服务提供方业务状态的机制，如通过查询接口或通知机制，以确保双方数据达到最终一致。
- ◎ 设计通知机制的回调和恢复间隔：如果采用通知机制，应设计回调的间隔和最长恢复间隔，并确保这些参数在 SLA 中得到明确定义和约束。
- ◎ 设定 SLA 窗口期：为服务调用方设定一个 SLA 窗口期，即在超过约定的窗口期后，单据不会被处理为成功状态。

3. 内部同构系统之间的调用

内部同构系统之间的调用虽然可能基于成本考虑简化了一些机制，但仍然需要遵循一些基本原则，以确保系统的稳定性和可靠性。其中最紧要的一条就是：必须对焦清楚错误码的业务语义。

错误码虽然是技术上的一个细节，但它体现了分布式系统调用的技术原理。通过正确理解和处理错误码，可以揭示分布式系统中的潜在问题，且这些问题可能需要商业力量的支持和配合来解决。这就是一个看起来显而易见但解决起来又很难的"小"问题。

5.3 难以驾驭的分布式事务

在分布式技术架构下，一个对客服务通常需要多个系统协作完成。例如，用户转账服务通常涉及转账系统和账务系统的共同协作：转账系统负责处理用户转账单据的生命周期；账务系统负责管理用户的钱包余额。在这种情况下，转账系统的单据和账务系统余额的数据一致性变得尤为重要。如果数据不一致，就可能会出现用户转账失败但余额被扣减，或者用户转账成功但余额未被扣减等问题，这不仅会导致资金损失，还可能引发舆情事件。

为了保证分布式架构下多个系统的数据一致性，分布式事务是必不可少的。然而，分布式事务比本地事务更难以管理和驾驭，即使有许多技术框架已经大大降低了分布式事务的使用成本，但在实际操作中，仍然需要小心处理，因为稍有不慎，分布式事务就可能出现故障。

接下来，我们将深入探讨分布式事务在分布式系统中的关键作用、挑战和解决方案。

5.3.1 深刻认知分布式事务原理

1. 分布式事务与本地事务

数据库事务（Transaction）是一系列数据库操作的集合，这些操作要么全部成功执行，要么全部失败回滚，形成一个不可分割的工作单位。数据库事务必须具备 ACID 四个特性，即原子性（Atomicity）、一致性（Consistency）、隔离性（Isolation）和持久性（Durability）。

在分布式事务的语境下，数据库事务被称为本地事务。分布式事务是指在分布式应用架构下，不同的应用或数据库之间进行的操作，需要具备本地事务的 ACID 特性。这意味着分布式事务需要确保即使是在多个不同节点上的操作，也能够像单机事务一样保证数据的一致性和完整性。

本地事务操作和分布式事务操作如图 5-14 所示。

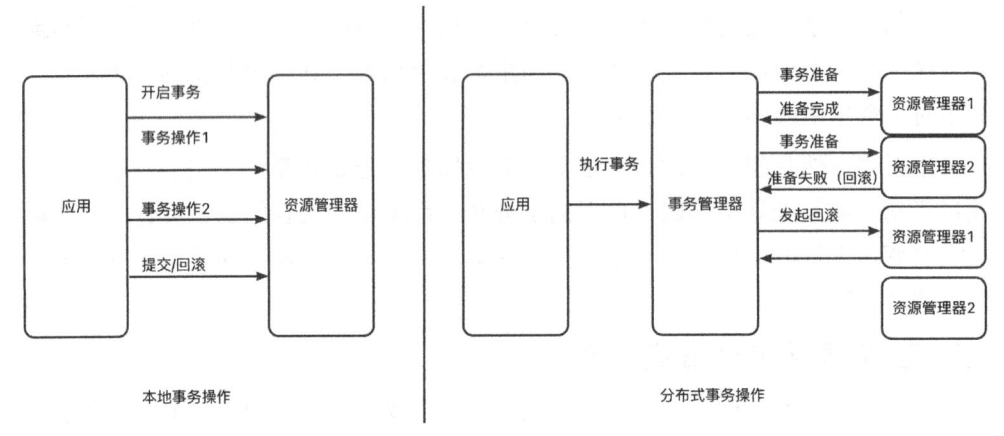

图 5-14 本地事务操作和分布式事务操作

从图 5-14 可以看出，分布式事务实际上建立在本地事务的基础之上，但其范围更广，需要协调各个数据库事务的数据一致性。

尽管分布式事务的首要目标是保障分布式系统的数据一致性，但遗憾的是，分布式事务并不能完美地解决数据一致性问题。

2. 实质是保障数据的最终一致性

分布式事务的实质是保障数据的最终一致性。在分布式系统中，一致性（Consistency）、可用性（Availability）和分区容忍性（Partition tolerance）这三个最多只能同时满足两个，而必须牺牲第三个。这就是著名的 CAP 定理。

分区容忍性是分布式系统容错性的体现。分布式系统不可能是一个单点服务，必须包含多个节点并涉及网络通信。例如，常见的分布式架构特性，如读写分离和微服务拆分，都是分区的具体表现。分布式架构天生具备分区容忍性，能够处理网络延迟、节点故障等因素引起的分区问题。

满足 CP，即一致性和分区容忍性。在分布式架构下，如果数据节点 A 和数据节点 B 之间发生断网，产生分区，那么就可能出现为了保证数据强一致性而牺牲可用性的情况，如图 5-15 所示。具体来说，如果客户端访问数据节点 B，但由于断网，产生分区，数据节点 B 无法访问数据节点 A 获取最新的数据，那么访问就会失败，导致客户端报错。这种情况下，系统虽然保持了数据一致性，但牺牲了可用性，因为客户端无法获得预期的服务响应。

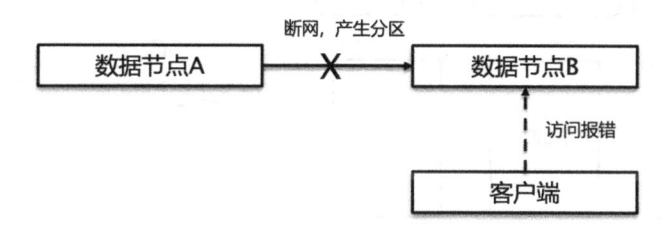

图 5-15 满足 CP

满足 AP，即可用性和分区容忍。在上述案例中，如果客户端访问数据节点 B 时，发现数据节点 A 与 B 不同步，这会导致数据一致性的丧失，如图 5-16 所示。

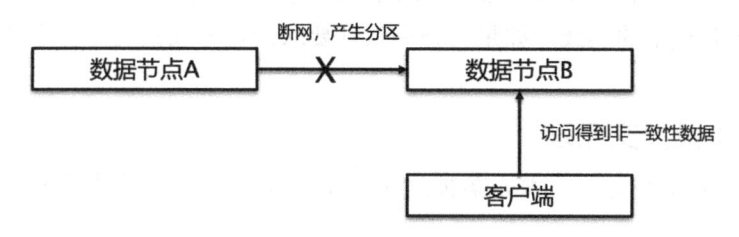

图 5-16 满足 AP

在分布式架构中，由于网络和硬件的分布式特性，分区容忍性是基本要求，因此 CAP 定理通常表述为在一致性和可用性之间做出选择。

为了在分布式架构中平衡这些特性，分布式系统设计者提出了 BASE 理论，如图 5-17 所示。具体如下所述。

基本可用（Basically Available）：分布式系统在面临故障时，仍然能够提供部分可用性，而不是完全瘫痪。这意味着即使系统部分不可用，关键功能仍然可以正常运行。

软状态（Soft State）：分布式系统中的数据可以在不同节点之间有一段时间的不一致，这种不一致是允许的，并且可以在后续的某个时间点进行修复。软状态与传统的硬状态（数据必须保持一致性）相对，允许系统在一定时间内处理不一致的情况。

最终一致性（Eventual Consistency）：在分布式系统中，系统可能在一开始存在不一致的状态，但最终所有的副本都会收敛到一致的状态。

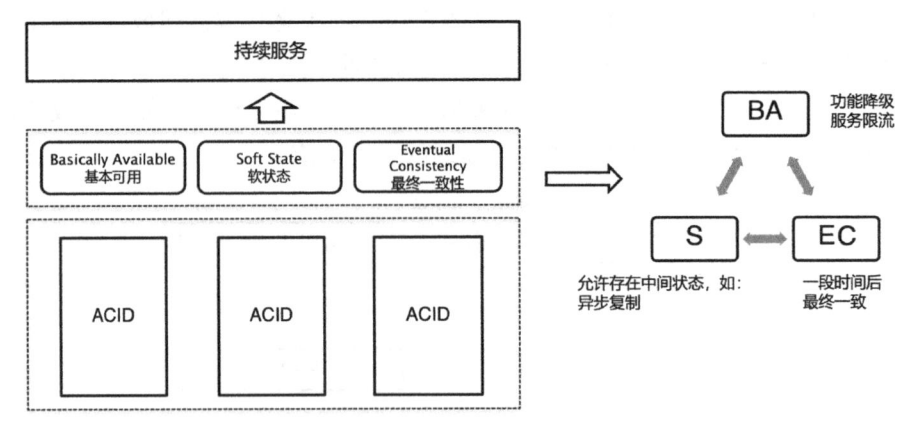

图 5-17 BASE 理论示意图

ACID 是 BASE 理论的基础设施，因为每个分区都需要 ACID 来保障局部的一致性。BASE 是分布式架构下保障一致性的理论，而不是一个技术手段。两阶段提交是 BASE 理论的实践。如果将强一致性要求的业务场景交给分布式事务，就会出问题。

5.3.2 两阶段提交原理

虽然两阶段提交的技术方案被封装在了中间件中，但是技术人需要知道其原理。

1. 大白话理解两阶段提交

假设 A、B、C 和 D 四个人是好朋友，A 发邮件约 B、C 和 D 三个人周六一起去爬山，对方收到并能读完邮件。约定：A、B、C、D 四个人要么都去爬山，要么都不去爬山。于是周六爬山这个活动是这样进行的。

首先做第一阶段操作：

（1）A 先给自己添加一个日历安排，周六约大家一起去爬山。

（2）A 向 B、C、D 三个人发邮件提议周六爬山。A 等着 B、C、D 给予他一个明确的回复。

（3）B、C、D 都查看自己的日历安排：如果没有其他安排，那么就把爬山活动添加到自己的日历中，然后回复 A 可以爬山；否则就告诉 A 自己不能参加。

然后 A 做第二阶段操作：

（1）如果 B、C 和 D 都回复 A 可以参加活动，那么 A 则向 B、C 和 D 发送邮件确认周六可以去爬山。

（2）如果 B、C 和 D 有任意一个回复不能参加活动，那么 A 则向 B、C 和 D 发送邮件取消周六爬山计划，并将自己的日历安排也撤销掉。

（3）如果 B、C 和 D 有任意一个超过某个时间（A 规定为半小时）没有应答，则认为有人无法参加，A 将向 B、C 和 D 发送邮件取消周六爬山计划。

（4）如果 A 向 B、C 和 D 发送最终的确认/取消活动的邮件失败，那么 A 有必要重复发送，直到每个人都收到确认或者取消活动的邮件。

通过这样一套交互流程，A 实现了组织周六爬山活动的目的。这就是两阶段提交在生活中运用的案例。

2. 严谨的两阶段提交流程

如果把 B、C、D 看成数据库，A 看成应用，那么上述过程将变成严谨的系统交互流程，其时序图如图 5-18 所示。

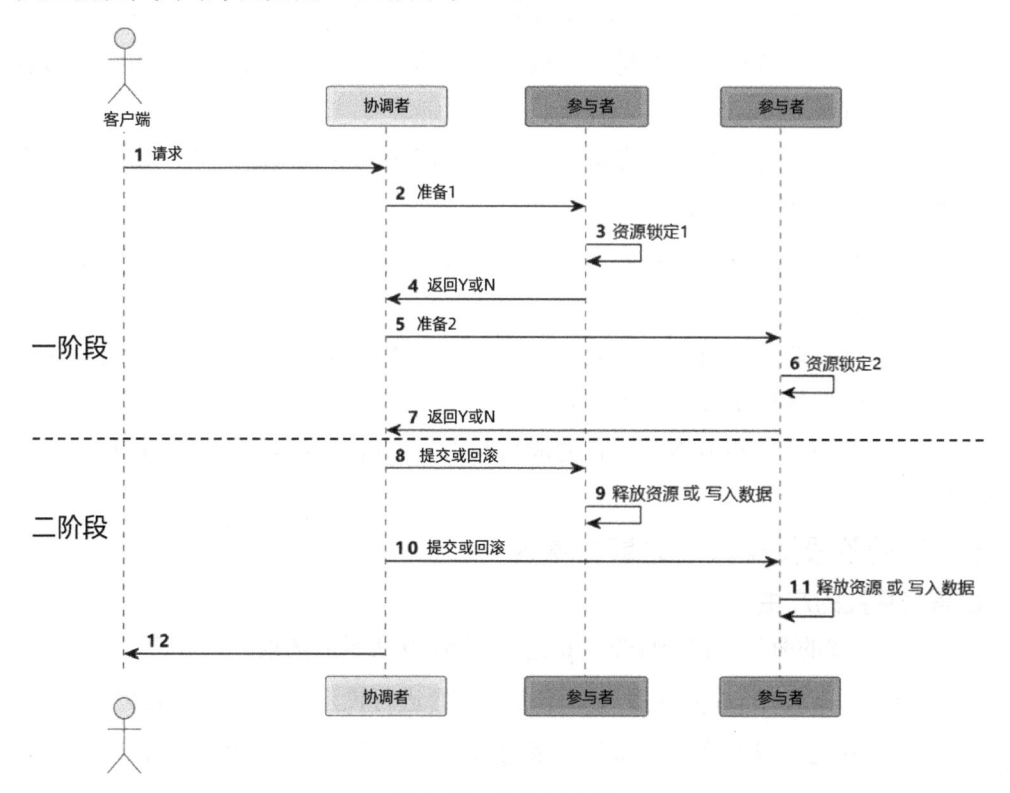

图 5-18 2PC 时序图

把生活案例和系统交互过程对比一下，将图 5-18 中的客户端和协调者合并为一个角色 A，A 即为分布式事务中的发起者和协调者，B、C、D 就是分布式事务中的参与者。A 向 B、C、D 发邮件建议爬山就是准备交互。添加日历安排即为资源锁定，这个目的是保障在二阶段的提交一定能够成功。

整个系统交互的时序如下所示。

一阶段：

（1）客户端开始一个分布式事务，向协调者发起请求。

（2）协调者向参与者发起准备请求。

（3）协调者在 prepare 接口中锁定资源，确保二阶段处理一定成功。

（4）参与者向协调者返回明确的结果，参与者处理失败则返回 N，处理成功则返回 Y。

二阶段：

（1）协调者以参与者返回的结果做二阶段是提交还是回滚的决策。

◎ 当所有参与者都返回业务处理成功时，进行提交。

◎ 任何一个参与者没有返回明确处理成功时，包括调用超时的场景，都会进行回滚。

（2）协调者向每个参与者进行提交或者回滚，一旦做出决策，就一定能够提交或回滚，有两个原则：

◎ 参与者在一阶段必须确保资源锁定成功，在二阶段一定能够提交或回滚成功。

◎ 协调者调用参与者提交或回滚，出现失败或超时情况则负责重试，直到所有参与者都提交或回滚成功。

（3）客户端感知最终协调者的成功与否，由协调者屏蔽分布式事务一致性协调的复杂性。

5.3.3 两阶段提交大敌之事务悬挂

1. 事务悬挂的产生

回顾前述的两阶段提交模型，试想如图 5-19 所示的场景。

（1）参与者在 prepare 服务中还在对资源进行锁定，事务并未提交。

（2）发起者因网络超时而认为参与者业务处理失败，调用参与者进行回滚（rollback）。

（3）这就形成 rollback 与 prepare 并发到达参与者的情况。

（4）参与者在 rollback 无法看到 prepare 接口中做资源锁定，所以此时 rollback 为空回滚。

（5）在分布式事务 rollback 完成后，参与者的 prepare 事务提交成功。最终数据状态为分布式事务回滚，但是参与者资源锁定成功且无法再触发回滚，造成了参与者的事务悬挂。

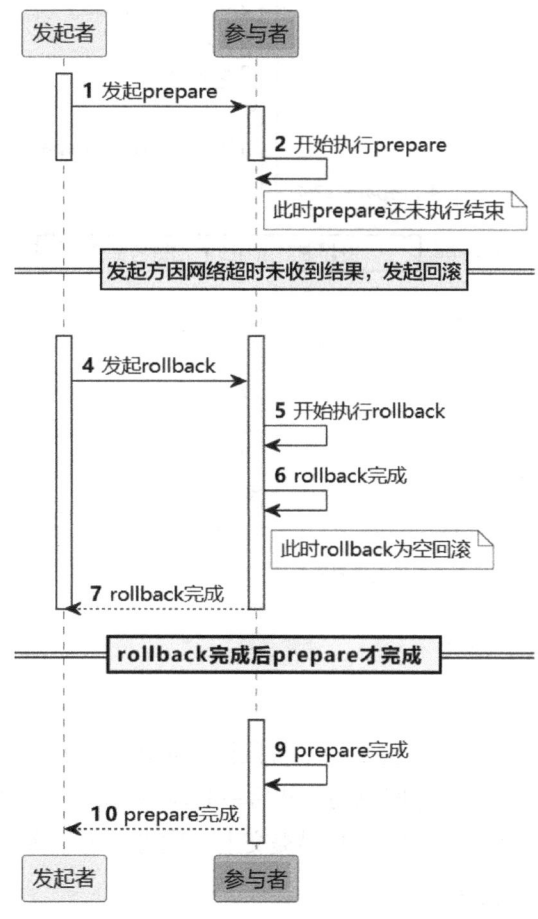

图 5-19 事务悬挂

再考虑第二个场景，如图 5-20 所示。

（1）第一个场景已经产生悬挂事务的数据。

（2）分布式事务发起者按之前的请求重试，参与者认为这是分布式事务的第二个请求，继续做业务处理。

（3）在分布式事务提交时，参与者便会提交两个一阶段处理的结果，也就是误提交了一次分布式事务，造成数据错误。

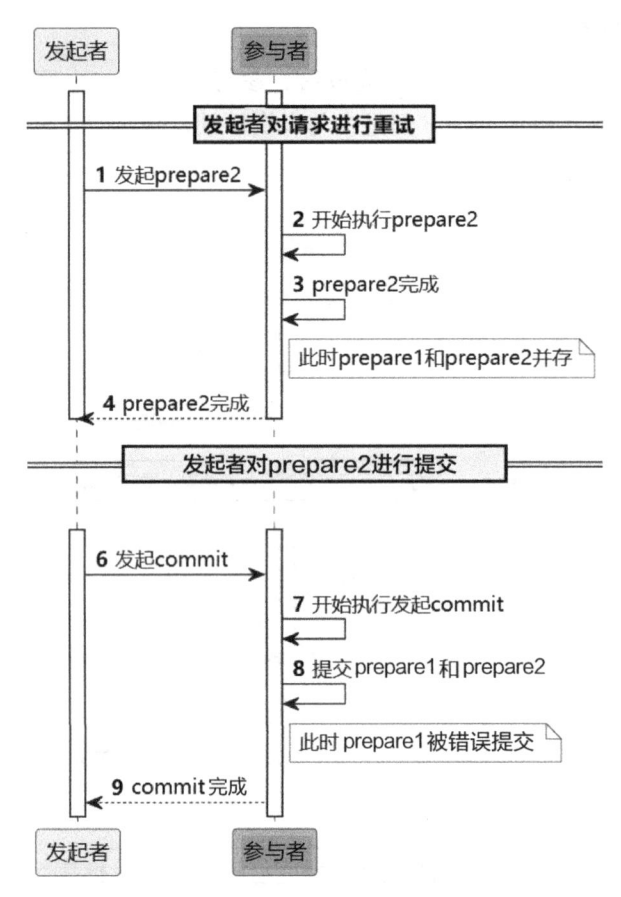

图 5-20 悬挂事务的错误提交

两个场景总结成一句话就是：二阶段回滚请求比一阶段预处理请求先被系统处理，导致二阶段空回滚返回成功，然后一阶段预处理落地数据，造成悬挂事务，影响数据的准确性。在重试时，会误提交上一次悬挂的事务，造成数据不一致。

2. 悬挂事务的解决方案

事务悬挂是指在分布式事务中，由于参与者未能及时响应，导致事务无法完成，进而可能引发数据不一致或资金损失等问题。为了解决这种问题，可以设计如下方案。

方案一：超时控制

假设发起者调用参与者的超时时间为 t0，参与者自身业务处理的时间为 t1。

方案：t0>t1，且参与者实际处理耗时超过 t1，一定回滚自己本地事务。

优点：简单，改造小。

缺点：非通用，只适用于参与者较少的简单场景。对参与者性能要求较高，t1不能太大，否则可能造成故障影响呈指数级扩大。

方案二：设定预期

悬挂事务实质上是二阶段无法感知一阶段的处理情况。

解决思路：发起者与参与者在一阶段约定一个共同的数据结构，称为防悬挂记录，如图 5-21 所示。二阶段回滚时通过防悬挂记录进行再次确认。

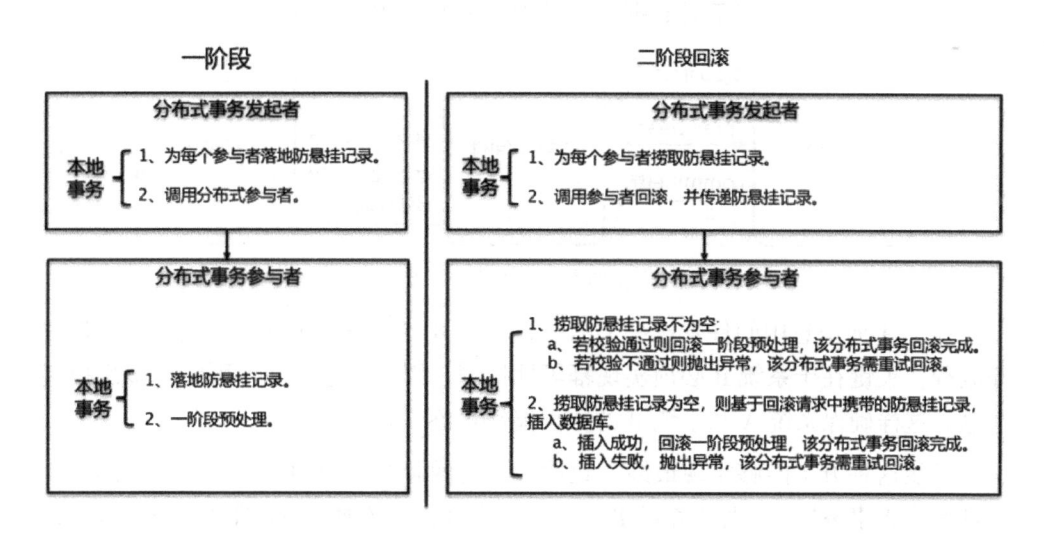

图 5-21 防悬挂记录方案

优点：可以根本解决空回滚导致的悬挂事务问题。

缺点：相对复杂。

适用场景：适用于使用两阶段进行分布式事务的场景，尤其是涉及资金处理的场景。

结合方案一和方案二的最佳实践：在参与者处理时间较长或参与者数量较多的情况下，使用方案二来解决悬挂事务问题，同时对参与者设置合理的时间限制，以防止长时间的处理导致的系统风险。这种结合方案能够有效防止悬挂事务带来的数据准确性和资金安全问题。

5.3.4 两阶段提交并不是唯一解

两阶段处理的初衷是保障数据的最终一致性，但它并不是唯一的解决方案。两阶段提交的研发成本和维护成本实际上都相当高，因为一阶段需要参与者预留资源，而二阶段还需要避免悬挂事务这样的技术隐患。因此，必须慎重使用这个技术。

基本上，两阶段提交更适合那些对数据一致性要求极高的场景，如对资金相关的精度要求高的场景。如果团队规模较大且技术能力成熟，那么投入研发和维护成本可能是值得的。

如果没有这样的前提条件，即使技术方案稍低配，也能够在一定程度上保证数据最终一致性，例如通过事务消息和幂等重试的组合来实现数据最终一致性，如图 5-22 所示。这种方法虽然不如两阶段提交那样严格保障数据最终一致性，但成本较低，适用于对数据一致性要求不那么严格的场景。

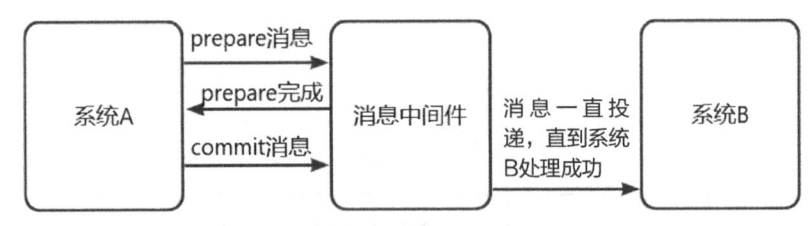

图 5-22 事务消息和幂等重试的组合来实现数据最终一致性

系统 A 向消息中间件发送一个消息，系统 B 接收消息中间件的消息并推进业务流程。关键在于系统 B 必须实现幂等性控制，因为消息中间件可能会多次投递消息。这样确保系统 A 和系统 B 的数据能够最终一致。

虽然这种方案能够实现最终一致性，但与两阶段提交相比，它有一个问题：一旦系统 A 事务提交，那么系统 B 只有一种选择，即必须成功处理该业务。因此，必须根据实际场景选择数据一致性保障的方案。

驾驭分布式事务虽然具有挑战性，但只要理解其数据最终一致性的本质，选择合适的解决方案，建立严密的控制流程，并准备全面的异常处理方案，就可以充分利用分布式事务的优势解决分布式场景下的业务难题。

5.4 麻烦不断的分布式缓存

缓存能加快数据的访问速度，几乎每个软件都会使用这一技术。自 1968 年在 360/85 系统上引入高速缓存（cache）一词以来，缓存技术经历了多次迭代更新，还出现了许多种缓存框架和工具，以降低其使用门槛和风险。在分布式技术中，缓存尤为重要，相关使用方法和介绍文档也相当丰富。然而，互联网技术历史中不乏因缓存异常导致的重大故障：2012 年，Facebook 的 Memcached 缓存更新异常，导致用户看到了错误的信息；2013 年，Google 的 Spanner 数据库缓存更新异常，使得数百万用户无法使用 Google 服务；2016 年，亚马逊 AWS 云服务由于 Elastic

Load Balancer 缓存未能正确更新，造成大量网站和应用程序停机。

这些案例引发我们深思：我们是否真正会用缓存？是否所有应用场景都适合引入缓存？在哪些情况下，缓存可能会造成严重损害？接下来，我们将基于大厂的实践经验，通过具体案例分析缓存使用中可能遇到的可用性和一致性问题，并探索解决这些问题的方法，以深化对缓存技术的理解，并确保其更好地服务于我们的应用。

5.4.1 只要使用缓存，就会存在可用性风险

在系统链路上增加一个环节就会增加可用性风险。尽管缓存的引入提升了数据访问速度，但缓存架构的复杂性也给系统引入了更多的可用性风险，令系统更加脆弱。因此，在设计缓存系统时，必须充分考虑这些风险，并采取相应的措施来确保系统的稳定性和可靠性。

1. 缓存加载不当导致服务器宕机

缓存通常架设在数据库之前，用于缓存常用数据，以加快访问速度并减轻数据库的负担。为了保持缓存数据与数据库中的数据尽可能一致，需要对缓存数据进行刷新。然而，一旦缓存刷新策略不当，就可能会对数据库造成严重影响。下面以会员系统缓存刷新为例进行分析。

会员系统存储着用户的基础信息，这类数据的写入和更新频率不高，但读取量大，非常适合放入缓存中。图 5-23 展示了一种利用缓存 JAR 包的方法。服务提供方将缓存功能封装在一个 JAR 包中，供服务调用方系统集成。这样，服务调用方可以像访问本地数据一样轻松、迅速地获取远程数据。

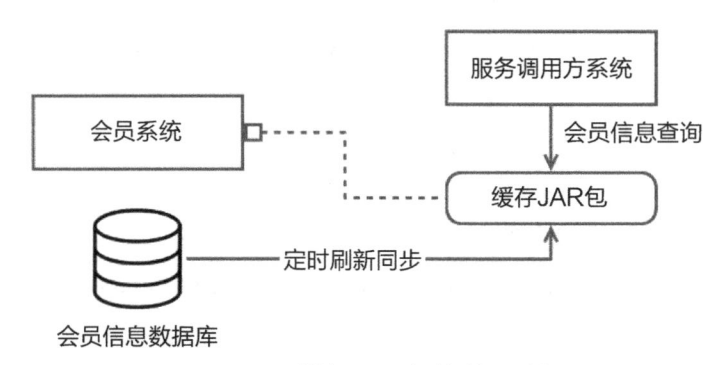

图 5-23 缓存 JAR 包的利用过程

在现实中，由于项目时间紧迫或开发者经验不足，缓存刷新方法可能非常简单，例如设定固定的过期时间，一旦缓存数据失效，就立即刷新缓存数据。

这种方法在缓存数据量较小的情况下通常不会出现问题。然而，它存在一个致命的缺点：可能导致大部分数据在同一时刻失效，进而导致所有缓存 JAR 包在同一时刻发起查询请求，将数据更新到缓存中。一旦大量查询请求集中在同一时间点到达会员系统，就可能使会员系统的数据库过载，导致宕机，从而使整个会员服务不可用。

为了解决这个问题，可以通过调整缓存刷新的频率来减轻数据库的压力。例如，在缓存失效时间上增加随机数，以错开缓存刷新的高峰期，避免集中刷新对服务器造成过大的压力。这种方法可以有效地规避因集中刷新而导致的系统崩溃。

2. 缓存刷新不当导致服务宕机

除了注意缓存刷新的时机，缓存刷新的小细节也同样重要。

如图 5-24 所示，这种做法在大多数情况下可能没有问题，但如果远程调用服务 userService.queryAllUsers 时出现网络抖动，缓存就可能会变成空值。在这种情况下，由于无法从缓存中找到数据，所以系统可能再次触发缓存刷新逻辑，导致远程调用，而远程调用由于网络抖动无法快速返回结果，从而引发服务雪崩，导致服务调用方和服务提供方全部宕机。

```java
5   public class UserCache {
6
7       public  List<User> userCache = new ArrayList<>();
8
9
10      //获取缓存集合
11      public List<User> getUserCache(){
12          return Collections.unmodifiableList(userCache);
13      }
14
15      //更新缓存
16      public synchronized void update(){
17          //先清空缓存
18          userCache.clear();
19          //查询新的缓存
20          userCache.addAll(userService.queryAllUsers());
21      }
22
23      //...
24  }
```

图 5-24 错误的缓存刷新的代码

一个相对更严谨的做法是在远程调用获取数据结果后，再将新的数据结果赋给原缓存变量。这样即使远程调用出现异常，缓存内容也不会为空。然而，这种全量刷新缓存数据的方法可能会对系统资源造成较大压力。

一个更好的做法是，当服务端数据变化时，通过推送的方式对缓存进行增量刷新。这样可以更有效地更新缓存，减少对系统资源的消耗。如图 5-25 所示，代码稍作调整，采用推送方式进行缓存增量刷新。

```
 1  class UserCache {
 2      private Map<String, User> userCache = new HashMap<>();
 3
 4      //...
 5
 6      // 获取缓存集合
 7      public Map<String, User> getUserCache() {
 8          return Collections.unmodifiableMap(userCache);
 9      }
10
11      // 当服务端数据变化时，通过推送的方式对缓存进行增量更新
12      public synchronized void onNotifyUpdate(String updateUserId) {
13          // 根据userId查询特定数据
14          User updateUser = UserService.queryByUserId(updateUserId);
15          userCache.put(updateUserId, updateUser);
16      }
17
18      //...
19  }
```

图 5-25 调整后的缓存刷新的代码

3. 本地缓存不当导致服务宕机

缓存 JAR 包对服务调用方友好，因为它提供了一种便捷的方法来获取缓存数据。然而，由于缓存 JAR 包寄宿在服务调用方系统中，需要注意以下一些潜在的风险。

缓存刷新的任务量过大：当缓存刷新的任务量过大时，可能会导致服务调用方的负载急剧增加，甚至引发宿主系统崩溃。这是因为缓存刷新通常涉及大量数据的读取和写入操作，如果这些操作过于频繁或数据量过大，可能就会超出服务器的处理能力。

缓存 JAR 包中缓存的数据量过大：如果缓存 JAR 包中缓存的数据量过大，就可能会直接影响宿主系统的稳定性。例如，过大的缓存数据量可能会导致频繁的垃圾回收（Full GC），这会严重影响系统的响应时间和吞吐量。

4. 分布式缓存穿透击垮数据库

若换成分布式缓存，是不是能够一劳永逸地解决问题呢？会员系统将数据都

存储在分布式缓存中的具体情况如图 5-26 所示。

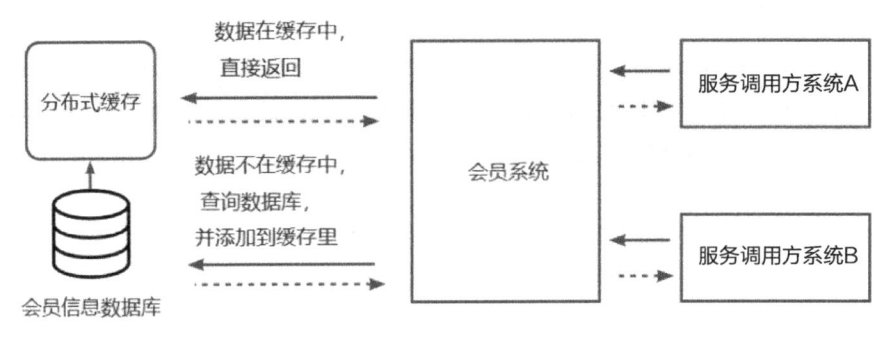

图 5-26 分布式缓存示例

当查询的数据已存在于分布式缓存中时，直接返回结果可以提高查询效率。然而，如果部分数据本来就不存在，直接查询数据库并在返回数据库结果的同时将结果写入缓存中，就可能导致问题。如果服务调用方在缓存中找不到数据，它就会继续查询数据库；如果数据库也找不到，就可能导致服务调用方不断重试查询，最终可能引起雪崩效应，击垮数据库。

对于分布式缓存中的数据也需要提前预热，对于不存在的数据需要在缓存中构建特殊空对象以防止缓存被穿透。

5.4.2 只要使用缓存，就会存在数据不一致问题

从原理上来说，同一份数据既放到缓存中又存储在数据库中，就一定会带来数据一致性的挑战。尽管可以通过各种策略和技术手段来减少数据不一致的时间窗口，例如设置合理的缓存过期时间、使用缓存预读取和后写入机制、实施分布式锁等，但这些措施并不能从根本上杜绝数据不一致的问题。接下来将分场景论述数据不一致的根源。

1. 数据不一致的本质分析

（1）纯写场景。在正常的业务处理逻辑完成后，可以在本地事务结束之后，通过回调方法 afterCompletion 将模型写入缓存，如图 5-27 所示。

图 5-27 纯写场景

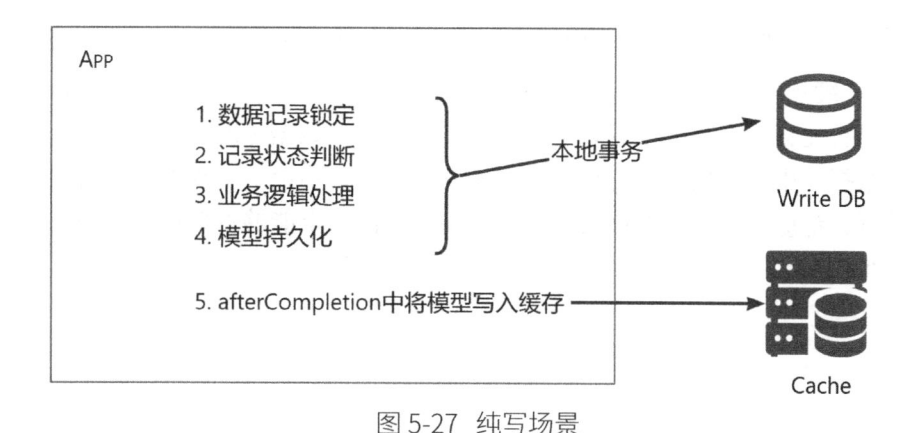

写入缓存的请求可能会失败,导致数据库中有数据而缓存中却没有相应的数据。为了处理这种情况,需要实施一个补偿方案。具体来说,当缓存中缺少数据时,系统应该查询数据库,并将查询结果重新写入缓存。在纯写场景中,由于数据库已经包含了最新的数据,因此不会出现数据一致性问题。

在这种情况下,主要关注的是分布式缓存的命中率,即缓存中的数据与数据库中的数据保持一致的频率。如果缓存命中率较低,则意味着系统需要频繁查询数据库来获取缺失的数据,这会增加数据库的负载,从而降低系统的整体性能。

(2)纯删场景。这个场景也是比较简单的,先将缓存中的数据删除,再删除数据库中的数据,如图 5-28 所示。

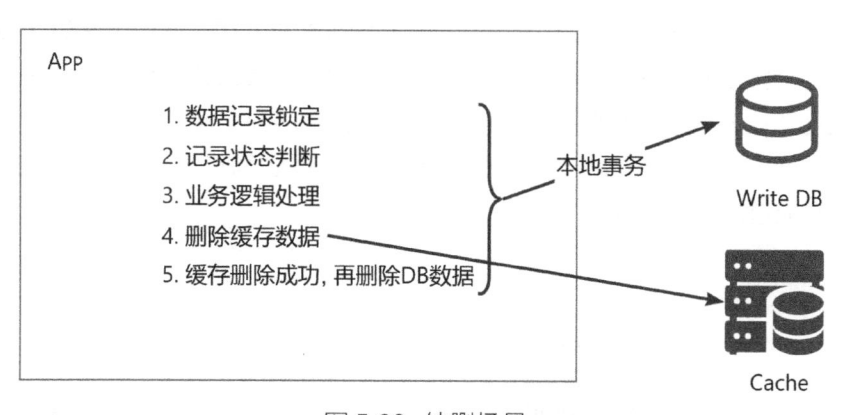

图 5-28 纯删场景

先删除缓存中的数据再删除数据库中数据的风险在于,最终数据库事务提交可能会失败,这可能导致数据不一致。为了降低数据不一致的概率,可将删除缓存数据的操作放在最后一步,即在所有业务逻辑处理完毕后再调用删除缓存数据的方法。即使缓存数据被删除,但数据库中的数据依然存在,最终读取到的数据库数据不会是脏读。因此，在纯删场景下，实际上并不存在数据不一致的问题。

（3）**纯读并写场景**。为了提高缓存命中率并确保数据的最终一致性，常见的做法是首先尝试从缓存中读数据。如果缓存中没有数据（即缓存未命中），则回退到数据库中读数据。一旦从数据库中获取数据，不论是空数据还是有实际内容的数据，都应该将其更新回缓存中，以便后续的请求能够直接从缓存中获取数据，减少数据库的访问压力。这种策略如图 5-29 所示。

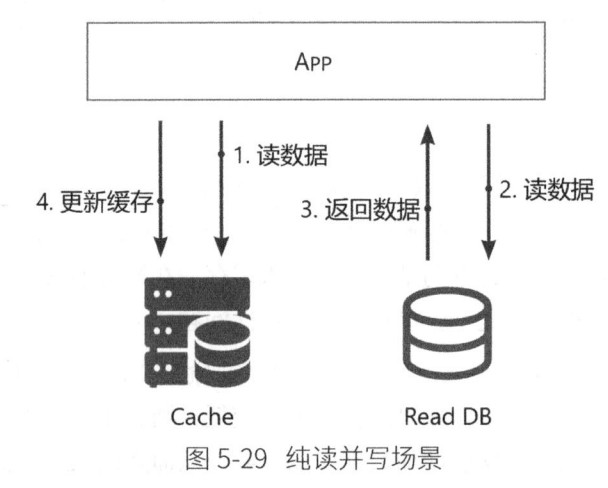

图 5-29 纯读并写场景

在系统中仅涉及数据读取操作，而不包含数据更新、删除或写入的场景下，不存在数据不一致的问题。

（4）**纯更新场景**。在这个场景中，由于数据库和缓存的操作不是原子性的，无论是先更新数据库还是先更新缓存，都存在数据不一致的风险。如图 5-30 所示，无论先更新数据库，而缓存更新失败，还是先更新缓存，而数据库更新失败，都会导致数据不一致。这是因为这两个操作不能保证同时成功，所以无法实现强一致性，只能追求最终一致性。

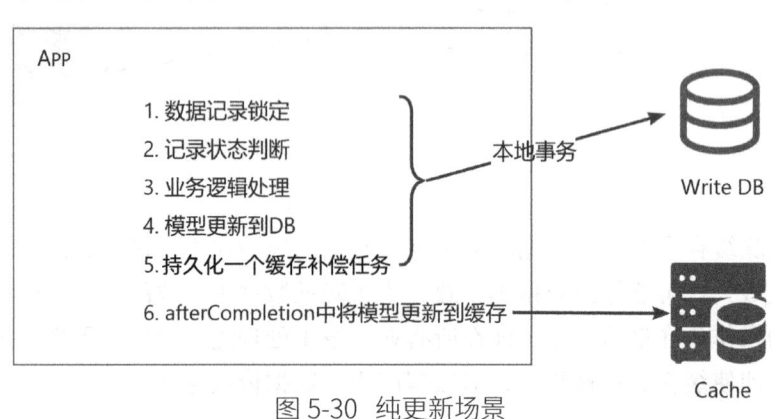

图 5-30 纯更新场景

清晰地认识问题的本质是我们选择解决方案的基础。为了减轻数据库的压力并确保其高可用性，缓存仅是一种手段。为了维护数据的最终一致性，我们必须优先确保数据库数据的正确性，然后尽最大努力去修正缓存中的数据。

在图 5-30 所示的纯更新场景中，应该首先确保数据库更新成功。然后，可以持久化一个缓存补偿任务，这个任务会在数据库事务提交后执行，用于更新缓存。最后，通过这个缓存补充任务来检查数据库与缓存的数据一致性。如果发现不一致，应该以数据库的数据为准来修正缓存中的数据。

因此，数据库与缓存之间的数据不一致窗口期取决于缓存写入的成功率，以及定时补偿任务的执行频率。这种方式，可以最大限度地减少数据不一致的可能性，并确保系统最终达到一致性状态。

（5）综合场景。以上论述的场景是在仅考虑单一场景的理想情况下进行的推演（实际上一个系统中不太可能只有数据写入而没有数据更新）。然而，在现实中，系统通常涉及多种操作，包括数据的读取、写入、更新和删除。

假设需要删除数据，即使缓存和数据库的删除操作都成功执行，仍然存在一种情况：在删除操作之后，并发的读请求可能会将旧数据重新写入缓存，如图 5-31 所示。这是因为，在多线程或分布式系统中，可能会有多个请求同时进行，其中一些请求可能在删除操作之后但缓存补偿任务执行之前到达。这种情况下，数据的一致性可能会受到影响，因为缓存中可能会短暂地存储过时的数据。

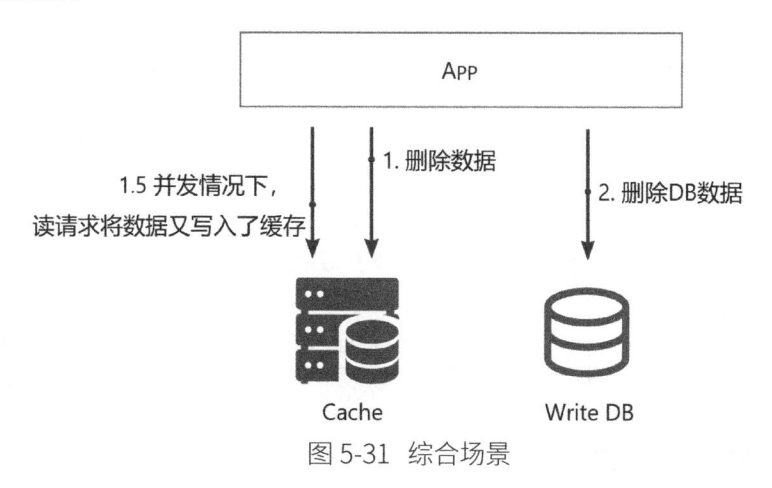

图 5-31 综合场景

2. 减少不一致窗口的方案

虽然数据不一致性在某种程度上是不可避免的，但这并不意味着我们无法对其进行优化。当优化的效果达到投入与产出比的最佳平衡时，实际上问题也就得到了有效解决。整个优化思路如图 5-32 所示。具体步骤如下。

(1) **本地事务中更新业务数据和持久化缓存补偿任务**：在本地事务中，首先更新数据库的业务数据。同时，在事务中持久化一个缓存补偿任务，这个任务包含了更新缓存所需的信息。

(2) **事务提交后更新分布式缓存**：当数据库事务成功提交后，执行之前持久化的缓存补偿任务。将最新的数据模型存放到分布式缓存中，确保缓存与数据库的数据一致。

(3) **数据版本控制**：存入缓存的数据应该包含版本信息，以便检测数据的新旧。可以选择数据的最新修改时间作为版本号，这样在读取数据时可以比较版本号，确保使用的是最新数据。

(4) **查询请求中的缓存补偿**：当查询请求在缓存中找不到数据时，触发缓存补偿机制。从数据库的主库中捞取最新的数据进行补偿，确保缓存中数据的准确性。

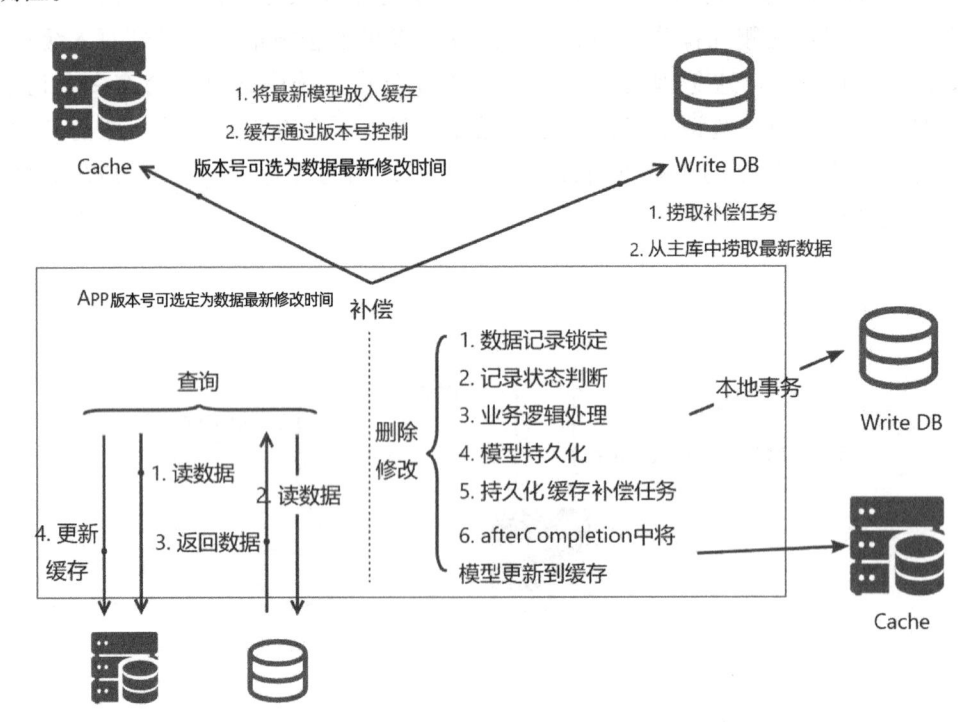

图 5-32 减少不一致窗口的方案

在处理修改和删除场景时，需要特别注意几个容易出错的地方，以确保数据的一致性和准确性。

（1）**使用排他锁**：在修改或删除数据时，应该对数据记录加上排他锁（Exclusive Lock），以防止并发操作导致缓存中出现脏数据。

排他锁可以确保在锁释放之前，其他事务无法读取或修改相同的数据，从而避免了并发问题。

（2）**更新缓存前的再次读取**：如果系统中没有排他锁的条件或者无法使用排他锁，那么在更新缓存之前，应该从缓存中再次读取数据。

将这次读取到的数据与新更改的数据合并，然后再次放入缓存。这样做可以在一定程度上避免数据不一致，尽管可能会丢失本次修改的内容，但这是局部的数据丢失，而不是数据错误。

（3）**补偿任务使用主库**：在执行缓存补偿任务时，一定要使用主数据库（主库）。

如果系统设计中包含了主库和读库（从库），那么使用读库进行补偿可能会导致数据同步延迟，出现数据不一致的时间窗口。使用主库可以确保补偿任务获取的是最新的、已经提交的数据，从而提高数据的一致性。

5.4.3 缓存是把"双刃剑"

缓存无疑是一项伟大的发明，它极大地提高了数据访问的速度。然而，正如所有强大的工具一样，缓存也有其固有的弱点。在使用缓存时，我们必须注意以下几点。

强时效性要求的场景不适合使用缓存。由于数据库和缓存之间必然存在时间不一致的窗口，对于对数据时效性要求极高的场景，使用缓存可能会引入不可接受的数据延迟。只有那些读多写少，且能够容忍一定程度数据不一致性的场景，才适合使用缓存。

数据不可丢失的场景不应使用缓存。缓存之所以能够提供快速的数据访问，是因为它将数据存储在内存中。然而，内存存储的一个固有风险是数据可能会丢失。尽管可以采取各种补救措施，但只要使用缓存，数据丢失的可能性就无法完全消除。因此，只有当我们接受这种潜在风险时，才能安全地使用缓存。像用户余额这样的关键数据不应该被存储在缓存中，以避免数据丢失的风险。

缓存不能替代数据库。缓存和数据库之间存在显著差异。除了缓存数据可能丢失，数据库还提供了事务处理和 ACID 特性，这是缓存所不具备的。一个典型的例子是幂等性控制，数据库事务的原子性可以确保一组操作要么全部成功，要么全部失败。而缓存无法提供这种保证，尤其是在缓存与数据库结合使用时，更难以保证操作的原子性。因此，试图仅通过缓存来实现幂等性控制是错误的。

总结来说，缓存是一个强大的工具，但我们必须谨慎使用，确保它适用于当前的场景，并且不会引入无法接受的风险。

5.5 捉摸不定的异步化任务处理

分布式技术通常与高并发、高性能和高时效联系在一起，但实际上，这三者并非总是能够同时实现。在实战应用中，我们往往需要做出权衡，牺牲某些方面的性能以获得其他方面的提升。例如，在双十一这样的大型促销活动中，系统需要处理数千万名用户的在线购物和上百亿个订单，这对系统的并发处理能力和性能提出了极高的要求。然而，用户对于支付完成后订单状态更新的时效性要求可能并不那么严格，他们能够接受一定的延迟。

因此，在分布式架构下，高并发和高性能通常被视为首要的保障目标。为了实现高并发和大容量处理能力，异步化任务处理往往是一种必要的策略，其核心思想是在业务流程中，尽量降低各个环节之间的直接依赖关系，并将一些非关键的业务环节延后处理，提高系统的响应速度和容错能力。

技术人员需要充分利用异步化任务处理带来的优势，同时也要注意解决其可能带来的问题。例如，异步处理可能会使数据的一致性变得复杂，因此需要采取额外的措施来确保数据的最终一致性。此外，异步处理也可能增加系统的复杂性，使调试和监控变得更加困难。

5.5.1 异步化的本质是用时间换容量

异步化任务处理的两种技术方案分别如下所述。

（1）**使用消息中间件统一管理异步化任务**。这种方案通常涉及一个消息队列系统，如 RocketMQ、RabbitMQ 或 Kafka 等，用于管理和调度异步化任务。

以用户从第三方钱包提现到银行卡为例，当用户提交提现请求后，余额处理系统会将提现任务发送到消息中间件，如图 5-33 所示。

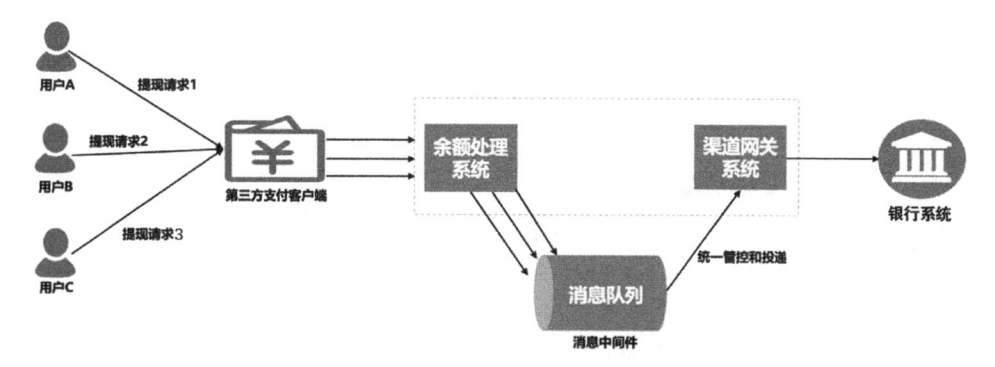

图 5-33 使用消息中间件统一管理异步化任务

消息中间件负责将任务投递到相应的处理系统，例如渠道网关系统，渠道网关系统再将任务逐步转发给银行系统进行实际处理。

这种设计的好处在于减轻了余额处理系统的即时处理压力，允许系统快速响应用户请求，并将实际的业务处理逻辑推迟到后续阶段。

同时，通过消息中间件，异步化任务可以得到统一的管理和控制，包括任务的调度、重试、监控和错误处理等。

（2）**使用定时任务系统处理异步化任务**。可以通过设定定时任务系统来处理异步化任务，这种方法不需要依赖消息中间件来统一管理任务。以余额处理系统存储提现任务为例，当用户提交提现请求时，余额处理系统直接将提现任务的相关信息存储在数据库中，例如创建一个提现记录，并将其状态设置为"待处理"。设定一个定时任务系统，定期运行以捞取数据库中处于"待处理"状态的提现任务。定时任务系统可以设计为捞取一定数量的任务，以避免一次性处理过多任务导致系统压力过大。

一旦定时任务系统捞取到任务，就可以通过多线程并发的方式调用渠道网关系统执行实际的提现操作。这种并发处理不仅可以显著提高任务处理的效率，也能够更好地利用系统资源。

与使用消息中间件相比，这种基于数据库和定时任务的方案为任务批处理提供了更高的精细度和灵活性。

系统可以根据实际需要调整定时任务系统的运行频率和每次处理的任务数量，以优化系统性能和资源利用，如图 5-34 所示。

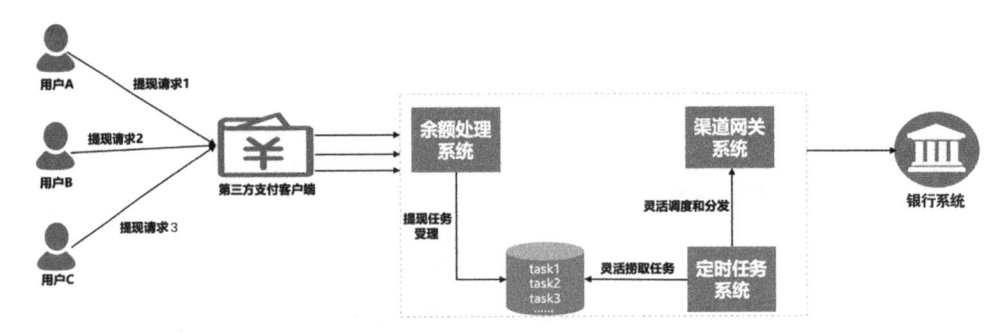

图 5-34 使用定时任务系统处理异步化任务

无论是使用消息中间件还是基于数据库的定时任务系统，这两种异步化技术方案的共同本质是通过牺牲一定的时效性，来换取更大的数据处理容量，即"用时间换容量"。理解这一点是解决异步化任务处理问题的关键。

在实践中应用异步化技术时，我们需要深入思考以下两个核心问题。

（1）时效性：异步化允许弱时效性，但这并不意味着可以完全忽视时效性。用户对系统响应的期望是有界的，即使是在异步处理的场景下，系统也需要在合理的时间内完成数据的处理和反馈。

因此，我们需要为异步化任务设定合理的处理时间目标，并监控和优化异步化任务处理流程，确保任务能够在可接受的时间内完成。

（2）容量：异步化能够提升系统的处理容量，但这并不意味着系统拥有无限的容量。如果不对异步化任务的容量进行适当的管理和控制，可能会导致任务重复处理，甚至引发系统雪崩，即大量的异步化任务涌入系统，导致系统过载和崩溃。

因此，我们需要设计合理的任务调度机制，如限流、负载均衡和错误处理策略，以防止系统过载，并确保系统能够稳定地处理异步化任务。

在实际应用中，我们还需要考虑任务的优先级、重试机制、幂等性控制和状态跟踪等问题，以确保异步化任务处理既高效又可靠。通过综合考虑这些因素，我们可以在牺牲一定时效性的前提下，实现系统处理容量的最大化，同时保持系统的稳定性和良好的用户体验。

5.5.2 异步化任务处理不代表无时效性

在大型系统中，虽然异步化任务处理能够提升系统的处理容量和吞吐量，但也可能显著增加单个业务环节的处理时间。原本可以在 10 毫秒内完成的同步处理请求，在异步化任务处理下可能需要 1 秒甚至 1 分钟才能完成。如果一个完整的端到端业务流程涉及几十个系统、上百个接口的交互，并且每个接口都采用异步化任务处理，那么整个流程的耗时可能会从几秒钟变成几分钟、几小时甚至更长时间。

1. 凭空消失了的异步化任务

在采用消息中间件统一管理异步化任务的技术方案中，可能会遇到异步化任务"凭空消失"的问题。这通常是由于对消息中间件的消息投递策略理解不足，或者在异步化任务处理的关键环节上存在缺陷所导致的。

消息被丢进死信队列。具体来说，消息中间件在投递消息时并非永久行为，而是在一定时间内进行周期性投递。例如，投递间隔可能设定为 1 秒、5 秒、10 秒等，最长投递间隔可达 7 天。如果在 7 天内都无法成功处理的消息被丢入死信队列，不再进行重投，就会导致这些任务在消息中间件中持续积压，无法得到处理。

消息消费异常未得到关注。此外，消息消费过程中可能出现异常，而这些问题往往被忽略。例如，消费方服务器宕机、数据库异常或业务逻辑错误等都可能导致消息处理失败。在某些场景中，如果消费方对消息顺序有严格要求，如用户支付后立即发起退款，而支付和退款消息的生产方在相近时间内投递消息到消息中间件，消费方可能会因消息乱序而无法处理。如果没有有效的失败监控，或者监控信息被大量报警淹没，那么这条消息的处理失败可能会被忽视。当消息中间件超过最大投递间隔后，这条消息最终会被存放到死信队列，给人一种"凭空消失"的错觉。

2. 永远得不到处理的任务

第二类问题是任务在待办池中，始终无法得到执行。在采用消息中间件的技术方案中，时效性问题通常源于消息生产与消费速率不匹配；而在定时任务系统处理异步化任务的方案中，时效性问题则是因为失败任务阻碍了正常任务的执行。下面将分析这两种情况。

消息生产与消费速率不匹配。在消息中间件中，默认的消息处理策略是即收即发，即消息发送方发出消息后，消息消费方会实时接收并处理异步化任务。以图 5-33 为例，余额处理系统将提现任务发送到消息队列后，消息队列会立即尝试将任务投递给渠道网关系统进行处理。在正常情况下，这种生产-消费模式与同步调用的性能和时效性应相差无几。然而，如果余额处理系统产生提现请求的速率突然超过渠道网关系统的消费速率，渠道网关系统处理提现请求的耗时将增加，导致提现任务在消息中间件中积压。这不仅可能压垮渠道网关系统，还可能进一步影响整个消息中间件，导致所有使用消息中间件的生产系统受到影响。因此，在使用消息中间件时，必须对消息生产和消费的速率进行预估，并采取适当的限流措施。

失败任务阻碍正常任务的执行。如图 5-35 所示，这是一条用于捞取异步化任务的 SQL 语句。它从任务表中按照创建时间从早到晚的顺序捞取 10 条初始状态的任务，然后并发执行。乍一看，这条 SQL 语句似乎没有问题，但在实际执行中存在风险：如果最早创建的 10 条任务全部处理失败，那么调度任务将无法再次捞取这 10 条任务，从而阻碍了正常任务的执行。为避免这种情况，可以将排序条件从按创建时间更改为按更新时间升序排列，并在每个任务执行后（无论成功与否）更新时间字段。这样，既可以确保定时任务调度的捞取窗口覆盖所有待执行任务，也可以避免失败任务对正常任务执行的影响。

```
1    SELECT * FROM task where task_status = 'INIT' order by create_time asc limit 10;
```

图 5-35 一旦前面任务都处理失败，后续任务将永远得不到处理

3. 受人为操作影响的任务

第三类时效性问题源于人工操作失误，导致定时任务系统停滞。定时任务系统在调度异步化任务系统方面的一大优势在于便于生产环境中的应急处理。例如，在生产环境出现故障时，可以紧急暂停定时任务系统以进行修复。然而，问题在于故障修复后，可能会忘记重新启动定时任务系统，从而导致大量数据未能被处理。由于定时任务系统通常被视为可靠的基础设施，所以这种问题往往不易被发现。如果再通过另一个定时任务系统来定期检查这个定时任务系统的运行状态，反而会增加系统的复杂性。

因此，异步化任务意外消失的根本原因在于其时效性常被忽视。应在定时任务系统创建之初就设定过期时间，并建立相应的时效性监控预警机制。设定过期时间可以使时效性问题变得明显，而不是在后台默默执行而不被关注。整体设计如图 5-36 所示。

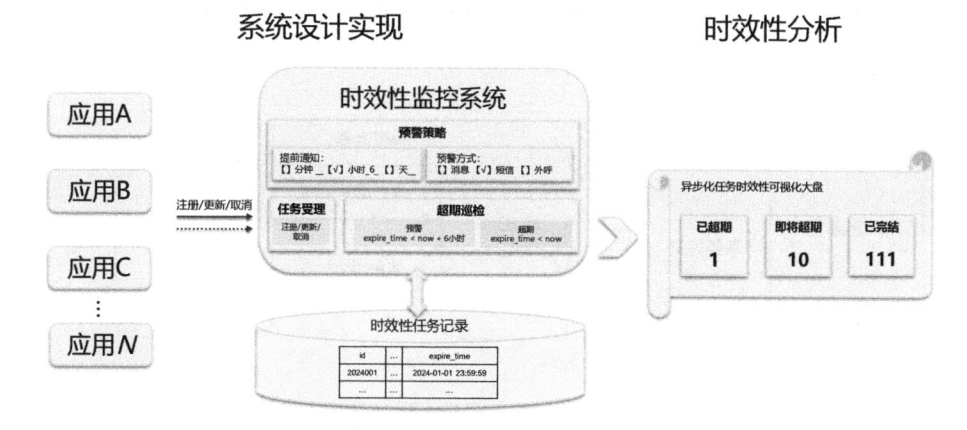

图 5-36 异步化任务时效性监控系统

◎ 设计一个异步化任务时效性监控系统，所有业务系统在生成异步化任务时，都需要向该系统注册时效性监控任务，以便统一管理异步化任务的时效性。

◎ 在注册异步化任务时效性监控任务时，要求设定过期时间，例如，第一条数据的过期时间为 2024 年 1 月 1 日 23 点 59 分 59 秒。

◎ 根据异步化任务的重要性配置预警策略，例如，在过期前 10 分钟、30 分钟、1 小时分别设置预警提醒，提醒方式可以是即时消息、手机短信、电话呼叫等。

◎ 异步化任务时效性监控系统将定期检查异步化任务的执行情况，并根据预警策略进行预警处理。最终，在异步化任务时效性可视化大盘上，展示已超期、即将超期和已完结的异步化任务。

5.5.3 异步化任务处理天然存在数据不一致

异步化任务处理是把业务流分成消息的生产方和消费方，以及可能的消息重试机制，这自然会导致数据一致性问题，包括数据状态的一致性和数据内容值的一致性问题。在异步化任务处理过程中，生产方可能会在消息被完全处理之前就认为任务已经完成，而消费方可能在处理消息时遇到故障，导致消息处理失败或重复处理。这种不一致的风险可能会影响系统的整体数据准确性。

1. 分布式下的消息状态一致性问题

为了保持生产者本地事务与消息中间件中消息的一致性，必须采用事务消息机制。事务消息的关键在于其回查机制，如果处理不正确，就可能会导致消息状态与本地事务状态的不匹配，如图 5-37 所示。

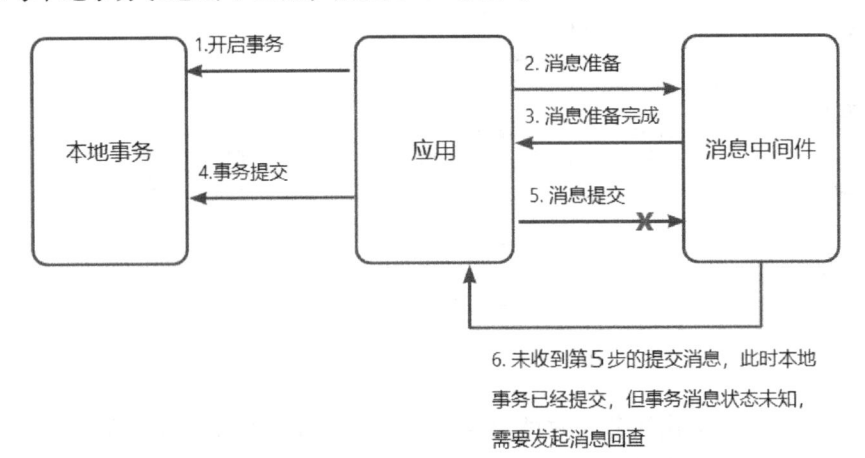

图 5-37 分布式下的消息状态一致性问题

大多数支持事务消息的消息中间件都具备消息回查机制。这意味着，如果消息中间件在规定时间内没有收到消息的二次确认投递或取消请求，那么它将主动向消息发送方发起回查，以确定消息是否应该被投递。

当生产方接收到消息回查请求时，它需要检查与该消息对应的本地事务的最终执行结果。根据这个结果，生产方将判断是否需要消息中间件继续投递该消息。

图 5-38 所示的是一段典型的消息回查逻辑。在本地事务中若处理成功，会留下一条 record 记录，回查的判断逻辑为：

◎ 若记录存在，说明本地事务提交了，则消息也提交；
◎ 若记录不存在，说明本地事务回滚了，则消息也回滚。

```
 1  public class MessageListenerCallbackImpl implements MessageListenerCallback {
 2
 3      // ...
 4
 5      // 消息回查处理入口
 6      public TransactionStatus execute(Message message, ConsumeContext context) {
 7          Record record = getFromMessage(message);
 8          try {
 9              // 根据消息中的记录id，判断当前记录是否已经存在
10              boolean existed = recordRepository.isExisted(record.getId);
11              // 若已经存在，则确认消息需要提交
12              if(existed){
13                  return TransactionStatus.CommitTransaction;
14              }
15              // 记录不存在，说明本地事务回滚了，消息无须提交
16              return TransactionStatus.RollbackTransaction;
17          } catch (Throwable e) {
18              // 其他情况无法判断状态，需要下一次回查
19              return TransactionStatus.Unknow;
20          }
21      }
22
23      //...
24  }
```

图 5-38　不严谨的消息回查逻辑

然而，上述逻辑存在一个不严谨之处：当查询不到记录时，可能是由于本地事务已经回滚，或者本地事务仍在执行中，因此无法准确判断本地事务是已经回滚还是仍在进行。直接将查询不到记录的场景返回为"未知"（Unknown）也是不妥的，因为如果本地事务确实已经回滚，那么消息回查将永远无法获得正确的状态。

在设计消息回查逻辑时，需要充分考虑如何依赖实际业务处理结果来判断本地事务的执行情况。为此要确保本地事务的超时时间小于消息回查的时间间隔，以避免回查时事务状态的不确定性。在回查逻辑中，将普通查询改为加锁查询，以确保能够获取本地事务的最终状态。

除了依赖业务结果来判断本地事务的处理结果，还可以引入额外的辅助表来完善消息回查逻辑。具体做法是在所有发送事务消息和执行消息回查逻辑的地方使用相同的单号，在事务控制表中记录相关信息，从而确保能够获得清晰准确的事务处理状态。

此外，要注意异步化任务可能被重复投递和执行的情况。无论任务执行多少次，对应的业务结果应确保保持一致，即实现幂等性。这一点在本章的 5.1 节"行之无效的幂等性控制"一节有所提及。

2. 可重试场景下的内容一致性问题

上述消息回查逻辑主要解决了消息是否应该投递的问题，但还需要解决一个关键问题：确保回查的消息内容和条件是正确的。以分布式消息场景为例，在如图 5-39 所示的消息发送逻辑中，消息体包含请求号（requestId）和当前请求日期（requestDate）。在第一次消息发送后事务回滚，并且在第二次尝试使用相同的请求号发送请求时，请求日期一旦发生了变化，仅使用请求号进行消息回查，就可能会得到错误的回查结果。

```java
@Override
public void publicNotifyMsg(NotifyModel model) {
    NotifyMsg msg = new NotifyMsg();
    NotifyMsgTool.cloneProperties(msg, model); // 对主要属性进行复制

    msg.setRequestId(model.getRequestId());
    msg.setRequestDate(new SimpleDateFormat("YYYYMMDD").format(new Date()));
                                                                        // 以服务器系统时间作为请求日期
    notifyMsgPublisher.publish(msg);
}
```

图 5-39 消息发送逻辑

如图 5-40 所示的消息回查逻辑，存在一个问题：当使用相同的请求号发送消息两次，并且这两次请求恰好跨越了不同的日期时，仅依据请求号进行消息回查可能会导致查询结果不准确，甚至查询失败（因为数据库中可能存在多条记录）。为了解决这个问题，正确的做法是在消息回查条件中，除了请求号，还应增加回查的请求日期这一字段。消息回查的目的是让消息发送方判断消息中间件存储的消息是否应该发送，因此应尽可能校验消息内容，以防止内容错误。

```java
@Override
public void onUniformEventTxSynchronized(NotifyMsg notifyMsg, MsgContext context) {
    // 事务开始,通过判断notifyModel的状态,来决定是否发送
    transactionTemplate.execute(new TransactionCallbackWithoutResult() {
        @Override
        protected void doIntransactionWithoutResult(TransactionStatus transactionStatus) {
            try {
                NotifyModel model = notifyModelRepository.lockByRequestId(notifyMsg.getRequestId());
                // 检查请求时间的正确性,以及非SENT状态的消息,直接回滚
                if (model != null && checkRequestTime(model.getRequestId())
                        && model.status != NotifyModelStatus.SENT) {
                    context.setRollbackOnly();
                }
            } catch (Exception e) {
                // 事务回滚
                transactionStatus.setRollbackOnly();
                logger.info("出现异常,事务回滚");
            }
        }
    });
}
```

业务请求的时间以服务器时间为准。若时间精度仅到天级别，那么在使用相同的请求号发送两次消息时，就有可能跨越不同的日期。因此，在进行消息回查时，务必核对请求的日期。

图 5-40 消息回查逻辑

异步化技术虽然在提升系统容量的同时带来了红利，但也伴随着时效性风险和系统雪崩的问题。特别是资金处理等敏感业务对时效性的要求更高。因此，为了充分发挥异步化技术的优势并避免其潜在风险，我们必须建立完善的时效监控和预警机制、任务积压巡检机制，以及单笔任务触发处理的应急手段。这样，我们才能在享受异步化技术带来的便利的同时，确保系统的稳定性和业务的连续性。

5.6 不可迷信的高可用方案

前面介绍的幂等性控制、错误码处置、分布式缓存、异步化任务、分布式事务等技术，都是在分布式架构下用于提升系统容量和交互处理准确性的关键手段。然而，为了确保业务的连续性，即在任何系统故障发生时业务都能不间断运行，我们还需要实施一系列高可用方案。

系统的高可用性是实现业务连续性的关键。本节所讨论的内容主要集中在架构层面，旨在提供高可用性的解决方案。

5.6.1 高可用方案的控制点

从广义上讲，任何有助于提高应用系统可用性的方案都可以被视为高可用方案。然而，这是一个相对宽泛的概念，因此需要找到一个合适的角度来深入理解高可用方案的本质和关键。实践中发现，从数据的角度切入是一种有效的方法。

从数据的角度来看，高可用方案的本质在于确保数据的准确性。只要数据准确无误，即使遇到应用服务器宕机、网络中断、机房断电等极端情况，系统在修复后也能迅速恢复服务，从而维护业务的连续性。机房、网络、服务器等基础设施的特点在于它们的无状态性，无状态意味着可以快速恢复。

因此，一个设计良好的分布式架构应逐步将状态信息剥离，并将有状态的部分集中到一个点进行管理。一般来说，分布式架构可以分为四个层次：前端资源层、流量接入层、业务服务层和数据存储层。

前端资源层负责承载页面展示的网页样式、图片等资源。流量接入层负责接收和分发用户请求流量。业务服务层主要承担业务逻辑的计算处理。数据存储层则负责存储用户数据和业务数据。

从本质上讲，前三层都是无状态的，而真正的状态数据应该被集中到数据存储层。这种设计的好处在于，无状态的前三层可以实现水平扩展，从而线性提升系统容量。因此，对于无状态的前三层，高可用性的保障原理相对简单，即通过分担压力和限流来应对负载过高的情况。

数据存储层的高可用方案则更为复杂，关键在于如何处理状态数据。根据状态数据的特性，要实现高可用性，就必须进行数据备份。这样，即使在数据存储层发生故障时，也能迅速恢复数据，确保业务的连续性和数据的完整性。

因此归纳下来，高可用的核心原理如图 5-41 所示。

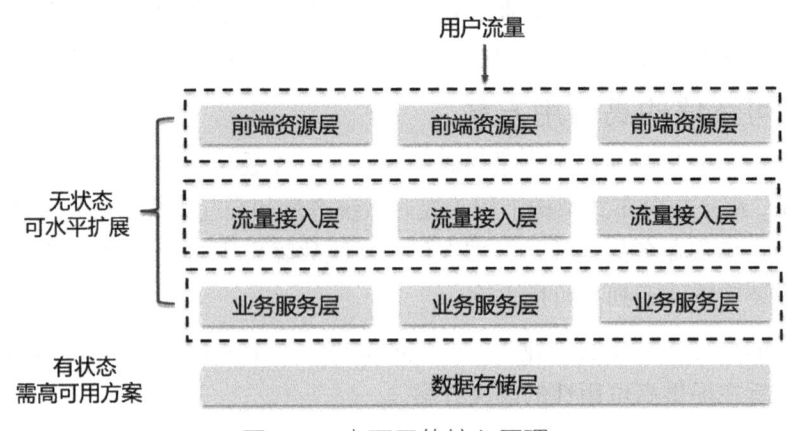

图 5-41 高可用的核心原理

接下来，将重点论述常见的数据库相关的高可用方案及其盲区。

5.6.2 常见数据库的高可用方案及盲区

限流、分流和备份是数据库高可用的三种关键技术手段，每种技术手段都适用于特定的场景，但同时也存在一定的限制。

限流技术的盲区相对较少，在本节中，我们将重点介绍分流技术和备份技术，探讨它们在高可用性数据库系统中的应用和实施细节。

1. 分库分表技术

在数据库层面，分流技术通常指的是数据库的分库分表策略。它主要包括两种类型：水平拆分和垂直拆分。

（1）水平拆分，也称为水平切分或水平分区，是指将一个数据库扩展为多个数据库，将一个表扩展为多个表。这种策略通过增加更多的数据库服务器来实现数据库容量的线性扩展。在水平拆分中，每个表的结构相同，但数据不同。通常，数据会根据某种规则（如哈希值、范围等）分布到不同的表中，这样可以分散单表的数据量，提高查询和写入的性能，如图 5-42 所示。

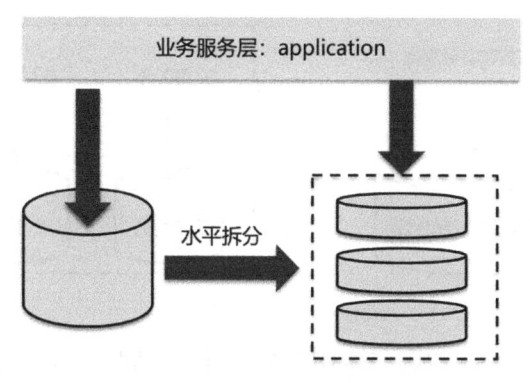

图 5-42 水平拆分

水平拆分通常适用于流水型数据，例如电商交易数据，因为这些数据通常是连续生成的，并且可以根据某个关键属性（如交易单号）进行均匀分布。水平拆分的关键技术要点如下所述。

严格管控数据路由规则：数据路由规则决定了数据如何分布到不同的数据库或表中。任何对规则的修改都可能导致数据分布错误，因此需要严格管控。规则通常需要简单明了，例如，可以使用流水数据单号的散列值的最后一位来确定数据应该存储的位置。实践中，我们见到过的最严格的做法是，为了确保规则的稳定性，甚至需要复制 JDK 中的哈希算法，以避免 JDK 版本升级导致哈希算法变化，进而影响数据路由规则。

避免数据分布倾斜：数据分布倾斜是指数据不均匀地分布在数据库或表中，这可能导致某些数据库或表负载过重，而其他数据库或表则负载较轻。例如，如果按照商户维度进行分库，最大的几个商户恰好被分配到同一个库中，那么这个库的数据量可能会远大于其他库，从而造成性能瓶颈。为了避免这种情况，需要精心设计分库分表规则，确保数据能够均匀分布。

（2）**垂直拆分**，也称为垂直切分或垂直分区，是指将数据库或表按照功能模块或数据列的不同进行拆分。在垂直拆分的策略中，每个数据库或表都包含了一部分数据列，这些数据列通常与特定的业务功能相关联。

以电商场景为例，原本交易服务和支付服务及其对应的数据可能都存储在同一个数据库中。通过垂直拆分，可以将交易服务和支付服务及其数据分别拆分到两个不同的数据库中，如图 5-43 所示。这样，每个数据库都专注于特定的业务功能，可以更有效地进行管理和优化。

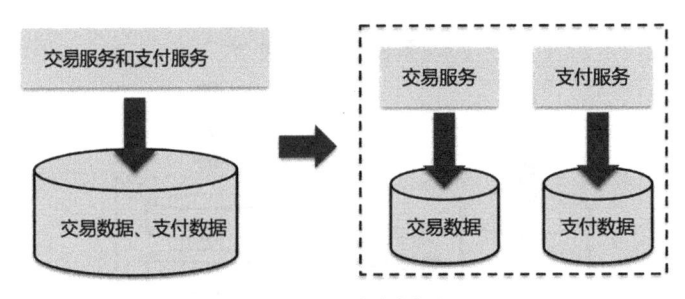

图 5-43 垂直拆分

数据库的垂直拆分不仅限于应用服务的拆分，同一个应用内部也可能存在垂直拆分的需要。例如，可以将配置数据从其他业务数据中拆分出来，单独存储在一个数据库中，如图 5-44 所示，并对这个库提升运维等级，确保其具备更高的稳定性。

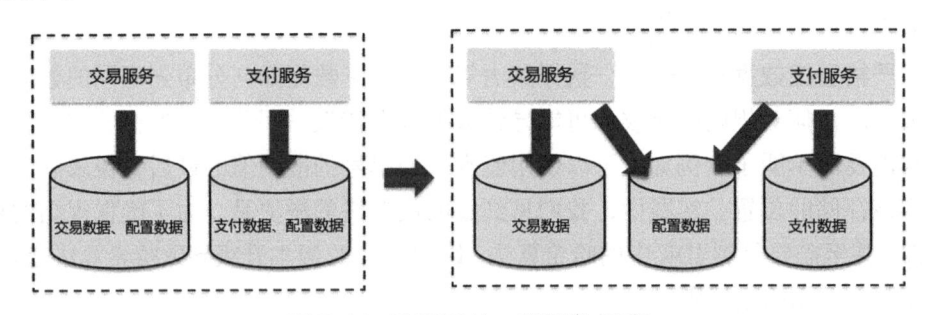

图 5-44 垂直拆分：配置数据库

相对于水平拆分，数据库的垂直拆分通常更为复杂和困难，原因如下。

（1）分布式事务的引入：垂直拆分意味着原本可以在单个数据库中通过本地事务完成的操作，现在需要跨多个数据库完成。这就引入了分布式事务的问题，而分布式事务的数据一致性保障比本地事务要复杂得多。需要使用分布式事务管理机制，如两阶段提交（2PC）、三阶段提交（3PC）或基于消息队列的最终一致性方案，来确保数据的一致性。

（2）应用连接管理：对于配置数据等共享资源的拆分，所有需要这些数据的应用都需要连接到配置数据库。如果不加以适当的管控，可能会导致大量的数据库连接，从而压垮配置数据库。因此，需要采取连接池管理、负载均衡和限流等措施，以控制对配置数据库的访问。

（3）数据访问模式的变化：垂直拆分后，应用的数据访问模式可能发生变化，需要重新设计和优化 SQL 查询，以确保性能。

(4) **数据迁移的复杂性**：在进行垂直拆分时，需要将现有数据迁移到新的数据库结构中，这可能涉及复杂的迁移策略和数据转换。

(5) **维护和管理的挑战**：垂直拆分增加了数据库的数量，从而增加了维护和管理数据库的复杂性。需要确保所有数据库的同步更新和备份，以及监控和故障排除。

因此，在进行数据库的垂直拆分时，需要进行周密的规划和设计，确保拆分后的系统能够满足性能、一致性和可用性的要求。同时，还需要对应用进行适当的修改和优化，以适应新的数据库结构。

2. 读写分离技术

读写分离技术是一种数据库架构优化手段，即把数据库的写入操作（如插入、更新、删除）与读取操作（如查询）分开处理。这种分离通常通过部署多个数据库实例来实现，其中一些实例专门处理写操作，而其他实例则专门处理读操作。读写分离的主要目的是降低单个数据库实例的读写压力，提高数据库的整体性能和稳定性，如图 5-45 所示。

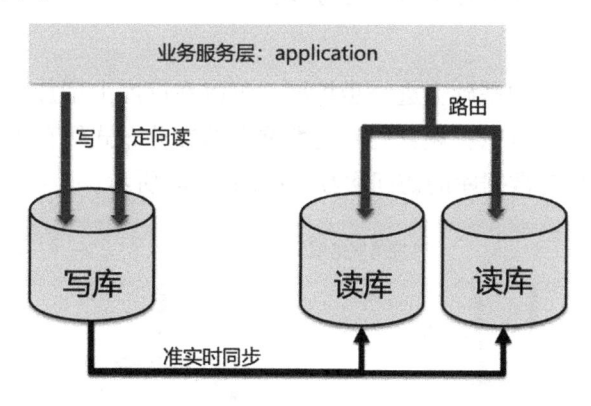

图 5-45 读写分离

该方案对应用架构的冲击相对较小，主要难点在于数据库的部署和管理。以下是一些需要避免的盲区和应考虑的要点。

(1) **数据同步延迟**：读库的数据通常是通过准实时同步从写库复制过去的，这可能导致读库和写库之间存在数据延迟。虽然这种延迟在正常情况下可能较小，但在网络抖动或其他问题时，可能会增加，导致应用读取到过时的数据。因此，这种方案更适合写少读多的场景，如用户信息查询。

(2) **读请求的路由**：由于存在数据同步延迟，不能将所有读请求都路由到读库。对于不能容忍数据延迟的场景，如数据库事务内的数据查询，应该将这些读请求定向路由到写库。

(3) **读库路由规则设计**：简单的路由规则可能是随机路由，即任何一个数据查询请求都随机路由到一个读库。但更严谨的做法是，确保同一个应用线程内的所有数据库查询请求都路由到同一个读库，以避免由于数据同步延迟导致读取到不一致的数据。

(4) **读库的数量**：挂载的读库数量并不是越多越好。读库越多，消耗的网络带宽越大，越容易造成网络抖动，从而增加数据同步延迟。因此，需要根据实际需求和资源情况来确定合适的读库数量。

(5) **监控和故障转移**：需要建立完善的监控机制，以便及时发现和处理数据同步延迟或其他问题。同时，应该设计故障转移方案，确保在写库或读库发生故障时，系统能够自动切换到备用数据库，以保证服务的连续性。

通过考虑这些因素并采取相应的措施，可以确保数据库读写分离方案的有效实施，并最大限度地减少对应用架构的影响。

3. 读写分离 + 缓存

在读写分离技术的基础上进一步扩展，可以在读库上增加一层分布式缓存，以减轻读库的压力。可以将频繁访问的数据存储在分布式缓存中，从而提高读取数据的速度，减少对数据库的访问次数，如图 5-46 所示。

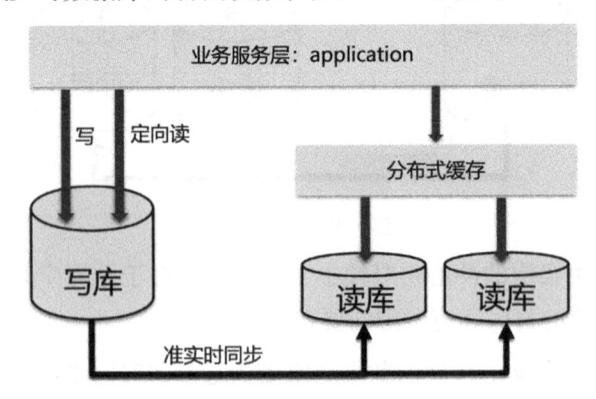

图 5-46 读写分离 + 缓存

基于键值对（Key-Value）的存取方式，会对原有架构造成较大的冲击，尤其是在分布式缓存的应用中。以下是一些关键点，需要在设计和实施时特别注意。

(1) **缓存模型的裁取**：缓存模型的大小需要合理设计。如果模型过大，更新的成本会很高；如果过小，可能无法达到预期的优化效果。例如，一个用户的缓存模型可能应该包含基础信息和住址信息这两部分，以平衡查询效率和更新成本。

（2）缓存查询的键值对设计：键值的设计应该既方便扩展，又便于管控，避免冲突。例如，存储用户信息的 Key 应该是内部唯一编号，而不是手机号码，因为手机号码可能会有二次放号的情况，导致 Key 不是唯一的。

（3）键与值的关联关系：对于多个唯一键都定位到一个值的场景，需要设计合理的键与值的关联关系，以避免缓存空间的浪费，并确保这个关联关系是稳定的。例如，可以建立邮箱与内部唯一用户编号的关联关系，通过用户邮箱找到用户编号，再通过用户编号从缓存中查询用户信息。

还需要注意在 5.4 节 "麻烦不断的分布式缓存" 中论述的数据一致性相关问题。

4.FailOver 技术

FailOver 技术，即故障转移技术，是一种备份策略，它确保当主数据库发生故障时，应用系统能够自动切换到备用数据库，以保持服务的连续性。根据数据类型的差异，FailOver 技术可以分为流水型数据方案和状态型数据方案。

（1）流水型数据方案。流水型数据，如电商交易记录、日志信息等，通常具有时间序列特征，数据量大且持续生成。针对这类数据的高可用方案，可以结合水平分库和 FailOver 技术来实现，将单库故障的影响降到最低，如图 5-47 所示。

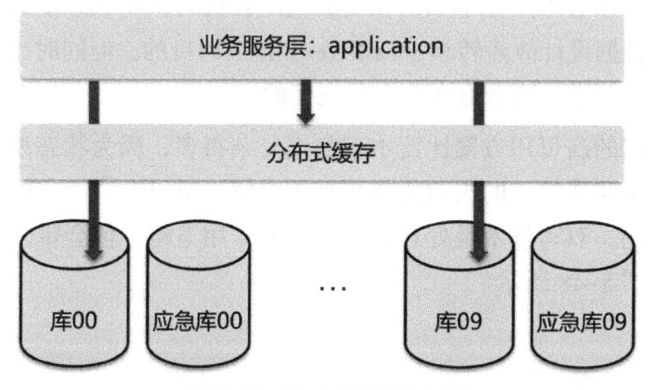

图 5-47 流水型数据方案

流水型数据的无状态特性意味着多笔业务之间没有直接关联，每笔业务可以独立处理。在设计流水型数据 FailOver 方案时，需要重点解决两个问题。

数据库切换瞬间的幂等性控制。当库 00 面临崩溃时，数据 A 应当在该库处理。尽管处理可能成功或失败，但应用将被告知处理失败。若此时切换至应急库 00 并重新处理数据 A，且不经判断直接处理，则可能导致数据 A 在库 00 和应急库 00 均处理成功，引发资金损失风险。解决方案是在数据库上架一层分布式缓存，记录数据 A 的路由信息。若数据 A 已路由至库 00，在库 00 崩溃时，无论处理结果如何，应用重试时将不再路由至应急库 00，确保数据 A 仅被处理一次。

数据最终归属问题。在决定应急库中数据的最终去向时，是否将数据迁回主库是一个需要谨慎考虑的问题。将数据迁回主库可以确保所有数据集中展示，使应急库仅作为临时解决方案，但这需要额外设计数据迁移策略。而如果选择将数据留在应急库，虽然可以减少工作量和避免设计数据迁移策略，但同时也增加了需要高等级运维的数据库数量。

两种方案都有实际应用案例。例如，可以使用库 09 作为库 00 的应急库，通过交叉使用正常库作为彼此的应急库，从而避免增加需要高等级运维的数据库。然而，无论选择哪种方案，一个关键点不会改变：只有在数据流中植入标记，以区分数据是在 FailOver 状态还是正常状态下产生的，才能有效地进行数据路由。

(2) **状态型数据方案**。状态型数据是指其当前值依赖所有历史值的数据，例如用户的账户余额。这类数据的值可能会随时变化，因此即使系统宕机 1 秒，系统记录的账户余额也可能不再准确，因为我们无法确定在这 1 秒内账户余额是否发生了变化。核心难点在于如何在主数据库宕机时获取状态型数据的准确值。这正是状态型数据设计故障转移（FailOver）方案的目的，但同时也成为了起点。因此，从根本上来说，这个方案不会是完美的。

状态型数据的高可用方案比流水型数据复杂得多，因为状态型数据（如用户账户余额、订单状态等）的当前值依赖其历史值，所以在主库宕机时确保数据准确性是关键问题。双写技术是处理这一问题的常用策略，但会带来额外的复杂性和依赖性，如图 5-48 所示。

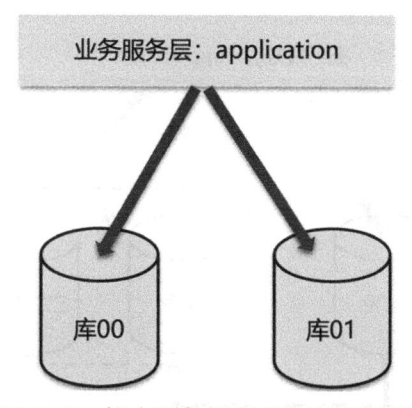

图 5-48 状态型数据 FailOver：双写

双写技术的核心思想是在主数据库和备用数据库上同时写入数据，以确保数据的冗余性和一致性。当主数据库发生故障时，备用数据库可以立即接管服务，而不会丢失数据。然而，这种方法增加了对另一个数据库的依赖，原本是为了预防一个数据库宕机，现在则需要预防两个数据库同时宕机，这反而增加了系统的风险。

状态型数据 FailOver 方案是一个在特定条件下为了获得准确状态数据而采取的降级措施。状态型数据，如用户的账户余额、订单状态等，需要保持高度的准确性和一致性。在 FailOver 过程中，确保状态型数据的准确性是一个挑战，因为不同的实现手法会影响最终获得的状态数据的准确性。

方案一：在 FailOver 状态下，将应用服务层读取读库的数据作为状态型数据最新值的依据，并在应急库 00 完成业务操作，如图 5-49 所示。这一方案对读库同步数据的延迟要求很高，例如针对账户余额这样的数据，延迟几秒钟可能导致 100 万元甚至 1000 万元的资金差异，因此不适用于这类数据。然而，这个方案仍具有启发意义。在数据同步延迟的窗口期内，没有进行余额操作的账户余额是准确的。通过识别数据库宕机时不可信的账户列表，并将其剔除，可以在保证高可用性的同时，确保资金的准确性。

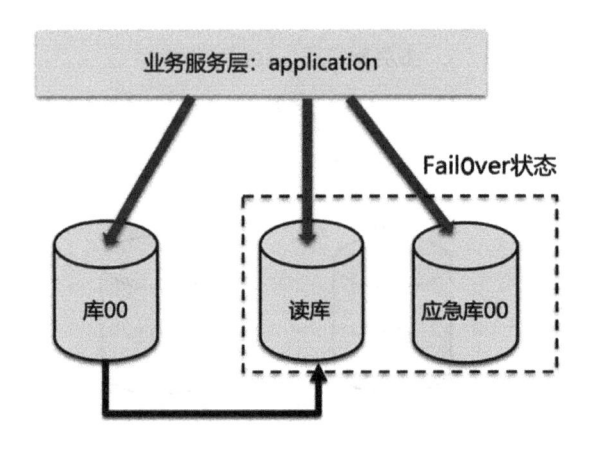

图 5-49　状态型数据 FailOver：读库计算

方案二：是对方案一的一种升级，旨在解决方案一中由于数据同步延迟导致的状态型数据不准确的问题。正常情况下，当库 00 接收到写入请求（如账户余额变更）时，同时记录一份状态型数据变更黑名单，例如账户变更列表，如图 5-50 所示。这份黑名单仅记录最近 5 分钟内发生变更的账户。当库 00 发生故障时，业务服务层将读取读库的数据作为账户余额的依据。同时，剔除黑名单中记录的最近 5 分钟内有变更的账户，以保证这些账户的余额数据是可信的，而且继续提供服务，从而实现系统的高可用性。

这种方案通过记录和剔除最近一段时间内的数据变更，减少了由数据同步延迟带来的风险，从而在确保系统高可用性的同时，保障了资金和数据的准确性。

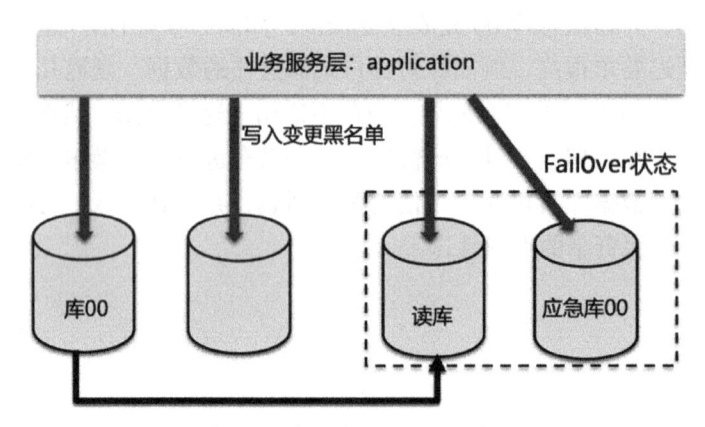

图 5-50　状态型数据 FailOver：变更黑名单

这里假设主库与读库之间的时延为 5 分钟以内，一般来说这是能够做到的。如果觉得 5 分钟太长或太短，还可以根据实际情况来调整。

同样，基于此方案还可以做更多的拓展演变，比如未必需要读库，可以考虑用日志或者上下游系统的业务数据来推算出状态型数据的最新值。

5.6.3 不完美也可以有所作为

虽然上述高可用方案都有其明显的短板，但仍然不影响在实际中被广泛运用。为实现系统的高可用，需要结合不同的业务特征选择合适的架构方案及配套设施。

贴近业务场景做方案。 脱离实际的业务场景去做高可用方案是没有意义的，要根据业务特征和技术特性去选择合适的方案。上述的流水型数据 FailOver 方案，可以应用在短生命周期的业务上，比如电商的订单系统。该系统最重要的是要保证用户购物能够支付成功，因此其生命周期相对短。其中一个数据库宕机，可以直接切换到另一个 FailOver 库，以保证用户购物顺畅。虽然在 FailOver 期间，用户无法发起退货，但至少能够保住电商关键业务的连续性。

流程机制适当弥补。 没有完美的方案但是可以有完美的执行。对于方案明显存在的瑕疵，可以通过提前设定发现机制、应急机制和善后机制，来降低极端情况下高可用方案本身缺陷带来的业务风险。例如：在流水型数据 FailOver 方案中，若其中一个库突然出现耗时增加、错误率上升的情况，则应用会立即切换到 FailOver 库，在主库恢复正常后即可将 FailOver 库的数据回迁到正常库，以确保 FailOver 期间的订单也可以退货。这样的机制可以尽可能弥补高可用方案短板带来的业务损失。

第 6 章
软技能也要炼成硬实力

如果说技术人通过编写代码解决现实问题体现了其技术硬实力，那么维护良好的人际关系，加强团队协作，使团队成员能够共同努力并实现目标，则展现了技术人的软技能。对于每一位技术人来说，技术硬实力和软技能同样重要，这可以概括为："两手抓，两手都要硬"。

6.1 要事第一

技术人日常工作都非常忙碌。在白天，他们忙于参与需求评估会议，解决生产过程中的问题，并回应团队群聊中的咨询。只有在夜晚，当周围环境变得宁静时，他们才有机会沉下心来，专注于编程工作，开始提升自己的专业技能。

仔细观察技术人的日常，我们会发现，尽管许多人尝试同时处理多项任务，但实际上这往往导致效率降低。例如，有人可能在参加现场会议的同时，通过耳机参与电话会议，并且试图回复群聊消息。如果现场会议中有人要求他们发言，他们可能会因分心而无法准确回应，说出："不好意思，你刚才说了什么？"即使他们全程参与了电话会议，却可能因为缺乏专注而无法提供有深度的观点，也无法为会议带来实质性的贡献。同时，群聊中讨论的问题也未能得到有效的解决。面对这种日常工作中的困惑，我们建议采取一些具体的做法来帮助技术人提高效率和专注度。

在职场中，很少有人不知道美国前总统艾森豪威尔所倡导的四象限时间管理矩阵。这个方法将事情按照重要和紧急两个维度分成四个象限：重要且紧急的事情、重要但不紧急的事情、不重要但紧急的事情、不重要且不紧急的事情，如图6-1所示。

重要且紧急的事情：比如资金损失生产环境故障就是重要且紧急的事，必须立刻修复。

重要但不紧急的事情：比如半年工作总结汇报是重要的事，但未必立刻要去做，在截止日期之前完成即可。

不重要但紧急的事情：比如每天要应对的系统疑难问题解答，这些问题虽然不重要但是很紧急，因为不解答，项目就可能卡壳。

不重要且不紧急的事情：比如闲聊等可以在碎片化时间去做的事。

图 6-1　四象限时间管理矩阵

由此四象限时间管理矩阵所推演的适合技术人的具体做法如图 6-2 所示。接下来详细讨论之。

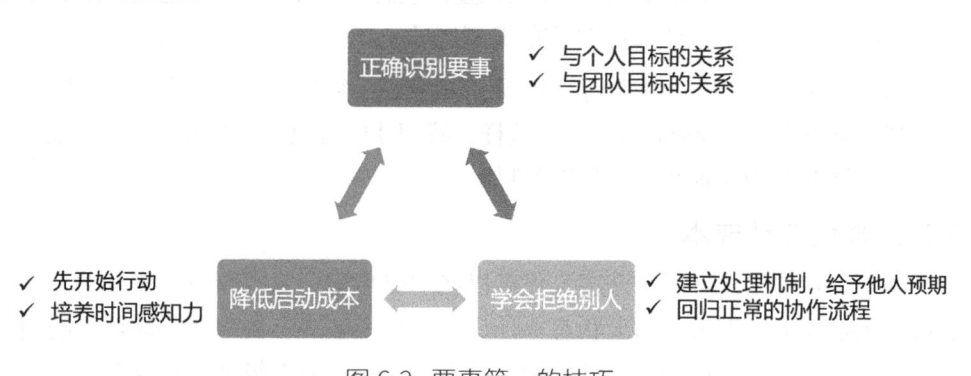

图 6-2　要事第一的技巧

6.1.1　正确识别要事

要事即重要但不紧急的事情，这实际上是重要且紧急事情的前一阶段。为了保持对事情的掌控，我们应当尽可能在它们变成重要且紧急事情之前就予以解决。这个原则看似简单，但在实际操作中却颇具挑战。

紧急程度通常很容易判断，即截止时间与当前时间的间隔。间隔越短，事情就越紧急。然而，对于"重要"的定义，不同人可能会有不同的标准。一件事对你来说可能至关重要，但对别人来说可能却不那么重要。实践下来，可以从以下两个问题出发去正确识别要事。

1. 这件事与"我的目标"是什么关系

评判事情的重要性，不应基于个人关系的远近，而应基于它与个人目标的关联程度。这在理论上是显而易见的，但在现实中，由于各种复杂因素，我们可能会难以分辨。例如，主管让你做一个创新探索，你敢说这不是"我的目标"，不是要事吗？业务人员让你去评估一个方案的可行性，你敢说这不是"我的目标"，不是要事吗？

很显然，大部分人对这些要求很难拒绝。然而，如果我们不能遵守一个简单的规则来识别要事：即无法对"我的主目标"形成贡献的就不是要事，那么整体的执行成本就会加大，管理也会混乱。不拒绝反而是对真正要事的漠视。

2. 这件事与我团队目标是什么关系

在上述案例中，若仅因任务与个人目标无关而拒绝，显然不妥。我们必须识别那些虽与个人目标关联不大，但对团队目标至关重要的事项。

更深层次的考虑是，在保护个人目标可能损害团队目标时，如何评估事情的重要性。例如，在跨领域生产应急过程中，不同领域关注点和业务影响差异可能导致有人过分强调自己领域的重要性，即便在整体应急层面并非如此。这是个人目标与团队目标、局部利益与全局利益冲突的典型例子。

为了有效地处理这种情况，我们需要形成共识：个人目标应当服务于团队目标，局部利益应当让位于全局利益。只有这样，我们才能避免"非要事"频繁打乱原有计划，确保团队能够协调一致地应对挑战。

6.1.2 降低启动成本

即便确定了"要事"，许多人仍难以将"要事第一"的原则付诸行动。常见的借口包括任务难度大；当天状态不佳，明天再说。一个典型例子就是年度绩效总结，技术人都深知这是一个反思和总结自身工作、与上级进行有效沟通的宝贵机会。然而，由于反思和总结过程往往耗时费力，技术人倾向于将其推迟至周末，期望利用两天的休息时间，在更轻松的环境中完成。但现实往往是，周末被其他事务占据，导致绩效总结一拖再拖。最终，在周日晚上，面对紧迫的截止日期，他们不得不匆忙应付，草率完成年度绩效总结，以应付周一早晨的汇报。

这样的情况在技术人的工作中很常见，应对这一情况的关键在于降低执行要事的门槛。例如，在做绩效总结时，不要一开始就要求自己必须全部完成，而可以先坐下来，拿出纸笔，写下"绩效总结"这几个字。一旦开始写作，你可能就会想先制定一个总体框架，再顺势补充细节。

在执行要事时，应避免过高的期望值，而是要鼓励自己立即采取行动。记住，完成比完美更为重要，而开始行动则比完成更为关键。这一原则同样适用于其他领域，比如健身。如果你想去跑步，不要一开始就设定跑5公里的目标，而是应该先穿上跑鞋，走出家门。通过降低行动的门槛，可以更容易地启动并持续执行要事。

开始行动是执行要事的第一步，但要完成要事，还需要另一个"武器"，那就是对时间的感知力[1]。在当前碎片化生活模式下，许多人已经失去了对时间的感知，大多数人都知道用1元钱能做什么，却不太清楚自己在1分钟内能做什么事情，这已成为他们完成要事的心理障碍。以我为例，1分钟可以用来学习5个新单词或复习15个已学单词；30分钟可以完成5公里的跑步。如果我们能够培养出对时间的感知力，例如，知道自己在2个小时内将一件重要的事情能做到一定的程度（比如制定好结构或找到关键素材），那么这将是对"要事第一"原则的强有力推动。

6.1.3 学会拒绝别人

在大规模的组织协作中，从每个人都在做要事的角度来看，整体上总会有人做的事对别人来说并不是要事。这是因为不可能每个人的目标在所有时刻都完全一致。在这种情况下，既要考虑帮助他人处理对他们而言重要的任务，又要确保自己能够专注于自己的要事，这确实是一个挑战。解决这个挑战的关键在于学会正确拒绝。

例如，你可能认为某个任务只是举手之劳，但对他人来说却是巨大的挑战。一个常见的场景是项目团队需要使用你熟悉的系统进行线下联合调试。如果系统突然报错，导致测试无法继续，团队成员可能需要花费大量时间寻找解决方案。最终，他们可能会求助于你，而你只需刷新某个配置即可迅速解决问题。这种场景在技术人的日常工作中频繁出现。如果你不提供帮助，项目可能会长时间停滞不前；但如果你频繁介入解决问题，又会打断自己的专注力，而且这样的事一旦多起来就别指望"要事第一"了。

技术人经常会遇到兄弟团队提出的技术改造需求，这些支持工作量看似不大，通常加班就能解决，但有时也可能需要周末加班。虽然大家都明白互相帮助的重要性，但必须警惕盲目答应这样的请求。盲目答应这样的请求有两个主要风险：首先，技术评估往往过于乐观，实际工作量有可能远超预期，进而影响你自己的主要目标；其次，长期提供这种友情支持可能会树立个人良好口碑，但给团队带

---

[1] 对时间的感知力是指个体对时间流逝的意识和感受能力，包括对时间长度、节奏和分配的主观判断。这种感知力使人能够估计完成特定任务所需的时间，有效地安排日程，并在既定时间内保持专注和高效。对时间的感知力强的人通常能够更好地管理自己的时间，避免拖延，并提高生产力。

来大量计划外工作和负面影响。因为不是每个人都愿意或能够提供这种额外支持，如果团队其他成员在类似情况下选择不提供支持，那么他们可能会被贴上难以协作的标签，从而影响整个团队的声誉。

因此，当频繁遇到这类请求时，应该学会正确拒绝，将这类协作事项纳入正常的协作流程，评估这类协作事项与团队目标的相关性，确认它们是团队的要事，还是个人要事，再有序处理。

确保个人大部分精力都投入到处理要事中，是个人成功的关键。同样，确保团队大部分精力都投入到处理要事中，是团队取得良好成果的关键。要事第一的理念并不复杂，它强调的是立即处理重要且紧急的事情，有计划地处理重要但不紧急的事情，选择性处理不重要但紧急的事情，而完全避免处理不重要且不紧急的事情。

然而，真正将这些理念付诸实践是一项挑战。它需要我们正确识别团队和个人层面的要事，突破心理认知障碍，学会正确拒绝，以确保非重要事情不会干扰重要事情的推进。这是一个需要技术人长期修炼，并持续取得成果的关键技能。

6.2 要做有效沟通

在日常工作中，我们经常遇到一些似曾相识的场景：你想要优化系统中的一个技术负债，去找测试人员帮忙时，如果对方多问了几个问题，你可能会认为对方故意为难你，最终导致沟通失败，优化工作也未能完成。

主管让你排查分析一个生产环境故障，你去找 A 帮忙时，一不小心语气不好，A 就可能拒绝合作，导致你不得不自己费力地去排查分析。这些场景说明了沟通不畅可能引发的问题，并揭示了在日常工作中普遍存在的无效沟通现象。这里我们建议的有效沟通技巧如图 6-3 所示。

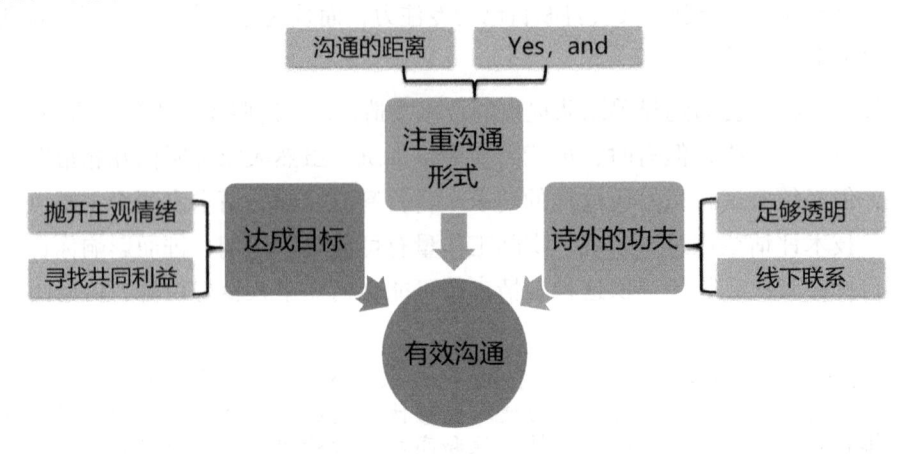

图 6-3 有效沟通的技巧

6.2.1 沟通要促进目标的达成

沟通究竟是目的还是手段，这个问题可能并未被许多人深入思考过。人们往往在需要解决问题时才进行沟通，一旦问题解决，便不再深究沟通这件事。相反，如果沟通失败，问题没解决，那么也没心思去琢磨沟通这件事。这就是很多技术人会说话但不会沟通的原因，即便接受了相关训练，改善也有限。实际上，沟通应被视为一种手段，其最终目的是达成目标。

1. 抛开主观情绪

每个独立的个体都有自己的脾气、情绪和惯性思维。能力越强的人，有时脾气也会越大。如果在与人沟通时，将自己的情绪代入，那么这次沟通很可能已经失败了一半。在上述案例中，测试人员多问几个问题就让你惯性地认为对方在找茬，引发自己情绪的波动，最终既没有达成目标，又让双方都不舒服。这就是主观情绪对沟通的影响。

因此，有效沟通的前提是抛开主观情绪，而要关注事实和目标，而不能被情绪所左右。这并不意味着在沟通中完全压制自己的情绪，而是要认识到情绪是一种工具，可以选择使用或不使用。

如果你将情绪作为一种沟通工具，上述情况下的对话可能会是这样的：你希望对系统中的一个技术债务进行优化，并询问测试人员是否可以在当前迭代中加入这一工作。然而，当你意识到这位测试人员可能会再次找借口推托时，你可以选择表达自己的情绪，清晰地列出优化的重要性，以及日程安排，表明时间是充裕的。你还表明，如果对方不答应，你将不得不升级这个问题至对方的主管。通过这种沟通方式有意识地表达情绪，可以更清楚地传达你的立场、需求及坚持。

2. 寻找共同利益

最佳的沟通方式并不是通过唇枪舌剑来争，而是在沟通前就找到双方的利益共同点，解决可能存在的冲突，以达到双赢的结果。

以上述案例为例，如果在沟通时能够充分考虑到测试人员的利益的冲突点和共同点，那么沟通可能会更加顺畅。测试人员的利益冲突点可能是技术改造的复杂性和可能出现的错误。而他们的利益共同点在于，通过清理技术负债，可以提高系统的稳定性。

如果沟通时能够采用这样的话术："如果这次的技术负债优化不做，那么可能会在某些场景下导致系统不可用。这次技改有详尽的代码分析，时间上完全来得及，并且我设计了生产环境数据对比机制，确保不会出现错误"，那么效果可能更好。

沟通的目的是理解和达成共识，而不是仅仅表达自己的观点。因此，要想沟通有效，就需要从根本上去理解对方的立场和利益，找到共同点及解决方案。通过这样的方式，沟通可以更加顺畅，结果也更加积极。

6.2.2 注重沟通形式

良好的沟通形式能提升沟通的有效性。

1. 沟通有效性与距离成反比

尽管沟通方式变得更加多样和便捷，如邮件、电话、视频会议、即时通信软件，甚至还有 AR 会议，但沟通的效率却可能大幅下降。实际上，沟通不仅仅是信息的传达，还包括情绪、神情、心态和微表情等综合信息的交流。这些非语言信息很难通过邮件、电话等远程沟通方式完全传达。

沟通的有效性实际上与距离成反比：面对面的沟通优于远程沟通，同步沟通优于异步沟通，视频沟通优于语音沟通，语音沟通优于文字沟通。因此，尽管现代技术提供了丰富的沟通工具，但在可能的情况下，选择最接近面对面沟通的方式，可以更有效地传达信息和建立良好的沟通关系。

2. 做有建设性沟通

最有效避免单向提问式沟通的方法之一是采用"Yes，and"句式。这种句式先认可对方做得好的地方，再以友好方式提出改进建议。例如，如果团队成员提交代码评审请求，希望通过特定的设计模式进行优化，那么与其直接指出"这段代码应该用某某设计模式重写"，不如采用"Yes，and"句式，例如："这段代码已经很好地捕捉了业务需求，如果进一步采用某某设计模式来处理重复的代码段，那么我们不仅能提升代码的可维护性，还能增强其整体的清晰度和效率。"这种沟通方式不仅认可了作者的初始努力，还鼓励了对更优解决方案的探索，营造了一个尊重和鼓励创新的环境。

6.2.3 沟通的功夫在诗外

1. 透明度强化信任

沟通的核心在于建立和维护人与人之间的信任。沟通双方的信任度越高，沟通往往越有效。然而，信任并非凭空产生，如何建立信任是值得我们深思的问题。对于技术人员而言，日常合作的对象大多是公司内部的同事，频繁的交流为信任的培养提供了良好的环境。因此，有效沟通的功夫不仅局限于技巧，更在于建立和维护良好的人际关系。

在多次的互动中，人们往往会更加理性，倾向于坦诚相待。因为抬头不见低头见，处处防着还不如坦诚相见来得简便、高效，所以但凡是合作多次的人，是值得信赖还是只会空谈，基本上一目了然。

对于技术人而言，建立信任的最佳途径是保持透明度，进行真诚的沟通，避免隐瞒和保留，保持友好的态度。这不仅是最佳的博弈策略，也是建立信任的有效方式。

2. 保持线下联系

为了提高沟通效果，技术人需要与周围的合作伙伴保持足够的线下联系。保持线下联系有两种方法。

◎ 第一种方法：在正式沟通的基础上私下交流个人看法。虽然沟通通常与组织目的相关，但这并不妨碍我们作为个体交换意见。如果在私下交流中，我们发现对方有想表达但因某种原因未能充分表达的问题，那么在适当的时机提供帮助，必定会增强彼此的信任。

◎ 第二种方法：与沟通对象进行非正式的私下交流。这种交流应尽量摆脱功利心态，不带有任何组织目的。可能只是对某些共同感兴趣的话题进行探讨。这种看似无目的的交流，往往会带来意想不到的收获。

沟通需要终身修炼，没有哪个技术人能够保证每次沟通都富有成效。有效沟通的核心在于以共同利益为前提，保持真诚与互信，进行建设性的讨论，以推动目标的达成。只要把握这一核心，技术人就能在有效沟通的道路上不断进步。

6.3 会"干"，更要会"说"

在技术人员的观念中，"能说会道"常常带有负面含义，他们固执地认为，只要技术能力过硬就行，不需要那些花哨的言辞。面对那些能言善辩的人，他们可能会心生排斥，认为这是在抢风头，或者"说的比唱的好听"，"光说不练假把式"。然而，许多技术人在实际工作中都会遇到这样的难题：

◎ 在向上级汇报时，无法抓住重点，讲了项目方案的许多实施细节，而旁边的主管急得满头大汗，一个劲儿补充关键信息；

◎ 在与业务人员沟通方案时，给对方讲了一堆技术指标，讲的人累，听的人更累，最终不了了之；

◎ 在晋升答辩时，面对众多评委，短短的 20 分钟显得无比漫长，什么都想讲但是什么都讲不清楚，最终恨不得找个地缝钻进去。

实际上，这些看似软性的技能不是技术人不需要，只是长期以来被忽视。技术人一直被错误的观念所误导，没有深入理解"沟通"的价值。事实上，技术人必须既要会"干"，还要会"说"。

6.3.1 "说"的背后是思考

"说"不仅仅是一种语言表达,更是对经过深思熟虑的想法或观点的传达。

例如,向上级汇报时,不必详细阐述方案实施的细节,而应从整个项目的角度出发,表达出对用户价值、对公司业务的重要性、未来发展方向的判断、当前面临的风险及应对策略的关键洞察,以及期望通过这次汇报达成的目标,如获得资源支持、价值认可或发展机会等。

技术人通常务实且细致,擅长通过实际行动解决问题。因此,他们在表达时倾向于列举功能和问题。然而,"干"和"说"在侧重点上有所不同:"干"侧重于事物的边界、结构、效率、功能和稳定性,"说"则侧重于人性的理解、用户体验、愿景、个性和情境等。

"干"强调对事物的操作能力,"说"则强调对人的影响力。"干"是"说"的基础,没有实际成果就无法有效"说"。但"说"是对"干"背后的价值意义和深层次观点的有效提炼,从而确保"干"能够得到应有的价值回报。

6.3.2 "说"也是一门技术

会"说"并不意味着只是简单地堆砌华丽的辞藻,而是通过一定的表达技巧,清晰而深入浅出地传达技术思考。因此,"说"实际上是一种更为复杂的技术。它不像编程语言或算法那样简单易学,并且能够在各种情境下稳定发挥。在面对不同的人和不同的情境时,即使是同一件事情,说什么和怎么说也会有所不同。但这并不意味着没有规律可循。技巧需要根据情况灵活运用,而理念则是永恒的。这里总结了对如何"说"的关键建议:明确受众、构建结构、抓住重点,如图6-4所示。

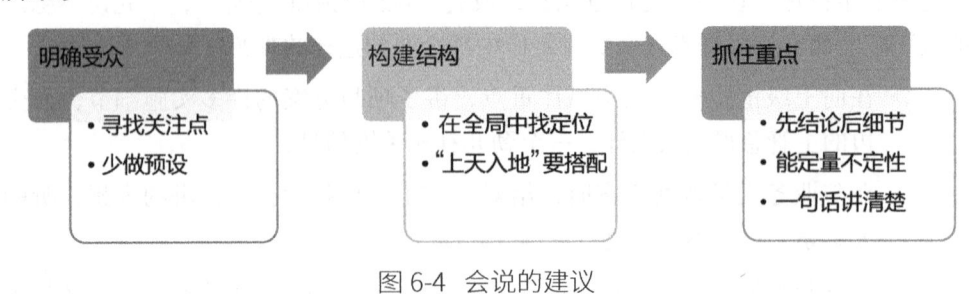

图6-4 会说的建议

1. 明确受众

(1) 寻找关注点。在"说"时,了解并关注听众的关注点至关重要。"说"时若只以自我为中心,则很可能会导致听众感到困惑,而讲话者感到尴尬。因此,"说"的第一要务是明确受众及其关注点。受众可以分为以下四个方面。

- 上下：指的是上下级关系。他们的关注点通常集中在目标实现和关键贡献上。
- 左右：指的是协作的兄弟部门。他们通常关注协作的边界和结果的价值。
- 前后：指的是上下游业务团队或产品团队。他们通常关注工作进展和可能的风险。
- 内外：指的是公司内部和外部用户。他们的关注点通常是问题解决和价值实现的意义。

（2）少做预设。"见人说人话，见鬼说鬼话"，虽然听起来可能有些贬义，但其实它传达了一个重要的沟通原则：在表达时，不应假设听众的成长环境、专业背景或当前心态与你自己相同，反而应该从听众的角度出发，对你要表达的内容进行适当的转译。以下是一些具体的建议。

- 去专业化：避免过度使用仅在特定领域通用的专业术语，因为这会增加听众的理解难度。你认为简单易懂的词汇可能对听众来说却是难以跨越的障碍。例如，"借贷平衡"是财务领域的专业术语，对于非金融或会计背景的人来说可能难以理解。其实，抛开专业术语，它的本质不过是任何交易发生时，账目内部必然有两个账户分别记录借和贷，因此借贷总是相等的。
- 铺垫背景：提供背景信息是统一听众认知的有效方法。通常，可以通过描述一个完整的用例来阐述，这样既能增强听众的代入感，也能为后续内容的介绍做好铺垫。
- 使用类比：通用日常生活的例子来类比要传达的概念，可以帮助人们更容易理解。不要因为类比可能不够严谨就放弃使用，类比是提供直观理解的好方法。以借贷平衡为例，可以这样类比：在市场交易中，一方交钱而另一方交货。这样，听众即使不懂财务术语，也能通过这个熟悉的场景来理解借贷平衡的概念。

2. 构建结构

要"说"一件事情，构建一个合理的结构至关重要。一个好的结构可以帮助讲话者和听众梳理思路，使信息更加易于理解。以下是一些构建结构的建议。

（1）在全局中找到定位。以自我介绍为例，清晰地阐述自己的身份和职责是非常重要的。例如，"我是某公司某部门负责某业务的技术负责人某某"，这种表达方式能更清晰地展示你的身份。换句话说，它通过全局视角来强调自我，能有效地突出个人特色。

至于需要考虑到多大程度才算是全局视角，实践证明需要让所有受众都对整体情况有一个基本的认识。例如，在介绍一家公司的某个部门时，首先应该介绍公司的主要业务领域，接着过渡到事业群的职责范围，最后再详细说明该部门的具体工作内容和目标。这样的层次分明、逻辑清晰的介绍方式，有助于听众更好地理解和记忆信息。

（2）"上天入地"要搭配。技术人员在表达时往往容易陷入抽象的概念中，缺乏具体的实例支撑。例如，在晋升答辩时，被问到关于平台未来发展的考虑时，可以采取以下不同的回答方式。

◎ 第一种回答方式：直接围绕平台自身的发展目标展开，例如提及下半年计划开发某某功能，目标是实现零生产环境故障等。这种回答可能忽略了在全局中找到定位的重要性。如果脱离了业务背景，如何证明你的未来规划是合理的？

◎ 第二种回答方式：首先阐述业务目标，然后说明平台下半年的计划，比如开发某某功能，实现零生产环境故障等。这种回答比第一种更全面，但仍然可能显得过于抽象。原因在于，这种回答主要停留在概念层面，听起来是一堆正确但实际上空洞的陈述。

◎ 第三种回答方式：在第二种的基础上更进一步，即在阐述完业务目标后，结合具体案例来说明平台计划开发的某某功能，以及如何实现零生产环境故障等目标。这种方式结合了抽象的思考和具体的实施细节，形成了有效的逻辑结构，使得表达更加清晰和有说服力。

抽象的概念"飘在天上"，而关键的要点则需要深入具体实践中。将天上的抽象概念与地下的细节支撑相结合，才能形成"上天入地"的逻辑结构。

反过来，如果评审问到一个非常具体的点，仅仅就这个点进行回答是不够的。在解决了具体细节之后，还需要将其抽象化，提炼出更普遍的原则和方法论。这表明了能够总结归纳，识别类似问题，并具备举一反三的能力。

3. 抓住重点

"说"清楚不在于话多，而在于话精。其核心就是能够抓住重点，即那些至关重要且能直击问题要害的关键信息。实践下来有如下一些建议。

先结论后细节：技术人员在沟通时常常陷入细节中，倾向于阐述分析推理过程，这可能导致"说"变得复杂且难以理解。为了提高沟通效率，应该先总结结论，然后再逐步展开细节。这样可以帮助听众快速抓住要点，再根据需要深入了解细节。

能定量不定性：定性描述往往让人感到不够确信，而定量的数据则显得更加可靠。设想一下，如果你在与业务人员交流时能够提供具体的业务数据，而不是模糊的描述，那么这是否会立即拉近你们之间的距离？因此，在"说"的时候，如果有可能，应尽量使用数据来支持你的观点；如果没有数据，则应尽可能引用具体案例来增强说服力。

一句话讲清楚：尝试用简洁明了的方式表达信息，尽量用一句话来概括核心内容。这种方法有助于讲话者重新思考什么是真正重要的，以及哪些内容是必须要清晰传达的。

6.3.3 感受"说"带来的成长

对技术人来说，一场埋头苦"干"的技术攻坚是酣畅淋漓的，但一次项目的总结发言可能就是噩梦。只会"干"不会"说"，可能让技术人的露脸变成了现眼，缺少了更多发展机会，失去了多元发展的可能性。但"干"是点，"说"是线，只有用线把点连接起来，才能让技术人的成长更加立体。这是现实世界运行的规律。技术人只有深刻理解、尊重并学会利用这一规律，通过明确受众的关注点，运用逻辑结构，抓住重点，才能"说"得更清楚，享受到会"说"带来的更多红利。

6.4 应急中的真功夫

当生产系统发生故障时，团队成员可能会陷入混乱，纷纷讨论故障的具体情况、对用户的影响、可能的原因、解决方案、责任归属，以及当前的进展。然而，如果不采取有效措施，中等程度的故障可能会升级为更严重的问题，甚至可能导致系统的不可用。

训练有素的技术人可以运用一系列专业的应急技巧来最小化生产环境故障的影响。这包括迅速诊断问题、制定和执行解决方案、有效地沟通进展情况，以及协调团队成员以迅速恢复系统的正常运行。通过这些措施，技术人能够确保在关键时刻保持冷静和专业，从而迅速解决问题，减少对用户和业务的影响。

6.4.1 应急有"三宝"

在生产环境故障发生时，接到报警短信或电话的那一刻，许多人可能会感到紧张和压力,心跳加速,血压上升.第一反应通常是寻找故障原因，然后是寻找解决方案。如果在一分钟内无法修复故障，团队可能会开始召集更多人参与应急处理，并重复寻找原因和解决方案的过程。

在这种混乱和压力剧增的情况下,最重要的不是本能地采取行动,而是保持冷静,并向自己和团队提出三个关键问题，如图 6-5 所示。

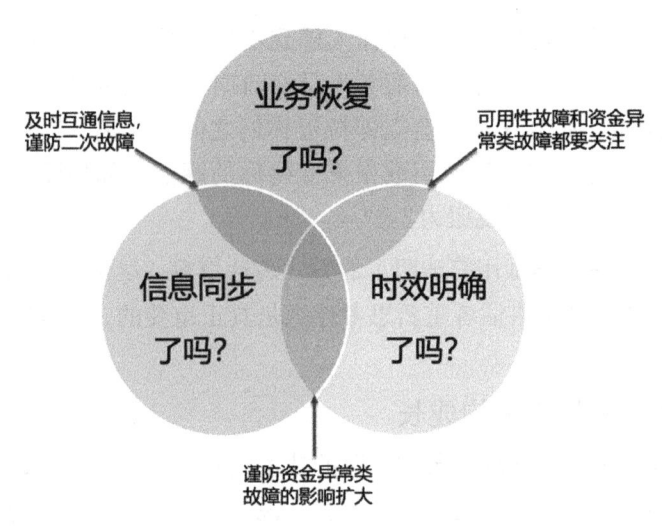

图 6-5 应急三问

1. 业务恢复了吗

当生产环境发生故障时，人们的第一反应往往是寻找故障原因。这种反应背后有两种心态：一种是为了消除故障而必须找到原因，另一种则是出于对自身或团队责任的考虑。然而，对于生产环境故障的应急处理，首要任务应该是恢复业务运行，其他的事情都不是最紧急的。

许多人可能会疑惑，恢复业务运行和找到故障原因不是一回事吗？实际上，恢复业务运行是最终目标，而找到故障原因并恢复只是实现最终目标的手段之一。在很多情况下，即使没有找到具体原因，也可以通过其他方式恢复业务。例如，重启计算机可以修复某些故障，但这并不一定意味着找到了故障原因。

在实际操作中，使用预案、回滚变更、查明原因后修复是三种恢复业务运行的手段，它们的有效性排序为：使用预案 > 回滚变更 > 查明原因后修复。预先制定预案是应对生产系统常见故障的有效方法。例如，计算机的重启可以视为一种"超级预案"，而数据库中的 FailOver 技术可以快速恢复业务。

回滚变更的有效性仅次于使用预案，因为预案通常是针对历史故障现象制定的详细应对方案，并经过测试，能够有效修复故障。回滚变更则是通过撤销最近的变更来解决故障，这在大多数情况下都能有效解决故障。然而，回滚变更有时也会带来新的故障，因为生产环境可能已经写入了新数据，如果回滚后的旧代码不识别这些新数据，那么可能会导致更严重的故障。因此，在实施变更时，需要考虑好回滚的策略，以确保在出现故障时能够安全地回滚。

最后，查明原因后修复，已是没有办法的办法，通常是最低效的，应该极大提升前两个应急手段来恢复业务，而不是寄希望于临时出现英雄来力挽狂澜。

2. 时效明确了吗

当系统发生影响可用性的故障后，业务的恢复确实意味着系统恢复了可用性。然而，对于一些导致资金处理不正确的故障，恢复业务只是控制了故障的增量扩散，只完成了应急的第一步，故障带来的影响并未被完全消除。例如，如果在钱包提现功能中，由于代码变更引入了缺陷，导致用户在提现时被多收取了1分钱手续费，那么回滚变更只是使得资金处理正确，恢复增量业务，并没有消除故障带来的全部影响。

面对这类非高可用性故障，技术团队有时会错误地将其归类为"重要但不紧急"的任务，导致处理进度缓慢，缺乏紧迫感。这种做法可能带来严重后果，因为没有明确的应急时效目标，小问题可能演变成大问题。

例如，在银行业务中，资金调拨通常有时间限制。一旦超过银行的营业时间，相关业务就会停止受理。如果系统故障导致资金调拨延迟，可能会有大量用户的资金无法及时到账。这种情况不仅影响用户体验，还可能引发舆论危机，对公司的声誉造成伤害。

生产故障解决的时效性源自对业务影响程度的评估。通常来说，对于用户能够直接感知的问题，如服务中断或功能异常，应给予最高优先级处理，进行快速响应和修复，从而减少用户投诉和负面舆论；如果故障仅影响内部系统，如单据存留的正确性，且不影响用户体验或业务流程，其修复优先级可以相对较低；对于有明确时间要求的任务，如对用户的服务承诺或向监管机构的数据申报，故障解决的紧迫性会显著提高，这类问题需要在承诺的截止时间前解决。故障解决的时效性不是由技术人员主观判断的，而需要与业务团队、产品经理等相关方共同评估。基于这一评估，可以确定一个合理的截止时间，并根据截止时间倒推所有应急措施的时间表，确保能够按时完成。

3. 信息同步了吗

应急处理如同一场军事作战行动，信息同步起着关键作用。

（1）**避免重复劳动和遗漏**：通过信息同步，团队成员可以清楚地知道谁正在处理哪个部分，从而避免重复工作或出现无人关注的关键环节。

（2）**明确分工和默契合作**：信息同步有助于团队成员明确各自的职责，并在此基础上实现高效合作，保持应急处理的连贯性和节奏性。

（3）保持沟通和反馈：技术人在处理应急问题时，往往会忽视与其他团队成员的进展沟通，这可能导致应急处理过程变得不透明，犯错了也没人能及时纠正。因此，在应急决策时，必须时刻保持信息的同步更新，积极收集和分享信息与反馈，以增加做出正确决策的可能性。

总之，信息同步是应急处理中的一项重要能力，它有助于确保团队成员之间的协作顺畅，提高应急响应的效率和效果。

6.4.2 功夫在平时

应急三问确保了应急决策优先级的准确性，它能够最大限度、高效地控制故障的影响范围。然而，真正的应急能力是通过实际锻炼获得的。为了避免"战时的流血"，我们必须在平时付出更多的努力和汗水。因此，日常持续的训练是提升应急响应能力的唯一有效途径。

1. 清晰化职责

在应急响应中，为避免所有人都陷入细节而忽视全局，必须明确一位应急决策者。该决策者负责统筹全局，而其他团队成员则专注于执行预案、收集信息和排查原因。这种明确的分工是确保执行成本最低、应急响应高效的关键。

应急决策者要抗住压力，极度冷静，就问所有参与应急的人：业务恢复了吗？我们有多长时间应急？有什么预案？有什么回滚？谁来负责执行？是否需要回滚到之前的稳定状态？谁将负责执行这些措施？决策者需要汇总各条线的进展情况。

应急决策者应避免深陷细节，去亲自排查问题或执行预案，而应该将自己从故障和团队中抽离出来，不受任何利益的干扰，保持客观和冷静，刻意锻炼自己应急三问意识，以及把握全局、组织协调的能力。

2. 标准化应急动作

为应对不同业务场景中的紧急情况，制定标准化的应急行动方案至关重要。通过将应急操作分解为简单明了的步骤，并记录在文档中，即使是缺乏实际应急经验的新员工也能依照指南正确执行应急响应。

以第三方支付系统自动向银行提交打款指令失败为例，需要人工在后台系统中重新提交打款指令的标准化应急流程如下：

（1）业务运营人员（小A）根据业务单号，人工与银行线下确认单据未被成功受理。

（2）系统数据修正人员（小B）修正系统中对应的打款单据状态，将其从"提交中"更正为"提交成功"。

（3）业务运营人员（小A）根据打款账号和金额，在后台系统中手动发起新的打款指令。

执行人员：业务运营人员（小A）、系统数据修正人员（小B）。附上修正打款单据状态的SQL模板。

风险提示：请严格按照上述步骤顺序执行，以避免重复打款的风险。

通过将复杂的应急流程简化并标准化，可以降低执行风险，并提高应急处理的效率。

3. 常态化演练

从根本上说，面对真正的应急突发情况，我们很难立即做出有效应对。这是因为我们采取的止血和恢复措施通常是基于对过去问题的了解和理解，而不应期望自己在毫无准备的应急场景中能够奇迹般地扭转局面。我们所能做的是准备和演练预案，思考最坏的情况，将各种可能性转化为具体的预案，并通过不断演练，将这些预案内化为组织的潜意识能力。应急时刻的冷静源自日常练习积累的自信。

演练可以分为两种方式。

（1）**小题大做**：一旦发现故障迹象，立即报警，练习应急响应能力，检验预案、零成本执行和应急流程是否符合预期。

（2）**模拟告警场景**：通过修改系统日志或部分数据来触发告警，以此锻炼团队的应急能力。

通过这些演练，我们可以在真正的应急情况发生时，更加从容不迫地应对。

6.4.3 不打无准备之战

深厚的技术功底是技术人员的基石，但在生产环境故障应对中，那些能够统筹全局、力挽狂澜的技术人，更因其出色的心理素质而令人钦佩。然而，真正的力挽狂澜并非仅靠天赋，而是源自日常的积累和不懈努力。每一份冷静和自信，都是通过日常刻苦训练和充分的准备铸就的。

6.5 暴露风险的技巧

许多技术人员可能会面临这样的困境：当分配给自己的项目任务无法按时完成时，是否应该向主管坦白实际情况并寻求帮助？当发现项目组架构师提出的方案存在潜在问题时，尽管项目研发已接近尾声，是否应该向上级报告可能存在的系统稳定性风险？在项目进度压力巨大，团队成员连续加班且不满情绪普涨时，是否应该站出来代表大家表达关切？

面对问题,勇敢发声固然重要,但揭露问题更需智慧与策略。技术人在确保项目进展的同时,应巧妙地提出问题,并积极寻求解决方案。这不仅要求技术人具备出色的沟通技巧,还需要团队协作的精神和强烈的责任感。

6.5.1 不敢暴露风险的心态

技术人在工作过程中暴露风险,以寻求根本性解决方案,从理论上讲是正确的,但在实际操作中却并非如此。其中一个重要原因是,许多人存在不敢暴露风险的心态。这种心态可能源于对个人职业安全的担忧、对团队或上级反应的恐惧,或者是对可能产生的冲突和后果的回避。

1. 暴露风险是在认怂

许多技术人员在负责的事项出现风险时,可能会产生"这太丢人了,我要自己悄悄处理掉"的心态。这种心态可能源于对同事评价的担忧,害怕被瞧不起,或者是对失去领导信任的恐惧。

实际上,这种心态是没有必要的。首先,领导在安排工作时可能并未考虑到所有细节。其次,技术人往往天生乐观,因此在执行过程中遇到意外情况并产生风险是常有的事。一个人的能力不仅仅体现在按部就班地完成工作上,更重要的是能够有效应对意外情况,并确保最终结果的成功。反之,如果因为过多考虑个人利益得失而犹豫不决,错失风险处理的最佳时机,才是真正将风险转嫁到自己身上。

2. 暴露风险是得罪人

在面对风险时,选择"事不关己、高高挂起"的态度,试图让自己心安理得,是一种常见的心理防御机制。人们可能会找各种理由来避免暴露风险,比如认为问题可能会自行解决,担心抢了项目经理的风头,或者害怕破坏团队合作。这些担忧往往源于对人际关系的顾虑,害怕因暴露风险而得罪他人。

然而,这种心态实际上是不必要的。暴露风险应该是针对事情本身,而不是针对个人。其目的是识别和解决问题,确保项目的最终结果,而不是指责或找茬。无私的心态能够帮助我们看到更广阔的视野,要理解暴露风险是为了整个团队和项目的利益。

3. 暴露风险是丢团队脸

许多人担心将风险公之于众可能会损害团队的荣誉。这种担忧虽然出于好意,但并不值得鼓励。团队的荣誉不是通过掩盖问题,而是在面对风险时展现出的职业素养和专业性来维护的。

一个团队真正的实力体现在其如何处理挑战和危机。团队公开面对风险，并展现出高效的问题解决能力、透明的沟通和积极的应对策略，不仅能够增强团队的凝聚力，还能提升团队在外部环境中的声誉和信任度。

6.5.2 如何有效暴露风险

突破了暴露风险的不良心态，有效暴露风险还需要技巧，如图 6-6 所示。

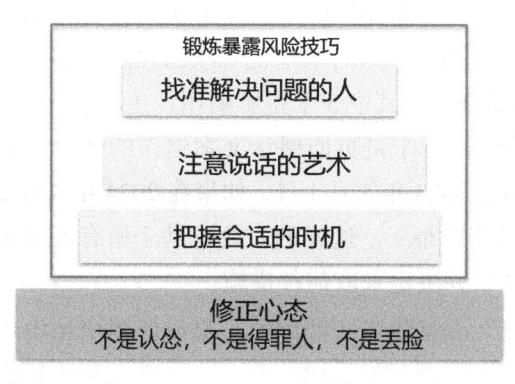

图 6-6 暴露风险的技巧

1. 暴露风险的最佳时机

风险一旦被识别，是否需要立即公开并解决？我认为大多数人不会这样认为。因此，选择何时公开风险至关重要。太早公开风险可能不妥，因为如果还有挽救的机会，过早揭露可能会影响团队合作。然而，太晚公开风险也不可取，因为错过了最佳处理时机，可能就无法挽回局面了。

一个较好的实践方法是，对风险进行等级划分，并在团队或项目组中形成共识。例如，高等级风险是影响项目进展的关键问题，需在 2 小时内解决；中等级风险是影响关键功能准确性的缺陷，需在半个工作日内解决；低等级风险是项目中不影响他人工作的缺陷，可在 3 个工作日内解决。有了这样的共识，团队可以按章办事，减轻风险暴露的心理负担。

我们曾遇到一个项目联调的问题：由于一直找不到合适的下游系统协调人员，整个项目组在仅有的四天联调时间内被耽搁了三天。这一延误未能得到及时解决，最终导致了项目上线的推迟。有明确的规则固然是好，但也不能死板地执行。工作中总有规则无法界定清楚的模糊地带，需要团队默契来弥补。团队应建立简单默契，对于影响面大、重要性高的风险，如可能影响全站用户功能稳定性的风险，必须在发现时就立即暴露并推进解决。因此，这类风险暴露的时机只有两个，一个是风险即将发生时，二是现在。

2. 暴露风险的友好话术

在暴露风险时，最应避免的是将自己置于道德的制高点，自诩一切都是为了取得成果和团队的整体利益。因此，说话不分场合、不分时机、不分用词，还标榜自己"心直口快""简单直接高效"。这样的做法不仅不能有效地暴露风险和解决问题，反而可能激发矛盾。有效暴露风险应该遵循以下原则。

用事实和数据说话：在暴露风险时，应避免仅凭主观感受陈述，而应该提供具体的事实和数据。例如，不是简单地说"项目风险很高"，而是具体说明"项目目前有 10 个缺陷未修复，其中 5 个是影响用户主功能的高等级缺陷，3 个是极端情况下的中等级缺陷，2 个是页面展示文案错误的低等级缺陷"。同时，明确指出"项目发布日期是 2024 年 5 月 1 日，如果在 2024 年 4 月 25 日不能修复缺陷，将会导致项目无法如期发布"。这样的表述有助于所有人基于共同的理解来界定和评估风险的严重性，并决定采取何种措施。

风险与解法并重：在暴露风险的同时，最好能提出相应的解决方案。例如，可以提出"张三负责 3 个高等级缺陷，我承担 2 个高等级缺陷的修复工作，中低等级的缺陷在完成高等级缺陷修复后再继续处理，同时李四负责代码审查，以加快问题解决"。这样的提议有助于将风险暴露转化为推动问题解决的动力。

3. 向有决策权的人暴露风险

有时，即使风险和解法都描述得非常清楚，仍然无法有效推进问题的解决。这可能是因为风险暴露的对象不正确，即没有向能够作出决策的人暴露风险。

推着事走还是推着人走：以上述的 10 个缺陷风险为例，如果直接将这些风险告知一线开发者，他们可能除了加班加点，几乎没有其他解决办法。这种做法并不是在推动问题的解决，而是在将问题推给个人去处理，有些不成熟的项目经理就是这样做的。

这种做法看似有道理，因为个人应当对自己的问题负责，并在遇到困难时向上级寻求帮助，而不是让整个项目组担忧。然而，这种做法表面上看似遵循了正当流程，但实际上并没有推动问题的实质性解决。当风险已经暴露时，还试图让发现风险的人去解决风险，这本身就是一种自欺欺人的做法。

敢不敢向决策者暴露风险：找不到合适的、有决策权的人来解决风险，还有一个原因是人们不敢将风险暴露给这些人。因为拥有决策权的人可能不是你的直接主管，而是你的上级主管，甚至是整个技术部门的负责人。

人们可能认为这样的小事不应该麻烦他们，但更深层次的原因可能是担心越级上报会导致你和你的直接主管关系紧张。实际上，这种顾虑也可以被摒弃。如果我们都遵循结果优先、对事不对人的行为理念，那么就应该直接向最能够解决这个问题的人寻求帮助。找到关键人物，并有意识地消除过程中可能出现的障碍，积极寻求更广泛的协作，才是真正暴露和解决风险的最佳途径。

6.5.3 暴露风险，练就危机处理能力

软件研发是一个涉及多角色、多工种、多团队协作的复杂过程。在这个过程中，协作难题、设计错误、进度障碍和质量缺陷的风险是不可避免的。然而，真正可怕的是这些风险未能被充分暴露、得到重视，以及未能被有效地推进解决。

有追求的技术人应该思考如何克服心理障碍，更有勇气和智慧地处理风险。有效暴露风险是技术人的一项关键技能，它不仅能够帮助团队识别和解决问题，还能够促进项目的顺利进行和成功交付。一旦练就了有效暴露风险的技能，我们做成事的硬实力将又增加一成。

6.6 开会也是手艺活

您是否曾有过这样的体验：在用餐或下班前半小时，突然收到会议通知，心中不禁暗自叹息；或者原定 15 分钟的简短会议，不知不觉中延长至一小时，甚至一个半小时……在现实中，我们常见到十余人参与的产品需求讨论会，却仅有一人发言，其他人各自忙碌，有的埋头于电脑工作，有的在看手机。同样，在系统分析评审会议上，除演讲者外，其他参与者缺乏互动和讨论，更别提有反馈。这类会议似乎司空见惯，成了"有会无议，有议无决"的场合，未能识别的问题和未达成的共识被推迟至实施阶段，导致线下争执不断，不仅影响工作效率，还大大降低了工作幸福感，而我们往往又难以拒绝这类会议。

显然，对许多技术人而言，开会比编写代码更具挑战性。虽然技术专业知识和技能分享在公司中常有相应培训，但如何有效地开会似乎并无正式培训。一旦进入会议室，你便成为与会者；会议组织者只需找到会议室并邀请几位人员，会议便开始了。在视频会议软件的帮助下，开会变得更加简单，一通电话就能召集会议。

从技术组织架构和项目流程来看，针对正确理解需求、技术方案的沟通、各部分协调推进等工作，技术人需要投入大约 25% 的时间进行会议。技术人的职位越高，这一比例也越高。因此，技术人若不精通开会这门手艺，可能会感到非常头疼。

6.6.1 被你忽视的会议成本

会议的成本不容忽视。假设公司人均月收入为 20000 元，那么一场 10 人参会、

持续 2 小时的会议，公司需要支付相当于 20 个工作时的工资。如果每月工作日为 22 天，每天工作 8 小时，那么这场会议的成本约为 2273 元。这还不包括差旅费用、会议室使用成本等其他潜在开销。

技术人作为后端部门，可能不会直接感受到这种经营成本的压力。但站在公司老板的角度上，这样的会议成本是实实在在的支出。如果意识到每次低质量、无结果的会议就意味着实际的经济损失，那么可能会更加谨慎地对待会议的发起和组织。

6.6.2 会议的高效需要经营

看似简单的开会实际上需要精心经营。秉承"向会议要效益"的理念是提高会议质量的关键，具体如图 6-7 所示。这个理念基于一个简单的原理：会议是一种投资行为。就像任何投资行为一样，我们可以通过衡量投入产出比来评估会议的效果。

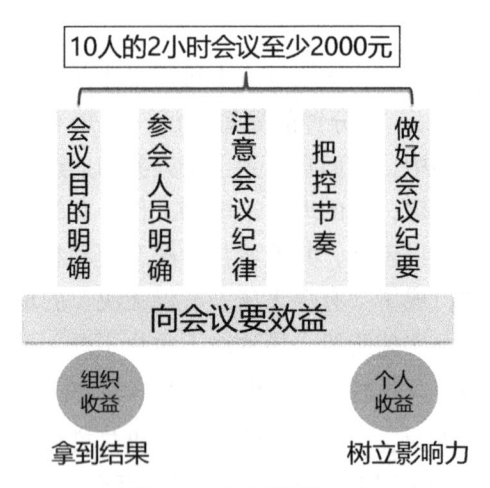

图 6-7 向会议要效益

1. 会议目的明确

明确会议目的是确保会议成功的基础。会议的目的通常可以分为两大类。

信息传达：这类会议的目的是定期或特定时期传达信息，例如公司全员大会、技术部门的季度会议等。目的是尽可能减少信息的损失。为了提高信息传达的效果，可以在会议结束后进行问卷反馈，以收集参会人员的意见和建议。

决策讨论：这类会议如产品需求评审会议、系统改造分析评审会议等，需要参会者贡献自己的观点，通过讨论形成合适的方案，并针对方案进行决策。

不同的会议目的直接影响会议在材料准备、内容引导上的不同。在组织会议时，应首先明确想要达到的目的，然后根据目的选择合适的时间（会议时长）、空间（会议地点，包括视频会议）和参会人员（会议规模）。这样可以确保会议更加高效和有针对性地进行。

2. 参会人员的明确

会议中经常出现必须参会的人未能参与，或者参会的人并不合适的情况，这会严重影响会议的效率和效果。因此，在开会前列出一份参会人员列表是非常必要的，这不仅能让参会人员重视会议，还能确保他们更加重视会议的产出结果。

选定参会人员时，可以从以下三个方面考虑。

主持人：通常情况下，主持人可能是会议发起人或项目经理，他们的职责是控制会议的方向、进程和节奏。

决策人：涉及方案、上线时间等关键决策的调整时，必须包括能够做出决策的人员。

执行人：负责实际执行任务的人员，他们需要对方案的可行性及相关问题提供反馈。

以下是与参会人明确会议安排的两种句式：

（1）在 [具体日期和时间] 我们计划举行一场以 [会议主题或目标] 为议题的会议，您能参与吗？如果不能，烦请您指定一位备选人员。

（2）我将组织一场以 [会议主题或目标] 为核心的会议，[已知参会人姓名] 将会参加。请问您在 [第一个时间段] 或 [第二个时间段] 哪个时间段可以参加会议？请告知您的偏好。

3. 注重会议纪律

会议需要有一定的纪律和规范，以确保高效、有序地进行。以下四点是实践中需要注意的。

提前预习会议内容：为了避免会议中出现对会议内容完全不了解的情况，主持人应在会议邀请中明确会议主题、目的和相关材料，参会人员也应提前阅读这些材料，以便更好地参与讨论。

准时参加会议：无论是主持人还是与会人员，都应尽量避免迟到。如果有特殊情况可能导致迟到，应提前通知主持人，并寻找备选人员。

全情投入会议：会议是工作的一部分，参与者应全情投入，避免在会议中处理其他事务。如果确实有紧急事务需要处理，应先离开会议室处理完毕再返回。

求同存异：会议中可能会出现争议，应保持开放和透明，鼓励每个人充分表达观点，同时尊重不同的意见。对于争议点，应避免过多争论对错，而是聚焦于事实和解决方案。如果无法达成一致，那么可以暂时搁置，等到准备更充分的材料或邀请关键决策者时再次讨论。

4. 把控节奏

会议需要鼓励开放和自由的讨论，以便激发创意和观点的碰撞。然而，如果没有适当的引导，那么讨论可能会偏离主题，导致会议无法达成预期的结果。作为会议组织者，有责任不断引导参与者回到会议的正题。

当讨论开始偏离主题时，可以采取以下策略。

温和引导：使用礼貌的语言，如"这个话题很有趣，但让我们先回到会议的主题上。"这样的表达方式可以帮助参与者意识到偏离主题，并自然地回到主题。

设定边界：明确会议的时间限制和议程，提醒参与者保持讨论的集中性。

记录和总结：记录下偏离主题的讨论点，并在会议结束时进行总结，说明这些点需要在未来的会议中进行进一步探讨。

及时调整议程：如果偏离的主题确实重要，那么可以考虑调整会议议程，为这些重要话题安排更多时间。

通过这些方法，会议组织者可以帮助确保讨论围绕主题进行，同时保持参与者的积极性和创造力。

5. 做好会议纪要

会议的结果比过程更为重要。会议纪要作为记录会议结果的唯一产出物，其准确性和及时性对于确保会议成果的传达和执行至关重要。会议纪要应包括以下几个部分。

会议介绍：包括会议的主持人、时间、与会人员、会议议题等基本信息。

共识与结论信息：详细记录会议达成的共识和结论，以及任何存在的争议和需要跟进的代办事项。这些是会议的核心成果，必须清晰地记录。

下次会议信息：如果需要进行多轮会议，就应安排好下一次会议的时间、地点和相关议程。

参会人员确认：会议纪要应发送给所有参会人员，并要求他们确认无误。如有问题，应及时修改并再次确认。

发送给相关方：会议纪要应立即发送给所有相关方，以便他们了解会议的结果和后续行动。

抄送主管：必要时，可以将会议纪要抄送给参会人员的直接主管，以确保高层管理者了解会议的进展和决策。

通过以上步骤,可以确保会议纪要的有效性和实用性,帮助推动会议成果的实施。

6.6.3 在会议中经营人设

会议需要经营才能取得成果。实际上,在会议中,我们不仅能够经营会议目标,还能够经营个人人设。许多人认为会议的走向和质量完全取决于主持人,这其实是一个很大的误解。

会议是沟通和协作的场所,你的上司、同事或下属会从不同角度观察你在会议中的表现:你是否准时参加会议,是否提出高质量的观点,当会议偏离主题时,是否能及时补充主持人的角色,将大家的注意力拉回来,是否帮助大家收敛和总结共识,是否在待办事项中积极承担责任,等等。技术人在架构设计和攻克重大项目方面可能都很擅长,但往往很难把握好开会这种看起来的小事。大事通常有明确的行事流程和框架,按照这些流程和框架执行,一般不会出现太大偏差。但看似小事的会议实际上并没有固定的章法,这非常考验个人能力。

因此,希望大家能够认真对待,并且能够处理好开会这件小事。小事中也蕴含着大智慧,在小事中经营自己的人设和口碑也是一门技艺。

6.7 协作共赢的力量

在日常的软件研发工作中,协作是不可或缺的一部分:我需要你的需求输入,你依赖我的接口产出。这是自然而然发生的,无须特殊培训即可共同合作编写代码,交付业务需求。然而,这些习以为常的日常工作实际上隐藏着许多需要优化和改进的地方。它们在无形中塑造了我们对高效工作的看法,同时损害了团队成员间的信任,甚至削弱了团队的整体实力。

6.7.1 协作困难的典型现象

怕露怯不敢协作:技术人在协作方面可能会感到不自信,这种现象背后可能有多种原因。例如,他们可能担心沟通不畅、自己的建议被轻视,或者自己在团队中显得无知。这些担忧可能会导致他们在协作之前就已经感到退缩。

怕冲突不想协作:在软件研发工程中,没有绝对的好方案或坏方案,只有根据当前情况选择最合适的方案。然而,有时技术人员在提出方案时会感到担忧。例如,如果一个方案需要某个团队进行修改,而该团队以难沟通著称,技术人员可能会选择自己单独处理,以免面对沟通挑战。此外,技术人员可能会发现某些业务方案本身不合理,导致技术实施成本很高。尽管如此,他们可能会因为担心越级沟通或引发冲突,而选择不向业务人员提出修改建议。这些都是害怕得罪人、害怕冲突，以及跨团队协作能力不足的典型表现。

不得法无法共赢：随着软件研发领域的分工越来越细化，协作的重要性愈发凸显。然而，许多技术人员可能尚未完全理解有效协作的内涵，就会引发很多问题。例如，无论什么时候什么问题，找团队或项目中的技术骨干似乎都能完美解决。然而，事实上，他们常常需要加班加点来完成这些额外的工作。尽管他们并不喜欢这种工作状态，但目前似乎还没有找到更好的解决办法。同时，我们也会遇到一些技术人员，他们在项目或团队中敢于表达自己的观点，对于任何问题都要争辩出个是非对错，对于非自己职责范围内的事情则完全不予理会，遇到问题时首先会问这是谁的责任，要求先找某某人解决。

6.7.2 协作共赢的方法

协作效率的高低在一定程度上反映了组织的效能水平，因此协作在任何组织中都至关重要。良好的协作能够实现上下同心、左右同力，改善团队的生存环境，提升团队的战斗力。为了通过协作达到共赢，我们通过实践总结了如图 6-8 所示的方法。

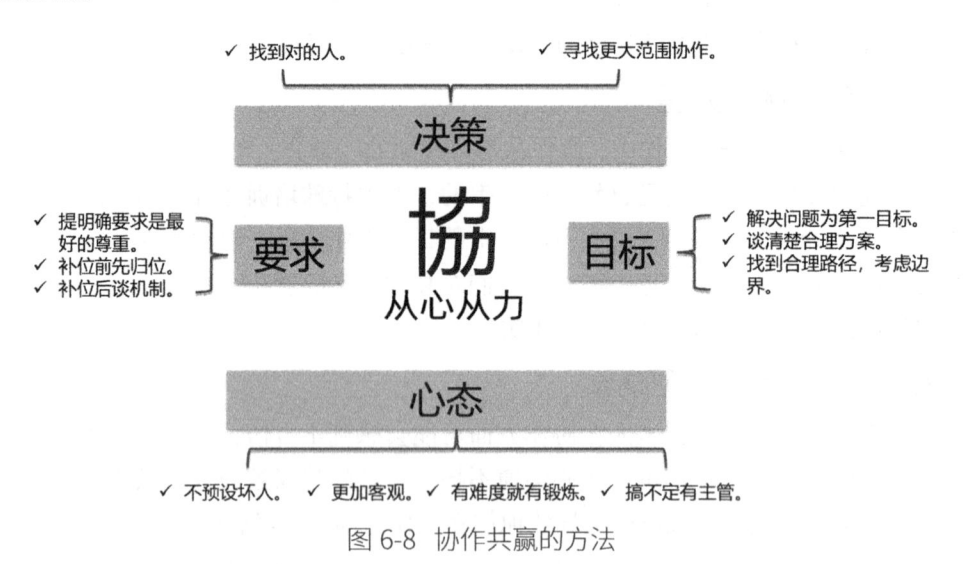

图 6-8 协作共赢的方法

1. 平和的心态是协作之首

在工作中遇到困难是不可避免的，面对这些困难，保持平和的心态至关重要，关注事情本身而非个人。毕竟，大家来到公司是为了共同工作和追求事业，而不是为了相互刁难。然而，如果我们一开始就持有对方不合作的偏见，那么这种心态的失衡很可能会表现在我们的行动和表情上，从而导致我们的担忧成为现实，使得协作变得更加困难。

(1) 认知复杂性并努力精进。我认为，作为技术人，基本上会遇到三重困难：第一重困难是技术深度的挑战，如数据库技术、网络技术、分布式技术等。这是技术人需要不断练习的基本功；第二重挑战是业务复杂性的挑战，不同行业之间存在巨大差异，每一行都有其复杂性，作为方案提供者的技术人必须深刻理解这种复杂性。这是行业的壁垒，也是竞争力所在；第三重挑战是复杂的协作关系，软件工程需要与众多工种的人打交道。复杂性是客观存在且无法避免的事实，因此，认知到这种复杂性并努力学习技巧和方法，就是能力的精进。

(2) 先考虑方案，后考虑分工。在遇到协作困难时，常见的情况是尚未明确界定问题，就因各自的职责、立场和界限而产生分歧。技术是实现业务目标的手段，我们提供的应该是完整的解决方案，而不仅仅是代码编写。因此，在遇到业务问题时，首先应明确界定问题本身，然后提供合理的技术方案，最后根据团队的职责范围来确定各个团队的分工。技术人应该首先问自己这样一个问题：这个问题应该如何解决？然后再问：这个问题应该由谁来负责？前者关注方案的合理性，后者关注协作的分工。

2. 共同的目标是协作之基

协作顺畅可能需要多种方法，但协作不顺畅可能只有一个理由：目标不一致。目标不一致的表现形式多样，例如：工作量巨大，缺乏资源投入；这不属于我的职责，你需要联系某某团队，结果在各团队间被推来推去；这事短期内看不到价值，或者优先级太低等。这些问题都是由彼此目标不一致衍生出来的。

(1) 用具体方案开启协作之门。面对上述情况，有效的办法是寻求最小的合作资源，并共同制定方案。一旦有了具体的方案，就可以继续讨论后续的成本、资源和优先级等问题。例如，如果对方表示资源不足无法配合，就可以仅请求一个接口人对接；如果对方说没有时间，那么可进行一个只用半小时的面对面简短交流。通过这些小技巧与对方一起推导出具体方案。只有先快速制定出具体方案，才能进一步规划后续的实施计划。

(2) 寻求更大范围的协同。即使达成了一致认同的具体方案，仍有可能无法有效协同工作。这是因为在达成共同目标的过程中，可能还存在其他障碍。例如，当你与对方讨论目标时，可能会被告知这并非技术问题，而是业务问题或产品问题。此时，需要明确界定问题：是业务问题、产品问题还是技术问题，并找到具有决策能力的人进行讨论。这通常需要找到在目标层面上具有决策权和能力的人。这其实是正常的，超出决策范围的事情，没有人会轻易拍板。如果问题上升到更高层面，可能会有更全面的视角，如果更高层面的目标也是一致的，协作就会更加高效。

因此，如果实在无法达成一致，就应该将明确的问题上升到更高层次的主管，以寻求更大范围的协作，让真正能够做出决策的人来做决策。对齐目标就是在正确的时间找到正确的人来做出决策。

3. 互提要求是协作之神

在目标达成一致后，仍可能感到协作困难。一个现实的案例是，与你对接的人可能非常忙碌，你要做的事情在他的目标中占比很小。对你来说重要的事情，对对方可能只是简单的咨询，且对方现在没空给你答复。在这种情况下，最好的办法是互相提出明确的要求。例如，如果对方现在没空，你可以直接提供两个明确的时间段供对方选择。提出明确要求后，对方才能更好地参与互动，进入协作环节。

很多公司的文化中都会强调补位，即在别人工作有疏漏的情况下主动填补空缺，帮助项目组或团队拿到结果。这在一定程度上是合理的，因为本质上分工协作是不可能通过逻辑的划分把每个工作、每个目标切分得严丝合缝。这些有缝隙的地方就是需要补位，这其实就是担当。但是补位这个概念是有很大误区的，即不当的补位其实会出现大量的越位。非常典型的现象就是我们会看到研发人员干产品经理的活，产品经理干销售人员的活。这就是恶性的补位导致的组织畸形。

比较好的实践是补位前先归位，搞清楚权责关系，以及出现疏漏的真实原因。把基本情况搞清楚后，不管是出于资源问题、成本问题，甚至是某些人的能力问题等原因，都是可以积极补位的，这也是让项目组或团队成功的正确做法。同样，在补位以后，还需要给出有效的反馈，把建议清晰明白地传达给对方。如果是由于对方团队同事态度问题导致项目有进度风险，那么在补位以后就要给对方团队的主管反馈清楚某某在项目中的实际表现，让对方团队的技术主管去纠偏。通过这样的方式，会让对方改进团队管理，并能够承担起来相应的责任，让整个组织更加高效。给协作的双方都互相提出明确的、专业的要求，其实是在帮助对方成长，也是对彼此最好的尊重。

"协"的繁体字"協"很好地表达了协作共赢的精髓：多人从心从力去共同做事、达成目标。不管有多少技巧和诀窍，其本质还是大家朝着同样的目标前进，心不齐时先连心，力不够时多团结，一定能够找到很好的协作共赢的办法。

第 2 篇

技术架构力

在技术实力积累到一定程度后,许多技术人的职业道路会指向架构师这一角色。对于技术架构师的定义,不同背景的人有不同的看法。产品经理可能认为技术架构师是能够解决关键难题并制定方案的人;业务人员可能认为他们是指出方案不足并提供替代方案的人;一线开发者可能认为技术架构师是那些深刻理解业务需求、技术能力卓越的人;项目经理可能认为技术架构师是能够抓住关键问题、确保研发质量的人;而资深架构师可能认为技术架构师是能够传达技术架构理念、推动系统能力不断演进和升级的人。

基于多年的实践经验,我对技术架构师的理解为:运用技术架构的思维框架深入分析业务需求,识别关键问题,并通过持续的演进和迭代来提升系统能力,以支持业务实现商业成功。技术架构力的本质在于运用技术架构思维有效地界定、分析和解决问题,并在此基础上提出解决方案。

接下来的章节将围绕这一理解,分享一些关于技术架构力的实践经验。

第 7 章
架构起于对复杂性的认知

架构的本质是什么？随着"架构"这个词的广泛应用，其内涵和边界变得越来越模糊，也越来越难以精确描述。

维基百科对"架构"的定义是："Architecture is both the process and the product of planning, designing, and constructing buildings and other physical structures."因此，软件架构可以理解为规划、设计、构建的过程及其最终产品。

进一步解释，我们可以用两组词来表述架构的概念：模块与关系、过程与结果。如图 7-1 所示。

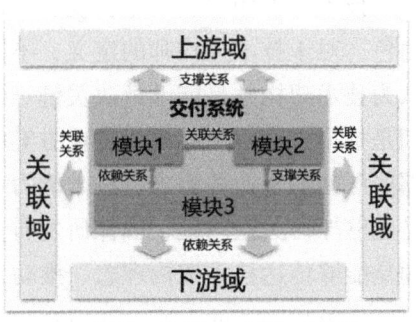

图 7-1 什么是架构

模块与关系：软件架构由哪些模块组成，这些模块由哪些领域模型构成，每个模块的权责边界是什么，以及模块间如何协作。

过程与结果：软件架构是一个动词，代表一系列决策过程。这些决策主要从全局和未来视角出发，寻找解决实际问题的最佳架构。这就是"架构即过程"的含义。同时，软件架构也是一个名词，是技术解决实际问题、支撑业务发展的结果，也是不同角色进行协作的界面。

然而，这些定义和解释仍然无法直接而清晰地表述架构的本质。架构不仅仅是定义、分析和解决问题，更在于应对超大规模、高度复杂性和巨大不确定性的挑战。在实际组织中，架构师往往被寄予厚望：架构师要能直接解决重大问题，要能从复杂中提炼简洁，在迷茫中找到出路，甚至推动变革，引领代际升级。

这一切都指向一个核心——复杂性。架构师需将复杂的业务、系统和协作拆解，构建整体逻辑结构，明确关键指标和行动，探索路径和方法。通过一系列的权衡，他们最终创建出适合当前环境的架构。这是每位架构师的责任和使命。

在本章中，我们将剖析技术架构过程中会遇到的几个核心复杂问题，以概述我们对技术架构的基本认知、经验与理念。

7.1 摒弃完美主义

正如"万丈高楼始于地基"，软件架构是软件项目的基石，对业务项目的风险控制、日常业务交付的效能，甚至对长远的业务发展方向和潜力都有至关重要的影响。然而，正是因为架构的重要性，业务人员往往对架构抱有不合理的期待，期望架构能够解决所有问题，包括过去、现在和未来的问题。同时，技术人也可能对架构抱有不切实际的幻想，认为存在一个完美的架构可以应对所有需求，不仅包括效能方面，还包括风险和创新方面。

7.1.1 妄想全知全能

架构师常常会面临来自各方的质疑和指责，这背后往往反映了业务人员和技术人员对架构的期望与现实的差距。例如：

◎ 能否告诉我，接入一个新的支付渠道（在第三方支付系统中，与银行等支付机构对接被称为接入渠道）通常需要多长时间？能否提供一个大致的时间范围？为什么这个过程会耗时较长？（这可能是由于渠道业务的不标准化问题，但通常被误认为是技术问题。）

◎ 我计划在下个月推出一个新产品，希望技术方面能够提供稳定的支持。（尽管产品可能还只是一个初步的概念，但由于技术是实现这一概念的最终环节，所以技术团队被要求对整个过程负责。）

◎ 听说生产环境最近出现了故障，我们是否需要在技术方面进行进一步的加强？（尽管问题有时可能是由于业务人员的操作失误造成的，却常常被归咎于技术架构的严谨性不足，未能充分进行风险预防。）

实际上，这些都在妄想技术架构全知全能，非常危险。

业务人员对架构的过高期望可能导致他们将业务问题归咎于技术架构，从而引发对技术人员的不公正指责。例如，某个功能的开发时间可能比业务人员预期的要长；业务人员可能认为某个功能已经完成，不理解为何还需要继续投入资源；业务人员看到技术团队日复一日、年复一年地进行所谓的底层技术建设，甚至可能感到被欺骗，从而导致信任崩塌。

同样，技术人对架构的过高期望可能导致他们盲目投入，追求完美而忽视成本效益，造成资源分配与产出严重失衡。此外，技术人可能还会抱怨他人缺乏远见，忽视了长期的架构优化，仅仅采用临时方案。他们甚至可能因为无法实现理想中的完美架构而感到沮丧和自责。

许多架构师不是在解释，就是在去解释的路上。这是因为架构存在太多不足之处。与钟表匠相比，许多架构师更像是裱糊匠，哪里有问题就修哪里，旧问题刚解决，新问题又接踵而至。

遭受责备和吐槽可能是许多架构师的日常，因此，架构师必须增强心理承受能力，必须认识到这些都是完美主义在作祟，不完美才是这个世界的真相。架构师需要让大家理解这个世界的复杂性，让大家知道架构并非全知全能，消除大家对架构的负面预设。架构师不应以责任感去对抗不完美，否则只会带来无尽的挫败和痛苦；架构师必须摒弃完美主义，否则只能是哑巴吃黄连，有苦说不出。

7.1.2 世界本就 VUCA

VUCA，即 Volatile（易变）、Uncertain（不确定）、Complex（复杂）、Ambiguous（模糊），可能是对这个世界最好的描述。

1. 架构的局限早已注定

架构的本质是建模客观世界以解决现实问题。然而，客观世界具有两个关键特征。

未来具有巨大的不确定性。 确定的未来可能不会实现，或者不会在预期的时间内实现。这使得面向未来的设计极具挑战，可能导致过度设计和高昂的研发及维护成本。然而，若不考虑未来，架构将如何持续改进？

历史虽然可信，但未必可靠。 即使对历史问题分析得再深入，也不能保证未来一定会出现类似问题，或者这些问题会频繁发生。因此，仅面向过去的设计也可能导致无效的架构，造成资源浪费。然而，若完全忽略历史，架构又如何能够变得更加强大？

以双十一大促为例，2020 年阿里巴巴集团有 50 多个业务单元（BU）共同参与双十一活动，这在 2009 年做双十一大促时是无法想象的协作复杂性。回顾 2009 年，双十一大促的支付峰值仅为 200 笔/秒，而到了 2019 年，这一数字飙升至 45 万笔/秒，增长了 1360 倍，这同样是难以想象的技术难度飞跃。在这个复杂多变、高度不确定且发展迅猛的互联网时代，技术架构的设计必然存在局限性。技术架构只能适应变化，并不断突破极限。

2. 架构的取舍已是必然

在架构实施过程中，需要考虑众多因素，包括业务扩展、风险控制、成本降低、高效协作和技术迭代等。这些因素构成了架构设计时的约束条件，它们之间可能相互制约。架构师的任务就是在这些约束条件下寻找最优解，这也是架构设计的困难所在。

例如，据公开信息，2019 年支付宝双十一大促的支付峰值达到 45 万笔/秒，但在 2004 年支付宝成立之初，其初始设计不可能直接支持这样的高并发流量。这反映了在实施成本考量下，架构需要根据实际情况逐步演进。在这样的高并发、大流量的系统中使用 OceanBase 分布式数据库，以及全用 PC 机替代专用服务器，就是要在技术先进性上有所突破。此外，双十一大促期间，将非关键业务服务在峰值时刻进行降级，就是为了确保高峰时段系统的稳定运行，即使牺牲某些业务功能也在所不惜。

这些因素必须被识别并逐一权衡。由于存在取舍和妥协，因此，完美架构几乎是不存在的。架构师需要在现实与理想之间找到平衡点，以实现既定目标。

7.1.3 确定性是唯一解药

世界是 VUCA 的，架构不可能完美，并不意味着架构可以任意为之。恰恰相反，正因为世界充满不确定性，架构设计更需要提供确定性。确定性不等同于完美，仅仅意味着业务能够清晰地看到和感受到架构所能提供的支持。具体而言，确定性主要体现在以下几个方面。

1. 提供外部可感知的指标

就像一个人感觉发烧时会用体温计来确定是否需要就医一样，在技术架构中，也需要一些外部可感知的指标来与业务人员进行沟通。这些指标可以帮助业务人员清晰地了解当前的风险或状态。

例如，使用"敞口"这个指标来表示当前的风险水平。当业务人员询问风险状况时，可以明确地告知这个指标的具体数值。这样的沟通方式能够确保业务人员对当前的风险状况有清晰的认识，从而更好地做出相应的决策。

2. 提供简洁易懂的 SLA

仅仅有指标是不够的，还需要基于这些指标的 SLA（服务级别协议），并且这些 SLA 需要足够简洁易懂。例如，当业务人员询问新接入一个渠道所需的时间时，一个回复可以是："钱包渠道接入需要 10 个工作日，不包括新接银行、报送监管、外汇兑换等流程。如果这些流程需要包含在内，则需要具体分析，无法给出确切数字。"

这个回复虽然提供了一定的信息，但可能仍然让业务人员感到困惑，因为它包含了太多条件和假设。为了提高确定性，架构师应该努力简化条件，将复杂的问题转化为简单的决策树。每个决策树的叶子节点都应该对应一个明确的 SLA，这样业务人员就可以清楚地了解不同情况下的具体服务级别。

3. 制造紧贴当下的意外

即使有了 SLA，可能仍然无法完全满足业务人员的期望。例如，如果架构师简单地将单一渠道接入所需的时间直接乘以渠道数量来得出总体时间，就可能会让业务人员感到不满意。因为这样的计算方式忽略了可能的效率提升和并行处理的可能性。

相反，如果架构师能够根据实际情况，如团队规模和资源，提供一个更加合理的时间估计，比如："这 50 个渠道的接入，如果给我 3 个人和一个月的时间，我们可以完成。"这样的回答不仅考虑了实际工作量，还体现了架构师对系统架构能力的理解和信心。

7.1.4 药效要能恰如其分

架构是一个不断演进和发展的过程，它不可能一次性完成。架构师需要同时使用面向未来和面向过去的视角来指导架构的发展。这意味着架构是一个妥协、迭代和提升的过程。

因此，对于不同的问题，架构师需要采取恰当的方法，并确定合适的解决方案和资源投入以达到预期的效果。一般来说，架构应力求做到恰如其分，即不追求完美，但必须符合商业逻辑。为了实现这一点，架构需要具备以下三个特征。

1. 看三年做一年

架构设计应面向未来解决问题，而对未来时间的选择是一个关键考量。一般认为，三年是一个比较合适的预估未来发展的时间跨度。这种方法被称为"看三年做一年"，意味着基于业务未来三年的发展状态来预估架构的扩展性、复用性、安全性和先进性等特性。

基于这一时间框架，可以划分出关键的里程碑，并明确架构演进的落地节奏，以推动架构的有序发展。这种方法有助于确保架构设计既有前瞻性又实际可行，能够适应未来业务的发展需求，同时保持技术的先进性和安全性。

2. 适度小马拉大车

架构是技术的重要领域，其设计需要谨慎平衡。如果架构范围过小，可能会让团队成员感到工作过于简单，缺乏技术挑战和成就感，从而影响团队的积极性和战斗力。相反，如果架构范围过大，可能会带来巨大的维护风险，例如，当团队成员都还只有单机研发经验时，要在一个项目中推广分布式系统架构，就会造成高风险。

因此，比较理想的架构设计是考虑到团队的规模和成员的素质，让团队能够逐步适应并推动架构的成长。这意味着架构应该略大于团队当前的能力，但又不至于过于超出团队的承受范围，让团队这个"小马"拉稍微大一点的架构"车"，让团队能够通过实际项目中的学习和成长，与架构相互促进，实现双方的共同提升。

3. 具有经营性思维

业务成功需要符合商业逻辑，而技术是实现这一目标的关键能力。因此，好的技术能力也必须符合商业逻辑。这种以商业结果为导向的架构思维被称为经营性思维。

经营性思维要求在架构设计时必须考虑技术投入的价值，以及投入产出比。这意味着，架构师在追求技术能力的同时，也需要确保这种追求是有价值的，并且能够最大化价值。

例如，虽然每个架构师都可能偏好高并发、大容量的技术架构，因为这可以展示他们的技术实力，但具有经营性思维的架构师在决定投入一个大规模架构之前，会仔细评估：这个架构是否真正适合当前的业务场景和发展阶段，是否还有成本更低的实现方式。

7.1.5 价值是必需药方

不存在适用于所有情况的完美架构，只有适合特定业务发展的架构。同样，没有绝对的最好架构，只有不断改进的更好架构。在架构设计中，摒弃完美主义，追求恰如其分的架构是非常重要的。

如何实现求真务实和恰如其分的架构设计？关键在于能够识别和抓住价值，尤其是业务价值。技术人员的核心价值在于使用最优的技术方案以低成本解决业务关键痛点。因此，架构设计必须认真回答业务价值问题。

1. 抓住因你而不同的业务价值

作为业务发展的关键能力，技术架构的存在必定有其价值。然而，真正体现技术架构核心价值的，是做出因你而不同的业务价值。例如，在双十一大促中，能够支持每秒54.4万笔支付的分布式高并发大容量架构，使得超高流量的秒杀活动得以顺畅进行，用户的参与热情也空前高涨。这正是这个技术架构带来的独特业务价值。

技术架构的设计不仅对大型系统至关重要，在日常项目中也同样扮演着关键角色。在支付领域，技术架构的合理性直接影响到业务的扩展能力和效率。例如，支付公司在接入新的银行或第三方支付机构时，如果能够设计出一套支持快速配置化接入的系统架构，将显著提高业务的响应速度和灵活性，帮助公司迅速在全球范围内扩展其支付渠道。

技术架构的优化可以为业务带来显著的增量价值，但这需要通过深入分析和精心设计来挖掘和实现。例如，如果技术团队能够开发出一套系统，使得支付渠道的接入时间从数周缩短到仅需 3 天，这不仅代表了技术上的进步，也为业务的快速发展提供了强大的支持。

2. 抓住因你而更好的技术价值

以支付渠道接入为例，如果配置化接入仅限于技术人员的 SQL 配置，而不是业务人员通过业务语言作为输入参数进行配置，那么即使配置速度再快也可能失去实际意义。这样的系统难以进行有效测试，质量控制困难，经验传承也受限，团队成员只能成为配置工程师。

我们设计的技术架构需要能够回答以下问题：架构是否考虑了技术的可维护性、风险的可控性、成本的降低，以及是否能够传承和持续优化，从而因技术优化而变得更好。

7.2 警觉风险主义

风险是任何项目或决策中不可避免的一部分。人们对于风险的态度各异，有些人选择忽视风险，有些人则过分放大风险。客观理性地看待风险，并采取合理有效的方法进行管理，对技术人而言是一种稀缺的能力。

那些只强调风险而没有提供解决方案的人，往往会利用风险来阻碍项目进展，使真正做事的人感到挫败。这是因为人们相对于机会来说，对损失更加敏感，因此风险更容易引起关注。更重要的是，许多人对风险的认知不够深入，容易被那些善于利用风险的人所影响。

风险本身具有复杂性，如何在未来的得失之间找到平衡点，是风险管理的关键。任何过于激进或保守的做法都可能被视为风险主义。因此，正确理解和处理风险，对于项目的成功至关重要。

7.2.1 没有绝对安全

在一次项目复盘会上，研发、测试、产品、业务、合规、财务等各个部门的人都在互相推诿，指责对方的问题。最后，大家都有些情绪化，尤其是业务主管，感觉大家都在针对他。最终，业务主管忍不住说："我也曾经做过中台，找别人的问题确实很容易。但你们不应该像警察一样来'抓'我，而应该像战友一样来'帮'我。你们能否告诉我，究竟要做哪些事情，做到什么程度，这个业务才能成功上线？请给我一条出路。"这一番话瞬间让所有人都安静下来，仿佛被雷击中一般，大家开始从各自的角度提出建议，明确了只要达到某些具体要求，业务就可以上线。笔者也深受触动，意识到"抓"与"帮"是两种截然不同的态度。对待风险的正确态度应该是"帮"，不仅是我们要帮助他人，也需要他人来帮助我们。

"帮"意味着总有解决问题的办法，没有什么是绝对的。尽管人们都希望得到绝对的安全，但这只是一种美好的愿望。追求绝对安全就等同于放弃发展，放弃未来。重视风险本身没有错，问题在于过度关注风险。风险与发展、成本等因素是相伴相生的。如果过度关注风险，那么可能会给组织带来灾难性的后果。此外，没有绝对安全的原因在于风险本身过于复杂。有时我们会发现，所谓的控制风险其实是一个伪命题，背后更多的是一种决策的选择。

俗话说，"骂者众，献策者寡，行动者无几"。如果有人高举风险主义的大棒，挥舞下来，确实很少有人能够承受得住。因为风险无处不在，它是任何人都无法回避的底线。然而，如果我们能像上述故事中的业务主管一样，打开格局，重新认识风险，我们就不会被风险主义所压迫。

7.2.2 风险即概率

技术人都被拷问过这样的问题：这次代码改动太多了，发布的风险很大，有什么应对方法？这次生产环境变更风险很大，一旦出问题就会有大量客户投诉甚至是舆情事件，如何避免？这个系统频繁出问题，需要应急处理到凌晨，我们该怎么办？这些问题常常让技术人处于高度紧绷的状态，因为紧绷，还会出现动作变形，比如，多做多错，少做少错，不做不错。这种观念一旦形成，对组织危害极大。

许多公司，尤其是大型企业，对风险的容忍度非常低，甚至是零容忍。例如，根据公开资料，蚂蚁集团在经历了527大规模宕机事故和1218重大资损事故之后，不仅进行了技术上的重大升级，还建立了严格的故障等级制度。他们将这两天定为技术特别日，专门用于红蓝攻防演练，以提高应对突发事件的能力。

我们能看到风险普遍存在而且危害巨大，那么风险的本质到底是什么？可能避免吗？从定义来看，技术风险是指所研发的功能在实际运行过程中，由于各种因素导致运行结果与预期不符的现象。如果进一步简单抽象，可以认为系统就是运行在硬件上的软件。因此，系统风险可分为硬件风险和软件风险。

硬件风险主要源于物理实体的磨损和损坏。即使是最坚固的硬件材料，随着使用时间的增加，也会出现磨损和故障。这是一个不可避免的物理现象。

软件风险则源于人类在编写代码时的局限性。由于软件是由人编写的，而人无法做到完全无误，因此软件中难免会存在错误。即使是最有经验和技术能力的开发者，也无法预测到所有可能的场景和用户行为，因此软件中总会存在潜在的缺陷和错误。

技术风险的本质是一个概率问题。即使硬件出错的概率很低，开发者对各种场景的分析足够全面，代码逻辑出错的概率也很低，但随着硬件运行次数和代码逻辑变更次数的增加，出错的概率会逐渐增加，最终趋近于 1。这意味着，从理论上讲，技术风险是无法完全避免的。

7.2.3 要发展，也要底线

既然防控风险是一场永无终点的旅程，那么技术架构应该如何应对呢？确实，正如一些业务领导者所强调的，"没有发展才是最大的风险"，对于技术架构来说，必须构建面向发展的风险架构。这主要从以下几个方面着手。

1. 尊重客观规律

既然技术风险本质是无法完全避免的，那么技术风险防控应该尊重这个客观规律，而不是追求不切实际的零故障目标。大多数技术团队可能会忽视这个客观规律，设定一些不切实际的 KPI 目标。例如期望生产环境中由技术原因引起的故障数量为 0，这显然做不到。尽管如此，这样的 KPI 目标常常被强加给一线技术团队，甚至是一线开发者个人身上。这些看似完美的 KPI 目标如同空中楼阁，永远无法落地。

2. 符合业务原理

除了采用通用的风险管理方法，还需结合业务特性进行风险分析和架构设计。最有效的方式是深入理解业务原理，并从业务原理这一层面去做风险控制。

以第三方支付机构的资金管理为例，当客户向钱包充值 100 元时，支付机构的资金管理流程如下：支付机构欠客户 100 元，同时其银行账户增加 100 元。资金管理的风险防控可基于以下原理总结：

资金风险 = 支付机构系统的账本金额 − 银行实际账户余额。

在此情况下，资金风险为 100 − 100 = 0。然而，随着新功能的迭代和系统的升级，可能会出现技术风险。如果某日资金风险计算结果不为 0，则表明资金管理出现异常，已对实际业务产生影响。

基于这一核心原理，可以进行架构设计，将这一恒等式纳入系统架构管理中。通过随时或实时巡检，可以有效防控技术风险带来的影响。

3. 防范关键风险

风险防控应遵循投入产出比的规则：风险防控的投入越多，风险发生时潜在的收益也越大，因为成功控制了风险，避免了损失。然而，如果风险没有出现，那么风险防控的投入就成了沉没成本。因此，风险防控应结合业务特征和团队的发展阶段，综合考虑投入产出比，根据具体情况有针对性地防范关键风险。防范关键风险主要是指预防因低级错误和重复性错误引发的故障，以及那些可能对业务造成重大影响的故障。

低级错误和重复性错误导致的故障会严重损害技术团队的专业形象和自信心。而预防重大故障的重要性在于，即便这些故障发生，其造成的影响并非不可逆转，我们仍有机会进行补救和修正。

7.2.4 避免最坏结果

要让故障不致命，首先需要考虑最坏情况，即从业务的角度出发，预测故障一旦发生，可能会导致的最坏结果。为了防止这些最坏结果的发生，可以采取以下措施。

1. 大事化小

既然无法完全规避风险的发生，那么控制风险发生时的实际影响范围就变得尤为重要。例如，在进行用户页面的重大升级时，可以采用 A/B 测试的方法，让一部分用户看到新版本页面，而大部分用户仍然使用旧版本页面，以此来控制风险的实际影响范围。即使新版本页面存在问题，也不会对大部分用户造成重大影响。

实现"大事化小"效果的架构设计方法还有很多，例如，分库表设计、负载均衡设计和灰度设计等。这些架构设计方法的共同点是将服务划分为多个等份，即使某个等份出现故障，也只会影响整体的一部分。通过权衡这部分故障的实际业务影响和架构改造的投入，可以在实际业务影响和资源投入产出比之间找到平衡。

2. 小事化了

许多技术团队在故障复盘时会列出长长的改进措施列表，但这些措施大多局限于流程改进，很少能够真正完成。实际上，一次故障如果能真正改进一个关键点就已经非常不错了，这意味着需要从技术逻辑上彻底修复漏洞，而不是仅仅依靠流程机制。

例如，对于幂等性控制，虽然数据库的唯一索引是一个常见的方法，但许多技术人员可能没有意识到，如果给非空字段传递空值，即使主键冲突不是问题，也可能触发 DataIntegrity Violation Exception。这可能导致误判为幂等性错误，进而引发生产环境故障。

这时动作就不能是：操作数据库时都要加上某人评审，而是要从架构上去想办法，比如，通盘扫描代码是否存在 DataIntegrity Violation Exception，将防止 DataIntegrity Violation Exception 的规则纳入代码审查流程，甚至作为 Git 提交的前置检查规则，以自动检测和预防此类错误。

通过代码逻辑和架构设计，我们能够从根本上杜绝这类低级和重复性错误。

归根结底，技术风险是不可能完全杜绝的。我们只能尊重客观事实和规律，通过代码逻辑来解决低级和重复性问题，以业务原理为支撑，并通过技术架构设计来降低重大问题对实际业务的影响。

7.2.5 时刻关注技术先进性

技术架构不能陷入这样的尴尬境地：只有在出现问题时，业务人员才能感知到技术架构的作用。架构不仅要时刻防范风险和避免故障，还要揭示潜在的风险，并提供可能造成重大故障的阈值。更重要的是，架构需要时刻关注技术的先进性，因为只有技术先进性才能证明架构的价值。

架构师在设计架构时，应避免因为担心风险而不敢创新，导致技术架构无法跟上业务发展的步伐。相反，技术架构应该在业务发展中审视风险，并在规划设计时不断拷问自己："今年的架构设计与去年的有何不同？这次的架构规划与现在的架构相比有哪些质的改变和提升？我们的架构在行业中具有哪些先进性？"我们一般通过下面两个视角去考虑技术先进性。

1. 用极致体验表达先进性

要论证架构的先进性，使用技术语言并不是最好的方式，而是应该通过用户体验来体现。蚂蚁网商银行提出的 310 模式就是一个很好的例子，310 模式即 3 分钟在线申请，1 秒钟完成审核放款，0 人工干预。每一个数字都体现了技术架构的强大和高效。

3 分钟在线申请：这需要高效的图像识别和处理技术，以便快速解析用户上传的资料，减少用户手动输入信息的时间。

1 秒钟完成审核放款：这背后需要强大的客户风险评估模型和框架，能够快速处理大量数据，完成复杂的信用评估和风险控制。

0 人工干预：这要求系统流程高度自动化，包括数据的收集、处理、分析和决策，以及与用户的交互。

通过这样的极致用户体验，技术架构的先进性得到了充分体现。

2. 用代际差异体现先进性

技术架构的演进不是简单的修修补补，而是一个逐步升级和蜕变的过程，类似于 iPhone 手机的代际升级。例如，iPhone 的每一代升级都带来了新的功能和体验，从初代的全新交互体验，到第二代引入 App Store，再到后续的多项功能改进，如内存和存储的增加、支持视频录制、视网膜显示屏、FaceTime 视频通话等。

互联网公司的应用技术架构也经历了类似的演进过程，以支持业务的爆发式增长。大多数公司会经历以下几个阶段。

单体应用阶段：最初阶段，单体应用可以支撑初期业务发展，业务量可能只有百万级。

分布式架构阶段：随着业务量的增加和开发团队的扩大，单体应用升级为面向服务的分布式架构，以支持更高的业务量，可能达到千万级甚至亿级。

可伸缩架构阶段：随着业务进一步增长，可能达到百亿级，考虑到长期技术成本和业务稳定性，可能会进一步升级为可伸缩架构，以适应业务高峰期的需求，同时在低峰期节省成本。

对于技术架构的演进来说，每一代架构都应至少带来 10 倍于前一代的收益，这样才能算得上是架构的代际升级。对于互联网业务来说，每 3 年到 5 年发起一次架构升级是合适的，这样每一代架构之间才能有足够的差异，推动技术架构的持续精进和业务边界的拓展。

7.3 避免单一主义

技术架构是业务成功的关键因素之一，但并不是唯一的因素。技术架构人员有时会有一种错觉，认为架构的先进性直接等同于商业成功。他们可能会认为，如果商业上没有取得成功，那一定是其他方面没有做好，甚至是其他人的努力不够。

然而，事实并非如此。技术架构对于商业成功来说，是必要而不充分条件。商业成功受多种因素影响，包括但不限于市场策略、产品定位、团队执行力、竞争对手状况、外部环境等。这些因素共同作用，决定了商业的最终结果。

技术架构的先进性是支持商业成功的关键因素之一，但不是唯一的因素。一个先进的架构要与其他商业要素相结合，才能发挥最大的效用。因此，技术架构人员应该意识到，架构的先进性只是商业成功的一个方面，而非全部。同时，其他商业要素也同样重要，需要综合考虑和优化。

7.3.1 有我也未必行

架构可以通过模块和关系拆解、解决问题，并从逻辑合理性上分析优缺利弊。然而，架构有其明确的解题范围和边界，也有无法回答的问题。

首先，架构回答不了唯心的问题。架构是对客观物理世界的抽象和建模，是基于唯物主义的辩证思想来解决实际业务问题。因此，它无法解决那些基于主观意愿或理想化假设的问题，例如，构建一个完全无 Bug、能高效支持所有业务需求的系统，在现实中是不可能的。

其次，架构回答不了决策性问题。架构师可以提出和比较多个技术方案，但最终的决策往往需要由业务或管理层根据整体战略和资源分配来做出。例如，是否投资某个项目，这不是技术问题，而是业务决策。

最后，架构回答不了生产关系问题。架构是从逻辑上框定模块及其相互关系的，偏重于工程和理论，可能与现实中的生产关系不一致。也就是说，公司的组织结构未必与系统架构一致，若两者差距大，就可能导致团队在边界问题上不断争执，造成内耗。例如，项目中某个功能该由哪个团队负责，各方架构师往往会从逻辑合理性、组织关系、实施成本等角度进行激烈的争论。

7.3.2 商业亦是适者生存

架构回答不了的问题，却可能是商业上的重要部分。这些局限注定了架构无法决定商业，因为商业有它的复杂性。

1. 没有所谓的成功学

商业成功涉及社会、经济、市场、竞争、风险、管理、财务、执行、创新、文化等多个复杂因素。这些因素相互作用，共同影响着商业结果。即使某些企业在各方面都做得很好，也可能因为市场环境变化、竞争对手策略变化或其他不可预见因素而失败。同样，有些企业可能在某些方面存在缺陷，但由于抓住了市场机遇或采取了有效的策略，也可能取得成功。

商业成功的因素很难量化，且在不同的环境、阶段和行业中，这些因素的影响和重要性也不同。因此，试图用一个简化的模型来预测或解释商业成功是不现实的。每个企业都需要根据自身情况，灵活应对各种复杂因素，以提高成功的可能性。

2. 用进化论看商业成功

商业环境极其复杂，但这并不意味着我们无法应对。进化论提供了一个很好的视角，它表明通过迭代和尝试，最终会有一些个体或物种能够适应环境并存活下来。商业世界也是如此，通过不断的尝试和迭代，可以增加成功的概率。

经济学，作为研究资源配置和决策的科学，也可以被视为研究如何在竞争和变化的环境中提高存活概率的学科。这意味着，我们可以尝试采用一些策略来增加商业成功的概率，即使不能完全控制结果，也可以通过不同的尝试来探索更多的可能性。

7.3.3 要让业务有选择权

尽管商业环境复杂，技术架构仍然能够在其中发挥重要作用。其作用在于为业务提供选择权，这也是业务对架构的要求。

许多领导力课程都强调，战略即做出选择。"战略"一词，拆分开来，包含"战"和"略"两个方面。"战"指的是明确目标，"略"则是找到关键点。战略是基于多种可能性的决策选择。当然，战略只是商业活动的一部分，但它为我们提供了解决问题的思路。面对自然界的复杂多变，进化论给出的答案是遗传和变异，多样性确保了生存。同样，面对商业的复杂多变，架构应该为业务提供更多的选择权。一旦有了选择和尝试的机会，可能性就会增加，成功的概率也会提高。如果商业被架构所限制，导致这也不行那也不行，那将是一场灾难，也是架构的失职。

那么，什么是选择权呢？我们可以从三个角度来理解。

1. 选择权是业务目标的可变性

许多架构师可能认为业务战略和目标相对稳定，因此他们基于这些稳定的战略和目标进行架构规划和设计。然而，这种假设往往会导致架构无法落地，无法长久支持业务的发展。

因为业务的战略和目标通常是基于当前的业务表现制定的，而业务表现形式可能会非常多样和多变。如果架构师试图基于这些变化的目标进行抽象和归纳，那么架构可能会受到限制，无法为业务提供足够的灵活性和选择。

然而，一个行业的业务实质往往是相对稳定的。例如，在互联网业务中，高频打低频是一个普遍的规律。技术架构如果能够围绕这个不变的业务实质进行设计和演化，那么无论业务目标如何变化，都能够有效支持业务，就像行星围绕太阳转一样。

对架构来说，业务阶段、业务目标和路径选择是易于变化的，但业务的实质是不会发生变化的。深入理解业务的实质去做架构的升级演化，就能为业务目标提供更多的可能性。架构设计不应仅服务于某个具体目标，而应具备灵活性和适应性，以应对业务发展的多样需求。

2. 选择权是技术贡献的持续性

技术是实现业务目标的能力和手段。然而，许多技术团队存在一个误区，即认为技术团队的贡献仅仅在于实现业务需求，快速将项目上线。这种将技术架构的部分贡献视为其全部价值的错误做法是技术组织中的最大问题。长期如此，可能会引发技术团队的生存危机，因为这会将容易变化的阶段性贡献错误地当作技术不变的目标去追求。

技术架构的恒定底色在于解决同类业务问题的效能和成本是否具有边际效益，是否能够以最低成本复用现有能力快速解决类似业务问题，以及业务风险是否能够通过有效措施和保障得到控制。简而言之，技术架构是否具备成本、效能和风险的优势，并能够提升商业竞争力。技术价值不应受阶段性具体项目的左右，而应致力于为业务提供更大的选择权。

3. 选择权是解题方法的丰富性

有经验的架构师通常会有一套自己的工具箱，用于处理业务问题，如分层、解耦、分离、代理、扩展等。然而，将某种特定的方法或套路视为不变的内核是错误的，因为技术架构最容易变化的就是这些方法和技巧。

技术架构的不变内核应该是客观推理过程、取舍平衡和风险管控。这意味着，架构师应该基于具体问题的本质和业务需求，选择最合适的方法来解决问题，而不是被某个特定的套路所限制。

架构的核心价值在于其能够为业务提供持续的支持和价值，而不仅仅是支持某个具体手段。

7.3.4 只有前瞻，才有选择权

架构可以通过提供选择权来支持业务的发展。为了实现这一点，架构需要具备前瞻性，并且基于风险和效能进行前瞻性考虑。架构可以分为三个阶段。

短期控风险：在产品研发的具体项目中，架构师需要通过系统分析和方案设计，对关键风险进行把控和优化设计，以防控项目上线的风险，特别是高可用风险和资金异常风险。

中期提效能：架构的重点在于模块的划分和职责的边界。通过抽象业务领域问题的本质，设计具有复用性的模块，并保持模块间松耦合和易于扩展的关系，架构能够为业务发展提供效能支持。

长期建地基：架构由一系列决策过程组成，最终形成一个支持业务发展的系统骨架。这个骨架应具有足够的灵活性，以便在未来进行扩展。架构就像房屋的地基，一旦确定，就难以改变。因此，架构需要具有前瞻性，以避免未来改动的巨大成本。

风险、价值和机会是架构师需要关注的三个关键点。其中，机会，即选择权，是架构师需要考虑的重点。为了确保架构不会被过去的决策所束缚，架构师可以从以下两个重要视角出发。

1. 向前展望，向后倒推

"上医治未病、中医治欲病、下医治已病"，架构设计类似于医学中的预防医学。优秀的架构设计需要能够识别未来可能的需求，解决可能发生的风险。因此，架构设计最重要的视角是面向未来。只有明确了未来业务可能的发展方向、阶段，以及可能遇到的问题，我们才能分析出系统在那种业务状态下能发挥的作用，从而清晰地定义技术架构需要达到的目标。深入分析技术架构的目标后，再反过来推演，拆解到每个阶段需要达到的目标，以及为实现这些目标需要采取的措施。

像双十一这样的大型促销节日是对技术系统能力的一次极佳考验。根据支付宝官方数据，2015 年双十一期间，支付宝的实际支付峰值达到 8.59 万笔每秒，而 VISA 的每秒处理峰值则为 1.4 万笔，支付宝的处理速度大约是 VISA 的 6 倍。到了 2016 年双十一，支付宝的实际支付峰值更是达到了 12 万笔每秒，比 2015 年增长了 1.4 倍。在不到一年的时间里，为了备战 2016 年的双十一，技术架构必须充分预估到当年的支付峰值情况，并据此倒推出现有架构需要进行哪些升级。

2. 面向过去，不断沉淀

面向未来是架构设计中非常重要的视角，但仅仅面向未来也可能走入理想主义的"死胡同"。因为未来只有变成历史后才能被证明，预测总是带有一定的不确定性，特别是在重大的技术架构升级中，这种不确定性带来的风险可能会很高。

因此，除了面向未来的终局思维视角，还需要有面向过去的思维视角。这包括分析系统中经常出现的问题，区分哪些是业务问题，哪些是技术问题，以及这些问题的根本原因是什么。接着，将分析清楚的问题进行归类和抽象，并按照优先级逐步解决。

这种架构设计视角可能看起来不够先进，但实际上它是不可或缺的，而且在大多数情况下，它是架构设计的首要步骤。因为如果不清楚地了解历史，那么往往也无法真正理解未来。许多问题实际上是历史问题的重复出现，软件架构也是如此。其核心在于解决三类问题：利用技术复用来解决效能问题，通过技术创新降低业务成本，以及通过自动化来解决风险管控问题。因此，我们需要面向过去，分析哪些地方不够快，哪些地方成本高，哪些地方风险高，并将解决方案不断沉淀为系统架构的能力。

以双十一大促为例，许多人可能都经历过零点付款时系统提示"系统太热，请稍后再试"的问题。在系统架构设计中，这就是限流的设计手法，目的是将流量控制在一个相对安全的水位，防止大量流量涌入导致系统崩溃。这样的限流架构设计是经过不断沉淀和演进而来的。限流场景众多，必须有系统架构能力支持低成本快速限流，以降低技术投入成本。如果进一步升级，则可能还需要智能监控机制，以防止因人为配置缺失或限流值配置不当而未能对系统进行有效限流保护。这些架构设计必然需要面向过去的问题，通过不断总结和沉淀而形成。

从宏观视角来看，架构设计需要结合两个设计视角：一是面向未来的理想主义，二是面向历史的脚踏实地。这两个视角相互补充、相互印证，缺一不可。只有同时做到这两点，架构才能具备前瞻性，并为业务提供选择权。从微观角度来看，即使架构在某些方面存在不足，也仍然需要为业务提供选择权。例如，在业务计划推出新产品时，即使技术上存在挑战，也需要考虑分阶段上线甚至带缺陷上线的可能性。

7.3.5 积极为业务创造发展空间

好的架构不仅要恰如其分，更要为业务创造更大的发展空间，为商业提供更大的可能性。这是架构设计的必答题，而非选答题。为了回答这个问题，架构师需要做到以下两点。

1. 对业务有洞察和预判

对于架构设计来说，业务的发展前景是首要考虑因素。例如，支付宝的架构师在 2016 年就预判并支持了 12 万笔每秒的支付峰值，这得益于对业务发展的深刻洞察和预判。业务的洞察和判断需要综合考虑业务量、业务本质及其他相关信息。

最佳实践在于深入理解业务的本质。以支付系统接入银行或第三方支付机构作为支付渠道为例，这个业务的本质就是支付成功率。因为支付成功率高意味着商家 GMV 损失少，从而在市场上具有竞争力。据公开资料，支付宝在 2010 年因支付成功率低于 70% 而受到马云的严厉批评，同年推出快捷支付功能，将支付成功率提升至 95%。而技术架构需要洞察并预测业务本质，能够在众多支付渠道中智能选择最优路由，这无疑会提升支付的成功率和稳定性。这样的技术架构课题也能不断牵引架构的精进、演变。

2. 对架构有选择和论断

架构设计不仅要对业务的发展进行预判，更需要从技术专业视角进行选择和判断。以互联网系统架构的代际升级路径为例，第三代架构需要支持百亿级的业务量，重点解决容量伸缩问题和业务稳定性的故障容忍问题。选择容量伸缩问题作为重点，是因为第一代和第二代架构都是被动跟随业务发展进行容量扩展的，基于对业务量预期的大规模增长，线性扩展能力显得尤为关键。容错能力实则是对大规模交易下技术稳定性的必然要求，一次故障可能波及千万用户，引发重大舆情风险，故此问题急需解决。正是基于对技术架构的明智选择与精准判断，互联网系统得以从第一代顺利过渡至第二代，并进一步演进至第三代。

基于对业务未来发展前景的预判和对技术要求的判断，规划设计出的架构才具有想象力，才有未来发展的空间。这样的架构也必然令人向往，激励着一代又一代的技术人员不懈努力，勇往直前。

第 8 章
架构的过程就是取舍的过程

架构设计面对的是复杂的综合性问题,而对于这类问题,并不存在完美的解决方案,只有取舍。取舍的维度可能包括理解成本,即哪种解释更直接;交付效率,即哪种设计研发更快;安全系数,即哪种方案能降低风险;投入产出比,即哪种方案能让组织更高效。不同的业务、不同的阶段、不同的偏好,都会影响取舍的维度。

尽管取舍的维度各不相同,但最终的决策必须与业务发展相匹配,并且是主动选择的结果。为了实现主动选择,必须对某些问题有深刻的认知。只有全面、深入地理解问题,才能做出最理性的选择。

本章将深入剖析一些典型的、难以回答的架构问题,揭示这些架构问题的本质,并探讨应对策略。我们将这些架构问题分为两大类:应用类和风险类。

应用类问题可以类比为门卫保安的经典三问:"你是谁?从哪里来?到哪里去?"其中最难回答的是"你是谁?"。我们将通过从繁到简、从虚到实、从无到有的层层推进,逐一解答"从哪里来"的体态臃肿问题、"到哪里去"的路径模糊问题,以及"你是谁"的身份不明问题。

风险类问题则直接面对任何经济活动都会面临的服务不可用、资金损失,以及业务未知异常这三个核心风险。我们将通过从上到下、从内到外、从前到后的步步深入,逐一解答业务连续性问题、资金安全性问题、风险兜底性问题。

每个架构问题的解答都包含我们的深刻洞察,相信大家读完本章会有"柳暗花明又一村"的豁然开朗。

8.1 从繁到简平乱局

大型组织通常涉及多个领域和系统。随着场景的丰富和上线项目的增加,加上多项目并发、多角色协调、多领域联动及长短期取舍等因素,架构往往承受巨大压力,甚至濒临崩溃。当一切变得繁杂和混乱时,技术也可能成为业务拓展的瓶颈,导致投诉频发。

如果能针对领域繁多、链路复杂、定义混乱、设计臃肿的系统架构,从全新的视角化繁为简,设计一个简洁架构,让理解更直接,管理更清晰,协作更有序高效，实现更自然安全，同时遵循"如无必要，勿增实体"的奥卡姆剃刀原则，那将是非常理想的。

那么，如何找到这个全新的视角呢？实际上，所有的思维方式都无外乎两种：归纳和演绎。归纳是从现象中找出普遍规律，演绎是从普遍规律中推演出更多现象。这与我们基于当下繁杂的事实实现更简洁架构的目标非常一致。因此，我们可以尝试通过先归纳再演绎的方式建立这个全新视角。

先归纳再演绎，即先从已实现的业务中定义新实体，再用新实体实现原功能，最后通过最复杂的场景进行完整模型的验证。接下来，我们将探讨每一步的具体做法。

8.1.1 定义实体

繁杂的系统就像一团乱麻，要解开它，就必须找到线头。有经验的人都知道，要找到线头，就得从远处观察，从不同角度审视，然后不断地扯动，找到松动的结，逐步减少缠结。这个过程与我们构建简洁架构的过程非常相似。

构建简洁架构，首先需要提升视角，从更高的维度审视现有问题。这就像从高处观察纸面上爬行的蚂蚁，一切都能看得清清楚楚。升维通常有两种方式：第一种是从点延伸到线，再到面，最后到体的空间维度，这对应于全局思维；第二种是从过去经过现在延伸到未来的时间维度，这对应于终局思维。以药物为例，市面上的药物种类繁多，包括化学药、生物药、中成药等。要从某个视角将这些药物一下子看明白，就需要跳出细节，用一个简单的概念将它们全部囊括，即"药物"。这个概念简单直接、易于理解，一旦理解就会长久记忆，这就是我们需要定义的实体。

其次，要抓住关键的物理元素。物理元素是客观存在的，所有抽象概念都应建立在物理元素的基础上。例如，策略、规则、协议等都是人为定义的，不同人可能有不同的定义。如果以这些人为定义为基础，那么架构的根基就不稳定，就像盖房子使用塑料泡沫一样。

以药物为例，如果以药效、规格、用法、用量等抽象概念定义"药物"，显然不够准确。因为这些概念都是抽象的。只有用客观存在的物理元素来描述实体才更准确：药物 = 药物成分 + 辅料 + 赋形剂。药物成分是指药物中起治疗作用的活性物质；辅料是指改善药物性能的物质；赋形剂是指赋予药物一定形态、体积和硬度的物质。任何药物都可以用这种方式来描述。

最后，要重新指代系统，用新定义的实体去指代系统中已经存在的元素。能否准确指代，以及指代后对系统的描述是否更加精准、清晰、易懂，是实体定义阶段判断实体好坏的最低标准。实体是理解复杂组织、复杂系统的必要工具,是化繁为简的必需载体。好的实体通常能满足奥卡姆剃刀原则,也能经受住进化论的筛选。

8.1.2 明确功能

在定义了新的实体之后,我们需要考虑如何使用这些新实体来替换原来那些繁杂、混乱的定义,并重新组织原有的各种功能。替换和重组后,不仅描述变得更加精准,而且原有的各种功能也找到了新的依托。

以制药为例,原来的制药过程中有个环节,有多种叫法,如中间体合成、细胞培养、药材炮制等,但使用新的实体定义后,这些都可以统一称为活性成分合成。类似地,制药的整个过程可以用原料准备、活性成分合成、纯化、制剂、质检这5个功能来定义。

功能是有层次的。制药可能是医药行业的某个功能环节,而活性成分合成本身也有子功能环节。对于活性成分合成这个功能,我们可以进一步定义新的实体,比如化合物,它由各种分子元素组成,并具有相应的功能,如反应条件选择、反应监控、产物分离、杂质去除等。这种层次结构是化繁为简的典型结构,可以称为一横多纵结构,如图 8-1 所示。"横"代表实体,"多纵"代表功能,实体协调多个功能,同时作为一个整体对外提供服务。这个服务也可以是另一个一横多纵结构中的某个功能。

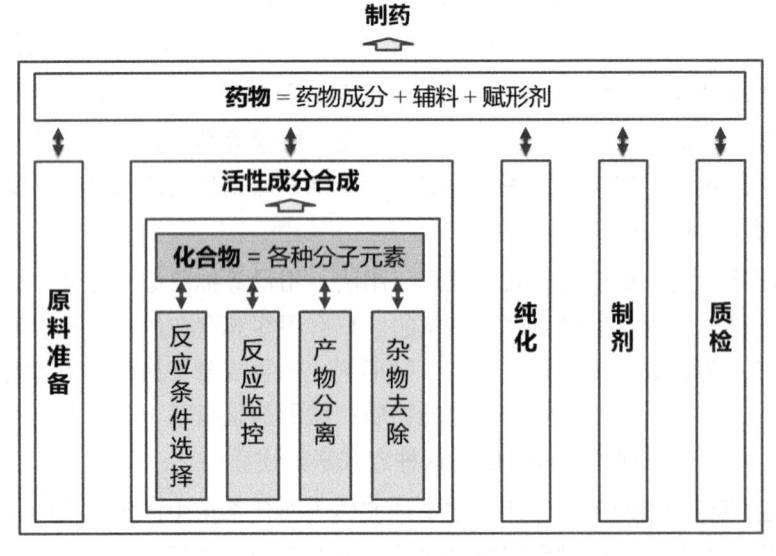

图 8-1 制药的一横多纵结构

有了这个结构，我们就有了更快支持业务拓展的解决方案，即按照这种方式整合业务元素，最终只需在"一横"上进行简单的配置，就能快速实现新场景的接入。

8.1.3 以最复杂场景做验证

有了一横多纵的结构之后，必须通过最复杂的场景进行验证。如果在解释复杂场景时仍然感到复杂，那就说明我们的工作还没做好，没有满足奥卡姆剃刀原则。很多问题都是在场景验证中发现的，这也能避免架构停留在概念或初始阶段。对于任何简洁架构来说，能够实现原有"繁"的效果是最基本的要求。

以制药为例，我们可以选择一些复杂的药物和多种类型的药物进行检验。例如，阿司匹林片可以定义为阿司匹林＋滑石粉＋淀粉，而阿司匹林是一种由水杨酸和乙酸酐缩合而成的化合物，通过乙酰化反应获得，其本质上是化合物中的羟基（−OH）与另一种化合物的羧基（−COOH）发生反应，生成新的化合物的过程。除了这种化学合成的药物，我们还可以考虑中药，比如青蒿素。如果这些复杂药物的制药过程都能够得到支持，那么这套模型定义就真正成立了。

化繁为简还是在做我们原来在做的事情，只不过它更容易被理解，效率也更高了。那么如何体现这一点呢？仅仅依靠一个接一个的项目可能无法充分释放简洁架构的威力，也无法彻底改变人们的过往认知。最好的办法是主动寻找机会点，一次性释放架构的红利。笔者亲自实践了这个方法，收集了未来3个月可能出现的所有需求，利用简洁架构进行集中批量交付，充分发挥简洁架构的规模优势，在短短20天内完成了全年的业务需求数量，彻底改变了所有人对技术架构的认知。通过一场显著的胜利，我们捍卫了技术架构的声誉，实现了平乱局的效果。

8.2 从虚到实定军心

许多课题，如价格优化，最初可能让人兴奋，觉得有很多点可以做。但随着时间的推移，你会发现优化似乎永无止境，这可能会让你感到沮丧，并最终在质疑声中放弃。类似的课题还有很多，比如，业务保障，如何证明不会再发生重大故障；成本降低，如何证明已经达到了成本极限；效率提升，如何证明当前的做法是最有效的。这些课题都是"虚"的内容，每年都会出现在规划中，但每年都面临同样的命运：从充满斗志到才思枯竭，最后可能一无所获。

那么如何避免这样的局面？我们可以采用两种解题模式：科学家模式和数学家模式。科学家模式是先提出大胆假设，然后小心求证。科学家通过观察提出初步假设，然后通过实验证明，如果假设不成立，就再次提出假设并证明，如此往复。这种方法效率较高，例如麦肯锡公司进行咨询时常常采用这种方式。而数学家模式则是从公理出发推出定理，建立完整的理论体系，然后以理论体系为指导，系统性地解决问题。科学家模式虽然有效，但无法终结问题，只有数学家模式才能真正回答那些"虚"的问题。

这也是埃隆·马斯克推崇的"第一性原理"。第一性原理通过基础原理来理解和解决问题，而不是依赖既有的假设或传统方法。它更接近客观事实，更接近问题的本质，更能系统地全面审视问题，明确问题的关键点。它能帮助我们避免陷入"经验主义"的陷阱，避免局限，持续找到更有效的解题方法，直到问题被彻底解决。例如，马斯克从头开始思考汽车行业的各个方面，从电池技术到汽车制造的全过程，颠覆了传统汽车行业；他从头开始思考火箭的构建和发射过程，开发出可重复使用的火箭技术，大幅降低了火箭发射成本。

同理，如果在架构中运用第一性原理，我们就能实现从虚到实定军心。所谓的"虚"，是指只有方向没有路径，只有期望没有行动，只有概念没有实质。而运用第一性原理之后，我们会回到基本的逻辑，从抽象变为具体，从发散变为聚焦，进行理性分析，最终找出最优解法。

8.2.1 回到根本

对于一个"虚"的课题，我们需要回到它的最初形态，找到最基本的事实或最基本的假设。这些事实或假设是任何人回答这一课题时都绕不过去的。例如，在搞成本优化时，我们会发现优化无非是实际与预期的偏差。找到实际，找到预期，就能找到偏差。分析影响偏差的因子，就能找到原因和动作。

这样问题就能被进一步拆解为：什么是实际，什么是预期。就像高德导航，预期路径是按公里数还是按时长，是按红绿灯多少还是按高速主干道优先；实际路径是记录每次真实导航的路段、时长、公里数等信息。有了这些信息之后，优化问题就不再那么抽象了。

类似的情况还有很多：比如定价，那就回到价格模型，到底有哪几层价格，每层价格的定价公式是什么；比如降本，到底成本由哪几部分组成，每一部分的计算公式是什么；比如风险，到底端到端的链路是什么，怎么追溯还原，怎么定义风险。这些都是从虚到实的过程。当拆解到这个程度，自然就可以知道接下来要干什么。

8.2.2 形成理论公式

找到问题的根本之后，仅仅指出问题由哪几部分组成是不够的。最好的方式是形成理论公式，通过这个理论公式，我们可以将课题量化，使其更加具体和可操作。同时，我们能够使用实际数据去验证这个理论公式，就像用许多实验来验证科学理论一样。

以优化为例，我们可以定义"优化效率"这个概念。在高德导航中，导航效率的分母可以是所有导航次数，分子可以是实际与预期一致的导航次数。这样，我们就将优化这个课题进行了量化。为了提升导航效率，我们会关注实际路径与预期路径的准确性，并通过大量的导航真实数据不断完善实际和预期的匹配。这个过程甚至与人工智能的训练过程有相似之处，即通过大量的训练和拟合，从中持续找到特征值和关联因子。

8.2.3 长出能力树

理论公式能够将抽象的概念具体化，清晰地定义课题的本质。但为了更全面地回答课题，我们还需要进一步具体化，找到更具体的系统能力，并建立起一个完整的系统能力树。这才是我们的最终目标。

我们以所有交易都会涉及的资金保障为例，结合前面内容做一个完整的课题推演。资金保障，简而言之，就是在交易过程中确保资金的充足性，以实现"一手交钱，一手交货"的原则。例如，在贷款到期时的支付、贷款到期时的偿还等情形下，资金保障机制显得尤为重要。

资金保障机制符合我们对"虚"课题的定义。乍看之下，似乎可以采取一些措施，如预先计算和准备资金，以确保交易的顺利进行。然而，深入分析后我们会发现，要精确地以最少的资金保障交易的完成，实际上是非常困难的。对于个人而言，如偿还房贷，由于每月还款额固定，因此可以提前做好准备。但对于跨国企业而言，由于资金流动的复杂性，要做到每一笔资金都精确计算，几乎是不可能的。

在现实情况下，资金保障机制似乎是一个难以完全解决的问题。然而，我们不必因此感到恐慌。让我们回归资金保障的核心公式：资金保障系数 =（补充资金 + 流入资金）/ 流出资金。当流入资金能够完全覆盖流出资金时，无须额外补充资金；若流入资金与流出资金存在差异，则需要补充资金。理想情况下，补充资金应恰好满足流出资金的需求，即资金保障系数为 1。但在实际操作中，资金保障系数达到 1，很难实现，甚至连 2 或 3 都难以达到。这是因为，资金流入与流出的计算准确性受到多种因素的影响，即便计算准确，也无法保证补充资金能够立即到账。此外，许多国家的清结算系统并非实时运作，还受到营业时间、时区、节假日和货币种类等因素的影响，使得跨国资金的管理更加复杂。

我们进一步细化理论公式，将资金保障系数定义为（账户余额+调拨资金+流入资金）/流出资金。考虑到资金流动发生在未来且存在摩擦（比如，调拨延迟），公式变为：资金保障系数=（账户匡算余额×匡算准确率+调拨资金×摩擦系数+预测流入资金×预测准确率）/（预测流出资金/预测准确率）。如果预测流出准确率只有90%，则需要多准备12%（1/0.9，取上近似为0.12，即12%）的资金。相反，如果流入资金和账户余额的准确率低，还必须打折。摩擦系数要考虑实际的资金分布情况，资金可能存放在一个大账户上，或者分散在成百上千个小账户中。如果账户之间无法连通，每个账户都需要按照最大可能流出量准备资金，导致资金效率低下；如果账户之间能够连通，则可以将多个账户视为一个资金池，共享账户余额；但如果连通无法实时完成，比如只能次日到账，那么需要提前准备全天的流出量资金，导致资金占用巨大。如果能缩小到小时级，则只需提前准备几小时的资金。

由此，我们可以得出系统能力树，包括账户余额匡算、资金调拨、流入/流出资金预测等。进一步细化，我们还可以得到银行的直连能力、实时清结算能力、小时级预测能力、实时资金决策能力等。如图8-2所示。

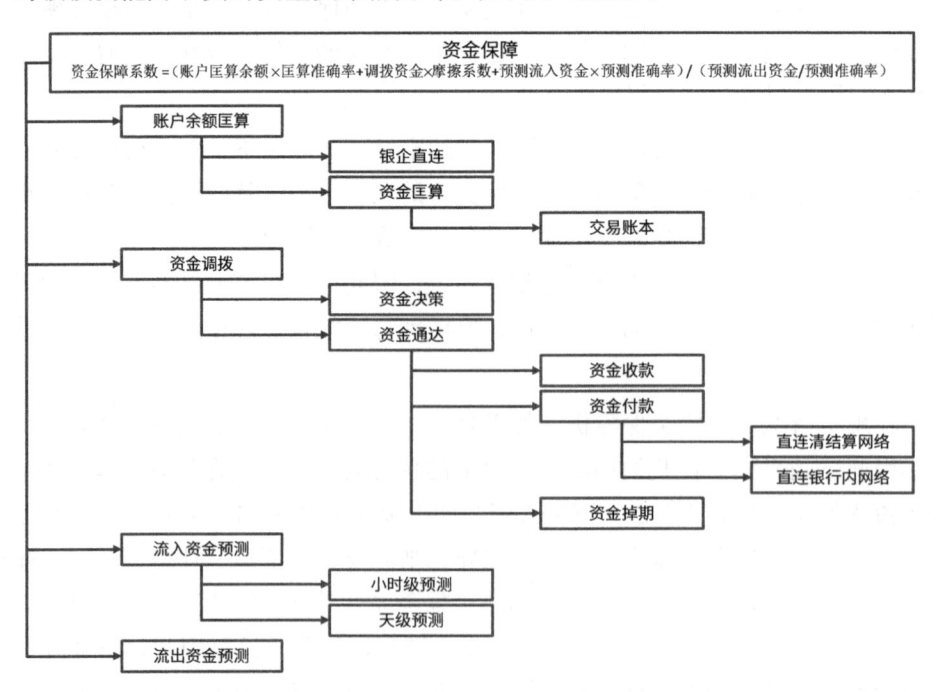

图 8-2 资金保障的能力树

有了能力树之后，任何人都可以找到实际与理论的差距，明确从当前状态到目标状态的路径。这背后的意义在于，我们清楚地知道每项能力如何影响目标结果，以及这些能力对目标结果的贡献值。这样，我们不再凭借感觉和经验，而是更有选择性和目的性地进行能力建设。

不仅仅是具体能力，我们还建立了一个能够承载这些能力的整体框架结构。如图 8-3 所示，这个框架结构使得原本抽象的课题变得更加具体。因为课题本身发生了变化，现在要回答的课题已经是原课题的子课题了。这个过程类似于许多学科的发展，不断出现新的分支，不断扩展，最终形成一个根深叶茂的体系。

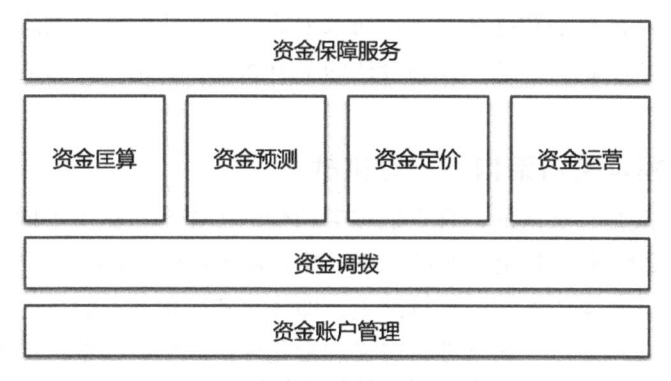

图 8-3 资金保障整体框架结构

8.2.4 定义性能参数

在定义了系统能力之后，下一步是定义性能参数。这是对系统能力的量化，而能力的量化最终都能反映到对目标的量化上。性能参数与我们的技术实力直接相关，就像汽车发动机的能力通过排气量衡量，芯片能力通过纳米制程体现，大模型的能力通过参数量体现一样。

例如，针对导航路径，我们可以定义性能参数，包括覆盖的维度、场景、准确率等，然后将这些性能参数与导航效率挂钩。最终的完成度，即成熟度，体现的是我们做导航能够达到的技术水平。

通过这一整套方法，我们不仅对课题有了清晰的认识，还清楚了解决这个课题需要建设哪些能力，以及每项能力建成后对价值效果的影响。有了这些认识，我们不仅对这一课题有了掌控力，还能充分利用这种掌控力去打造技术影响力。

优化、降本、风险等课题的典型共性是越早解决越受益。因此，当我们全面理解问题后，应该优先解决那些容易解决且影响大的问题。这将使我们的价值尽快得到最大化体现，这也是这一整套方法与仅凭经验解决问题相比最大的不同之处。

架构需要体系化建设，需要框架结构设计，需要将问题不断拆解和降维。运用第一性原理找到理论公式，构建能力树，定义性能参数，进行架构设计，我们就再也不用担心竞争力不足、资源未充分利用、创造力不够等问题。每次从抽象到具体的过程都将启动一个飞轮效应，使我们的架构越来越强，能力越来越丰富，最终成为行业技术的引领者。

8.3 从无到有拓疆界

历史的问题让我们不堪重负，因此我们通过从繁到简地重构模型，改变过往的颓势和乱势；眼下的问题让我们不堪其扰，因此我们通过从虚到实的过程，定义理论，有节奏地根治和终结问题；而未来的问题让我们诚惶诚恐，因此我们需要从无到有，创建新的领域，找到合适的赛道和战场。这三类问题是架构师面临的三重挑战。

8.3.1 七见模型看清架构的三重挑战

这三重挑战是有层次的，且它们在架构师的工作中占据了不同的比重。第一重挑战是从繁到简，第二重是从虚到实，第三重是从无到有。在架构师的职业生涯中，大部分时间可能都集中在第一重挑战上，即优化和简化现有的系统或模型。第二重挑战涉及的比例较少，通常涉及定义和量化理论框架，以系统性地解决问题。而第三重挑战，即创造新的领域和机会，是架构师工作中最少的，但也是最具创新性和前瞻性的部分。

为了更清晰地理解和应对这三重挑战，我们定义了"七见模型"。这个模型提供了看待架构的全新视角，帮助我们直观地看到架构必须回答哪些问题，以及如何回答这些问题。通过七见模型，架构师可以更好地理解架构的本质，以及如何在不同层次上进行创新和优化。

1. 一见位置

从业务中见位置，意味着任何架构都必须有一个明确的目的，而这个目的源于其在业务中的位置。业务的大小决定了架构的层次，大的业务中可能包含小的业务，大的流程中可能包含小的流程。相应地，总架构中可能包含分架构。对于某个具体的架构来说，它必须明确其在业务中的位置，明确与上下左右的关系，以及上下左右对它的职责要求。

最好的做法是，首先绘制全局架构图，将自身作为一个整体，然后找到上下左右的相关部分，再将这些部分作为整体，向外延展，直至达到外部的实体。外部实体通常是客户、合作伙伴等真实的物理存在。例如，资金清算作为资金管理的一部分，资金管理又是支付系统的一部分，支付系统连接商户和支付渠道。如果进一步延展，商户可以细分为平台一级商户和二级商户。

我们也经常将这种位置称为"域"。对于任何大型系统来说，通常都会有一个或多个架构域，这些域可能是一级的、二级的，或者更多细分层级的。这并不是一开始就存在的，而是随着系统的演进和生长而逐渐形成的。在构建任何架构之前，必须先确定其位置。一旦有了明确的位置，架构就有了存在的意义。

2. 二见问题

从位置中见问题，意味着每个位置都有其特定的职责，同时也必须回答一系列特定的问题。成熟的组织通常要求各方明确自己的位置，避免缺位、越位，并在必要时适当补位。每个领域所面临的问题可能是多方面的，并且有层次之分。我们可以用一句话来概括领域问题的核心，也可以用更多的细节来逐个解释这些问题。但最好的做法是，建立问题树。

无论什么问题，都能通过问题树找到。问题树中的上下级之间存在逻辑关系，它们是对问题的进一步拆解，这有助于我们找到真正的问题。

很多约束和挑战都会体现在问题中。只有找准了问题架构，才真正有价值。问题越大，架构的价值也就越大。位置本身并没有好坏高低之分，关键在于如何定义出具有高段位的问题。

3. 三见解法

从问题中见解法，意味着在识别出问题之后，我们需要找到解决这些问题的方法。不同层次的架构师可能会有不同的解题思路，从而产生不同的解题效果。

许多架构师在解释自己的技术价值时，往往只能描述在业务上做了什么，而无法清晰地表达技术本身的价值。这通常是因为他们只是简单地按照业务需求进行技术实现，例如，当业务需要新接入一个渠道时，他们查看该渠道的接入文档，按照要求发送报文。如果有多个渠道，他们也这样处理。这种解题思路最终结果只能是接入了多少个渠道，例如 A 渠道、B 渠道、C 渠道。

然而，更好的解题思路是针对渠道进行建模，深入分析其属于信用卡、钱包还是线下支付，每种渠道的交互模式是什么，最需要关注的点是什么。通过这种方式，架构师可以更清晰地描述自己理解了多少种渠道，每种渠道的特点是什么，以及他们在接入效率上能达到多高，沉淀了哪些核心能力等。这种解题思路不仅解决了业务问题，还能展现技术本身的深度和广度，从而提升了技术架构的价值。

4. 四见逻辑

从解法中见逻辑，意味着解题方法背后的逻辑至关重要。这种逻辑决定了这个解法是真正解决了问题,还是仅仅缓解了问题;是真正的技术,还是表面的功夫。只有找到背后的真正逻辑,比如原理、公式、模型等,才可能构建出合理的架构。

最终,别人评判你的架构是否好、是否正确、是否先进,很大程度上取决于你架构背后的逻辑是否坚实。许多逻辑都是从建模开始的。然而,一个好的模型必须要有思想,其背后可以基于会计理论(如借贷必相等原则)、层次化的价格模型,或者多因子的数学公式。任何科学定律、数学定理都可以被认为是最好的模型,也是真正的逻辑。

在自己的领域找到一套理论,甚至是建立一套理论,将直接决定我们的架构水平的高低。这种理论或模型不仅能够解决问题,还能指导未来的发展方向,提高架构的深度和广度。

5. 五见概念

从逻辑中见概念,意味着任何逻辑都需要有一个名字。一个好的名字要能将复杂的逻辑融入一个易于理解的概念中去,帮助人们快速理解这个逻辑的大致样子和特点。例如,"区块链"这个概念能够让人们直观地想象出它的分布式、不可篡改的特点;"人工智能"这个概念能够让人联想到模拟人类大脑的技术,其底层是神经网络。

你建立一个概念,并且只需要讲解一次,人们就能记住,就形成了一种影响力甚至权力。当别人遇到类似问题时,他们首先会想到你的概念,从而快速理解你的逻辑和解法。了解你的逻辑和解法后,他们可能会考虑是采纳吸收还是改变创新。但无论如何,他们都无法绕过你的概念,从而使你成为该领域的权威。这样的概念在技术史上就能留下浓墨重彩的一笔。

6. 六见故事

从概念中见故事,意味着一个好的概念背后还需要一个好的故事来支撑。这个故事需要被你的同事、老板、客户和合作伙伴自然而然地愿意讲述。例如,在某个论坛上,老板可能会在演讲中讲述你的故事;在一场竞标活动中,同事会在竞标书里加上你的故事;在分享会中,客户也可能将你的故事整合进他们的案例中。

故事可以是名人轶事,通过具体的人物和事件来展现概念的内涵和价值;可以是场景效果,通过具体的使用场景来展示概念的实际应用和效果;也可以是类比和比喻,通过将概念与人们熟悉的事物进行比较,使其更易于理解和记忆;还可以是发展历史,通过概念的发展历程来展示其演变和影响。好故事可以不断强化你的概念,影响更多的人,也能够让你的概念更有生命力。

7. 七见价值

从故事中见价值，意味着故事不仅仅是情感上的共鸣，也具体体现在价值上。价值体现不能仅是一些抽象或空洞的词汇，而必须有具体的指标和技术参数来支撑。这些指标和参数能够直观地展现你的价值所在。例如，信用卡渠道接入时间从原来的 70 天缩短到目前的 3 天。

架构的最终目标就是将位置和价值相连接。因为我处于这个位置，所以我能提供这个价值；因为我实现了这个价值，所以我配得上这个位置。

现在，让我们回到架构的三重挑战上来。

从繁到简，可以理解为问题已经清楚，解法也有，但逻辑不清，异常复杂。没有清晰的方法来表达解决方案，常常出现错误和遗漏，使得整个架构不仅散乱无章、难以理解，还效率低下、故障频发。简化就是找到背后的逻辑，通过某种脉络将繁杂的事物有效地组织起来，就像在乱麻中找到清晰的路径。

从虚到实，可以理解为问题清楚，但解法不明确。对于一个问题，可能知道有些可以做的事情，但主要依靠经验和灵感：总认为问题过于宏大，而自己过于渺小，感到不安和焦虑，或因为能力不足而被质疑，不满足岗位要求。虚的问题和实的解法之间存在差距。当找不到明确的解法时，就会陷入困境。例如，降本增收、全局优化等课题，虽然能提出一些优化点，但感觉还有很多未知，以及很多未知的未知。这就好像置身于滚滚长河中，问题无穷无尽。

从无到有，可以理解为问题本身就不清楚。拥有资源和技术，但没有合适的场景。因为没有场景，所以没有价值；因为没有价值，所以没有增长和未来。整个过程感觉被束缚，担心很快会被淘汰，感觉自己处于黑暗中，看不到希望。如果长时间处于这种状态，个人和组织都可能崩溃。例如，现在大模型非常流行，许多人都担心自己是否能在这一波技术变革中存活下来。

8.3.2 五步生长法开辟新领域

如何从无到有？先找准位置，再找准问题，但这还只是开始。要实现真正的"有"，还需探索解决方案、逻辑、概念、故事和价值等多方面内容。可以将这个过程类比于植物的生长过程，新领域开发的各个阶段目标将更加明确。过程可以总结为选种、育苗、生长、开花和结果五个步骤。

1. 选种：定义真问题

新领域的开辟离不开好的"种子"，这里的"种子"指的是能够引发变革的核心问题或想法。如果"种子"本身存在缺陷，那么新领域最终可能会失败。因此，找到真正的、有价值的问题至关重要。所谓真正的、有价值的问题，必须源自客户的实际需求。这些需求应该是客户愿意为之付费的，并且能够在成本、效率、风险和体验等方面为客户带来实质性的改变。

如何找到这样的真问题？这可以类比为"找钉子还是找锤子"。钉子代表具体的问题或场景，而锤子则代表解决这些问题的工具或技术。如果有一个万能的锤子，它可以应用于各种场景，从而开辟新的领域，就像电力、计算机、互联网等通用技术一样几乎可以重新塑造所有领域。然而，这种情况并不常见，甚至可以说是可遇而不可求的。

我们通常能找到的"锤子"最多只是某个垂直领域的，甚至是某个领域里的某个方面的。在成熟的领域中，找到这样的机会也不多。因此，更为普遍的方式是先找到"钉子"，即具体的问题或场景。通过不断寻找和解决这些问题，我们可能会孕育出适用于更多场景的"万能锤子"。

为了找到"钉子"，我们可以采用四个"求"的方法。

求新。有新业务，很容易就有新问题。它可能是全新，也可能是在业务发展到一定阶段后的"新"。例如，一个公司原本不涉足支付领域，现在决定进入；或者一个企业之前不进行风险控制，现在开始关注。这些变化自然会催生新的领域。在这些变化的背后，是位置的改变及其带来的红利。

求通。新业务和业务的新阶段往往可遇不可求。还有一种方式，就是求通，即找通用问题。例如，核算、对账、流动性管理、财务管理、监管合规及审计等多个领域都关注交易和资金。当众多领域共同关注同一问题时，是否有人站出来寻求统一的解决方案呢？如果将这个问题视为一个新的通用问题，那么极有可能创建出一个"万能锤子"。一旦实现，这可能在支付领域成为具有核武器般影响力的存在。此外，一笔支付可能涉及多个方面，如渠道、核算、外汇、风险控制、合规等，是否有人能够将这些方面整合起来，统一提供对外服务？这极有可能形成多种业务模式和产品，从而创造出一个全新的位置。

求专。能够看到关联性，自然就有机会。关系之中蕴含着巨大的能量。然而，这需要"通"的知识做基础。除了"通"，"专"同样重要。但"专"的挑战极大，往往需要用极端的要求才能建立新问题。例如，将风险控制的准确率提升到99.99%，或者实现资金处理的时效性达到 7×24 小时实时响应。这样的要求迫使我们必须创建一个专门领域来回答其背后的极其专业和严苛的问题。许多支付公司都拥有庞大的安全团队，并且有些支付公司建立了自己的资金网络。

求本。如果上述条件都不具备，我们还可以回归到一些基本的诉求上，比如效能、效率、安全和成本。例如，随着监管对隐私保护的要求日益严格，以及公众对数据安全的担忧加深，能否开发出通用的解决方案来帮助实现隐私计算，确保数据在可用性的同时保持不可见性？这在营销场景中尤为重要。如果能够成功实现这一目标，自然就会开辟出一个全新的市场位置。

2. 育苗：确认科学解法

有了问题，就有了起点，但问题未必属于你，因为拥有它还需要实力。怎样的解法才算是有实力的？至少是经过系统化论述的，通过假设、推理、验证等科学方法支持的。做架构，应努力形成专业理论，并撰写白皮书。只有这样才能够全面深入地理解问题，使工作更有条理和章法，不能靠运气。

实力的另一个重要体现是解题的效果。是彻底解决问题，还是使效果加倍或减半？必须以量的大幅提升和质的最终改变为目标，才能确保育苗阶段成功。

在这里，我们可以参考上一节的内容，从虚到实，找到真解法。真解法也是从无到有的关键一环。

3. 生长：建设核心能力

在问题和解法明确之后，接下来需要考虑如何推进相关能力的建设。由于是新领域，需要建设的内容会很多。如果能够得到管理层的支持，那自然好。但这并不意味着你拥有足够的资源。即使资源丰富，也不代表可以随意使用。因此，确定先做什么、后做什么，以及如何迭代，仍然需要进行取舍。

一个行之有效的策略是先进行原型验证。这包括构建一个基础框架，走通能体现项目背后核心理念的关键逻辑，确立架构原则并寻求广泛的共识等步骤。同时，需要对其中一些技术难题进行深入的预研，以确保整体逻辑的可行性。此外，将方案应用于实际场景，并完整地走通整个流程，是确保没有遗漏和提前发现潜在问题的关键。此外，还要确定核心指标。好的指标不仅能体现当前的水平，也能成为未来发展的重要牵引。

虽然有些人可能认为速度是关键，但我们必须认识到，急功近利往往会导致项目最终陷入混乱。方案设计和实施应当严格分离，避免因资源或进度等实施问题而牺牲设计的质量。否则，项目可能早早启动，却最终落后于预期。一个具有持久生命力的成果，必然是经过深思熟虑和精心设计的。

此外，重要的是要区分"预型"与"原型"之间的差异。"预型"类似于MVP（最小可行产品），主要用于商业验证，即通过市场反馈来测试产品概念的可行性。

而"原型"则侧重于技术验证，确保技术实现的可行性和稳定性。这两个阶段可以独立进行，不必相互依赖。

这意味着，业务验证并不总是需要一个完整的产品。通过有效的预型阶段，可以在没有完全开发产品的情况下，对商业理念进行测试和验证。这种策略可以加强团队对项目能力建设的控制感，从而更有信心地推进项目的发展。

4. 开花：实现阶段价值

在创新的过程中，人们往往害怕大胆尝试，因为感觉这可能会考验所有人的耐心，包括客户、管理层和团队成员。然而，在进行架构设计时，我们也需要采用"爆品思维"，即寻找机会进行小规模的尝试和验证。

我们不应仅仅关注核心指标数字的增长。许多案例表明，即使核心指标数字看起来令人满意，也可能并没有在实际场景中得到应用。当指标处于较低水平时，确实需要考虑如何提升这些指标。但一旦指标达到一定水平，我们就必须转向场景思维，思考如何彻底解决特定场景的问题，并真正创造价值。

只有当产品或服务在实际应用场景中展现出真正的价值时，他人才会愿意支持和投资。最佳的做法是先从容易解决的问题和场景开始，实现那些容易达成的目标。通过这种方式，可以逐步建立信心，验证解决方案的有效性，并为更复杂的挑战打下坚实的基础。

随着系统的规模和复杂性增加，正反馈机制变得尤为重要。阶段价值提供了这种正反馈，是推动产品不断进步的关键因素。优秀的产品往往是通过在各个阶段实现价值，逐步打磨和完善的。

系统越大、越复杂，就越需要正反馈。而阶段价值就是最好的反馈。任何优秀的产品都是通过这种方式逐步打造出来的。

5. 结果：扩大整体影响力

当积累了一些成功案例之后，就需要考虑如何持续提升影响力。提升意味着：一方面，核心技术指标必须有质的提升，这样才能对竞争对手产生威慑，让他们追赶，从而锁定赛道；另一方面，必须考虑构建配套的周边生态系统，形成闭环。

以截屏应用 Loom 为例，如果仅仅提供截屏功能，那么市场上已经有太多类似的应用。但 Loom 发现人们截屏的目的是分享，因此他们提供了很好的分享功能：分享给他人查看和使用报告的功能，以及查阅其他反馈的功能。这使得用户一旦开始使用就很难更换其他应用。不仅如此，Loom 还实现了只要截屏就会让人想到使用 Loom 的心智模式。在日常对话中，人们会说："要不要 Loom 一下"，就像"要不要百度一下"一样。

新领域、新架构和许多伟大的技术创新都有相同的宿命。那就是过去看起来异想天开，现在感觉是勉为其难，而未来则感觉是习以为常。因此，我们要理性看待架构，架构也要遵循自然生长的规律。

在从无到有的实现过程中，我们既不能急于求成，也不能自满自足。只要在每个步骤、每个阶段都稳扎稳打，做出最佳选择，好的结果就会自然而然地出现。

8.4 从上到下保可用

系统高可用性是一个大家都很熟悉的概念，指对客户的业务功能需要始终保持正确和可用。确保系统高可用性一直是技术人员引以为豪的技术实力的体现，也是互联网大厂提供良好服务体验的基础，同时也是监管部门对关键服务平台的基本要求。尽管高可用性非常重要，但严重的系统不可用事件仍然时有发生。公开资料显示，支付宝 527 事件中，光纤被挖断导致服务中断数小时；阿里云的配置错误影响了大半个互联网生态。

尽管互联网大厂拥有丰富的专业技术人才、前沿技术和强大的服务器资源，但它们仍然可能面临问题。这是因为没有任何系统能够实现 100% 的可用性，正如风险无法被完全消除一样。企业通常会根据自己的业务需求定义故障等级和服务目标。

例如，如果交易量下降超过 10%，可能会被定义为 P2 级别的故障；如果下降超过 30%，则可能被定义为 P1 级别的故障。如果故障持续 10 分钟以上未能恢复，这将被视为一个可用性事件，这将对全年的可用率产生影响。

互联网大厂通常将 99.99%（即四个 9）或 99.999%（即五个 9）作为运维可用率的目标。五个 9 意味着系统在一年内可能的不可用时间仅为 5 分钟，而四个 9 则意味着不可用时间为 52 分钟。实际上，许多互联网大厂将 99.99% 或 99.996%（即一个 6）作为他们的可用率目标。

8.4.1 高可用保障的顶层公式

正如前文所述，风险的实质是概率，可用性也是如此。高可用性的关键不在于彻底消除风险，而在于控制风险的实际影响。更直接地说，不是不允许犯错，而是避免犯大错，这是高可用性保障的核心理念。

对于一个由风险导致的故障，我们如何度量其影响 $E(X)$？我们可以从以下五个方面来分析。

风险点的数量，记为 N。持续为用户提供服务的生产系统，如果不进行变更，通常不会出现问题。一旦进行代码发布或配置变更，就容易引入风险。从风险防控的角度来看，不变更是最稳定、最不容易出问题的状态。但这不切实际，因为不变更意味着不会给用户提供新功能，也意味着业务不会有任何发展。因此，管理风险点的数量就是要对不必要的变更进行限制，比如，不在业务高峰期或重大节假日进行变更。

风险发生的概率，记为 $P(X)$。不可否认，对生产系统进行变更就会引入风险，但我们可以通过建立流程制度和编写高质量代码来降低风险发生的概率。在研发流程中加强测试，进行小流量的功能验证，都是通过流程制度来降低风险发生概率的方法。同样，防御式编程和严谨的异常逻辑处理也是通过提高编码质量来降低风险发生概率的方法。

风险变为故障后影响的范围大小，记为 $R(X)$。当概率性风险变为实际故障后，首要任务是控制故障的影响范围。故障影响范围的控制也需要在架构设计中提前考虑。许多分布式架构设计都体现了这一思想，例如流量负载均衡策略，将流量分散到 N 台机器上，如果其中一台机器出现故障，其影响就是 $1/N$。再比如，对系统进行分库分表设计，也是为了降低单库出现问题导致的故障影响。

风险变为故障后影响的程度大小，记为 $F(X)$。一个系统承载了多种不同的业务，不同业务的重要性和优先级也不相同。当系统面临高可用性风险时，不能一刀切，而是要做好取舍，确保高等级业务不受影响。例如，当分布式集群的整体容量不足，导致大范围故障时，要进行入口限流或降级部分非实时服务的功能，以确保大部分用户的主要功能仍然可用。

风险变为故障后影响的时间长短，记为 $T(X)$。故障的影响程度还有一个非常重要的变量，即不可用的时间长短，不可用时间越长，影响越大。在架构设计上，有许多案例旨在降低这个因素。例如，服务器的自动心跳检测机制，可以自动发现异常服务器并从可疑服务列表中剔除，或者自动重启或替换异常服务器，以实现快速故障恢复。

综上所述，高可用性保障的目标就是降低风险转化为故障后的影响值 $E(X)$，其数学公式可以表示为：$E(X) = (\sum_{i=1}^{N} P(X)) \times R(X) \times F(X) \times T(X)$。

8.4.2 以公式驱动的四大高可用设计

高可用防控公式有效地指出了高可用性保障的方法，即降低故障影响值 $E(X)$ 就是降低上述五个因素的值。基于此，我们可以提炼出高可用性保障的四大设计原则。

1. 自我隔离，降低故障影响半径

降低故障的影响半径，即减小故障的影响范围，核心在于做好故障点的自我隔离。只要故障点能够自我隔离，即使故障爆发得再严重，也不会对整体系统造成太大的影响。做好故障点的自我隔离可以通过水平和垂直两个角度来考虑。

水平视角的隔离，最经典的做法是采用分散设计，将资源分散为 N 份，这样单份出现故障的影响就只有 $1/N$。这种方法实质上是在减小风险变故障后影响的范围大小 $R(X)$ 的值。分散设计在多个层面上都有应用，例如在软件架构层面，可以从单机系统架构转变为分布式系统架构；在数据库设计层面，可以从单库单表设计转变为分库分表设计；在硬件资源层面，可以从同城双中心部署转变为跨洲多中心部署。

垂直视角的隔离，最典型的做法是采用弱依赖设计。减少在整条链路上强依赖的系统，即使被依赖的系统出现问题，也不会导致整体故障。典型的架构设计方法是：将同步调用转变为异步调用，以减少下游系统的阻塞带来的容量和性能风险。例如，在支付系统中，与外部银行或支付机构的交互可以设计为同步受理请求、异步通知消息，通过消息来推进支付状态。这种松耦合的设计能够规避外部系统故障导致自身系统宕机的风险。

2. 舍车保帅，降低故障影响程度

降低故障影响程度 $F(X)$ 的关键在于识别提供服务的重要性和优先级，以便在真正的故障发生时，能够优先保护重要的服务。为了保护重要的服务，最关键的架构设计包括限流和降级两个方面。

限流设计就像是"一夫当关，万夫莫开"。在互联网系统中，特别是在双十一大促等高流量场景下，即使是最强大的系统，如阿里的系统，能够支持几十万的 TPS，用户也可能会看到"请稍后重试"的提示。这其实是系统为了防止大流量击垮系统而采取的限流措施。通过在系统的最短路径上拒绝部分流量，将系统无法处理的巨量流量拦截在外，以保护内部系统的稳定性。

在系统架构上，实现限流的方法有很多，例如，使用 Nginx 的限流功能、Redis 的全局计数器、Token 桶算法等。

降级设计则像是"舍车保帅"。当整体系统受到影响时，通过降级部分系统或业务，以确保核心业务不受影响，仍然能够正常提供服务。例如，在双十一大促的流量高峰期，用户会看到蚂蚁森林能量生成可能会延迟的公告。这实际上是在流量高峰时，对蚂蚁森林的服务时效性进行了降级，以确保支付功能的高可用性。

在系统架构上，实现降级的方法包括梳理清楚可以降级的功能和系统链路，并在入口处设置开关。当真正发生高可用风险时，可以通过这些开关直接降级部分功能，以保护系统的核心服务。

3. 学会自救，降低故障影响时长

去单点实质上是在故障发生时能够迅速采取措施以止血或切换，其核心思想是通过快速应急切换，缩短故障影响的时间，即减小 $T(X)$。去单点在架构设计中的主要方法是冗余备份。一个典型的例子是 OceanBase 的多节点设计，只要超过半数的节点存活，就能保证整体服务的可用性。这也是分布式系统的常见做法，尤其是在一些去中心化的区块链应用中。

系统自愈是指当系统出现高可用性问题时，系统能够自动关联设计的预案并执行，而不需要人工干预。例如，账务系统中可能会出现账户热点问题，即一个账户的记账请求并发量过高导致记账失败，如果这个问题不处理，则可能会导致记账线程阻塞，进而导致系统资源耗尽和高可用性故障。在架构设计上，可以通过对热点账户进行统计，当达到某个阈值时自动对热点账户进行限流。通过这种方式，当热点账户出现异常时，系统能够自动愈合，从而规避高可用性风险。

4. 允许犯错，三板斧变更流程

在降低风险发生概率 $P(X)$ 方面，特别是涉及有人参与的系统变更，仅仅依靠系统架构的改进是不够的。这些风险往往无法通过架构设计完全规避，因此需要流程制度的配合。一个关键的流程制度是生产环境故障的变更流程规范，可以总结为"三板斧"：可灰度、可监控、可应急。

可灰度的核心是变更需要分批执行，从小规模开始逐步验证和观察，直到确认没有问题后才会全面实施变更。在系统架构设计中，采用分散设计可以在系统上植入灰度能力，但可灰度对于系统变更来说仍然至关重要，因为并非所有变更都能通过系统分散设计来解决。

可灰度变更策略的核心在于我们认识到人可能会犯错，但又不能犯大错误。然而，在执行可灰度策略时也存在一些盲区，特别需要关注以下两点：

首先，可灰度必须确保当前的变更不会影响到全部业务。有些变更虽然分批进行，但一旦上线就可能立即对全部业务产生直接影响。

其次，需要确保可灰度的"安全期"。许多人认为只要变更那一刻没有问题就万事大吉，但实际上问题可能出现在变更内容生效后的某个时间点。

可监控是风险变故障的"眼睛"。通过有效的监控，可以在问题发生时及时发

现并采取措施，从而避免造成严重的影响。同样，可监控也要注意两点。

一是，监控必须持续有效，直到安全期结束。这意味着在变更实施后的关键时期，监控系统需要保持高度的敏感性和可靠性，确保能够及时发现任何异常情况。

二是，监控不仅要关注系统是否报错，还要关注变更内容的实质效果。例如，如果变更的是手续费费率，那么监控的重点应该是确保费率在正确的时间点正确地提升了 1%，而不仅仅是系统没有报错。

可应急指的是在故障真正发生时，能够迅速执行预先制定好的应急预案。在故障发生时，通常情况都是紧张而混乱的，没有提前准备，临时现场想方案是不现实的，"预则立不预则废"，因此预先准备是至关重要的。对于可应急，有两点需要特别注意：

首先，必须丢掉幻想，一定要基于一些假设做应急预案的准备，不要存在侥幸心理。

其次，应急预案必须经过充分验证和演练，以达到熟练执行的程度。切忌，仅仅为了形式上的流程正义而准备一个预案，实际上无法有效执行。

高可用性是一个综合而复杂的课题，它不仅仅涉及技术架构的问题，更重要的是人的参与。任何需要人工介入而非完全依赖机器规则化执行的任务都会变得非常复杂。因此，把对高可用性保障的认知，从严格防范风险转变为降低风险影响，是至关重要的。通过深入思考如何降低风险对系统的影响，我们可以优化系统架构设计和流程制度。这种持续的优化过程将逐步构建起一套体系化且高效的高可用性保障体系，为系统的稳定性提供坚实的保障。

8.5 从内到外防资损

资损在概念上可能不如高可用性那样为人所熟知，却是一个与高可用性并重的核心风险。资损通常指的是由于某种原因，资金的处理结果与预期不一致，无论是赚钱还是亏钱。对于技术而言，赚和亏在本质上没有区别，只是运气的好坏。例如，假设用户在余额宝存有一万元，按照当时的收益率，每天应获得五角钱的收益，但技术故障使得用户的收益变成了六角钱或四角钱，都将视为资损，而且性质相同。

资损问题和高可用性问题在表现上有很大的不同。高可用性问题通常表现为服务立即不可用，用户可以立即感知，并可能迅速演变成舆论事件。而资损问题往往具有滞后性，在故障发生时难以立即发现，等到问题被发现时，可能已经非常严重。此外，资损问题可能只影响部分用户，而其他用户可能不会察觉。这种特性使得资损问题非常危险，小额资损可能演变成大问题，甚至可能导致公司倒闭。

8.5.1 资损防控的核心目标

资损防控的核心目标是确保资金处理的准确性和一致性，使实际资金处理结果与预期相符。这里的预期既包括金额，也包括时间。我们可以将资损归结为以下几类。

实际金额大于预期，记为 $L(X)$。以系统向用户打款为例，表现为系统错误地向用户多支付了资金。如果系统没有建立专门的风险发现机制，那么这种故障的发现周期可能会非常长，从而导致公司较大的实际资金损失。

实际金额小于预期，记为 $S(X)$。以系统向用户打款为例，表现为系统错误地向用户少支付了资金。用户可能会因此投诉，并且这种投诉往往先于系统发现问题，如果处理不当，那么非常容易造成舆论问题。

实际金额等于预期，但打款时间违反约定，记为 $D(X)$。以系统向用户打款为例，表现为系统延迟打款，即使最终支付了正确的金额。虽然有些人可能认为只是付款时间晚了一些，但这可能比少支付更严重，因为大面积的延迟付款可能会让用户误解公司财务状况不稳定或存在跑路风险。

因此，我们可以用这些因素来量化资损。当资损发生后，同样需要考虑资损的持续时长，记为 $T(X)$。这样，我们就能用公式量化资金风险敞口 $E(X)$，把资金风险敞口定义为实际处理结果与预期不一致的差异。量化后的公式为：
$E(X) = \sum_{i=1}^{N}(L(X) + S(X) + D(X)) \times T(X)$ 通过这个公式，我们可以更准确地评估和控制资损风险。

8.5.2 资损防控的核心法则

有了量化公式，我们就大致清楚了该如何进行资金风险管理。但在具体阐述操作方法之前，必须强调，处理资金必须遵守保守的原则。我们常常将其称为"做资金的守财奴"，意味着在资金管理过程中，应当谨慎行事，确保资金的安全性和稳定性。

1. 钱可多收不可多退

在资金流入场景中，不轻易将订单状态置为成功。例如，用户通过银行卡向第三方支付钱包充值时，只有在银行明确该笔充值订单成功并已完成扣款后，第三方支付钱包才能将充值订单状态置为成功，并为用户增加余额。对于银行给出的其他错误码，不应轻易处理。

在资金流出场景中，不轻易将订单状态置为失败。例如，第三方支付钱包向用户银行卡提现时，只有在银行明确提现订单失败并未扣款时，才能将提现订单状态置为失败，允许用户重新发起提现。对于银行给出的其他错误码，同样不应轻易处理。

2. 宁可不做也不错做

资金处理必须非常谨慎。对于逻辑上未考虑到的任何分支，都应拒绝处理，而不是依赖兜底逻辑。这意味着，对于每个 if 条件判断，都必须有明确的处理逻辑。如果所有的 if 条件都不满足，最后的默认逻辑也必须抛出异常，而不是简单地走向 else 的默认逻辑。

8.5.3 资防四式

在有了资金风险敞口公式和处理资金的保守原则之后，我们可以有针对性地进行架构设计，总结为"资防四式"。结合流程和制度的约束，防控效果会更好。

1. 模型自检防差错

资金处理遵循物理世界的规律，即资金不会凭空产生或消失，只是在转移所有权。因此，对于任何资金处理领域，都应找到一个关于金额的恒等式。在系统的领域模型中，通过模型的恒等检查来防止数据错误造成资金损失。

以用户支付并退款为例：用户 A 支付 100 元购买商户 B 的货物，然后分两次发起 50 元的部分退款。系统中可以抽象为一个恒等式进行资金准确性检查。

用户支付金额 100 元 = 第一次退款金额 50 元 + 第二次退款金额 50 元。

每次处理退款请求时，利用该模型的恒等式进行校验，可以防止大部分资金处理错误。例如，由未知的系统 Bug 导致的第三次 50 元的退款请求，是无法通过模型自检的。

2. 你推我拉保一致

在分布式架构下，多个系统之间的协作是常见的。然而，这种协作可能会导致数据不一致，包括金额不一致、状态不一致等，这些都是资金错误的原因。为了保证跨系统数据一致性，可以采用"拉"和"推"两种方法。

服务调用方通过"拉"的方法：在分布式系统中，由于系统故障、网络异常等原因，数据不一致是常见的。为了确保双方数据一致性，服务调用方可以主动去"拉"，即通过查询的方式获取服务提供方的业务数据处理状态。

这种架构虽然设计相对简单，但也需要确保查询到的结果具有明确业务含义。

例如，在用户支付时，系统需要调用银行提供的查询结果，以确认支付单据的实际业务处理结果。银行返回的结果应该明确指出支付单处理成功或失败，以便系统内部订单状态的流转。重要的是，这里指的是业务上的成功与失败，而不是交互调用的成功与失败。

服务提供方通过"推"的方法：另一种确保数据一致性的方法是服务提供方主动推送数据给服务调用方，使服务调用方能够修正自己的状态，从而保障双方数据的一致性。例如，在支付场景中，银行主动把支付单的处理进展通过 SPI（Service Provider Interface）等方式回调给系统，以便系统推进内部订单状态。

推模式的设计需要注意："推"的频率如果过高，那么可能会导致服务调用方容量不足，无法消费推送的消息。如果推送次数有限制，那么可能会有消息无法正确消费，从而引发数据不一致问题。对于服务调用方来说，需要设置超时监控机制，一旦长时间状态未更新，就得及时介入处理。

3. 端端监控守时效

前面提到的"拉"和"推"两种方法主要解决的是 $L(X)$ 和 $S(X)$ 两类资损风险，即实际金额与预期金额不符的问题。还有一类风险是 $D(X)$，即资金处理时效不满足要求的风险。系统处理的容量和时效通常是矛盾的，为了提升系统的容量，很多架构师会选择异步化任务处理，但异步化任务处理也会导致时效难以保证，且更难监控和发现。因此，在架构设计上需要考虑以下两点。

不早不晚，恰到好处：资金时效故障不仅仅是延迟问题，提前处理也是一种 SLA（服务水平协议）违反。在一些负利率的国家或地区，资金提前可能也是一种负担。

全链路设置超时预警：在资金处理的源头就需要主动设置预期的超时时间，并进行主动管理。问题出现后再应急处理往往已经违反了时效约定。在架构设计上，需要注意两点：

第一，我们需要与业务部门明确系统处理资金事务的时效要求，并在流程的源头上设置超时时间监控。据统计，90% 的资金时效故障都是由于技术系统事实上提供了无法实现的时效承诺。例如，如果业务要求在 10 分钟内完成处理，而日常系统处理时间在 8 分钟左右，一旦系统出现故障或延迟，就肯定会违反时效承诺。这些关键信息往往在技术架构设计时被忽略，没有考虑到出现问题时可运维的空间和灵活性。因此，最关键的是在源头上明确时效要求，并根据这些要求进行有针对性的架构设计，或者调整业务部门对时效性的承诺。

第二，超时报警机制要合理。在三分之二的时间点设置报警，而不是等到最后时间点才报警，这样可以留出足够的时间进行应急处理。

4. 旁路核对抓首笔

任何人都可能犯错，任何系统都有风险。即使进行了源头上的设计，也无法100%保证问题不会发生。在保障高可用性时，有"三板斧"作为兜底措施，按照这些操作就不会出现不可承受的故障。同样，在防止资损方面，也有一个能够兜底的措施，那就是首笔发现。只要能够第一时间发现第一笔有问题的交易，那么整个资损的影响就可以控制在可承受的范围内。

如何做到首笔发现呢？这依赖核对体系的建设。任何事物都不是孤立的，通过各种相互关系的检查可以发现处理的异常。核对，尤其是数据层面的核对能够发现各种逻辑错误。再加上时效核对，就可以有效降低 $T(X)$，从而在发现的第一时间做好应急处置。

核对体系可以从以下几个维度去思考。

（1）一致性核对：主要解决上下游系统、内外部系统数据一致性的问题。例如，通过招商银行支付 10 元，那么招商银行给的清算文件和系统内部的明细都应该是 10 元。

（2）金额汇总拆分核对：主要解决上下游系统在金额拆分汇总后的一致性。例如，如果将 10 笔订单合并成 1 笔支付，那么订单系统和支付系统的核对笔数应该是 10:1，且 10 笔订单的汇总金额应等于 1 笔支付的总金额。

（3）额度控制核对：因监管或业务特定限制，产品在用户维度单笔、单日或每月有金额的上下限。例如，国内第三方支付机构单日银行卡转入金额不能超过 5 万元。

（4）配置输入准确性核对：与资金相关的配置变更要保证输入配置与实际业务预期一致。例如，交易的佣金比率、价格、营销券的有效期、机构间的打款账号等。

（5）时效性核对：时效性也可以在旁路系统部署核对。例如，汇率有效期只有 24 小时，可以在 12 小时、6 小时、1 小时时部署核对规则告警。

然而，核对虽然有效，但也需要警惕核对规则的膨胀可能带来的新的维护成本和代价。这与 4.2 节"自测用例可能是灰犀牛"中论述的道理一致。在模型自检中能够防范的风险应纳入模型管控。如果实在无法满足，则应尽可能控制规模，避免由于防控风险带来的附加复杂性给整体研发带来额外的复杂性。

8.6 从前到后做兜底

7.2 节"警觉风险主义"中阐述了在理念认知层面要防止风险主义成为技术架构发展的障碍，但从实际操作的角度来看，我们仍然必须认真对待风险的管理和控制。风险防控应该贯穿于架构设计的始终，风险防控设计的好坏几乎决定了架构的成败。风险防控就如同大厦的地基，如果地基不牢固，就可能导致结构性崩塌，后果不堪设想。

尽管我们之前有针对性地介绍了高可用风险和资损风险的防控手段，但这些手段并不全面。其他风险事件仍然可能发生。影响风险的因素众多，包括业务演变、市场变化、政治动荡、技术革新等。但这并不意味着我们无能为力。总有一些方法、能力和机制可以作为风险的通用防控手段，这些手段就是我们所说的"兜底"。

有了这些兜底措施，无论面对新技术、新业务、新场景、新政策还是新设施，我们都能在风险防控的大考中及格。当一切还充满未知，人们被风险的焦虑所困扰时，不妨回顾并实施这些兜底措施。当我们从前到后都做好了这些准备时，我们会变得更加从容有序，减少未知风险带来的损失，避免最坏的结果发生。这些手段不仅能为业务提供保障，形成壁垒，助力业务发展，而且能把对风险的各种付出转化为业务发展的保驾护航。

8.6.1 事前找准风险

风险是发生不幸事件的概率，而故障则是风险实际发生所导致的危害事件。我们不愿意接受故障，因为它们对业务有影响。但如果我们从业务的角度出发，就能找到可能对业务造成最坏影响的地方，从而找到防控这些最坏影响的关键措施，就能使我们以不变应万变，在风险发现和风险预期管理上进行兜底。

风险防控的一个关键措施是让风险像台风一样不断减弱，尽可能地在其真正造成破坏之前将其影响降至最低。这背后的一整套风险管理过程是这样的：首先，我们需要找准风险对象及其可能造成的危害，例如人的生命安全。其次，确定风险发生的具体场景，比如人去徒手攀岩。接下来，识别并获取应对风险的能力或资源，例如携带一根攀岩绳。再次，评估风险发生的概率，比如百万分之一。最后，结合预期的收益，做出最终的选择，并明确具体的实施举措。任何风险的防控，最终都是基于对各种因素进行平衡后做出的一种选择。

1. 明确风险实体

不同业务的风险实体各不相同。这些实体类似于指标对象，它们在不同的业务场景中扮演着关键角色。例如，在支付业务中，风险实体主要涉及资金。如果涉及外汇交易，那么风险实体还包括外汇市场。资金实体的风险量化将汇总为资金风险敞口，而外汇市场实体的风险量化将汇总为外汇风险敞口。比如：

资金流入和流出对应的资金风险敞口：实质上是用户账户的虚拟余额与银行账户实际余额的一致性。为了保证一致性，每笔资金流入和流出都需要验证银行账户的变化和终端用户账户的变化是否相等。如果不等或在一段时间内不等，就存在敞口。敞口未按预期时间关闭，通常表明出现了异常。

外汇代客（即代替客户做外汇兑换）**和平盘**（即把代替客户做的外汇向银行机构发起兑换请求）**损益对应的外汇风险敞口**：涉及代客汇率、平盘金额和平盘时效的准确性。为了保证准确性，每笔兑换都需要在确定的时效内按照正确的汇率在市场中平盘。在整个过程中，需要监视敞口的波动，以控制这部分风险。

尽管我们能够控制这些风险敞口，但并不能完全消除损失。这意味着必须有人接受这些损失，以及能够接受多大的损失。业务上对损失的容忍程度往往不是技术问题，而是业务决策问题。作为架构师，我们需要揭示业务风险、风险损害程度、风险防控方案，以及风险防控所需付出的代价，让业务人员做好平衡。业务上的取舍和容忍范围将决定技术在风险防控上的具体动作。业务部门会评估损失和收益，从而有效避免不必要的资源投入，比如用高成本预防基本不可能发生的风险。

2. 监控风险敞口

在识别风险实体之后，必须实施适当的监控措施。有些风险实体表现为离散事件，如机器宕机、网络中断等，这些事件可能遵循幂律分布，发生时间不确定，但一旦发生就必须立即感知并做出响应。然而，更多的风险实体则表现为具有趋势变化的数值，这些数值通常遵循正态分布。例如，交易量、请求数、待对账金额、待平盘金额等，这些指标在达到某个阈值之前可能并不构成风险，但随着值的增加，风险程度也会相应增加。我们将这种风险程度的量化称为风险敞口，它随着风险实体数值的扩大而不断扩大。

通过对风险敞口的持续监控，我们能够实时了解当前业务的风险状态。风险敞口设计的好坏直接影响到风险应对的质量，因此我们基于风险敞口制定相应的风险管理策略。这些策略旨在确保在风险敞口超过安全阈值时，能够及时采取有效措施，以减轻或消除潜在的风险影响。

敞口设计必须基于业务本身。只有明确业务行为、业务行为背后的可能的最坏结果、业务行为操作的变量，以及变量与最坏结果的量化关系，才能定义出敞口。这个变量可以是金额、笔数等。量化出与业务影响的关系后，我们日常只需关注这个金额、这个笔数。因此，所说的敞口就是有风险的金额或笔数。

为了获得风险敞口，我们可能需要埋点和打印日志，也可能需要在业务单据中进行特殊设计，或者直接从业务单据的核心字段中获取数据。无论如何，都是先有敞口设计，然后进行落地实施。如果没有提前设计好，可能会导致灾难。敞口设计需要不断加工和转换，不断打补丁，最终可能仍然不符合预期。以下是一些典型的敞口设计。

基于业务可预期的异常设计精准风险敞口监控：在设计这类风险敞口监控时，架构师必须深入理解业务异常场景，包括由业务本身引起的异常，以及由技术问题导致业务异常的情况。针对这些具体的异常场景，架构师需要定义清晰、具体的错误码。如果错误码定义得足够清晰和具体，那么在监控系统中一旦出现这些错误码，相关人员就能迅速识别问题的性质和紧急程度。

此外，对于业务预期内的错误码，监控系统需要进行区分处理。预期内的数量波动通常不需要技术干预。例如，如果监控系统收到"营销账户余额不足"或"某某账户发生热点"的报警，这类报警的粒度非常细，基本不需要进一步排查，相关人员就能立即知道应该采取的应急措施。

相比之下，较差的敞口监控系统可能只会报告"参数异常"，而没有提供足够的信息来说明是哪个参数出了问题，以及问题的具体性质。精准的敞口监控能够帮助我们缩小问题排查的范围，从而快速定位并解决问题。因此，设计高效、精准的敞口监控系统对于风险管理和业务连续性至关重要。

基于业务数量或周期设计风险敞口监控：这类风险敞口监控的典型设计包括环比监控和同比监控。环比监控是指比较当前时间段与前一时间段的数据变化，而同比监控则是比较当前时间段与去年同期时间段的数据变化。如果架构设计导致的 Bug 或代码预期外的问题最终影响到具体业务，那么通过环比或同比监控，我们就可以快速识别业务量的异常波动，从而确定是否存在问题。

相比于精细化监控，环比和同比监控提供了更宏观的视角，用于捕捉业务层面的整体趋势和异常。这类监控可以作为业务监控的兜底措施，帮助我们在精细化监控未能覆盖或未能及时响应的情况下，仍然能够从整体上把握业务的健康状况，并迅速采取相应的应对措施。

决不放过任何一个未知异常：这类风险敞口监控的典型设计是针对对外服务接口的未知异常进行全面的兜底处理。通过精心设计的异常捕获机制，对已知的异常进行精确的转义和处理，同时确保未知的异常不会被错误地转换或"吃掉"。对于这些未知异常，我们需要实施严格的监控措施，一旦发现任何未知异常，立即发出预警，采取零容忍的态度。

这种监控策略不仅能够帮助我们快速发现并解决问题，还能够促进我们不断优化系统架构。通过将未知的不确定性转化为确定性的风险，我们可以更好地制定和优化风险管理策略，提高系统的稳定性和可靠性。

8.6.2 事中控牢变更

变更管控是风险防控的关键，能有效抑制低级风险并迅速收敛风险。根据互联网公布的故障案例和多年工程经验，超过一半的故障由变更引起，包括许多灾难性故障。变更管控的基本理念是敬畏生产和风险，不应由人性自由发挥。因此，变更必须制定规范并纳入系统管理，以确保有序进行。

1. 严守"变更三板斧"

变更管控的核心是"变更三板斧"，在 8.4 节"从上到下保可用"中已有论述。这是一个通用性手段，能有效规避大部分风险。有些互联网大厂甚至会把违反三板斧与绩效考核挂钩起来，若违反三板斧导致重大故障，则会面临严厉处分甚至开除。三板斧的有效性决定了其严格性。以下是一些额外要求。

可灰度要求：变更应分批次生效，每批次必须确认正确生效后才能推进下一批次。例如，对生产集群按应用机器数的 1%、5%、10%、20%、50%、100% 分组，有序推进，并遵循明确的时间和场景覆盖要求，确保每个时间段内的核心业务均验证无误。

可监控要求：变更必须观察风险敞口，并持续足够时长。例如，单批次观察时间应大于 5 分钟，一类二类（重高危）单批次变更观察时间应大于 10 分钟，整体观察时间应大于 2 小时等。

可应急要求：变更必须具备回滚能力。虽然很多变更设计了开关，但回滚往往才是有效措施。

2. 强控高危变更

强管控所有变更固然有助于控制风险，但这种方法可能既不切实际也不合理。我们需要在风险、成本和效率之间找到平衡点。对于可能影响用户体验或导致用户资金损失的主链路变更，必须严格管控。然而，对于仅影响内部运营系统的变更，可以适当放宽要求，不需要过度烦琐的流程。

基于这一原则，最佳做法是对所有变更进行定义和分类。表 8-1 提供了示例，其核心在于根据变更可能引发的风险程度进行分类，以实现变更管控成本和效率的平衡。考虑到互联网行业的快速迭代速度，过度强管控变更可能导致迭代响应变慢，进而影响业务和用户体验，这样做得不偿失。

表 8-1 针对变更导致风险的程度去定义不同的管控级别

变更分类	变更定义	变更危害	审批要求	示例
低风险变更	满足最基本的生产要求规范，无论如何变更，都不会对用户价值有影响	低	需报备，不审批	后台运营系统
普通变更	有标准的变更流程和动作，但是变更内容出错有可能影响客户价值	中	需报备、一级主管	代码发布、机器下线扩容
高危变更	无标准的变更流程，需要补充变更计划和步骤，出错对用户价值影响极大	高	需报备、一级主管、二级主管	机房切流
紧急变更	为修复故障/消除故障风险或紧急业务需求所做的变更，可事后补变更审批流程	中	口头报备，事后补流程	大促应急执行预案

3. 夯实变更流程

规范和制度若未纳入研发秩序流程，犯错空间则会较大。考虑到互联网生产的快速迭代，如代码功能更新、业务规则配置上线、硬件更换重启等，仅依靠人遵循流程，风险较高，因此必须实现系统化和数据化。

变更管控系统化的主要模块包括两个，如图 8-4 所示。

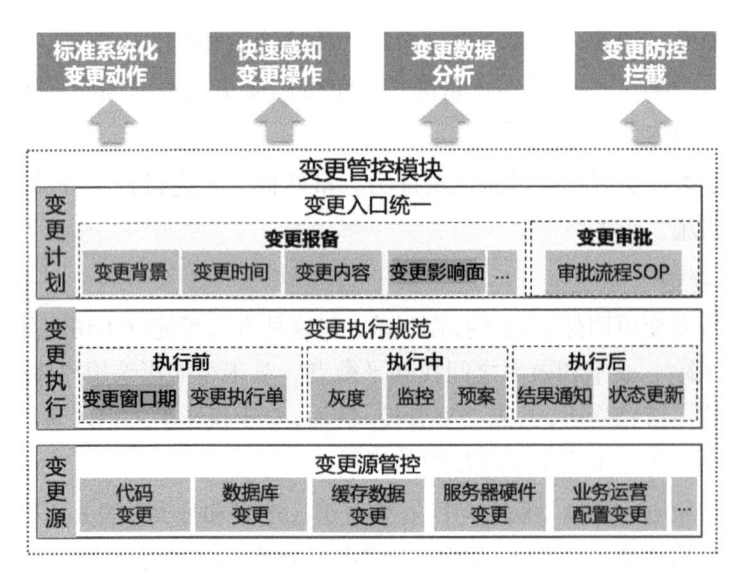

图 8-4 变更管控系统化模块架构设计

变更计划：主要包括变更人执行变更前的内容申请和流程审批。

变更执行：规范变更对象的执行过程和记录执行结果信息，确保所有变更留痕，提高风险管控的效率和质量。

对于变更计划，核心在于变更报备和变更审批两个步骤。变更报备应包括：变更背景、变更时间、变更内容、变更影响面，以及监控项和应急预案、是否符合三板斧设计要求等。变更审批则确保变更内容得到充分评估，不同风险等级的变更报备审批流程不同。审批节点间存在约束关系，如变更人和审批人不能为同一人，高风险变更需主管和质量负责人审批等。

变更执行的核心包括三点：

变更执行前：进行通用状态检查，如是否在变更窗口期内、变更内容是否符合要求、变更审批是否完成等。

变更执行中：进行基本要求检查，如变更分组是否满足逐层灰度要求、变更执行项监控是否正常等。

变更执行后：进行变更数据检查、状态更新、执行结果数据回填等。

8.6.3 事后做好业务运营处置

无论如何，风险无法完全消除。为防万一，必须建立业务运营处置能力作为最后的保障。业务运营处置的目的是在未知风险导致异常时能够迅速应对，并确保由此带来的损失控制在可接受的范围内。以下通过两个场景进行说明。

场景 1：为抢占跨境旅游市场，需针对竞争对手的情况调整支付汇率，保持汇率优势。因为汇率波动受市场或突发事件影响较大，不确定性因素多，所以我们可以在业务策略上设置兜底措施，如设定一个阈值：当汇率波动在特定区间内时，自动调整比竞争对手低几个点差；当汇率低于设定的基线值时，不再跟进竞争对手。

场景 2：技术异常导致服务端能力不可用。技术异常的不确定性较大，但一旦出现未知或无法快速解决的异常，就应迅速发布公告，告知系统维护时间，并给用户合理的解释。这样做可以减少异常对用户心智和品牌形象的影响。

8.6.4 做风险的朋友

接受风险，为最坏的情况做好准备。当你不再恐惧最坏的情况，意识到风险的不确定性，明白风险无处不在，并找到风险实体时，你就可以放心大胆地开拓新领域，将精力投入到更有价值的建设中。相反，如果整天被风险束缚，或者不计成本地预防小概率风险事件，将会让你时刻担忧，分散精力，影响工作效率，并可能导致组织和企业陷入发展困境。

第 9 章
以经营者姿态看待架构演进

物理学中的"熵增定律"指出，一个封闭系统会从有序状态最终演化到无序状态，即系统的熵（混乱程度）会不断增加，导致系统彻底无序。这一定律同样适用于技术系统。无论系统设计之初业务场景考虑得多完整，领域模型抽象得多精练，随着时间的推移，用户需求和业务量的增加，业务功能变得更加复杂，系统代码也会增多，整个系统将变得混乱无序，甚至可能需要被推倒重建。

技术系统既要支持业务快速发展，又要确保自身高度稳定运行，同时技术架构还需不断演进，这就像在高速飞行的飞机上更换引擎一样困难。在这种"既要又要还要"的要求下，需要建立有效的架构秩序来权衡利弊。接下来，将从架构治理、架构升级、架构决策、架构传承四个方面，探讨如何以经营视角推动架构演进。

9.1 架构演进是场持久战

技术架构师常常面临这样的质疑：业务人员可能会问，"这不是新系统吗？设计时说能满足未来三年业务发展的需求，但现在很多业务场景都无法满足了"；一线开发人员可能会问，"新设计的 API 又需要添加字段，实在改不动就加扩展字段，但扩展字段的传值越来越多，无法管控了"；运维人员可能会问，"每年都在进行架构治理，但从来没有彻底治理干净过，做一个业务项目本来只需评估 3 条老链路，但做了架构治理后，除了要评估目标链路，还要评估额外的兼容链路，增加了多套运维成本，让人苦不堪言"。

按理说，技术架构的目标是简化复杂性、管控风险，以提升业务响应速度。然而，理想与现实的差距为什么这么大呢？

9.1.1 架构演进是必然

技术架构在诞生之时就存在先天的局限性，因为它永远受限于当时的架构师对现实的理解和对未来的预判。没有人能够完全打破这种局限。客观物理世界的变化速度很快，这是为什么一个架构无法持续三年的根本原因。随着对业务理解的加深和问题领域的扩大，技术架构注定要被修正，甚至被颠覆。

即使技术架构师在架构设计时有完整丰富的领域知识储备，对未来的预判相当准确，也无法设计出完美的架构。在技术架构的实施路径选择上，架构师需要充分考虑团队的承受能力，包括技术储备和资源约束等客观因素，以制定合适的实施路径。有时，实施路径可能不是一帆风顺的，而是需要采取迂回前进的方式，比如走三步退两步。

除了架构诞生时的先天局限，架构实施时的客观约束和新技术的牵引也是技术架构持续演进的动力。例如，大模型、隐私计算、Web 3.0 等技术的出现，都会对技术架构的演进产生影响。技术架构师需要不断学习和适应这些变化，以确保技术架构能够持续支持业务的发展。

9.1.2 架构演进源于觉察

优秀的技术架构师一旦发现技术架构有优化点，就会持续推动架构的迭代优化。观察技术架构的演进过程，我们会发现架构的腐化往往从信息结构混乱开始。例如，对外接口中定义的大字段，这种设计通常是因为信息无法结构化，无法定义信息类型，也无法约束信息值。一旦接口使用了大字段，无论前期约定多么清晰，最终往往会导致失控。因此，敏锐地觉察到信息结构开始混乱的信号非常重要，因为这是架构演进的源头。

以支付系统接入银行或第三方支付机构为例，为了兼容多种支付渠道，如信用卡支付、借记卡支付、第三方钱包支付等，往往把接口设计得比较通用，用大字段来传递业务参数。这种设计可能已经存在很长时间，每次新增支付渠道都需要上游行业系统和支付系统联动改动、回归测试、发布。这种工作模式久了，就会形成固定的研发习惯，大家可能不会觉得有问题。但仔细分析，就会发现这种设计导致行业系统与支付系统的接口契约非常不稳定，研发人员需要频繁对焦某个场景下的大字段传值，一旦参数传递出现错误，就很难评估其对业务的影响。更糟糕的是，接入一个支付渠道需要上下游系统共同分析改造，工作量巨大。这种现象在很多技术团队中可能已经习以为常。如果有人想改变，可能会被认为是在制造新的协作障碍，这实际上阻碍了技术架构的演进。

仅仅觉察到问题还不足以推动架构演进，还需要从概念和原理层面进行深入剖析，以验证觉察的准确性、价值和意义。上述案例可能会让架构师意识到需要重构支付系统的对外接口，比如分为信用卡支付接口和借记卡支付接口。但这还不够，还需要在概念模型上进一步深挖，比如支付系统到底有多少支付类型，以支付类型来区分内部模型和对外接口是否有通用性，是否能够带来接口契约的清晰，以及支付数据的结构化等等。

9.1.3 架构演进始于共识

上一节所论述的对架构演进信号的觉察，以及对概念和原理的论证，是思考阶段。架构师们会在这一阶段提出一些不成熟的想法，要实施落地，就是接下来的一个关键阶段，即对架构演进的目标进行充分的理解和达成共识。

不理解目标，就无法达成共识，参与方也不会真正全情投入，导致架构演进可能只会流于表面，不能深入实质。因此，对架构目标的充分理解与共识其实才是架构演进的真正起点。

以上述案例为例，可以设定这样一个目标：在6个月内重构支付系统的支付模型和对外接口，新模型和新接口支持信用卡和借记卡支付渠道，完成所有生产环境历史渠道的切流，实现新支付渠道接入对上游行业系统无代码改造，支付系统自行对接渠道。接下来，需要与上游系统的架构师、团队成员，甚至是产品经理讨论技术架构演进的价值和意义，讨论架构目标、最终的交付物以及实施路径。

9.1.4 架构演进成于过程

要确保架构演进落地实施，首先需要基于目标拆解出关键里程碑。然后，将关键里程碑、里程碑目标、该关键里程碑下的关键事项、责任人和完成时间整理为一个表格，并定期跟踪，逐步推进，如表9-1所示。

表9-1 通过表格做进度的跟踪管理

关键里程碑	里程碑目标	该关键里程碑下的关键事项	责任人	完成时间
信用卡支付渠道模型和接口抽象	验证模型和接口覆盖历史上所有渠道	梳理历史所有渠道交互字段和业务含义	张三	2024年5月
		研究行业信用卡支付的业务字段和含义	李四	2024年5月
……	……	……	……	……
信用卡支付接口和模型重构完成	……	……	……	……
……	……	……	……	……
借记卡支付接口和模型重构完成	……	……	……	……

利用跟踪管理表来落实每个关键里程碑,并检查其业务价值的达成情况,是确保项目成功的重要步骤。例如,在"信用卡支付渠道模型和接口抽象"这个关键里程碑完成后,不仅要验证是否覆盖了历史上所有渠道,还要用数据实证新的模型和接口能够支撑这些渠道。

当达到既定的里程碑目标时,进行一场小型的庆祝活动是必要的。这可以让参与技术架构演进的技术人员、产品经理深刻感知技术架构演进的方向是正确的,并且对业务有价值。这种正面的反馈和认可可以激励团队,让他们更有动力继续推动技术架构的演进。

9.1.5 架构演进不是线性迭代

架构演进并非遵循固定的线性路径,它可能需要一气呵成的决断,也可能需要曲折的探索,甚至在某些情况下需要分兵作战后再会师一处。

1. 走三步退两步

走三步退两步是指在架构演进过程中,虽然已经朝着目标方案前进了三步,但由于现实资源的限制,如时间、资金或技术等,无法继续按照原定目标方案推进,而需要采取临时方案。这种做法往往会让技术人员感到困惑,因为他们认为既然已经有了明确的目标方案,为何还要采取看似倒退的临时措施。

这种情况背后通常有复杂的原因。例如,假设在信用卡模型和接口重构的过程中,代码已完成80%,此时出现了一个新的信用卡支付渠道,与现有模型不完全兼容,但预计能大幅增加业务量。继续按照原定计划可能会导致成本增加且不符合业务发展方向。然而,由于时间紧迫,无法立即为新渠道抽象出新的模型,因此只能在新模型上实现一个分支逻辑的临时方案来快速上线。

这种选择是合理且正确的,因为技术架构的最终目的是支撑业务发展,而不是让业务发展受制于技术架构。从长远来看,即使这一步骤看似是倒退,但总体上仍然是进步的。进是为了未来,而退是为了当下。因此,走三步退两步是架构演进中常用的策略,也是一种恰当的方法。

2. 履带式架构演进

一般情况下,公司会在业绩达到顶峰之前进行投资,以便在顶峰时期能够维持和增强业绩。同样,为了保持技术架构的持续演进,架构师不应等到当前架构演进即将完成时才开始考虑下一轮的架构改进。相反,架构师应该在当前架构演进顺利实施并取得阶段性成果时,就开始规划和筹备下一轮的架构演进。这种架构演进方法被称为"履带式架构演进"。就像坦克的履带一样,当一个履带板块接触地面时，另一个履带板块已经开始向前移动，确保了持续的移动和进步。

把上述的觉察、共识、过程三个大的阶段，重新拆分为10个履带板块，如图9-1所示。

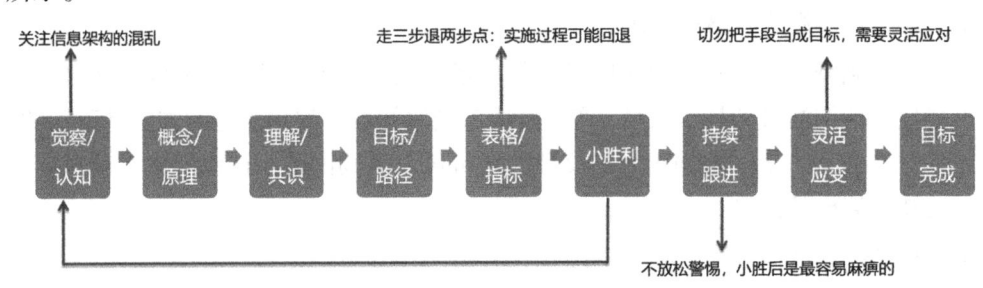

图 9-1 履带式架构演进

- ◎ **觉察 / 认知**：架构师必须对技术架构的混乱保持敏锐度。这种觉察通常从关注信息架构开始，也是架构师对系统问题的新认知。

- ◎ **概念 / 原理**：架构师对决策进行归纳和梳理，从原理上重新思考问题，以发现问题的本质。

- ◎ **理解 / 共识**：架构师不仅需要理解和掌握这些抽象的原理和概念，还需要将这些知识有效地传达给其他参与者，包括团队成员和其他利益相关者，以帮助团队形成对架构演进的共识。

- ◎ **目标 / 路径**：明确这一轮架构演进的目标，并衡量其带来的业务价值。找到合适的实施路径来达成这些目标。

- ◎ **表格 / 指标**：通过表格或其他管理工具，设定关键指标来跟踪架构演进的进展。在这一阶段，可能会遇到特殊情况，导致架构演进出现波动，即"走三步退两步"的情况。

- ◎ **小胜利**：要对架构演进里程碑达成的业务价值进行庆祝。这是对团队努力的认可，让业务从架构演进中受益。同时，这也是启动下一轮架构觉察和改进的最佳时机。

- ◎ **持续跟进**：在架构演进中，持续跟进是较为艰难的一步。随着里程碑的达成和庆祝活动的结束，团队的注意力可能会分散。因此，技术团队需要有足够的毅力和决心来持续优化架构，避免出现大量"一期项目"，即大家都喜欢做从 0 到 1 的创新，但不愿意做从 1 到 100 的持续优化和改进。

- ◎ **灵活应变**：随着新业务需求的出现，需要对技术架构进行重新审视，并进行必要的修正。在这一阶段，最忌讳的是将架构演进视为唯一目标，而忽视了支持新业务需求的重要性。

◎ **目标完成**：当这一轮架构演进的目标达成后，技术资源可以撤出，并投入下一轮的架构演进中。

履带式架构演进既要关注当前的里程碑实施，也要保持对即将到来的架构课题的前瞻性思考和判断。根据个人实践，前瞻性判断的尺度大约是 4 到 6 个月，因为这个周期基本上是大型架构课题落地实施的周期，也是业务阶段性回顾和调整的周期，更是团队需要业绩结果来证明价值的周期，同时也是技术架构预判不会出现太大偏差的合适尺度。

9.2 用极致目标约束架构治理

从 0 到 1 完成新模型和新架构的落地会令技术人感到兴奋、富有成就感，但这也意味着他们需要投入到新一轮的技术架构治理中。新架构的出现往往意味着旧架构成为了负担，多链路、多模型和多服务的出现可能会变得难以控制，似乎无论怎样努力，问题总是层出不穷。

尽管技术架构每年都在进行治理，并且设定了技术目标来衡量治理效果，比如整合链路、提升效率等，但实际上这种治理工作似乎永无止境。每年都会提出新的治理目标，每年都在进行治理工作，总感觉看不到尽头。

9.2.1 矫枉必须过正

没有一个技术人是不厌恶技术负债的。系统中存在多个模型、多条链路，导致每一个业务需求上线都要评估多次，效能极其低下，风险还无法集中管控。这并非因为技术团队麻木不仁，技术人不努力，或者技术人想用这种附加的复杂性来显得自己专业能力强。但从结果来看，技术架构治理似乎永远在"周而复始"。

任何组织都有惯性，大家习惯了在原有的链路、模型上稍作改造就能支撑业务。此时，要扭转惯性去启动架构治理是困难的。或许大家都在观望，不确定技术架构治理是否在动真格。对于年年都在做的事，团队成员会下意识慢半拍，谨防过快投入浪费精力。这是不可避免的，是人性所导致的。

实际上，技术负债是系统熵增最重要的部分，就像人身体的肿瘤一样。若不及时治疗或根除，等到真正癌变晚期时，就像一颗定时炸弹，吞噬掉整个系统架构甚至技术组织。这关乎技术团队的荣誉和口碑，是生死存亡的事情。因此，技术人必须对自己狠一点，提出置之死地而后生的极致目标。矫枉必须过正，不过正不能矫枉。

9.2.2 置之死地的极致目标

矫枉必须过正的一个原因是我们需要用极端目标的强大推动力来对冲组织的惯性。另一个原因是，只有设定真正极致的目标，才能迫使团队成员发挥出最大的创造力，从根本上解决问题。

1. 着眼难处着手简处

在技术架构治理中，常见的做法是从简单的场景开始，先构建一个最小可行产品（MVP），然后通过迭代优化逐步达到技术架构治理的目标。然而，这种方法在架构治理层面实际上是本末倒置的。大量实践表明，从简单场景中推导出的新模型或新链路往往无法满足复杂场景的需求。为了适配复杂场景，必须对刚刚建立好的模型和链路进行进一步的治理，这是架构治理难以完成的一个主要原因。

正确的做法应该是：首先，从最复杂的场景开始推演，将所有可能遇到的场景都彻底分析和理解，从而得出一个相对合适的架构方案。然后，从最简单的场景入手开始实施。这种做法的优势在于，它不仅降低了架构治理返工的可能性，更重要的是，它能够快速地在业务场景中释放技术架构治理后的业务价值。

2. 以删除代码为目标

许多技术架构治理的目标都是以逻辑推导的效果来衡量的，例如，将某架构链路从三条缩减至一条、某场景实现零研发投入、整体研发效能提升30%，等等。通常，能够将技术架构治理目标与业务价值相连接，已经算是不错的目标。然而，这样的目标还不够极致。

因为老的模型、代码、链路，甚至是数据库配置可能仍然存在。在未来的某个时刻，为了满足特殊场景的需求，可能会临时重新使用这些老旧的模型和链路，导致架构治理不够彻底。

有人可能会想到一种更进阶的方法，即通过观察流量是否完全切换到新架构上来判断技术架构治理是否完成。这个目标显然比之前的逻辑推导目标更好，但仍然不够极致。因为总会有一些低频场景长时间没有流量，这可能会让人误以为架构归一的治理已经完成。真正的极致目标应该是物理删除代码，将所有老架构的代码从系统中彻底删除。当然，删除代码并非易事，但它至少会迫使我们实现三个100%的目标：100%的流量切换、100%的功能覆盖，以及100%的代码清理。想达成这些目标，必须确保以下三点。

新架构能力的完整性：新架构或新链路必须覆盖老架构的100%能力，特别是那些最复杂、最难处理的老链路，确保老业务不受影响。

对老系统依赖的全面评估和迁移：一方面要确保老系统的流量 100% 清零，这需要对所有入口进行持续监测，不遗漏任何小流量场景。另一方面要彻底清理服务依赖，防止第三方应用对老系统服务的依赖。

生产环境故障的零容忍：确保在技术架构迁移过程中 100% 不出现任何重大生产环境故障。这将迫使我们在质量和风险防控上采取更为严格的设计和控制措施。技术架构迁移的底线是实现对等迁移，即新架构应该至少与旧架构持平，最好是有所改进，但绝不能更差。因为一旦生产环境中出现重大故障，技术架构治理就可能会受到业务人员的质疑，从而导致士气受挫。具体的技术风险防控措施可以参考第 2 篇"技术架构力"的第 8 章。

通过设定这样极致的目标，我们可以重新定义技术架构治理的成功标准。删除代码成为衡量架构治理成功的直接标志。这将促使所有人认真、细致地梳理历史链路情况，从逻辑推演、数据论证等多个方面，完完整整、不留余地地完成架构治理。

9.2.3 极致目标搭配长期坚持

仅有极致目标是不够的。要让技术架构治理逐步推行下去，还得结合实际的技巧和方法，心中有信念，做事有手法。

1. 找准架构治理的受益人

大部分技术人可能会认为技术架构治理仅是一项技术工作，其目标设定也应限于技术范畴，例如降低业务支撑成本、提升效能、降低风险。许多技术架构师也可能自然而然地认为这与业务人员、产品经理无关，从而独自埋头苦干。然而，这实际上是一个很大的误区。

技术架构治理并非技术的自我娱乐，它同样需要遵循投入产出比的原则来做出决策。因为技术架构治理的最终目标还是服务于业务，而不是为了技术而技术。因此，在进行任何技术架构治理工作时，都必须清晰地识别出受益于该工作的客户或用户，并就业务价值的里程碑达成共识。相反，如果经过深思熟虑后，发现某项技术架构治理确实找不到任何业务受益方，那么这也可能表明该技术架构治理不值得投入。

例如，在第三方支付系统对接全球支付渠道的场景中，存在两套系统链路导致支付渠道无法共用，每个支付渠道接入都需要两边配置，这会导致效能低下。技术架构师需要通过技术架构治理，将这两套模型和链路合并为一套，实现历史支付渠道的复用和新渠道的一次性接入、两边复用。

在这个场景中，技术架构师可能会犯两种错误：第一种是只关注能力建设，没有对业务场景中支付渠道的复用情况进行量化分析；第二种是虽然进行了量化分析，但没有跟踪到底，技术架构治理的结果没有实现真正的业务价值。

这两种错误的做法都是因为未能准确识别技术架构治理的业务受益方，而仅从技术内部出发。如果在技术架构治理的初始阶段，就能与业务受益方明确目标和里程碑，那么技术架构治理就不再只是技术架构师关注的焦点，业务人员也会密切关注。这样的合作有助于技术架构治理的持续进行，实现技术价值和业务价值的共赢。

2. 先增量止血后存量治理

在实施技术架构治理时，会面临技术资源冲突的问题，特别是在历史问题整改与新业务需求实现之间。能够将生产环境中运行了几年甚至十几年的系统所有历史问题细节梳理清楚，并将其抽象提炼为具体目标方案的团队成员，无疑是团队的核心骨干。这些人通常也是支撑业务需求的关键人员。技术资源的压力可能会导致团队不得不做出一些妥协。

最难的架构方案推演是必须要投入的，但在实施过程中，除了关注简单场景，还可以采取变通的方法。例如，可以先从新增场景开始治理，然后再处理存量问题。这样做的好处是能够迅速止血，让新场景尽快采用新的技术架构，使业务尽快受益。可以将存量问题的治理作为重要但不紧急的事情来处理。

如果技术架构治理没有与业务项目绑定，那么就为技术架构治理留下了更多的施展空间，可以逐步推进并取得成果。没有业务需求上线时间的压力，技术架构师可以在架构完整度、业务支撑速度、风险等维度取得平衡，避免陷入上线即治理的怪圈。

优秀的技术架构师应该避免"眼里容不得沙"的思维盲区，要有经营意识，细水长流地让团队有序地接受技术架构治理，有里程碑地实现业务价值。这样更有利于技术架构治理的持续推进。

9.3 用业务思维促进架构升级

从某种意义上说，架构治理是在减少技术负债，固本培元。而架构升级则是推陈出新，蓬勃生长。然而，架构升级并非日常的业务功能迭代，也不仅仅是引入新技术以提高效率，而是真正地对系统进行全方位的体系化设计，构建和沉淀业务的核心能力，为业务在未来 3 年至 5 年的成功打造竞争壁垒。

在商业环境中，看得见的功能和体验相对容易模仿，但看不见的核心能力却很难被复制或借鉴。这些核心能力必须依靠技术架构的升级来推动。真正的架构升级给人一种"长江后浪推前浪，一代更比一代强"的感觉，它不仅仅是技术的更新换代，更是业务能力和竞争力的全面提升。

9.3.1 业务视角思考架构升级

技术架构升级不仅需要避免技术自嗨，更要从业务视角和商业价值出发进行思考。技术架构升级的最终目的是支撑业务的发展，增强企业的竞争力，因此，它必须与业务目标和商业战略紧密结合。

1. 以概念模型为突破口

在技术架构的维护与演进过程中，预防措施优于事后补救。正如中医理论所言，"上医治未病"，最有效且成本最低的策略是在问题出现之前便将其消除。在大型系统开发中，由于涉及多人协作，代码量可能极为庞大，因此，及时识别架构混乱的苗头至关重要。

架构混乱的苗头通常在概念模型开始混乱，无法完整解释现有业务语义时显现。这时，需要谨慎考虑是否启动新一轮的架构升级。为了评估概念模型是否失控，可以关注两个核心变量：第一，领域模型是否出现不能解释的业务需求；第二，对外 API 的大字段使用泛滥，缺少对 KEY 和 VALUE 的管控。

一旦这两个变量中的任何一个出现，就表明架构的无序就开始了。架构升级通常需要从这些概念模型的归纳和抽象开始。例如，在第三方支付系统中的账务系统，如果最初只支持两个账户之间的资金互转，而不支持账户余额的冻结和解冻，那么当出现冻结和解冻的业务需求时，就必须升级账务系统的业务概念模型，从简单的账户充值、提现和转账扩展到支持余额的冻结、解冻。如图 9-2 所示。

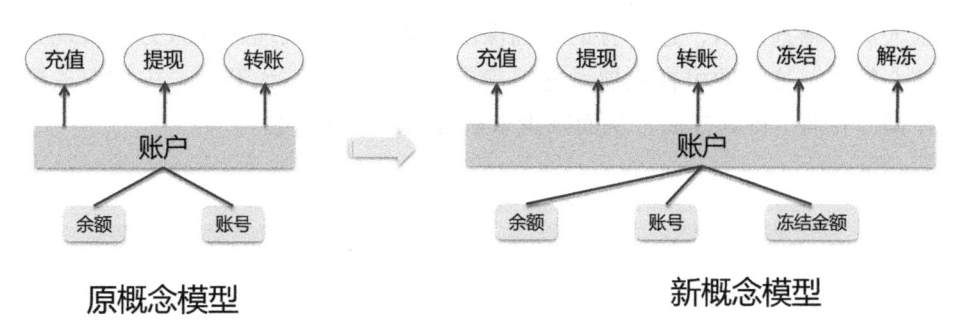

图 9-2 业务概念模型

业务概念模型不仅是技术架构升级的关键突破点，也是连接业务人员、产品经理和技术人员的重要桥梁。由于领域模型和数据模型通常过于技术化，它们并不适合直接对外表达。相反，业务概念模型以更直观、易于理解的方式呈现，能够帮助不同背景的人员共同理解和沟通。例如，账户余额的冻结和解冻等业务概念，与日常生活中的银行操作相对应，易于被人们理解和接受。

2. 第一时间可视化效果

架构升级通常伴随着一个愿景式目标，如实现零代码研发、配置化支撑业务需求等。这些目标本身并无不妥，有时甚至非常必要，但问题往往出现在这些技术目标无法实际落地。这种情况的根本原因并非目标设定不清晰或过程管理不努力，而是团队对于目标达成的效果没有达成真正的共识。

真正的共识不仅仅是通过会议宣讲来达成，更重要的是要让每个人都能清晰、明确地看到目标实现后的效果。架构升级的目标需要可视化，即通过制作Demo（演示模型）来展示最终的产品形态和功能，并确保每个团队成员都能理解和接受这个Demo所展示的效果。

在架构升级的工作中，技术架构师本身是需求的提出者，其角色就应该是产品经理，负责清晰地描绘需求和想要实现的效果。将架构升级的结果可视化出来是关键一步，也是最先要做的工作。

以第三方支付机构对全球商户的资金结算为例，如果需要进行架构能力升级，以优化结算时效和降低成本，那么常规做法是开发一个商户结算的智能路由引擎。通过分析结算时效和成本数据，找出成本最低、时效最好的打款路径，并将这些路径提炼为规则纳入系统管理。然而，仅仅通过文字描述，技术人员可能无法完全理解最终的架构升级效果。

如果架构师能够将这个概念可视化为一个如图 9-3 所示的 Demo，并向所有技术人员清晰地展示，这将有助于确保团队从一开始就理解并致力于实现架构的核心能力。这样的可视化展示能够确保从建设的第一天开始，关键业务概念就在操作界面上得到控制，从而减少未来可能出现的问题。

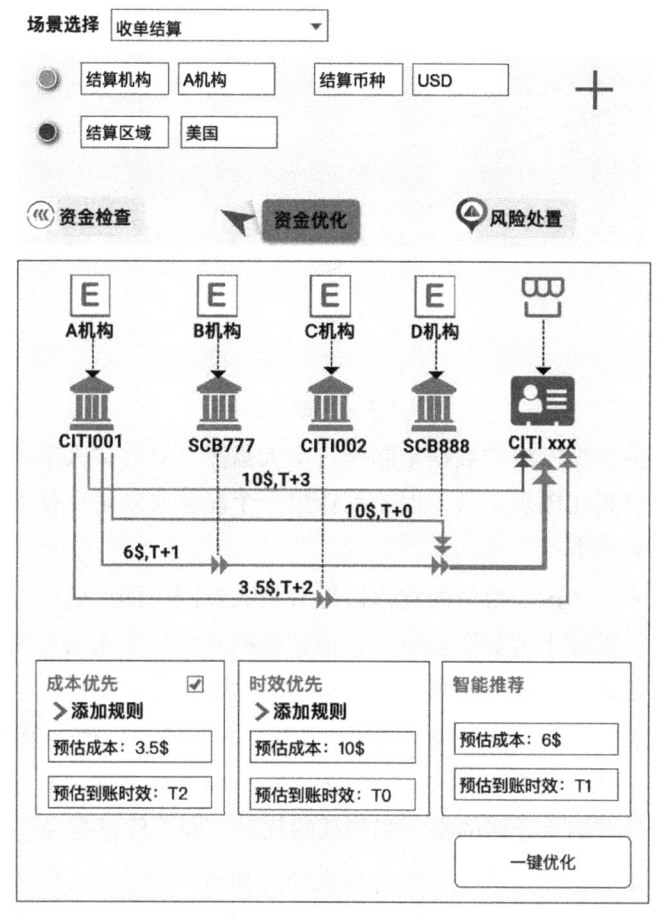

图 9-3 智能路由引擎

9.3.2 业务价值论证架构升级

对于大型技术团队来说，一次技术架构升级可能是一个持续数年的工程。这种马拉松式的升级过程不仅仅是代码的编写完成，更重要的是确保业务流量全面迁移到新架构，从而使业务能够享受到架构升级带来的红利。在这个长期的过程中，论证技术架构升级的业务价值是至关重要的。

技术人在进行价值论证时，既要依赖逻辑分析，也不能完全依赖逻辑，特别是在价值论证阶段，应该更多地依赖数据来支持论点。最佳的做法是使用直观的数据图表来展示技术架构升级带来的结果，这样的图表比任何文字逻辑都更有说服力。而这样的论证业务价值，显示进展状态的曲线图，我称之为大盘图。

例如，图 9-4 是技术架构升级过程中的流量大盘图，原有架构的流量全部归为 0 时，就是技术架构升级完成之时。

老流量

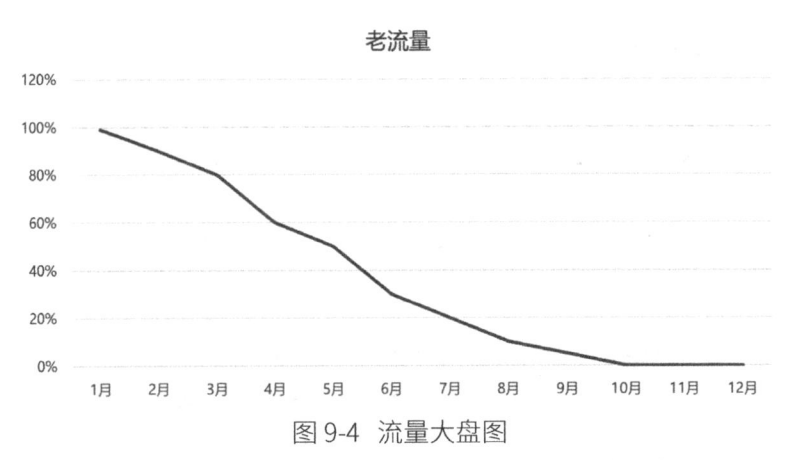

图 9-4 流量大盘图

使用日志或数据库中的数据来制作技术大盘图，对许多人来说并不陌生。尽管现在有许多可视化图表工具，但要制作出一个能够有效论证技术架构升级价值的大盘图却并非易事。

首先，技术大盘图与常规的技术监控分析大盘图不同。监控分析大盘图主要用于问题定位，而技术大盘图则应从价值证明的角度出发来绘制曲线。因此，技术大盘图不应包含过多细节，而应该是以目标为导向的曲线图。

其次，技术大盘图应该是端到端的价值论证，而不是价值链中某一段的截取。例如，如果技术架构的升级带来了耗时的下降，那么应该展示的是从客户请求进入系统到业务处理结果返回的整个端到端的耗时，而不仅仅是局部系统的耗时。

最后，技术大盘图应该在架构升级启动之初就开始绘制，将数据基线用曲线刻画出来。在架构升级完成后，通过曲线的数据来验证结果。通常来说，只有在项目开始的第一天就考虑如何绘制这条曲线，才会在架构升级中自然植入价值论证的基因，并在底层数据模型中得到体现。

与 "Show me the code" 类似，"Show me the curve" 方法都是强调通过直观的数据来证明成果和价值。这种方法不仅适用于技术架构升级，也可以应用于团队目标管理和绩效评估，相关内容请参考后续章节。

9.3.3 架构升级谨防"后院起火"

技术架构升级通常象征着新生与活力。它往往代表着从 0 到 1 的创造过程。这是许多技术架构师梦寐以求的工作。然而，这种升级也可能导致团队过分关注新架构而忽视旧架构，从而带来风险。技术架构师需要敏锐地意识到这些风险。

首先，关注度的下降可能导致技术风险增加。新架构无论多么先进，一旦出现技术风险事件，架构升级进程可能会受阻，即使不完全停止,也可能打乱原有节奏。

其次，忽视旧架构在支撑业务需求方面的效能是一个常见问题。技术架构师应清醒地认识到，在新架构成熟之前，旧架构仍是承担大部分流量的主要平台。在全力推进新架构的同时，也需解决旧架构上的关键问题，尤其是与业务支撑效能相关的问题。只有确保旧架构稳定无虞，新架构的成功才有可能。

技术架构升级是一个谋定而后动的动作。将现有架构升级到新架构，意味着现有架构成为治理的对象。这正是技术架构升级与技术架构治理紧密相连的原因，它们是技术架构演进的两个方面。

9.4 重视架构决策的过程正义

虽然技术人深知技术架构需要不断迭代和演进，但面对系统中诸如硬编码、特殊逻辑、临时解决方案等"烟囱"式问题，往往难以抑制内心的愤怒。这种感觉就像是自己珍爱的完美艺术品被损坏了一个角，这不仅是一个需要花费精力和时间修复的成本问题，更是一种作品未被珍惜的无奈和遗憾。这种情绪的累积可能导致对前人留下的架构遗产进行全面否定，这对架构的演进是不利的。那些看似明显的问题，如果不符合大家的预期，背后肯定有深刻的原因。那些看似有问题的架构决策背后，很可能也有不为人知的理由。如果我们将时间线回溯到当时做架构方案选型的那一刻，就能清楚地看到决策时面临的约束条件。这些条件可能是由于决策时缺乏充分讨论、随意性，也可能是由于认知局限导致的判断不准确，或者是由于资源不足、时间紧迫而无法实施理想方案，当然，也可能是以上几种原因的综合。不仅仅是我们在审视前人留下的架构时发现问题，有时我们自己也会逐渐变成自己曾经不喜欢的那种人。在面临各种压力和约束时，我们也会做出妥协，采用各种临时方案和特殊逻辑来应对眼前的困难，将架构演进的代价留给后来者。

客观上，一方面，我们需要认识到不存在完美架构的客观规律；另一方面，我们需要清楚架构确实需要迭代演进。那么，在朝着目标演进的过程中，为了避免低质量架构决策导致的后期高治理成本和架构传承的不理解，我们应该建立一套机制来保障。这就是架构决策登记制。

9.4.1 架构决策的一波三折

骂者众，思虑者少，献计者寡，起而行者几无，这一社会现象同样适用于架构决策领域：没有人能够掌握所有信息，也没有技术专家能够了解大型系统的所有细节，更没有人能够完全理性地思考并决策每一件事项；有时，对失败的恐惧可能导致非理性决策。这种恐惧可能源于担心自己的方案无法说服同事和主管，担心被反驳；也可能源于担心自己牵头做出的决策最终没有取得预期结果，需要承担责任。因为决策只是第一步，实施过程中还存在许多不确定性。

9.4.2 架构决策的公正性

架构决策需要考虑和计算的变量太多,追求尽善尽美的决策成本实在太高。因此,架构决策往往具有一定的模糊性,而非完全理性。此外,架构决策本身的质量通常在当下很难判断,大部分都需要时间来验证。从某种意义上来说,架构决策过程的公正性可能比决策本身更为重要。

1. 透明化架构决策的逻辑

技术架构的本质是在既定业务目标、时间和人力资源限制下寻求最佳解决方案,这是一个权衡和取舍的过程。例如,在时间和资源紧迫时采取临时方案,或根据业务发展趋势选择成本较低的方案。决策时面临的环境、约束条件、未来预判和必须遵循的原则等因素至关重要。只有将这些决策维度透明化,让参与者达成共识并理解,才能更好地推进架构方案的落地。同时,将架构决策的标准透明化,可以让更广泛的技术人员耳濡目染,未来在面对关键架构决策时,能够运用相同的决策模型做出合适的决策,从而提升整个技术团队的决策能力。

2. 提升架构决策的质量

架构决策通常是通过会议讨论达成一致结论。然而,会议结束后,结论的约束力似乎减弱。如果会前明确表示会有明确的会议纪要,并将架构决策的过程和结论书面记录下来,会后分发给所有参会人员签字,这种形式会让人更加重视,促使人们仔细思考和充分讨论。这种无形的压力在一定程度上提升了架构决策的质量。

3. 沉淀决策经验

这些书面记录的架构决策文档就是架构演进的历史。后继者通过这些文件不仅能够清晰地了解现有架构的来龙去脉和每个关键架构决策背后的考量,而且能够理解前人做出这些决策的无奈和选择,为未来的关键架构决策提供参考。更重要的是,这些文件体现了整个架构决策过程中的思辨和理性精神,使其得以传承,确保架构决策尽可能有效。

9.4.3 架构决策文档模板

为了标准化架构决策过程,在实践中,我们总结出了一个架构决策文档模板,该模板包括以下几个主要部分如表 9-2 所示。

表 9-2 架构决策文档模板

项目	内容
架构决策事项	具体需要决策的议题
架构决策时间	做架构决策的时间

续表

项目	内容
架构决策人员	参与决策的人员列表
架构决策背景	架构决策的原始背景描述和界定，尽量还原客观事实，不要添加个人观点
可选方案列表	列举可选的方案，每一个方案都要论述其优点、缺点
最终选择方案	本次选择的即将被落地实施的方案
决策逻辑与原则	阐述决策理由，如方案合理性、时间资源限制等

架构决策背景：在这一部分，需要详细说明进行架构决策时的客观信息，包括需要解决的业务问题、面临的约束条件等。架构决策背景对于后来者理解和回顾架构决策至关重要，因此不应省略。

可选方案列表：架构决策必须包含多个可选方案，通常包括短期方案、长期方案和备选方案。对于每个方案，应详细列出其在架构合理性、工作量、成本等方面的优劣势，并将这些信息明确记录在文档中。

最终选择方案：在决策文档的最前面明确写出选中的最终方案，确保结论性的内容不会被后续的细节所掩盖。在决策文档中，对最终选择方案的决策依据应进行清晰明确的论述。这包括架构的复用性、合理性、项目时间、实施成本、人员成熟度、对未来发展的预判等因素。所有决策依据都应详细记录。

架构决策文档的存档非常有讲究。首先，存档前必须有一个明确的审批流程。架构决策不仅仅是专业性的判断，还涉及明确的决策责任。有了明确的权责划分后，决策过程会更加谨慎。因此，架构决策文档最终需要由决策人签字确认，并通知决策人的主管。通过这样的流程，将架构的专业性和决策的责任结合起来，可以在一定程度上提升决策的质量。

其次，架构决策文档的存放位置也很关键。它不应该只是随意地存放在某个文档中，然后通过邮件发送就结束了。最佳的做法是将架构文档存放在涉及系统的代码仓库中，与代码一起管理。这样，架构决策文档能够真正实现持续的传承，并且有助于实现架构决策的透明性和可追溯性，从而达到架构决策正义的目的。

架构决策文档在某种程度上可以被视为系统的史书。因此，即使是当时某个高级技术主管做出的管理决策，其背后的原因也应当被清晰地记录下来。只有通过清晰的文字记录，后继者才能更好地理解和传承先前的决策，以便推动系统的发展和优化。

9.5 做好架构传承的三个场子

技术人员能从生产环境中运行的代码中挖掘出业务细节,因为只有实际在生产环境中运行的代码才是真实和准确的。据此推断,技术架构的传承应当是相对完整的。

然而,现实情况却是:现有的技术架构过于复杂,没有人能够完全理解其全貌。当熟悉这些架构的人离职后,相应的架构逻辑就变成了无人能解的"黑盒"。此外,现有架构往往是由各种临时方案拼凑而成的,单凭阅读代码,没有人敢轻易对现有架构进行修正。即使召集了所有参与过这些方案的老前辈,他们也不敢保证能够完全理解。虽然现有技术架构有文档记录,但这些文档过于碎片化,有些甚至存放在个人云盘中,长时间未更新,阅读这些文档反而令人更困惑。

在大型技术组织中,随着业务复杂度的增加、历史遗留问题的累积,以及维护人员的流动,技术架构的传承成了一个"魔咒"。要破除这个"魔咒",就必须做好技术架构传承的三个场子。

9.5.1 架构原则的贯彻场

架构原则是技术团队的宝贵资产,它们可能源自历史上的故障教训,可能是优秀实践方法的总结,或者是团队共识的体现。例如,分布式架构遵循故障隔离原则,确保依赖系统的故障不会影响自身系统的稳定性;技术风险架构遵循变更三板斧原则,即每次变更都要符合可灰度、可监控、可应急的要求;处理资金的系统架构则遵循守财奴原则,确保资金处理的准确性。这些原则应在业务需求分析、项目实施、架构方案选择等各个阶段得到贯彻实施。

然而,知易行难,架构原则的贯彻需要恰当的方法,如下所述。

将原则内化为逻辑:正如 Linus Torvalds 所说,"Talk is cheap. Show me the code."人的传承难免有误差,而将原则直接嵌入代码中,让机器来传承,是一种务实和可靠的方法。例如,对于变更三板斧原则中的可灰度,可以在系统架构设计时利用分布式技术的数据库分库分表技术,使系统天然具备可灰度能力。技术架构师需要传授这些原则,并更多地将其转化为逻辑甚至代码框架,这样传承才会更加牢固。

在教训中强化原则:架构原则虽然正确,但可能会引起一些技术人员的反感。没有被生产环境故障教训过的人,很难真正体会到架构原则的重要性。因此,要让架构原则在团队中扎根,最好的时机是在生产环境故障复盘时,不断强调原则的应用。例如,如果高保障等级的系统 A 不合理地依赖了低保障等级的系统 B,导致系统 B 的变更引发系统 A 的高可用故障,那么在故障复盘时就应该强调故障隔离原则,并据此判定故障责任。即使故障是由系统 B 的变更引起的,但根据架构原则,如果系统 A 未遵守依赖原则,那么责任应归咎于系统 A。只有经历严重后果的深刻教训，才能让架构原则深刻铭记在技术人员的心中。

9.5.2 架构成熟度的审计场

技术架构的演进是一个持续的过程，但这并不意味着架构可以随意发展，充满临时逻辑。就像人每年需要进行体检以确认健康状况一样，技术架构也需要定期的"体检"。这就是架构成熟度的审计。这是确保技术架构能够代代传承的关键。

1. 从点到线的串联

架构决策文档通常是针对单个事项的决策判断，是点状的信息传承。而架构成熟度的审计则是针对整个系统的多维综合评估。如果说架构决策是点，那么架构成熟度审计就是将点串联成线，甚至可形成一个面。

在实践中，架构成熟度的审计与架构决策文档类似，需要有明确的审计人、审计结论和审计评判要求。审计内容通常包括：

从哪里来。技术架构的基线，可以通过技术支撑业务需求的效能、技术负债情况、技术风险情况等来表述，尽可能使用数字，必要时使用案例。

到哪里去。技术架构的演进目标，包括技术架构师根据预判确定的技术架构痛点、需要升级的核心能力，以及制定的演进目标。

现在在哪里。技术架构的演进进展，使用清晰的数据来证明当前进展，并结合研发人员的主观感受来验证数字化目标的实现情况。例如，如果技术架构的演进目标是提升业务支撑速度，通过数据计算提效进展为 30%，则需要调研实际参与项目的研发人员的真实感受，以体感和数据相互印证。

2. 不以成败论英雄

在进行架构成熟度审计时，常有人陷入以业务结果论英雄的误区，即认为只要业务结果好，架构问题就可以忽略。然而，技术架构的审计应该从技术架构的专业性上进行评判，这样才能真正指导技术架构力的提升。

最能体现技术架构专业性的还是领域模型和接口契约。需要审计领域模型是否混乱、是否腐化，因为业务响应速度慢、风险无法控制的问题，多半能在领域模型上找到根源。接口契约是领域模型的对外表现，需要审计接口是否得到治理、参数是否精简、语义是否清晰、使用文档是否易用等。这些都是架构成熟度审计应该重点关注的内容。架构成熟度审计需要进行点线面的综合考虑，更要有落到实处的控制点。

9.5.3 架构文化的传承场

为了确保后继者能够有效地融入、接受、改良并创新当前的技术架构，同时传承架构原则和理念，架构文化的传承至关重要。实践中，编写架构白皮书是一种有效的方法，它可以帮助将架构文化固化和传承。

架构白皮书是对技术架构的全面阐述，包括架构的设计理念、原则、决策过程、演进历史、当前状态和未来规划。通过这种方式，架构白皮书不仅记录了技术架构的详细信息，还传达了架构背后的文化和价值观。

1. 把控目录分层

架构白皮书的核心在于目录，它就像故事的主线，既清晰地展示了白皮书的重点和层次，便于不同读者快速找到适合自己的内容，又使得内容能够循序渐进，让读者能够从全局到局部，从简单到复杂无缝地阅读。一般来说，技术架构白皮书至少应包含以下四个层次（样例如图 9-5 所示）。

- XX系统架构白皮书
  - L0-全局架构论述
    - XX系统在战略中的位置
    - XX系统的愿景和使命
    - XX系统的挑战与困难
    - XX系统的演进历史
    - XX系统应用架构大图
    - XX系统部署架构大图
  - L0-全局架构规范
    - 架构原则与理念
    - 关键架构决策
    - XX架构规范
  - L1-领域架构论述
    - XX系统核心能力全貌
    - 子领域模型论述
  - L2-XX系统关键项目
  - L3-架构迭代日志

图 9-5 架构白皮书目录

L0，全局架构论述与规范：这部分主要阐述系统在业务战略中的定位、承担的职责、要解决的问题，以及愿景和使命。同时，将全局架构的原则、理念、规范，以及形成这些规范的决策文档收纳于此。

L1，领域架构论述：这部分着重描述系统整体具备的核心业务能力，并深入剖析各个子领域模型，包括核心职责、数据资产和边界，以及接口设计等。

L2，关键项目：主要记录系统上发生的重点项目，以及该项目中使用的重点技术，总结一些原理性的、复杂性的架构和技术。通过这些项目的文档沉淀，我们能够更加生动地看到技术架构演进的关键节点。

L3，架构迭代日志：建议以月为单位记录架构的迭代日志，以便后续的追溯和反思。

2. 纳入目标考核

为了确保架构白皮书的编写不仅仅是临时行动，而是成为一项长期坚持的制度和文化，必须从组织设计和目标考核上提供保障。一种可行的方法是将架构白皮书编写作为架构成熟度审计的一部分，将其纳入日常的工作流程中进行管理，而不仅仅是一项额外的工作。

此外，架构白皮书的成功不仅需要组织的考核，还应包括受众的反馈，如阅读量、点赞量和评论量等。这种大众评审机制有助于提高架构白皮书的质量。例如，一些架构白皮书在开篇就会列出版本维护人和巡检更新机制，这样阅读者可以迅速判断文档是否最新、是否可靠，以及有问题时应该联系谁。这样的架构白皮书更有质量，也更有利于传承。

技术架构的传承对于大型技术组织来说至关重要，但往往难以做好。这并非因为资源或能力不足，而是没有认真对待。只要认真起来，就几乎没有做不到的事情。然而，要让一个组织的成员认真对待某件事情，不能仅依靠个人的自觉，而是需要将这件事情嵌入组织的工作流程中。只有当一件事情被纳入工作流程，它才不会被忽视或遗忘。

第 10 章
系统思维才是架构师的真内核

技术架构师是在技术领域扮演着关键角色的专业人员。他们在业务需求分析、项目实施、技术架构治理等多个环节中发挥着重要的作用。技术架构师似乎无处不在，他们具备广泛的知识和技能，能够在技术领域内应对各种挑战。

技术架构师不仅需要具备高超的专业技能，还需要具备良好的系统思维和认知心态。他们要能在宏观层面上进行技术架构的规划和治理，同时也要在微观层面上带领团队进行业务项目的交付实施。技术架构师是技术人从最初的研发编码，到成长为技术团队的核心骨干、技术主管、高阶技术主管，甚至是技术 CTO 的关键一步，如图 10-1 所示。

在接下来的内容中，我们将从架构师的生态位置、系统思维和认知心态三个角度来深入探讨技术架构师的内核，以及如何成为一个优秀的技术架构师。

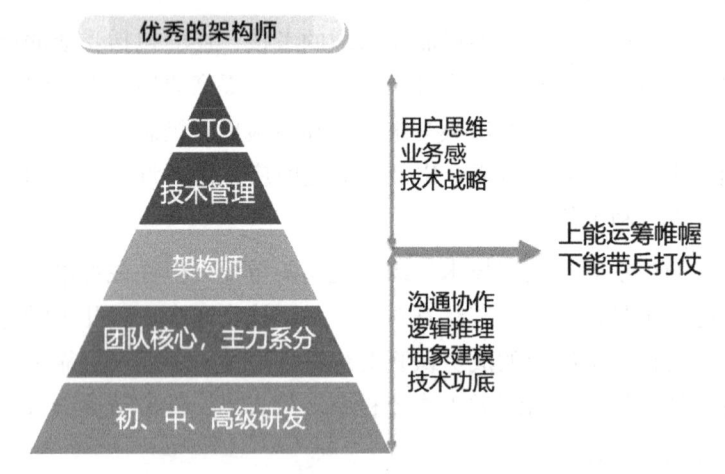

图 10-1 架构师在职业生涯的位置

10.1 架构师的生态位置

架构师的角色既像是踏着五彩祥云的救世英雄，又常常成为各种问题的挡箭牌。他们经常被借用来赞成或反对某些事项的推进：

◎ 业务需求不仅数量庞大，而且频繁变化。技术人员即使加班加点，也常常被抱怨效率低下、问题繁多。

◎ 产品经理在进行产品分析和设计时，经常需要技术人员参与评估，甚至要一行行检查代码以了解系统现状，但他们还会抱怨系统能力不足，无法提供必要的数据支持。

◎ 技术人员在项目实施过程中，最常遇到的是系统边界问题，最常抱怨的是架构不够先进，导致对业务需求的支持缓慢，生产环境中的应急事件频发，缺乏时间和空间进行深入思考和个人成长，从而感到技术成就感较低。

这些现象反映出对技术架构师在软件研发过程中的角色定位和价值贡献认识不清晰。在探讨架构师的系统思维之前，我们有必要明确架构师在生态系统中的位置，以及他们的权责。这些因素决定了架构师应具备的能力，并对他们提出了独特的要求。

10.1.1 架构在产研中的位置

在大多数产品研发过程中，通常遵循一种瀑布式协作模式，如图 10-2 所示。在这个过程中，业务人员首先了解需求，然后由产品经理进行收集和分析，最后传达给技术人员实施。

业务需求的单向协作机制

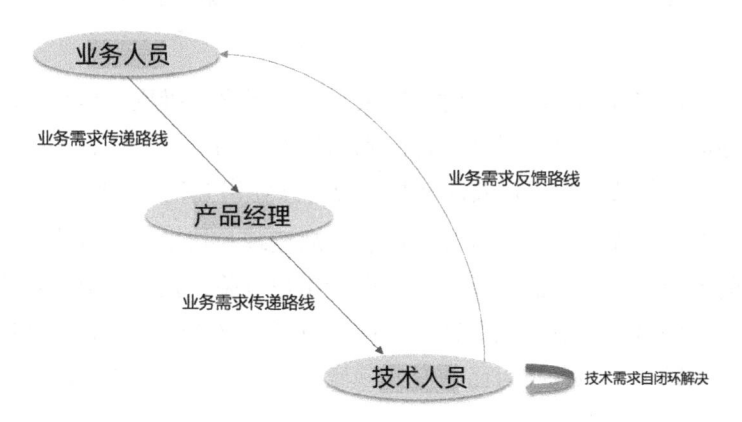

图 10-2 瀑布式协作模式

这种模式的问题在于，它使得上游角色更加面向未来，而下游的技术人员则更多地依赖历史经验，处于信息劣势的地位。这种信息的不对等很容易导致上游角色在制定方向和目标时，较少考虑实施路径的可行性。因此，当研发的产品出现问题时，人们往往倾向于归咎于架构的不灵活或缺乏前瞻性。

当技术架构团队竭尽全力弥补信息劣势，提出一个相对可靠的架构方案，并能够识别出对未来需求复用有影响的改造点时，他们通常会与业务人员、产品经理一样，主动地自我合理化地认为，这样的架构优化一定会影响项目的上线时间，因此倾向于先实施临时方案，而不是进行架构优化。然而，当项目上线后出现问题，技术架构团队再次主动排查并提出清理和解决历史架构负债的方案时，业务人员和产品经理往往会指责说：这就是一个技术架构问题。

10.1.2 业产技是三角关系

为了改变瀑布式协作模式带来的信息不对称问题，可以采用业务人员、产品经理和技术人员之间的三角关系协作模式。这种模式强调三个角色之间的直接沟通和协作，以确保信息的及时传递和共享。如图 10-3 所示。

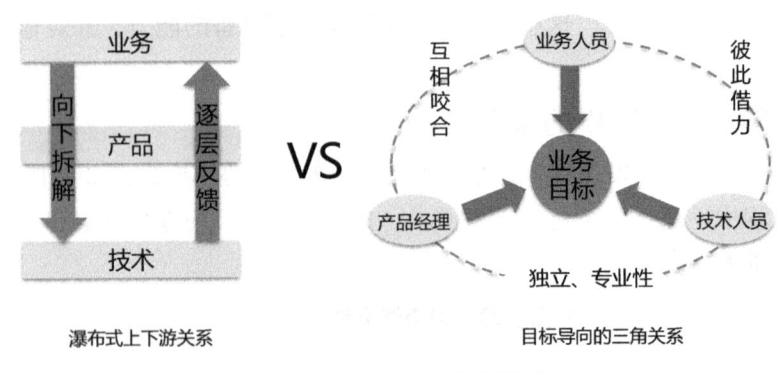

图 10-3 三角关系协作模式

在面对不确定性的市场环境时，决策需要考虑多个维度，包括清晰的商业模式、客户导向的产品设计，以及长远前瞻的技术架构思考。这种多维度思考决策要求团队成员不仅要专业，还要能够独立思考并输出意见和判断。

在三角关系协作模式中，业务人员、产品经理和技术人员各自围绕业务目标发挥自己的专业价值。产品经理专注于设计用户体验，技术人员负责论证技术架构方案和可能的风险，业务人员则考虑市场策略。这种模式适合互联网产品的研发，因为它鼓励每个角色在自己的专业领域内发挥最大的作用，同时保持对业务目标的共同关注。

然而，团队成员在未做好自己本职工作之前，应避免盲目补位或越位。技术人员的首要任务是确保产品研发的质量，而不是过度介入产品设计。产品经理应专注于提升产品体验，而不是参与销售谈判。这种混乱的生产关系可能导致团队效率低下和目标不一致。

业务人员、产品经理、技术人员三方保持独立性与专业性，并不意味着各自为战。相反，他们应该围绕业务目标互相咬合，形成合力。产品经理根据业务目标设计产品体验，技术人员根据业务目标设计系统架构，业务人员根据业务目标考虑市场策略。这种互相咬合的关系需要取舍和共识。例如，如果业务人员认为需要迅速抢占市场，而产品经理和技术人员认为不应推出不完美的产品，那么就需要通过沟通和协商来达成共识。

三角关系协作模式能够发挥出"1+1+1>3"的效果，因为每个角色都能为其他角色提供支持和补充，彼此借力。技术人员可以通过数据分析提前发现客户体验问题，产品经理可以给技术人员提供前瞻性的信息，业务人员可以提供真实客户案例以完善产品设计。这种有效的补位是在每个角色做好本职工作的前提下进行的。

在这种三角关系设计下，技术架构师能够更好地找到自己的位置，感受到业务目标的压力，并更加积极主动地为业务成功贡献自己的力量。三角关系协作模式有助于确保技术架构师不再处于信息链路的末端，而是成为推动业务成功的关键角色。

10.1.3 架构师的三大权责

论述清楚了在产品研发大框架下，技术架构应该占据的位置，再讨论技术架构师的职责和独特贡献就能够找到正确的锚点。总体而言，技术架构师主要肩负着三项核心职责。

1. 军师——助力业务赢得市场

许多公司在规划业务项目时，倾向于讨论所需资源的数量，这种表述无意中将技术人员简化为资源。然而，技术人员并不仅仅是可以随意调配的资源。尽管业务价值的实现确实依赖技术人员的编码工作，但这并不意味着技术人员应当被视为可以随意安置的部件。技术是一种关键能力，它能够帮助企业实现业务价值并赢得市场份额。

在这个过程中，技术架构师的角色更像军师。他们必须深入理解业务战略和短期目标，并设计出既高效又节约成本的技术架构方案。在关键项目中，他们引领技术人员克服重重困难，攻克关键技术难题。项目上线后，他们监控技术指标和业务价值的实现情况，并向业务团队提供技术视角的洞察和建议。

2. 法官——理性建立架构秩序

一个杰出的技术架构师可能需要管理数十甚至上百名虚拟团队成员。为了保持秩序和效率，必须建立体系化的架构原则和规划来约束团队行为，以避免破窗效应导致系统变得不可维护。

建立这样的架构约束的核心在于对权力的分层设计。架构工作可以分为三个层面：

◎ 架构方案的原则与规范的制定，这涉及"立法权"。
◎ 组织技术人员实施架构方案，这属于"行政权"。
◎ 技术方案上线后的架构合理性与成熟度审查，这构成了"司法权"。

技术架构师应行使"立法权"，负责抽象、提炼架构的规范和原则，并确保团队共识。技术主管则行使"行政权"，负责技术目标的拆解、架构规范的权衡，并组织团队实施。技术主管也可能委托技术架构师来执行这些任务。在行使"司法权"时，技术架构师应为主导，技术主管提供辅助，对违反架构原则的项目进行定期评审和公开讨论，确保及时纠正偏差。

3. 巡警——风险自查效率为先

技术架构师在某种程度上需要平衡"价值交付、架构秩序、风险效能"三个关键因素。价值交付关注的是业务价值和目标的实现，架构秩序则涉及交付过程中不同角色间的协作问题，而风险效能关注的是技术团队内部核心能力的提升。

技术人的核心贡献在于充分利用技术架构的扩展性和复用性，以提升对业务需求的支持效能。值得一提的是，研发效能的提升在一定程度上还取决于业务领域模型的抽象设计是否合理，以及其他外部因素。然而，技术风险则有所不同，它与业务人员和产品经理无关，其决定因素完全在于技术人自身。因此，技术架构师必须重点关注技术风险，不容有任何懈怠。

风险防控是一个持续的过程，技术架构师需要不断地自我检查和反省，就像巡警一样，审视技术架构中的漏洞和未被识别的风险，并采取相应措施进行防范。他们需要随时巡逻系统，识别效能瓶颈和风险盲区，并逐一进行改造优化。

技术架构师无疑是团队中的灵魂人物，各个合作方对他们都抱有极高的期望。在管理层眼中，他们是技术领导者，负责带领团队完成业务产品交付，解决技术难题。在业务人员眼中，他们是支撑业务的系统设计师和实施者，提供有效解决方案并持续迭代。对于一线技术人员来说，架构师是导师和布道者，是学习和成长的榜样，帮助他们解决工作中的技术难题。在项目组看来，架构师是灵魂支柱，能够洞察问题的本质，化繁为简，并带领团队达成目标。这些期望反映了软件研发的复杂性和大规模协作的困难，技术架构师需要站在业务、产品、研发的三位一体的关系上，从技术视角提供专业建议，以最低成本、最高效、最安全的方式解决业务的关键难题。

10.2 架构师的系统思维
10.2.1 架构设计思考法

我们根据常见的结构化思考方法总结了一套架构设计思考法，旨在帮助技术架构师从多个视角和维度建立全面的系统思维，如图 10-4 所示。

架构设计思考法

- 0 → 1：从混沌无序中抽取主线
- 1 → 0：找寻影响问题的关键点
- 1 → 2：复杂问题拆解分而治之
- 1 → N：面向未来的前瞻性思考
- −1 ↔ 1：上下左右全方位思考
- M×N → M+N：解耦降低复杂度

常见的结构化思考方法

- 金字塔原理
- 5WHY
- WHAT/WHY/HOW
- SWOT
- 四象限
- ……

图 10-4 架构设计思考法

1. 0 → 1：从混沌无序中抽取主线

这个架构设计思考法的核心意义在于：在面对一系列困惑和混乱时，首先应紧密关注问题本身，还原客观事实，并迅速构建一个初步版本，以此作为启动认知和迭代优化的讨论基础。随后，围绕这个初步版本逐步叠加和丰富其他维度的内容，直至形成一个完整的架构设计方案。

例如，在讨论某系统能力升级方案时，有些人倾向于使用 PPT 绘制模块概念图，并辅以抽象词汇进行讲解，这往往让人感到困惑。单纯通过概念推导概念的方式难以准确传达意图。为此，可以采取以下策略。

（1）**用户视角的客观世界还原**：首先，应该从用户视角出发，通过讲述用户故事，使用交互流程和真实数据来描述问题。这种方法可以帮助团队快速达成共识，并清晰地理解客观事实。这个"1"将成为后续讨论的核心对象，可以通过交互时序图或 Excel 表格来直观展示，而不是使用复杂的概念模块图。

（2）**客观信息的结构化整合与提炼**：仅仅确定"1"是不够的，还需要对它进行结构化的整合和提炼。通过结构化处理，信息才能转化为有意义的知识，并与以往的经验相结合，从而进行初步的架构设计。例如，在处理数据流时，可以识别出哪些是可合并的同类项，哪些需要进行平衡校验逻辑。

(3)加入多元视角的检验与抽象：经过第(2)步的处理，使"1"变得更加完整。接下来，需要加入多元视角的抽象和校验，例如考虑重要异常、投资回报率、合理性、扩展性等因素，以形成一个完整的可实施主线。

通过这种方法，在讨论方案时，使用交互序列图或表格来聚焦讨论，可以帮助团队从混乱中快速提炼出关键点，并形成一个清晰、可行的架构设计主线。

2.1 → 0：找寻影响问题的关键点

架构设计思考法的第二条建议是，在面对众多因素而难以抓住关键点时，可以采用删除法（即考虑去掉某个因素是否可行），以识别出真正的关键点。

例如，技术团队每年进行技术规划时常常感到痛苦，这是因为脑海中有无数需求、有无数的待优化点，还有无数的想法在萦绕，每个点都似乎值得在新的一年里进行突破。然而，如果没有有效的方法来抓住关键点，最终的结果可能仅仅是一个简单的表格。

为了应对这一问题，可以采取以下几种方法。

因果判断法：当需要透过现象探究真实原因，以识别影响事情发展的关键点时，推荐使用因果判断法进行检验：这个点到底是"因"，还是"果"。例如，某系统近期研发效能低下，就是"果"。要找到造成"果"的"因"：比如，系统架构太复杂，使得实现任何业务需求，都要修改大量代码。值得注意的是，因果关系往往是嵌套的，系统架构太复杂本身也可以视为"果"，而它的"因"可能是系统模型抽象层次不清晰。

树干树枝法：有时候，各个因素之间并非单纯的因果关系，而是依附关系，如同树枝依附于树干。为找到关键点，可以尝试使用树干树枝法进行检验：如果去除这个点，是否会影响到整体，是否会导致结论不成立。通过多轮分析，绘制出树干与树枝的关系，树干就是要找的关键点。例如，在上述研发效能低下的问题中，"因"还有很多，如系统架构的复杂性、研发流程的冗长、人员技能熟悉度低、业务需求分析不到位等。每个因素都可能成为树干级关键点。在项目组组建的初期阶段，可以将人员技能熟悉度低视为树干级因素。人员技能熟悉度低可能导致业务需求分析不充分，对研发流程不熟悉，以及对系统架构缺乏了解。

支点撬动法：有时，各个因素之间的关联关系较弱，难以通过上述方法确定关键点。此时，支点撬动法就可以发挥作用，即寻找能够激发这一系列因素的关键要素。举一个例子，在2024年的《政府工作报告》中提出，"充分发挥创新主导作用，以科技创新推动产业创新，加快推进新型工业化，提高全要素生产率，不断塑造发展新动能新优势，促进社会生产力实现新的跃升。"在这个场景中，科技创新便是撬动现代化产业建设的关键要素。

以上是目前实践中总结的一些抓取关键点的方法。但在此过程中，我们一定要注意粒度问题，避免走极端。例如，一提到关键点，就立刻深入本质；一触及本质，就急于找根因；一找根因，就深挖到人性层面，最终将所有问题归咎于人性原罪。这种做法既缺乏实际价值，也无助于问题的有效解决。

3. 1→2：复杂问题拆解分而治之

架构设计思考法的第三条建议是，面对抽象问题时，应该采用拆解的方法（一分为二），通过分而治之的策略来确定每个小问题的边界。通过解决这些小问题，可以降低全局思考的难度，从而更快地形成解决方案。在处理复杂问题时，可以采取以下两种典型的技术架构动作。

纵深拆解：拆解是一种有效的分而治之的方法，但它不仅仅是简单的物理分割，而应该是有逻辑的、有机的拆解。例如，将生产环境故障指标直接分配给每个团队成员是无效的。相反，应该拆解为建设如故障发现、故障应急恢复等能力，然后对这些能力进行技术架构设计，以实现最终目标。

横向解剖：在讨论业务需求时，经常会遇到僵局，比如产品经理认为这是技术架构问题，技术架构师认为这是业务需求问题，而业务人员则认为这是产品设计问题。要打破这种僵局，就需要对问题进行一层层的解剖，清晰地区分业务需求问题、产品设计问题和技术架构方案。每一层都应该向上游屏蔽下游的细节，这样才能清楚地定义问题。通常，从参与角色的角度进行解剖更容易获得全面和深入的理解。

4. 1→N：面向未来的前瞻性思考

在进行技术架构设计时，前瞻性至关重要，避免被业务需求牵着走。在考虑技术方案时，不仅要关注当前条件，还要预见到系统从 1 到 N 过程中可能遇到的挑战。

前瞻性的核心在于对时间的考量：从长远角度出发，预测关键生产资料可能的变化，并据此进行架构设计。这些关键生产资料如下所述。

业务场景：作为系统演进的驱动力，包括市场份额、客户价值、竞争对手动态等。

团队组织：人是系统的创造者和推动者，若不能发挥人的积极性，系统就无法支持业务的快速发展。

技术架构：本身是一种极其重要的生产资料，这一点却常常被许多人忽视。例如，在设计不合理的代码中，我们经常看到同一个语义的常量在多个不同的地方被重复定义，这无疑增加了维护的难度和成本。相反，通过简单的技术架构优化，如定义一个静态常量，就能轻松解决这一问题。

针对这些生产资料，以下是从 1 到 N 扩展的几个技巧。

(1) 架构考虑所有可能性，但做有限且明确的实施。

在处理充满不确定性的业务场景时，技术架构师面临的一个挑战是如何在缺乏详细信息的情况下提供专业的意见和评估。在这种情况下，技术架构师应该基于自己的经验和对业务变化的理解，罗列所有可能的情况，并为每种情况提供相应的架构方案和评估。

例如，技术架构师可以提出："基于××业务的假设，系统架构需要××量级的工作量，进行××样的能力迭代升级，可以实现××业务效果和价值，但需要进一步××业务输入。"这样的做法可以帮助业务人员更清楚地理解不同选择的影响，并做出更明智的决策。

然而，在实施技术架构时，并不需要实现所有可能性。技术架构设计可以很宏大，但实施应该从小处着手。对于不确定的部分，应该做好扩展设计，以便在未来有需要时可以轻松添加新功能。对于实在无法预测的部分，应该明确拒绝（宁愿不做也不错做），以避免留下潜在的风险和隐患。

(2) 没有靠谱的人，只有靠谱的机器。

在生产环境故障复盘会议中，技术人员的积极性和责任感是值得肯定的，但过度依赖个人审核并不利于系统的长期稳定和发展。当技术人员提出"以后××类变更都加上我来审核一个环节，我确认没问题再往后走"的建议时，虽然体现了个人担当，但这种做法并不推荐。

这种做法可能导致系统变得脆弱，因为它过度依赖个别人员的判断和决策。在技术方案设计时，我们应该追求自动化和系统化的解决方案。能够由系统自动执行的任务，就不应该依赖人工流程来保障。能够通过领域模型进行校验的问题，就不应该依赖旁路系统的侧面印证。

(3) 提前思考"幸福"的烦恼。

许多技术人员渴望参与高并发大流量系统的开发，但在实际编码过程中，往往采取简单直接的方式，忽视了未来可能面临的大流量和高并发问题，以及对资损风险的考量。他们可能会辩称，当前的业务量尚未达到需要考虑这些问题的水平，或者认为这类事件发生的概率极低，因此在一期工程中不必过度关注。

然而，要构建能够应对未来挑战的技术架构，必须从第一行代码开始就进行深思熟虑。这意味着在编码过程中，技术人员应该提前考虑高并发、大流量，以及系统的严谨性。

通常，技术人员更倾向于享受从 0 到 1 的创新过程，而在互联网快速迭代的环境中，从 1 到 N 的扩展过程往往被压缩。因此，在从 0 到 1 的阶段就加入对从 1 到 N 架构的预判至关重要。很多时候，系统的结构性问题在最初的设计阶段就已经确定，后期很难更改。如果要修改，只有一个机会，那就是在设计之初。

5. -1 ⟷ 1：上下左右全方位思考

在考虑技术方案时，不要一条道走到黑，应采取前后、上下、左右、正反全方位的思考方式，以确保方案具有全面性和多维视角。以下是一些实践中常用的思考方法。

正反思考法：在日常的架构设计、系统分析和测试文档编写中，对于正常业务需求功能的描述通常没有太大问题，只需遵循既定步骤进行撰写即可。然而，普遍存在的一个现象是对问题的反面论述不足。例如，文档中可能会详细描述支付的正常流程，但对于退款或拒付等反向流程的描述却往往不够细致。业务功能的正常流转可能被充分论述，而异常场景的讨论却常常被草草带过。然而，只有将正面和反面结合起来，才能构成一个完整的体系，对反面的思考实际上是对正面的有效补充。通常情况下，虽然正面情况出现的概率较高，但消除反面情况中可能出现错误的影响所需投入的精力，往往远超过正面情况带来的收益。

极限思考法：在评估技术架构风险时，应深入思考最坏情况下可能对业务造成的影响。通过极限设问，可以激发团队考虑最极端的情况，并准备相应的风险应对措施。这样，即使在面对最坏情况时，也能有足够的准备和应对策略，从而更加乐观地进行方案设计。

对称思考法：在审查代码或逻辑结构时，应从整体上检查其逻辑结构的完整性、对称性和美观性。例如，使用 if 语句时，应确保有相应的 else 语句，以覆盖所有可能的场景。对称思考法不仅有助于提高代码的可读性和美观性，还能强制性地提醒开发者考虑逻辑的对立面，从而减少因考虑不周而导致的错误。对称的美是一种生产力，因为美的事物往往简洁并能够直接触及本质。同样，技术人在编写程序时追求的也是逻辑清晰、简洁，并直达业务本质。通常，逻辑结构清晰的程序基本上没有大问题。而那些逻辑不清晰的程序（例如，变量命名随意，方法缺乏语义）往往都有 Bug。

6. $M \times N \to M+N$：解耦降低复杂度

在技术架构设计过程中，从系统耦合的角度出发，寻找解耦的突破口是一种有效的方法。例如，高速公路网的连接并不是在所有目的地之间都修建一条高速公路，而是通过建立主干道和分支道路来实现，这种方式降低了系统的耦合度，从 $M \times N$ 的复杂度降低到了 $M+N$。

技术架构解耦可从以下两个方向进行。

解耦上下游关联性：在业务和技术架构发展的早期阶段，为了快速解决问题，通常将多个模块混合在一起，例如电商网站最初可能将会员模块、交易模块、库存模块等杂糅在一个系统中实现。然而，随着业务的发展和架构的演进，对这些模块进行解耦是必然的。解耦的目的在于重新定义各个模块的边界，平衡新业务发展要求下各方发展速度的差异，并通过解耦实现各自的快速发展。

在服务化的分布式架构中，解耦是非常常见的做法。几乎所有的跨域系统架构升级都涉及解耦。例如，电商网站后续发展大多会进行领域服务的拆分，将会员模块独立为会员系统，交易模块独立为交易系统等。

解耦各个角色的依赖：在领域模型抽象之前，需要注意到解耦各个角色之间的依赖关系。技术架构师在信息不足的情况下，应基于经验做出假设，并将技术架构设计与商业选择、产品设计等解耦开来。通过这种解耦，不同角色可以基于服务水平协议（SLA）进行交互，并基于自身的专业知识为对方提供更多的选项和可能性。这种解耦有助于提高系统的前瞻性和竞争力。

在几乎所有大型系统架构的升级中，都可以看到解耦思考法的应用。因此，当缺乏设计思路时，建议从解耦的角度审视和思考，可能会带来新的发现和收获。

10.2.2 架构思维胜在无招

架构设计思考法为技术架构师提供了一种理解和应用系统思维的途径，但它并不是架构思维的唯一或最终解决方案。架构思维是需要不断打磨和提升的，对于架构师而言，建立系统化的思维模式并不是依靠一成不变的方法，而是为了在不同的时间、空间背景下，通过广泛的经验积累和实践训练，灵活地提出适合当前情境的架构方案。

10.3 人人都是架构师

上面提到，技术架构师在业务、产业和技术领域扮演着极其重要的角色，他们是业务的军师，架构秩序的守护者，以及关键风险的巡查者。许多一线开发者可能会认为技术架构师是一个难以达到的高度，要成为技术架构师很难。实际上，成为架构师并不难，只要心中有架构，人人都可以成为架构师。

10.3.1 架构师是一种角色

一个技术团队通常包括技术主管和技术架构师,但很多人并未清楚区分这二者。本质上,技术架构师并非一个岗位,而是一种角色,而技术主管则是一个具体的职位。因此,每个人都可以扮演架构师的角色,但不一定担任技术主管的职位。技术架构师不需要管理所有业务项目的实施细节,而是要专注于核心问题,控制风险。一个形象的例子是,如果我们决定打一条蛇,技术主管负责制定全面的计划,包括需要哪些技能的人员、人数、所需工具,以及执行时间等。而技术架构师则是那个打蛇七寸的人,一击即中。

这两个角色之间的本质区别在于,技术主管拥有组织赋予的人事管理权,而技术架构师则负责技术方案的设计与控制,这是基于其专业能力而获得的事权(把事情做对的权力),是专业能力的延伸,也是技术影响力的体现。通常,技术架构师在团队或项目中扮演意见领袖的角色,因为他们经常通过技术创造性地解决关键问题,为业务的成功带来更多可能性。

架构师是一种角色,他们拥有一套结构化的工作方法。因此,只要遵循架构师的工作思路,养成架构师的优秀素质,每个人都有可能成长为技术架构师。

10.3.2 优秀架构师的必备素质

优秀的技术架构师是业务项目顺利推进的关键,也是系统持续演进的核心力量。如何练就优秀的架构师,我认为可从如下几点持续精进。

1. 永远要有成长型思维

巧妇难为无米之炊,技术架构师若要对系统架构进行前瞻性的设计与思考,就必须对所负责的业务领域有深厚的专业积累。没有人能够对所有行业都了如指掌,因此,保持好奇心,不断以成长型思维重塑自我,就显得尤为重要。成长型思维的一个简单例子是,当遇到不熟悉的领域时,坚信自己通过训练能够掌握,而不是一开始就有畏难情绪,认为自己无法学会。同时,能够从他人的意见中吸取有益的部分来修正自己,而不是误以为对方在挑毛病。

要积累一个行业的专业知识,除了拥有成长型思维,还需要持续的刻意练习,积少成多,最终达到精通。然而,人的惰性是天性,长期坚持学习业务知识确实是一项挑战。一个有效的实践方法是,降低每次学习的启动成本,例如,每天坚持学习一分钟相关的行业知识,让开始积累业务知识这件事的心理压力变得足够小。只有打消抵触情绪,才有可能持续地精进和成长。

2. 用户导向、价值驱动

技术架构师在业务人员、产品经理和技术人员的三者关系中扮演着关键角色，他们需要对业务目标有深刻的理解。要建立对业务目标的认知，技术架构师不仅需要丰富的专业经验，还需要具备用户导向和价值驱动的底层思考能力。

技术架构的设计不应是自我满足的产物，而应致力于解决用户的实际问题。这一点虽然看似简单，但许多技术架构师在思考时并未真正将其与业务价值联系起来。例如，在技术架构负债治理时，技术架构师通常会考虑合并系统链路和减少生产环境的应急事件，但很少会将技术架构负债治理与优化用户体验相结合，例如，是否让用户操作更简便了，是否让用户在操作失败时能够更清楚地了解原因等等。

要培养用户导向和价值驱动的思考能力，技术架构师应该将自己置于用户的位置，模拟用户的交互活动轨迹。他们需要思考用户在系统链路中经历了哪些步骤，可能遇到哪些问题，以及技术架构在哪些环节可能影响用户体验，并考虑如何进行优化以解决用户的问题。通过这种方式，技术架构师可以将自己的工作与业务价值紧密联系起来，真正基于用户的痛点进行架构设计。

3. 化繁为简、看透本质

技术架构师需要对现实世界进行抽象建模，同时考虑到系统中各个协作方的利益诉求。这要求架构师具备一种在复杂情况下看透事物本质、化繁为简的结构化思考能力。

面对复杂问题时，将问题拆解成多个小问题是一种有效的解决策略。这就像解开一个毛线球，需要找到线头一样。为了更好地进行问题分析和解决，可以采用"问题三层深入法"，如图 10-5 所示。

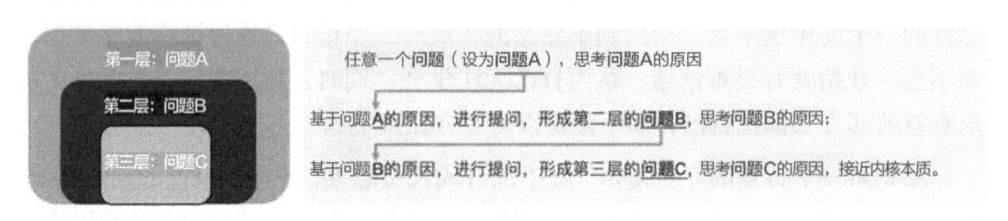

图 10-5 问题三层深入法

（1）**第一层**：当遇到一个问题 A 时，首先要分析问题 A 的原因，并思考解决这个问题的方案。

（2）**第二层**：在找到问题 A 的原因后，继续深入提问，探究是什么因素导致了这个原因，形成问题 B。接着，分析问题 B 的原因，并考虑解决方案。

（3）第三层：基于问题 B 的原因，继续提出问题，形成问题 C，并找到问题 C 的原因和解决方案。

例如，在生产环境中进行了一次系统的日志注入演练，目的是检验日常系统的应急响应能力。然而，日志注入完成后并未触发任何报警。通过检查系统监控大盘，我们发现日志注入是成功的，并且接口调用成功率明显下降，但预警规则并未被触发。

第一层问题：日志注入成功，但未触发预警规则。

原因：系统有报警配置，但规则设定为需连续两分钟的性能下降才会触发报警。

解决方案：将日志注入持续时间延长至两分钟，以触发预警。

尽管第一层问题得到解决，但这只是表象。我们还需深入挖掘问题的本质。基于第一层原因，我们继续探索第二层问题。

第二层问题：为何报警规则设定为连续两分钟的性能下降？

原因：此规则旨在避免系统单次抖动对真实报警的干扰。

解决方案：调整规则，为演练中出现的单次大幅下跌场景单独配置报警，确保这类情况能被及时识别，不受连续两分钟规则的限制。

第二层问题解决后，我们已经开始思考规则的合理性，但仍需进一步探索。基于第二层原因，我们进入第三层问题的分析。

第三层问题：在系统抖动常态化的情况下，如何区分真正的风险并确保关键问题被发现？

原因：真正的风险包括对业务的影响和系统结果码的分析。业务影响是关键，任何影响主链路成功率的情况都应预警；系统抖动的错误码需要在系统中区分处理。

解决方案：

◎ 从业务角度出发，识别真正代表业务问题的行为，并配置相关预警以保障业务运行。

◎ 从技术角度出发，将不重要的单次抖动错误码（如数据库层面的单次抖动）与系统异常错误码区分开来，并建立分层报警规则，以实现对系统抖动和真正未知风险的分层运营保障。

第三层问题的解决使我们接触到问题的核心：什么样的报警是"优质报警"，不同业务场景下哪些报警需要干预，以及如何从系统视角改造技术错误码。

在这个案例中，我们还可以继续深入探讨。例如，第四层问题可以是：一个好的报警规则应该如何配置，如果预警规则有模型支持，应关注哪些因素，以及如何实现报警规则的全自动处理。理论上，这种分析可以无限深入，但通常三层分析足以将问题解释清楚。层次太浅可能无法触及问题核心，而层次太深则可能陷入哲学讨论，对实际操作帮助有限。从实战角度出发，三层分析是比较合适的，甚至可以作为解决问题的基准，结合具体案例进行适当调整。

4. 识别关键点、掌控风险

架构师在项目过程中通常需要从全局角度出发，既要负责架构方案的设计，也要参与落地实施。然而，许多技术架构师往往被批评为仅扮演项目经理的角色，即只关注项目进度而未能真正解决项目中遇到的实际问题。技术架构师的核心能力应该是推动问题的解决，攻克关键问题，并管控核心风险，而不是仅仅盯着个别人员去解决问题。

识别关键点虽然听起来简单，但实际操作起来却相当困难，主要是因为不同人对关键点的理解和把握尺度存在差异。我总结了一些特征，可以帮助辨别哪些是关键点。

（1）一旦成形后期改造成本巨大的即为关键点。例如，数据库表结构的设计，若要修正落库数据，则成本将是巨大的。这是架构师需要亲自审查的关键点。

（2）生产环境故障对业务影响巨大的即为关键点。在老系统架构链路优化升级到新链路的项目中，如项目的切流方案，一旦切流出现问题，就可能会导致业务中断、数据错误，这是架构师需要亲自审查的关键点。

（3）项目中方案频繁变更或进展缓慢的即为关键点。这通常是项目瓶颈的标志，方案频繁变更可能是项目决策出现问题，进展缓慢可能是项目团队成员能力不足。架构师在遇到这类瓶颈时，应深入介入，寻找解决方案。

（4）项目中要实现的关键技术目标即为关键点。项目的业务目标通常由业务人员、产品经理或整个项目组负责，有明确的组织保障，不易偏离。但技术目标通常只有技术架构师自己关注，容易遗漏。例如，项目除了要满足业务需求，还要实现一百万 TPS 的性能指标，这是架构师必须亲自审查的关键点。

5. 以终为始、持之以恒

技术架构师在某种程度上扮演着系统架构守护者的角色，因为只有他们能够洞悉系统的未来，并立足当下去践行。技术架构师有时是孤独的，为了实现理想，常常需要适应许多不合理的状况。毕竟，以迂为直是架构师常用的策略。然而，真正做到以终为始，坚持做正确但困难的事情，不仅是一种心态和意识问题，更是一种能力的体现。

首先，技术架构师需要具备从用户视角识别价值的能力，并将这些价值转化为具体的技术目标。只有清晰的目标才能激励团队共同努力。

其次，技术架构师应要有明确的路径规划和节奏掌控的能力，能够在长期目标与短期结果之间做出合理的取舍。在没有解决生存问题之前谈论理想和愿景，不是仰望星空，而是好高骛远。

最后，技术架构师必须做好有效的过程管理，攻克和解决关键问题，帮助项目组或团队取得里程碑式的胜利。没有什么比一场激动人心的胜利更能提升团队的士气。通过实现里程碑目标并从中获得正反馈，可以推动系统架构不断向前迭代和发展。

10.3.3 架构师的三重能力

要成为优秀的技术架构师，除了需要上述的基本素质，还需要培养以下三重能力，这些能力可以从"术""法""道"三个维度来概括和总结。

1. 术

成为技术架构师是一个"十年磨一剑"的技术追求过程，意味着要手中有剑，使命必达，成为团队中的项目高手。这要求对一系列技术技巧有深入的了解，如图 10-6 所示。

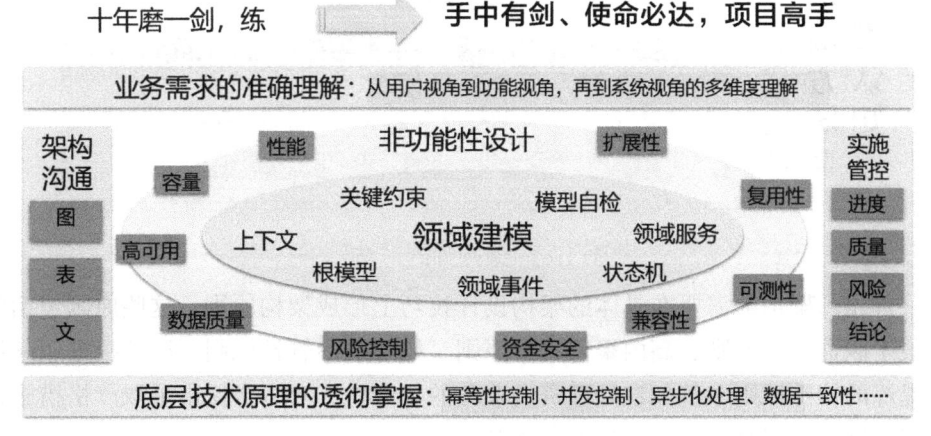

图 10-6 架构师的"术"

首先，技术架构师需要彻底理解底层技术原理，包括常用的分布式技术，如幂等性控制、并发控制、数据一致性等。

其次，技术架构师应准确理解业务需求，能够从用户视角、功能视角、系统视角等多个维度思考和分析业务需求，以识别真正的问题。

再次，技术架构师需要对系统架构设计的常用方法有准确的理解和灵活的应用。其中，领域建模是最关键的，它能够用领域模型揭示业务的本质并控制风险。此外，对系统的非功能性需求进行扩展设计也很重要，如系统的容量、性能、高可用性等。

最后，技术架构师需要具备良好的架构沟通与实施管控能力。即使有出色的设计，如果没有有效的执行，也无法达到预期目标。因此，掌握图、表和文的沟通技巧，以及项目进度、质量、风险的管控能力，都是优秀架构师必须具备的基本技能。

2. 法

如果说架构师的"术"是基本功，那么架构师的"法"则是看待事物、思考问题的系统思维，如图 10-7 所示。

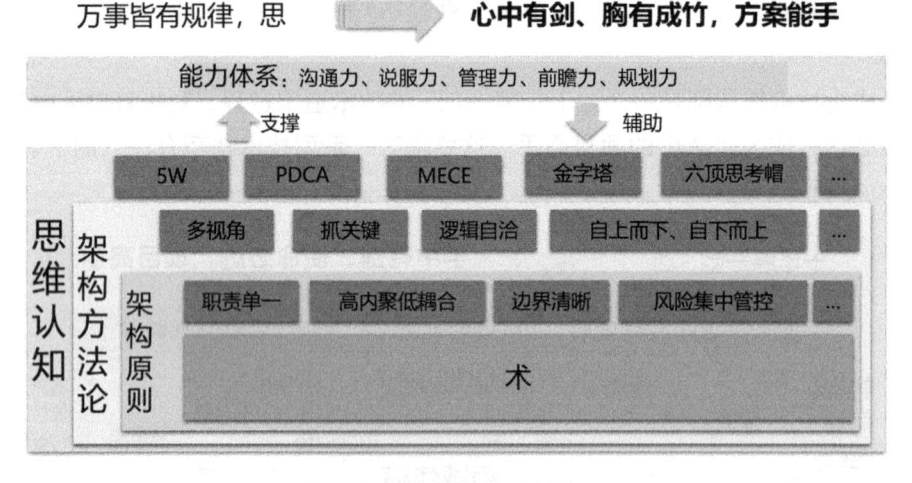

图 10-7 架构师的"法"

首先，架构师需要在具体的架构设计技巧上形成架构原则。这些原则包括但不限于职责单一原则、高内聚低耦合原则、风险集中管控原则，以及根据业务特点提炼的特殊原则，例如在处理资金业务的场景中，对资金流出采取严格措施，对资金流入则相对宽松，以防止资金损失。

其次，在架构原则的基础上，架构师应形成自己的架构方法论，这是产生架构原则的框架。例如，从多个视角思考问题，从众多因素中抓住关键点等。思维认知对架构方法有着深远的影响，提升认知能力相当于突破了个人发展的天花板。提升认知能力的工具包括 5W（Who（谁）、What（什么）、Where（在哪里）、When（何时）、Why（为什么））和 PDCA（（Plan（计划）、Do（执行）、Check（检查）、Act（处理））等。

最后，通过体系化的思考，架构师应形成自己的能力体系，包括沟通力、说服力、管理力等。在这个阶段，技术架构师应达到心中有剑、胸有成竹的境界，能够洞察事物的发展规律并利用这些规律提出解决方案，成为真正的解决方案能手。

3. 道

在"法"的阶段，技术架构师可能还需要依赖思考方法论。然而，在"道"这个层面，技术架构师更多地从技巧驱动转向问题驱动、目标驱动和价值驱动，达到手中无剑、举重若轻的境界，成为问题的终结者，如图 10-8 所示。

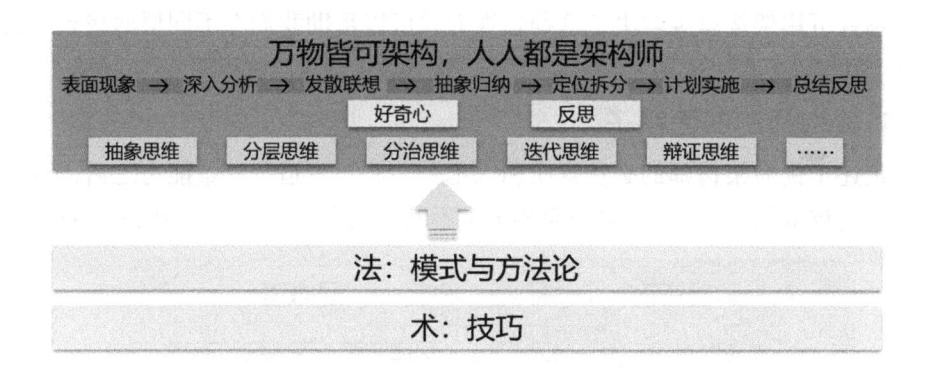

图 10-8 架构师的"道"

在这个阶段，技术架构师基于"术"的技巧和"法"的模式与方法论，已经形成了一些独特的思维体系，如抽象思维、分层思维、分治思维、迭代思维等。但要充分发挥这些思维体系的价值，还需要好奇心和反思。好奇心能够开启探索新世界和新机会的大门，而反思则是总结经验、沉淀技能的关键。只有二者相辅相成，才能持续精进。

仅有思考还不够，高阶的成长需要顿悟，需要向问题学习，向身边的人学习。

技术架构师需要能够从表面现象入手，深入分析实质，找到关键点，以确保落地实施并取得成果。

拥有了架构思维工具，每个人都可以成为架构师，用架构思维解决各种问题，例如，程序员如何平衡工作与生活，是每个技术人都可能面临的问题。

在"术"的层面，处理方法可能是提升工作效率，以便早点下班陪伴家人。因此，人们可能会专注于提高工作技能和效率。

进一步上升到"法"的层面，可能会深入理解问题的本质，比如家人可能是在表达对你工作繁忙导致照顾家庭不足的不满。采取的措施可能是通过购买礼物或创造惊喜来缓解家人的压力。

再进一步上升到"道"的层面，可能会跳出工作与生活选择的逻辑圈，认识到工作与生活的平衡应该是动态的。每个人的生活阶段不同，有些人可能需要在工作上努力冲刺，抓住黄金时期的机遇；而有些人可能需要在生活上投入更多精力，比如照顾孩子或老人。本质上，这是一个关于在哪里投入时间能够获得最高回报的问题。如果当前状态好，将时间投资到工作上可能回报最高，那么其他困难就需要克服；如果状态一般，或者将时间投资到家庭生活回报更高，那么就应该高质量地陪伴家人，为下一个阶段的状态储备能量。

万物皆可用架构思维解决，这种思维方式可以帮助我们在不同层面找到解决问题的方法。

10.3.4 架构师的四面镜子

在论述了优秀架构师的必备素质和"术""法""道"三重能力之后，要想成为优秀的技术架构师，还需要四面镜子来不断丰富和完善自己，如图 10-9 所示。

望远镜	显微镜
埋头做事时也不忘抬头看天	见微知著，深入细致观察
平面镜	后视镜
求真务实，脚踏实地	不断反思总结

架构师的四面镜子

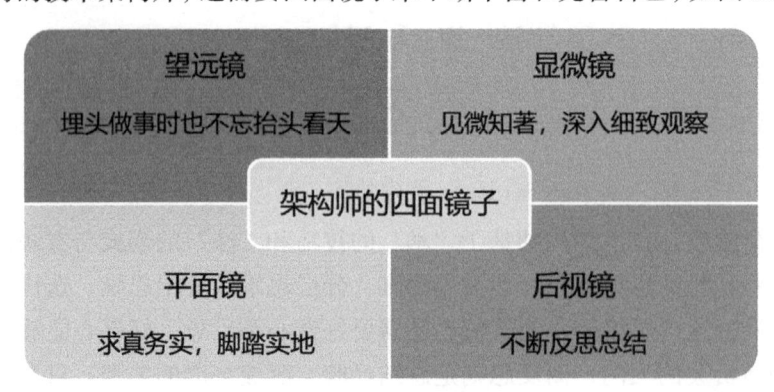

图 10-9 架构师的四面镜子

第一面是望远镜，技术架构师需要面向未来进行思考，在专注于当前工作的同时，也要关注行业趋势、竞争对手的动态和技术前沿的变化。

第二面是显微镜，技术架构师需要具备见微知著的能力，深入细致地观察系统问题和业务发展，以便准确把握系统演进的方向。

第三面是平面镜，技术架构师在组织团队实施落地时，必须保持求真务实的态度，脚踏实地地执行技术目标。否则，再美好的愿景也不过是空中楼阁。

第四面是后视镜，任何人都可能犯错，技术架构师也不例外。关键是要不断反思总结，从自己的历史错误中学习，也从他人的失败中吸取教训。

通过用这四面镜子去内观自己，有意识地培养架构师思维，每个人都有可能成为优秀的架构师。

第 3 篇

技术领导力

　　技术领导力是每个技术主管每天都在思索如何提升、精进的能力。这个能力非常综合全面，要给它做一个完整的定义比较困难，然而，我们可以在这些场景中看到它散发出的魅力：当团队迷茫、浑浑噩噩找不到方向时，技术领导力能够带领大家穿越迷雾、找到目标；当团队士气低落、丧失斗志时，技术领导力能够为团队找到动力、激发组织活力；当团队持续打胜仗、高歌猛进时，技术领导力能够居安思危、坚守初心……

　　基于多年技术主管的实践经验，我倾向这样理解技术领导力：利用技术架构的思维，充分激发组织的活力，带领团队高效达成目标。接下来，我将基于这一理解，对技术领导力在实践方面做一些分享。

第 11 章
团队管理的科学与艺术

在团队管理中，技术主管经常面临两难的选择。例如，在绩效考核中，我们既要评估团队成员绩效的实际完成情况，也要思考如何有效激励下属，而非采取过于严厉的措施。同时，还需考虑团队整体的绩效表现，确保对团队产生积极正面的激励作用。从理念上讲，团队管理应以科学为基础内核，以艺术的方式激发团队成员和组织的潜力。然而，遗憾的是，许多技术主管在应该"科学"的时候谈"艺术"，在应该"艺术"的时候又显得过于生硬，把内核和手法搞反了。那么，团队管理究竟应该是科学还是艺术呢？

本章将分享我们在实践中的一些心得体会。

11.1 技术主管要成就他人

技术主管，也称为技术 Leader 或技术经理，是负责规划技术团队发展方向、制定团队目标、组织和协调团队资源以实现目标结果的职位。用更具体的话来说，当产品经理有一系列需求时，他们会找到技术主管来获取资源、方案和排期；当发生故障和客户投诉时，技术主管要组织团队成员进行应急修复，并在之后进行复盘和推进整改；技术主管还要为团队制定整体规划，为每位团队成员设定目标并进行绩效考评。

因此，技术主管这一职位需要具备非常综合的能力，包括对业务的了解、技术架构的精通，以及团队管理的技巧。通常情况下，技术主管是从架构师转型而来的。两种职位的主要差异在于：架构师主要依靠个人能力完成任务，而技术主管则依赖团队协作取得成功。为了填补这种差异，每个技术人都需要理解技术主管的三重关键职责。

11.1.1 技术主管的三重关键职责

团队的所有事务都是技术主管的责任，团队面临的每一个问题都需要技术主管来解决。将技术主管描述为"无所不管"，一点不为过。然而，越是纷繁复杂的事务性工作，技术主管越应看透其本质才能着手。技术主管若什么都想做，什么都要做，则什么都做不好。在纷繁的事务性工作中，我们可以发现技术主管有三重关键职责，如图 11-1 所示。

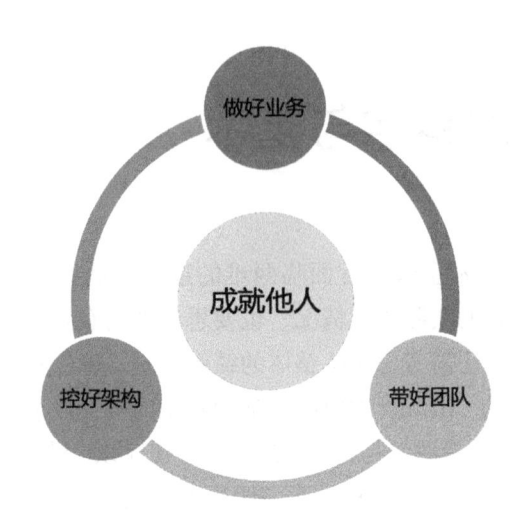

图 11-1　技术主管的三重关键职责

1. 做好业务

组织存在的意义就是达成目标以实现商业成功，这一点是毋庸置疑的。然而，在具体执行过程中各个负责落地实施的职能部门，包括技术部门，往往对业务的理解存在偏差。技术部门会下意识地认为，只要技术本身出色，如性能、容量和可用性达到行业领先，就算完成了任务。这种观点虽然正确，但片面，因为这种观点只关注了自己的板块，而不是对整体的业务目标负责。秉承这样的观点管理技术部门，极有可能导致技术架构在技术上看似完美，却不切实际，而且成本高昂，无法迅速适应业务需求的变化。这就不是真正意义上的做好业务。

对技术部门而言，做好业务应包含两层含义：第一层含义就是确保技术本职工作出色，包括实现良好的技术指标，如系统性能、容量和可用性等；第二层含义就是从客户价值的角度出发，通过优秀的技术架构和组织效能，支持业务项目，创造更大的客户价值。

2. 控好架构

技术主管的专家身份就体现在对技术架构的把控上。前面已经从专业角度详细阐述了技术架构力。这里从团队管理的角度来审视技术架构，我们认识到技术架构不仅决定了团队的工作重点，更是对团队长期能力发展的一种规划。

然而，对于"控好架构"，技术主管容易走向两个极端：一是对技术架构的把控过于严格，因为技术主管往往会用他们专家的眼光去挑剔团队成员的架构工作；二是授权过于宽松，以帮助团队成员成长为名，失去了对技术架构的控制，这可能导致后期的架构重构和治理变得盲目。"控好架构"意味着技术主管需要恰到好处地控制架构，即抓住团队的主要方向，同时适当放手，允许团队成员在一定范围内自主决策。这是技术主管的第二重关键职责。

3. 带好团队

技术主管的第三重关键职责是"带好团队"，即充分且高效地发挥团队的能力。通过长期的实践总结，我们可以发现"带好团队"的核心在于两点：首先，是做好公司文化的传承。公司文化并非我们想象中那么高深莫测，它实际上就是公司员工处理事务的方法，通常传承下来的是那些让人感到舒适且高效的方法。当然，这样的传承过程不可能不加以干涉，必然需要不断的筛选、创新与传承，技术主管就需要肩负这样的责任。其次，是成就他人。团队的成功源自每位团队成员的成长，以及他们所带来的 1+1>2 的持续的非线性回报。

做好业务、控好架构、带好团队这三重关键职责并不是互相独立的，也不完全是按顺序修炼的，而是互为联动的飞轮，互相补充、增强。

11.1.2 警惕四种心态

技术主管通常都是专业能力过硬、做事稳重可靠、作战能力极强的王者单兵。然而，优秀的单兵并不一定是好的统帅。在技术人向技术主管角色转型的过程中，需要警惕以下四种心态。

犹豫心态：99% 的技术主管最初都会担心，成为技术主管后不再参与技术一线工作，会丧失技术竞争力，心态总在退回到独立架构师和持续向技术主管方向精进之间犹豫徘徊。

工具心态：目标感强、能拿结果是王者单兵的基本特质。成为技术主管后，可能会承袭这种特质，容易将团队变成实现目标的工具，而忽略团队成员的状态。

保姆心态：很多技术主管在初上任时，会因处于高压之下而害怕失败，所以对团队所做之事都要保驾护航、随时兜底，进而产生患得患失的保姆心态。

家长心态：技术主管自身能力出众，往往对团队成员有较高的期望和要求，有时甚至可能过于严苛。他们可能会不自觉地批评团队成员的工作成果，例如方案考虑不周全、进度缓慢或结果不够理想。有些技术主管可能过于保护团队成员，出现问题时会将责任全部承担，似乎这样做才不会辜负团队的信任。

成就你的品质往往是你通向下一个阶段的最大障碍。这四种心态都是技术专家刚刚升任技术主管时容易产生的。技术专家所具备的优秀个人作战能力可能会让技术主管只相信自己而忽略了团队；技术专家所具备的担当精神可能会让技术主管过于保护团队成员而无法让他们得到应有的历练。从优秀的单兵成长为优秀的技术主管，还需要更多的历练。

11.1.3 角色转型的建议

1. 调整收益模型

当成为技术主管的那一刻起，实际上就不再是一个人在战斗，内心需要装着整个团队。作为独立的技术贡献者，获得收益的来源可能是个人贡献、个人绩效和自我成长等。然而，作为技术主管，收益模型就需要增加团队这个维度，包括团队成员的成长、团队整体的产出和集体荣誉。

2. 找准自我定位

调整收益模型虽然很正常，但是很多技术主管还是无法克服这种缺少细节掌控、把自己的收益捆绑在别人身上的恐惧。这种恐惧的本质在于他们没有找准自我定位，不清楚自己到底应该给团队带去什么独特的价值，从而引发了安全感的焦虑。这是即使听懂了道理，仍然无法做好技术主管的根源。经过实践，我用前、后、左右、中这四个方位来校正技术主管在团队中的定位，如图 11-2 所示。

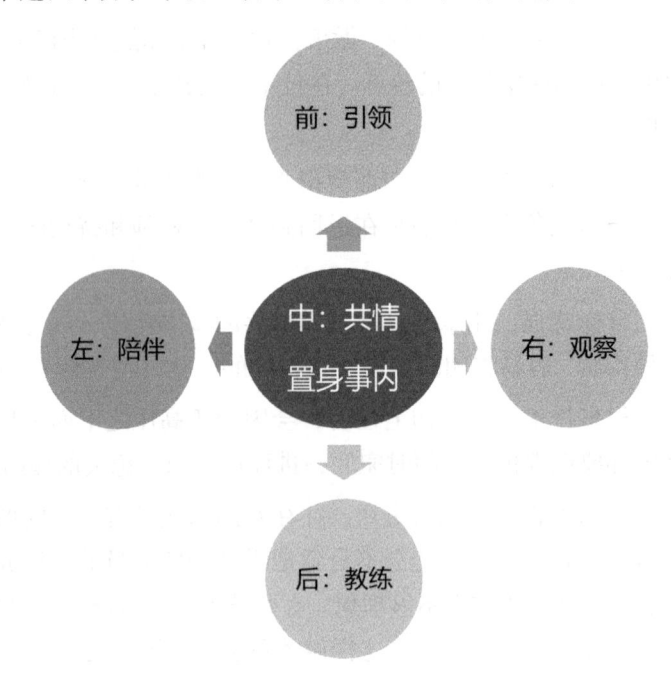

图 11-2 技术主管的定位

（1）前：引领。技术主管应该是团队方向的引领者，需要站在团队前方进行思考。为了有效地引领团队，技术主管应该把握两个关键点。

第一，做好团队的规划和目标制定。技术主管需要明白，确定方向（Where）比执行方法（How）更为重要。这意味着要带领团队明确目标，知道要拿到什么结果。技术主管作为专家很容易给团队进行编码去实现业务需求方面的辅导，这属于How层面的事项。然而，更重要的是要考虑建设什么样的团队和什么样的技术架构，以稳定高效地支撑未来多变的业务需求，这是Where层面的战略规划。相比较而言，规划好Where层面的事项更为重要，也更具挑战性。

第二，做好来自上级团队目标的承接、消化、拆解和反馈。技术主管应避免仅仅成为上级团队的传声筒，将上级的目标和要求不假思索地直接传递给团队成员。技术主管需要对接收到的目标和要求进行深入理解和拆解，结合团队当前状况，制定出适合团队实施的小目标，并确保完成。同时，技术主管还应该将团队的成果、状态和反馈问题及时传达给上级团队，以建立良好的互动关系。

例如，技术主管不应简单地将上级团队制定的零生产环境故障目标直接转发给团队成员，要求每个人都实现这一目标。相反，技术主管应该将实现零生产环境故障所需的能力，如监控发现能力、应急预案恢复能力等，进行拆解并分配给团队成员去实施，同时持续跟踪进展情况。

（2）后：教练。技术主管在带领团队取得成果的过程中，除了站在前方进行思考和规划、引领团队冲锋陷阵，很多时候还需要站在团队的后面。技术主管不必事事亲力亲为，适当地"退后"，给予团队成员合适的历练机会，可能会带来人和事的双丰收。然而，这并不意味着可以走向极端，以锻炼团队成员为名行PUA[1]之实。区分真正的锻炼和PUA的关键在于，技术主管是否在过程中对团队成员提供了明确、具体、可实施的辅导，以及是否给予了明确的反馈。

常说"独行快、众行远"，在团队协作中保证整体安全，确保每个人都不掉队是非常重要的。因此，技术主管有时需要走到团队后面，了解团队成员的士气和状态：是否需要加快进度，坚持一下以快速取得成果；是否需要放缓节奏，释放团队压力；或者是否需要停下来，进行反思和讨论，商讨对策。

以零生产环境故障目标为例，如果近期生产环境故障频发，有重大故障即将发生的迹象，那么即使团队的业务研发任务很重，技术主管也必须提出更加严格的质量要求，确保团队的努力不会因故障而白费。在度过这段危险期后，技术主管也应该让团队有时间放松，比如安排调休或团建活动，以缓解压力。

1　PUA，原意是指精神操控，这里指职场中技术主管运用套路对团队成员进行精神打压，让团队成员逐步丧失自我判断的能力。

(3) 左右：陪伴和观察。针对患得患失甚至有保姆心态的技术主管，可以尝试把自己的站位切换到团队成员的左右两边，以旁观者的角度冷静观察，并提供指导建议。

当团队成员遇到困难或自信不足时，技术主管应给予帮助，以激发他们的潜力；当团队成员连续取得胜利或出现骄傲自满时，技术主管应适当给予警告，让他们更加脚踏实地。这种陪伴式成长能够促进技术主管与团队成员之间进行教与练的平等对话，通过"我做你看、我说你听、你做我看、你说我听"的互动方式，使成长变得务实。

在实现零生产环境故障目标的过程中，可能会有团队成员未能深刻理解监控发现和应急预案恢复的重要性。技术主管不应急于批评，而应通过身教示范如何操作，观察团队成员的实际操作情况，并实时给予指导建议。在解决实际问题的过程中，技术主管应营造一个分享、探讨、学习的氛围。实际上，工作中亦师亦友的关系更加融洽、持久。

(4) 中：共情。团队的技术主管应该置身于团队之中，与团队成员共患难。然而，承担了管理职责后，技术主管需要将部分精力投入到与业务需求对接、团队管理等看似"虚"的工作上。因此，作为技术主管，最应避免的是与团队脱节，即"飘在天上"不了解"民间疾苦"。要判断主管是否真正能与团队成员共情，不应仅听其言，更要观其行。

例如，当团队成员都在加班追赶项目进度时，技术主管应该是陪着加班，积极思考如何优化和改进工作流程，以减少团队成员的加班时间，同时确保项目能够按时完成，而不是留下一句"大家要注意身体，不要加班太晚"的空话后离开。

真正的共情来源于共患难、共奋斗。技术主管必须为团队的过程鼓掌，因为一个团队不能将所有激励都绑定在绩效结果上。绩效结果带来的物质奖励是相对呆板的，一旦过了某个阈值就失去了调节作用。而真正的自我成就感和被认可感，会让整个团队变得有活力、有韧性。因此，"为过程鼓掌"要求技术主管必须置身于团队之中，在奋斗的过程中充分共情。

3. 拿有温度的结果

拿结果是技术主管的首要任务，因为结果的背后关系到团队成员的成长、晋升、收入等多个方面。如果技术主管不能清楚地认识到这一点，就可能会出现一些不必要的同情心，典型表现是害怕与团队成员发生正面冲突，不敢提出明确的要求，在事前或事中模棱两可，到最后绩效考核时才不得不"硬碰硬"。然而，过度追求结果也可能带来团队伤害，技术主管需要平衡正面收益和反面代价，并采取措施防范负面影响。追求结果是团队生存的必要条件，但同时也必须防范因过分追求结果而可能对团队造成的伤害。

首先，技术主管应该视人为人，而不是工具。这意味着要关心团队成员在做事过程中的困难、疑虑和想法，以及他们的情感和人性需求。例如，如果有团队成员希望在工作中表现出色以获得晋升，技术主管应该提供合适的机会和具有挑战性的目标；如果有团队成员因家庭事务分心，技术主管需要理解并适当调整工作分配。

其次，技术主管需要进行人事匹配，根据不同人的诉求和状态，将不同难度的工作分配给不同需求的团队成员，以最大限度地发挥各自的能力，确保组织和个人的需求得到满足。对于希望晋升的团队成员，应该分配具有挑战性的任务，并提高考核要求，以体现其独特价值。对于需要临时照顾的团队成员，应确保他们能够满足基本的工作要求，同时保持工作质量。

最后，技术主管需要平衡的是对团队成员个人诉求的关注，这反映了一个团队的温暖和人性化。当个人利益与团队利益发生冲突时，应以团队利益为重。例如，当团队面临一个重要且紧急的项目时，技术主管应优先考虑项目成功，选择最适合完成任务的团队成员，而不是为了给某位需要晋升的成员创造机会而延误项目进度。一个成熟的技术主管应将团队利益放在首位，确保任务由最合适的人来完成。

技术主管兼具专家和经理的双重身份，需要同时具备技术专业知识和团队管理能力。"一将无能、累死三军"，技术主管如果不能带领团队取得优异成绩，那么不仅对公司造成损失，也是对团队成员及其背后家庭的不负责任。团队成员为公司的目标努力工作，不仅仅是为了个人，也是为了支持他们的家庭。技术主管的角色虽然荣耀，但同时也肩负着沉甸甸的责任。

11.2 设定有激发性的目标

没有目标的个人会感到迷茫，找不到自己的价值和意义，而没有目标的团队就像一盘散沙，缺乏存在的价值和意义。为团队设定绩效目标是技术主管的基本工作。然而，许多技术主管对绩效目标有着错误的认知，例如：只是简单地对上级团队的目标进行数字调整，而不思考本团队应该承担的具体目标；设定过高的团队目标，认为只有这样的目标才配得上优秀的团队；认为目标只是用来引导团队，不需要非常精确……一个好的目标能够激发团队成员的积极性，帮助他们成为更好的自己，为团队注入灵魂，共同成就卓越。结合实践经验，技术主管在设定好的目标时可以采用以下技巧。

11.2.1 SMART

SMART 是一种常用的目标设定方法论，它要求目标必须满足以下五个方面的要求，如图 11-3 所示。

（1）Specific（具体的）：目标应该明确、具体，这样团队成员才能清楚地知道他们需要达成的具体结果。

（2）Measurable（可衡量的）：目标应该是可衡量的，这样团队才能跟踪进度，并在目标达成时进行庆祝。

（3）Attainable（可行的）：目标应该是可实现的，考虑到资源和限制，团队应该能够实际达成这些目标。

（4）Relevant（相关的）：目标应该与团队的整体方向和战略相关联，确保团队的努力与组织的更大目标一致。

（5）Time-bound（有时限的）：目标应该有明确的时间框架，这样团队成员就知道何时需要完成目标，以及如何安排他们的工作。

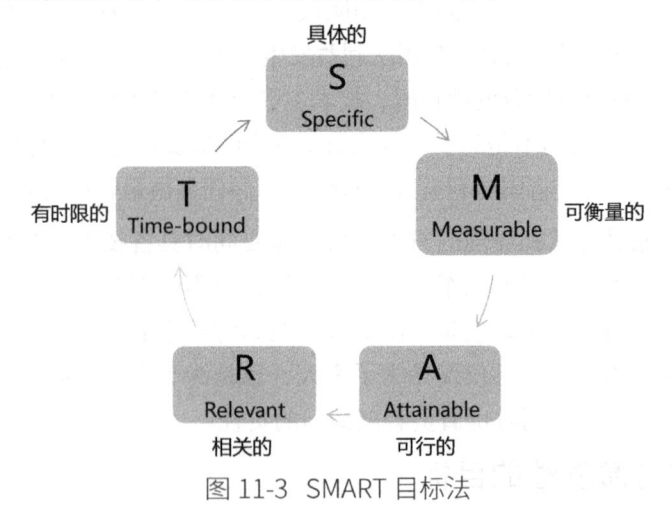

图 11-3 SMART 目标法

SMART 目标法虽然在理论上看起来简单，但在实际应用中却并不容易。技术主管在应用 SMART 原则时需要注意以下几个盲区。

1. 设定具体的目标

SMART 原则中的 Specific（具体的）要求目标明确、具体。设定目标的意义就是在不确定性中找到确定性，但很多技术主管却在没有找到确定性之前就拍脑袋给出一个目标。技术主管在设定具体目标时，应该基于对当前状况的深入了解和对未来发展的合理预测。例如，在设定零生产环境故障的目标时，技术主管应该考虑团队的历史故障率、技术基础设施的稳定性、团队成员的能力和经验等因素，而不是简单地拍脑袋决定。

目标设定后，需要有层次化地拆解到每个团队成员，确保每个团队成员都清楚自己的职责和期望。然而，这种拆解应该基于对目标实现的合理规划和资源分配，而不是简单地将上级团队的目标直接下放。例如，零生产环境故障的目标应该通过分析故障原因和改进措施来拆解，而不是简单地要求每个团队成员都不允许犯错。

在目标设定中，一个常见的错误是将手段误认为目标本身，这是第三个容易陷入的盲区。在上述零生产环境故障案例中，团队正确地将目标拆解为建设生产环境灰度发布能力。然而，如果团队在建设过程中只关注能力建设的完成度，而忽视了能力建设对实现目标的贡献度，就可能导致将手段误认为是目标的情况。

例如，团队可能投入数月时间完成了灰度发布能力的建设，却发现该能力在实际应用中并未产生预期效果。原因可能在于，尽管灰度能力已经建设完成了90%，但它只覆盖了8个系统。要真正让业务受益，可能需要将覆盖范围扩展到10个系统。对于这个业务的特性，灰度能力的要求并不需要达到100%，只需要80%的能力完善度，但必须覆盖所有系统，这样才能达到良好的效果。因此，如果我们一味地专注于将灰度能力提升到100%，然后再去覆盖系统，就会出现把能力建设本身当作目标的情况，而忽略了实际业务需求。

2. 设定可衡量的目标

Measurable（可衡量的）原则要求目标能够通过数字来量化，以便跟踪和评估。例如，测试用例的业务场景覆盖率90%就是一个很好的量化指标。这种百分比形式的描述能够清晰地反映出解决问题的全面性和当前的进展情况。

然而，一个常见的盲区是在设定目标时没有明确统计口径。如果统计口径不明确，即使数据看起来很好，团队成员的实际感受也可能并不好。因此，为了实现对目标的有效追踪和效果衡量，最好的方法是将目标的进展绘制成曲线图，如图11-4所示。这样，任何统计口径的变化都能一目了然，同时曲线图也能直观地展示目标的进展情况。

在技术团队中，我们提倡"show me the code"来展示代码的质量，同样在团队目标上，我们提倡"show me the curve"来展示目标的进展和完成情况。

没有量化，就很难进行优化。但是，如果只追求优化，就很容易走向极端。为了防止这种问题，必须设计双指标，使得目标的衡量指标能够互相纠正。例如，对于测试用例的回归效能提升，团队设定了在8小时内完成所有测试用例的回归测试的目标。如果只有"效能"这个单指标，就可能会导致团队为了追求速度而忽略测试用例回归的质量。因此，除了要求在特定时间内完成测试，还应该包括回归测试质量的要求，如测试用例的业务场景覆盖率必须达到 90%。只有这样的双指标设计，才能真正促进有意义的目标达成。

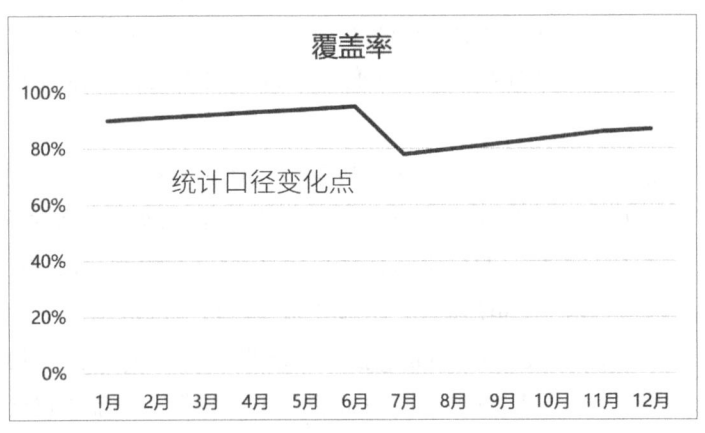

图 11-4 覆盖率曲线

3. 设定可行的目标

Attainable（可行的）原则要求目标在当前资源和条件下是可实现的。使用"Nothing is impossible"（没有什么是不可能的）这种口号来鼓舞士气是可以的，但它不能作为设定目标的依据。目标设定必须考虑成本效益，确保在现实条件下是可行的。

绩效目标就是在寻找限定资源下的最优解。这里的资源约束包括时间资源和人力资源。时间资源的限制是显而易见的，例如，怀孕需要十个月，这不能通过增加营养等手段来缩短妊娠时间。同样，如果迫切需要发布一个功能来抢占市场份额，但需要一年才能完成，那么这样的目标就失去了实际意义。

人力资源的约束同样重要。团队人数有限，而且投入人力资源实现目标的成本和收益比，以及机会成本也需要考虑。技术专家转型为技术主管时，很容易将资源投入到理想主义的目标上。例如，为了实现零生产环境故障的目标，可能需要投入 5000 人日去建设各种能力，这可能相当于一个 9~10 人规模的小型团队两年的工作量。虽然实现这样的目标可能会让技术人员感到自豪，但两年只专注于技术能力建设，而不顾业务发展，显然是不可行的。

4. 设定相关的目标

Relevant（相关性）原则要求技术主管设定的目标必须与业务价值紧密相连，而不仅仅是基于技术视角。技术主管在设定目标时，不仅要说明如何实现目标，还要解释为什么需要实现这个目标。

目标的相关性可以从两个方面来考虑。

首先，目标必须与业务紧密对接。要明确该目标在业务版图中的位置。例如，对于上述的零生产故障目标，如果今年支持的业务正处于创新孵化阶段，那么在激烈的市场竞争中，盲目追求零风险可能并不合适，因为没有发展才是最大的风险。相反，如果业务已经发展到拥有大量存量的阶段，那么对风险控制有更高的要求则是符合逻辑的。

再次，目标必须与角色相匹配。作为技术团队，设定的目标应该与技术相关，能够体现技术的独特价值贡献。然而，在实践过程中，许多技术团队常常将业务目标作为技术目标，这显然是不正确的。以降低内部运营成本为例，假设支付系统已经连接了许多银行和第三方支付机构以完成客户支付，如果业务目标是降低支付费用一亿元人民币，那么技术团队直接将此作为目标就不太合适。因为降低支付费用可能通过商业谈判就能实现，而不一定需要技术上的改动。在这种情况下，技术团队应该设定的目标是，基于降低支付费用的业务目标，拆解出技术可以发挥作用的地方，例如，建设多支付机构的路由能力，使支付能够自动路由到成本更低的机构。

5. 设定有时限的目标

Time（时限）原则要求目标设定时必须考虑时间限制。虽然这一点看似理所当然，但在实践中，很多技术团队在设定目标时往往忽略了这一点。

首先，在设定短期目标与长期目标时，需要权衡两者的重要性。短期目标通常更可控，而长期目标虽然价值更大，但实现起来更具挑战性。以实现零生产环境故障目标为例，短期内，可能需要通过管理手段，如对研发流程设置额外评审点，来降低故障率。长期来看，则需要从技术架构入手，建立故障预防、发现和处置的能力，以实现更持久的稳定。这两者并非相互排斥，技术主管需要同时考虑短期目标和长期目标，以确保在实现短期目标的同时，也为长期目标的实现打下基础。

其次，时间限制可能会导致目标设计上的思维陷阱。有时，技术团队可能会先考虑现有资源的限制，然后基于这些资源来设定目标，而不是从用户需求出发，去设定能够带来最佳业务结果的目标。这种"有什么材料就做什么饭"的做法，与以业务结果为导向的目标设定相比，显然不够理想。

11.2.2 Inspire

SMART 原则是一个基于理性思考和决策的工具，在激发团队潜力和创造力方面可能有所欠缺。设定目标的目的不仅仅是实现结果，更重要的是激发个人和团队的潜力，培养持续取得成果的能力。

高质量的目标应该具有激发性，即设定得略高于团队的当前能力水平，促使团队成员必须"跳一跳"才能达到。这种目标设定方式能够激发团队的创造力和能动性，鼓励团队成员超越自我，挑战极限。当团队成功实现这些具有挑战性的目标时，他们会感到成就感和满足感，这种感觉可以成为持续进步的动力。

1. 千人千面的目标

针对个人目标设定，采用"千人千面，因材施教"的原则是非常重要的。这意味着每个团队成员的目标应该根据他们的个人能力和意愿来定制，以确保目标既有挑战性又可实现。能力—意愿象限是一个有用的工具，可以帮助技术主管根据每个团队成员的能力和意愿来设定个性化的目标，如图 11-5 所示。

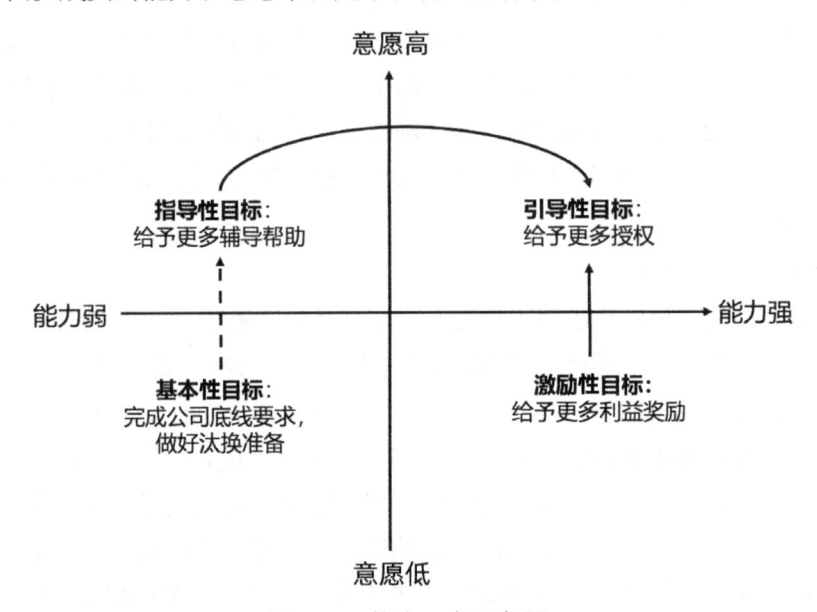

图 11-5 能力—意愿象限

对于意愿高且能力强的成员，要设定引导性目标。这类成员通常有很强的自我驱动力和能力，技术主管可以设定一些引导性目标，给予他们更多的自主权和决策权。这样的目标可以激发他们的能动性，同时让他们在完成目标的过程中提升个人能力。

要给予这类成员更多的授权，让他们在项目中扮演更重要的角色，承担更多的责任。同时，提供必要的资源和支持，以帮助他们更好地实现目标。

对于意愿高但能力弱的成员，要设定指导性目标。这类成员通常有积极的工作态度，但可能缺乏必要的技能或经验。技术主管应为他们提供更多的辅导和帮助，做事以培养能力为主，并逐步引导他们成为高意愿且能力强的团队成员。

对于能力强但意愿低的成员，要设定激励性目标。这类成员通常具备必要的技能和经验，但可能缺乏工作动力。技术主管可以设定一些激励型目标，通过与利益奖励和成就感相关的奖励来激发他们的积极性。

要为这类成员提供新的挑战和机会，让他们在工作中找到新的动力和激情。同时，认可和奖励他们的成就，以增强他们的自信心和成就感。

对于能力弱且意愿低的成员，技术主管不应有过高的期望（尽管有可能的话，也应尽力提升他们的工作意愿，技术主管做到问心无愧很重要）。为他们设定的目标应仅限于满足公司的基本要求。作为团队管理者，必须清醒地认识到这类成员的工作产出存在高风险，随时做好兜底准备，以应对可能出现的状况。对于这类成员，管理策略不应仅限于激励，而应准备好进行必要的调整或替换。

2. 团队的波峰波谷

在团队目标的设定中，需要考虑团队所处的成熟度周期，如图 11-6 所示，不同周期阶段的团队设定的目标也不一样。

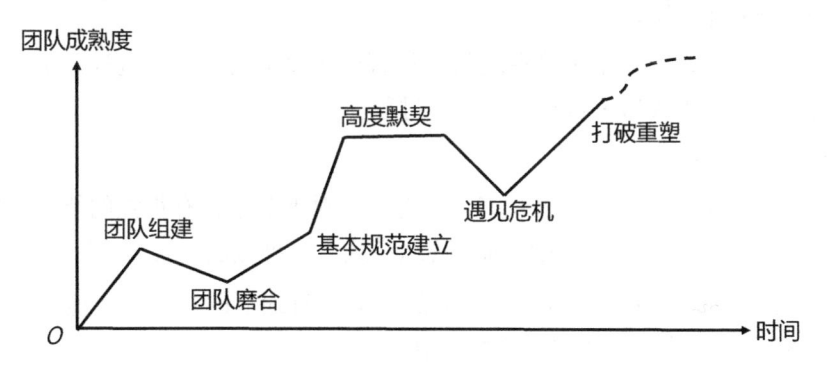

图 11-6 团队成熟度周期

团队的发展通常遵循一个从组建到成熟的逐步过程，包括团队磨合、基本规范建立和高度默契等阶段。然而，在发展过程中，团队难免会遇到危机，这些危机可能源于内部矛盾、业务目标的变化或技术风险。无论遇到何种危机，团队都会在经历挑战后重新塑造，在波峰与波谷中不断前进。

在不同的发展阶段，团队面对同一诉求时，制定的目标应有不同的侧重点。以生产环境故障防范为例：

在团队组建阶段，目标应相对简单易达成，如避免犯低级错误，同时对需要经验才能避免的代码缺陷保持一定的容忍度。

在团队磨合阶段，目标应集中在避免因协作不畅导致的生产环境故障。

在团队基本规范建立阶段，目标应致力于避免重复性问题，防止因操作不规范等引起的生产环境故障。这有助于团队基本规范的达成和落地。

在团队高度默契阶段，目标应从能力建设角度出发，防范重大风险，进行长期稳定的建设。使用愿景型目标进行宏观引导，让团队成员在脚踏实地的同时，也能展望未来，防止因生产环境故障引发团队危机。

绩效目标的设定不仅是团队当下征程的起点，从某种意义上也是团队过往成果的终点，同时也是下一征程的起点。因此，遵循 ISMART 原则（SMART+Inspire）设定的绩效目标，能够激发团队潜能，持续开启一段又一段的目标征程。

11.3 有效的绩效过程管理

设定具有激励性的绩效目标为团队取得成功奠定了一半的基础，但要实现另一半的成功，则需要依赖有效的绩效过程管理。实际上，对于任何结果问题的回溯分析往往都会揭示出绩效过程管理的不足。

11.3.1 追过程的重点

在实践中，许多技术主管在绩效过程管理（以下简称"追过程"）中存在两大常见问题：地毯式追过程和放养式追过程。

1. 地毯式追过程

技术主管往往从一线技术专家成长起来，对细节掌控有很强的能力。因此，他们容易陷入面面俱到、事无巨细的管理模式。这种做法的背后原因可能有：

- ◎ 技术主管延续了作为技术专家的习惯，对细节的掌控给予他们成就感和安全感，感觉一切都在掌控之中。
- ◎ 技术主管不放心团队成员独立完成任务，担心存在进度风险或质量缺陷，因此倾向于亲力亲为，采取保姆式管理。
- ◎ 技术主管担心团队无法完成最终目标，认为必须亲自监督，才能确保团队全力以赴。

地毯式追过程是技术主管的典型做法，但往往会导致团队变得被动和焦虑。在技术主管未认可之前，团队可能不敢采取行动；而在得到认可后，团队则全盘接受指令，不遗余力地执行，这样会逐渐削弱团队的决策和思辨能力。

真正有效的追过程不应是控制，而是通过管理关键事项来培养团队的能力，让团队在实践中成长，持续取得成果。

2. 放养式追过程

技术主管在追过程时，常常会有以下内心活动：

◎ 任务已经分配给团队成员，这是他们的责任和目标。技术主管自己也很忙，因此觉得没有必要过多干涉。

◎ 团队成员能力很强，如果过问太多细节，可能会让团队成员感到不被信任，反而产生负面影响。

◎ 即使听到一些关于任务推进的风险，团队成员也应该能够自己解决问题，或者已经在处理，因此不需要自己介入。

这种放养式追过程可能导致技术主管过度授权，从而让团队面临失败的风险，无法实现预期成果。虽然通过能力强的成员获得更多成果是好的，但团队的成长和成功并非仅靠自然发展，还需要适当的引导和监督。

追过程应该是一个严肃的管理动作，也需要设定目标，如图11-7所示。

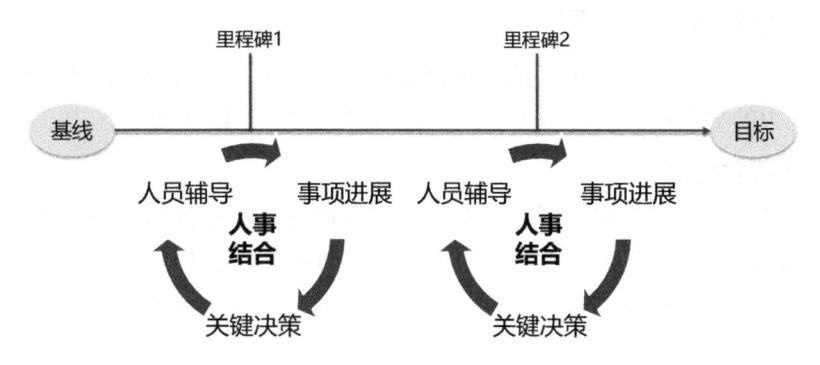

图 11-7 追过程

追过程通常包括以下几个方面。

一追事项进展：追过程涉及从基线到目标过程中的里程碑管理。每个里程碑的追踪包括两部分：一是里程碑本身的进展，二是最终目标的进展。

以零生产环境故障为例，假设将里程碑拆解为建设故障监控发现能力和建设故障应急恢复能力两个部分。在事项进展追踪时，首先关注第一个里程碑的故障监控发现能力的建设进展，包括新能力覆盖的业务场景范围和历史故障的发现能力。其次，追踪零生产环境故障目标的完成情况，即新监控能力发现并遏制了多少生产环境问题。

二追关键决策：对事项推进过程中产生的风险或关键要点进行决策处置。

例如，如果监控发现和应急恢复能力都已建设到一定程度，需要决策是继续推进能力建设还是优先实现场景覆盖。继续推进能力建设是既定计划，但可能导致手段与目标混淆。转向场景覆盖可以快速产生价值，但可能分散团队精力，影响能力建设和场景覆盖的结果。技术主管需要适时介入，根据实际情况做出决策。

三追人员辅导：通过对事项进展和关键决策的追踪，观察事项负责人是否陷入思维盲区或存在能力短板。

追人员辅导即利用实际案例来辅导和提升人员能力，是传达做事理念的重要手段。

例如，技术主管通过分析当前业务项目压力和生产环境问题，决定从纯能力建设转向场景覆盖，贴近最终目标行事，避免将手段误认为目标。这不仅保障了结果的实现，也是锻炼团队成员的最佳方式。

追过程的目标是跟踪关键事项的进展，对潜在风险做出决策以确保实现结果，并在过程中辅导团队成员提升能力，实现真正的以事练人、因人成事的目标。

11.3.2 如何有效追过程

高效的追过程能够事半功倍，不仅能够帮助团队取得优异的结果，还能够促进团队能力的显著提升。技术主管在追过程时，应注意以下几点。

1. 要用数据曲线图

许多技术主管在追过程时，常常是通过听取负责推进具体事项的团队成员的PPT（幻灯片）或文字材料汇报来了解进展。即便这些材料准备得非常翔实，但事项进展统计口径的不一致，往往会导致汇报的进展与主管的理解存在偏差。随着汇报次数的增加，这种理解偏差可能会加剧。

在此"show me the curve"的理念仍然适用。这种方法可以让技术主管和团队成员处于同一口径上，避免了澄清指标计算逻辑的精力消耗。这样，技术主管可以将更多时间用于与团队成员的对话和辅导，以及共同研讨如何高效完成目标。

2. 越级了解情况，逐级下达指令

技术主管在追过程时，需要将事项进展和关键决策与预期目标进行对比，以确保事项按计划推进并取得预期结果。面对风险时，技术主管会做出相应决策，如调配资源以解决资源风险，或提升方案质量以应对方案不清晰的风险。这些措施本身是为了推动事项进展和确保结果，但如果技术主管没有做到越级了解情况、逐级下达命令，那么可能会给团队带来新的混乱。

例如，如果系统耗时优化是 A 团队负责的项目，A 团队中的 B 成员具体负责

此事，而团队的上级主管 C 需要追踪这项工作的进展（这可能是 C 所带领团队中非常重要的一项技术债务治理任务，C 需要时刻关注）。如果 C 在从 B 获取信息后，绕过 A 直接向 B 下达自己的判断和下一步任务要求，那么这种行为就构成了越级了解情况、越级下达指令。

此外，C 直接插手 A 团队的具体事项，可能会剥夺 A 的职责范围内的权力，导致 A 在后续工作安排上产生疑问，事事请示 C，从而使 C 陷入细节管理。这种越级下达指令的做法对 A、B、C 都不利，也会对整个组织造成伤害。

因此，追过程时，技术主管应该遵循基本的管理原则，可以越级了解情况以获取更全面的信息，但在下达指令时应该逐级进行，保持管理层次的清晰和职责的明确。这样可以避免混乱，确保团队协作顺畅，促进组织的健康发展。

3. 频率要适度，有适当紧迫感

技术主管在追过程时，可能会倾向于关注自己熟悉的技术领域，因为他们在这个领域内感到更加自信和舒适。这种倾向可能会导致技术主管不自觉地增加追过程的频率，从而对团队造成压力。例如，如果团队还在处理上一轮的任务，而下一轮的追过程已经开始，团队可能会感到喘不过气来，从而产生交作业的心态，只为了应付技术主管的要求，而不是真正关注事项的进展。

11.3.3 追过程的下一步

过程管理的最大忌讳不是不管，而是管了不理，即技术主管在会议上了解了情况、核实了进展、发现了问题，但就是不做出决策和改进，任由问题存在。这种行为是组织低效的根源。因此，追过程必须伴随着行动计划，并对团队成员在过程中的表现给予明确的反馈。

在追过程时，通常会发现以下几类问题。

（1）**目标偏差**：发现当前努力的目标与预期目标之间存在差距，通常需要调整目标以回归初心。

（2）**方案不行**：现有的方案在关键点或风险点的把控上不够，可能导致无法按时按质完成目标，通常需要对方案进行纠正或细化。

（3）**路径错误**：即使目标和方案合理，但关键的里程碑拆解不正确，无法通过小步快跑验证价值，通常需要重新拆解里程碑，细化价值完成节点。

（4）**资源不足**：按照现有的目标、方案和里程碑，资源不足以满足需求，通常需要在更大范围内协调资源。

追过程不仅是关注事项本身，也是关注团队成员的执行力和思辨能力，需要对他们获取结果的能力给予明确反馈。

一次的成功并不代表过程良好,但一个团队要持续取得成功,必定需要良好的过程管理。然而,知行合一是最难的,许多技术主管在获得新的认知后可能会感到兴奋,但第二天又回到了老路,没有任何改变。这是因为认知是抽象的,需要通过具体的行为来消化和强化。追过程正是这样一个需要通过行为来"编程"认知的场景。在不确定的结果和确定性的过程管理之间,做好可控的过程管理,是科学管理的一部分。

11.4 赏罚分明的绩效评分

绩效考核是大多数大公司都会进行的一项重要工作,只是考核方式不同。对于技术主管来说,他们可能在架构方案、攻克技术难题、带领团队加班做项目等方面游刃有余,但在给团队成员进行绩效考评时,往往会感到困扰。这是因为绩效考核不仅关系到团队成员的短期利益,如涨薪、年终奖等,还可能影响他们的晋升等长期发展,这无疑是对人性的一种考验。

技术主管在给团队成员考核绩效时,可能会遇到以下几种情况。

努力但业绩一般的成员:这类成员工作非常努力,但业绩结果并不突出。技术主管可能会不忍心给予低绩效评价,但需要认识到绩效考评应基于结果而非仅仅是努力程度。

重要但可能离职的成员:这类成员对团队非常重要,近期可能有离职风险。技术主管可能会考虑给予高绩效以留住他们,但这需要权衡其对团队长期发展的影响。

有晋升诉求但表现不佳的成员:这类成员有晋升的愿望,但本次表现不佳。技术主管可能会犹豫是否给予高绩效以支持其晋升,但这样做可能会对其他团队成员产生不公平。

难以管理的成员:这类成员平时就难以管理,技术主管可能会担心给予低绩效会导致他们闹事。

……

奖赏错误的人是对团队最大的伤害。技术主管如何公正客观地去评价团队成员的绩效,向团队正确传达组织的要与不要。这是一道大难关,也是技术主管修行的必经之路。

11.4.1 绩效考评是手段还是目标

绩效考评是手段还是目标,这个问题很多技术主管都没有仔细思考过。在实际操作中，许多技术主管可能只是将绩效考评视为完成组织布置的定期任务，按照比例分配高绩效和低绩效。然而，这种做法是对绩效管理最大的误解，也是团队中劣币驱逐良币现象的根源。

商业成功最核心的两个要素是：一是优秀的商业模式，即该模式是否能够高效解决社会问题；二是组织，即是否有高效的组织能力击败竞争对手。从这个角度来看，绩效管理只是实现目标的手段，而不是目标本身。将手段误认为目标会导致绩效管理变得死板和任务化，无法真正辨别团队成员在目标实现过程中所付出的努力和贡献，也无法有效激励团队成员。

如果绩效考评不能清晰区分高低，激励没有拉开差距，就会变成所谓的"大锅饭"。绩效考评本来就是短期目标的结果展示，如果只是任务式地完成绩效考评，对业绩好的团队成员给予高绩效，而将有潜力但还在积蓄力量的成员归为低绩效，这会给团队传递短视的信号，逐渐削弱团队的发展潜力。

因此，技术主管应该对团队现状有清晰的认识，对未来发展有明确的判断，并利用绩效这个手段来经营团队。例如，如果团队仍处于建设阶段，应该大胆给予踏实工作的成员高绩效，尽管他们可能缺乏创新能力，但这样的奖励有助于滋养团队，促进团队快速进入工作状态。相反，如果团队已经相对成熟，应该大胆奖励那些敢于创新、勇于尝试的成员，因为这样的奖励能够激励团队保持活力和竞争力。

11.4.2 绩效考评的一般原则

技术主管若能将绩效理念从单纯的完成任务转变为团队运营的策略，将能拓展其工作空间，实现科学与艺术的有机结合。这种理念能有效激发技术主管的积极性，使其更加关注团队的长期发展。然而，这也可能给技术主管带来过大的自由裁量权。例如，技术主管可能会以鼓励成员未来发展为名给予高绩效评价，或者以不符合团队当前需求为由给予较差绩效评价，以激励成员更加努力。这种做法可能导致技术主管的评价标准过于主观，长期下去可能对团队造成损害。

为了确保绩效考评的公正性和有效性，除了拥有先进的理念，还必须建立明确的赏罚指导原则。这些原则应约束技术主管的行为，确保其在经营团队时能够公正无私。同时，这些原则也应为团队成员提供清晰的指导，使他们能够明确预期，并在此基础上不断进步和提高。

1. 客观公正但不绝对公平

有考核就有比较，有比较就有公平性问题。以 A 和 B 两个同层级（可以理解为能力差不多）但入职时间不同的人为例，如果 A 的入职时间早于 B，在绩效考核时，尽管 A 对团队的贡献可能比 B 大，但 A 并没有达到设定的绩效目标，这就引发了关于绩效评价的公平性问题。如果给 A 更好的绩效评价，这样做似乎有道理，因为他对团队的贡献更大。然而，这可能导致像 B 这样的新人很难获得好的绩效评价，从而感到没有出头之日。相反，如果给 B 更好的绩效评价，这样做也有道理，因为 A 没有达到目标。但这又可能导致经验更丰富的员工虽然工作量最大，却得到最差的绩效评价，从而感到不公平。

　　这实际上是公平与公正之间的冲突，如图 11-8 所示。从结果来看，似乎给 A 更高的绩效更公平，但这实际上忽略了客观条件的差异。因为像 A 这样的老员工通常比像 B 这样的新员工拥有更广泛的人脉和隐性资源，至少老员工在遇到困难时能够找到更多的帮助。这部分因素是非常隐蔽的，单纯比较 A 和 B 的贡献是无法看出的。

　　一个团队真正需要的是什么？我相信绝对不是"阶级固化"，即老员工永远掌握最好的资源和最好的绩效，而新员工几乎没有机会。因此，从这个角度来看，团队实际上需要的是公正，即足够客观和公正地看待每个人所做的贡献，并据此评定所有人的绩效。

公平　　　　　　　　　　　　公正

图 11-8　公平与公正

　　还有一个原因也使得绩效不应当进行横向比较：比较的双方往往无法全面了解对方的情况。当人们想要比较时，他们通常会用自己的优点去对比别人的缺点，这种比较除引发抱怨外，不会产生任何建设性的反馈。因此，一个更客观公正的方法是，每个人都以自己的绩效目标为比较对象。绩效目标应当是技术主管与团队成员共同商定并清晰界定的，且被双方接受。通过将实际成果与预定目标相对照来评估绩效，这种方法相对更为客观和公正。

2. 只有小演员没有小角色

　　在绩效考核中，存在一个魔咒般的谬论，即认为绩效在任务分配时就已经决定。例如，A 负责的工作是技术主管的重要绩效目标之一，尽管 A 的实际贡献可能并不显著，但技术主管的目标完成度较高，因此 A 在绩效考核中容易获得好评。

相比之下，B 的工作是幕后英雄式的（俗称脏活累活），并不在技术主管的重要绩效目标之列。即使 B 表现优秀，也很难获得高绩效评价。这种结果的出现，本质上是由于技术主管在绩效考核时过于关注事情的绝对价值，而忽略了团队成员所提供的增量价值。

实际上，重要的事情自然会吸引更多资源和关注，成功的概率也更大。仅凭最终结果来评估负责这类事情的团队成员是不够的，因为这并不能证明他们的个人贡献。相反，对于一些长期困扰团队的琐碎事务，如果有人能以创新的方式解决，从而清除障碍、提升效率，这些小事的困难和挑战可能远超过那些大事。处理这些小事的人需要自行定义问题、提出创新方案、寻找资源（甚至可能包括周末加班），最终取得成果。尽管这些小事的绝对价值可能较小，但它们所带来的增量价值却是巨大的。因此，我们应当更加鼓励那些能够创造增量价值的人。

这样的做法有两个明显的好处：首先，它让团队明白绩效考核的标准是基于在取得结果的过程中因你不同的贡献，这样的考核方向会激励团队成员不断追求更好的成果。其次，它打破了团队挑选任务的氛围，鼓励每个人在任何小事上都能做出大成就，而不是大家都去争夺那些引人注目的任务。只有认识到每个角色都重要，团队才能不断进步和成熟。

3. 充分激发潜能但为结果买单

许多技术主管在绩效考评时，往往过于关注成员的成长和团队的发展，而忽视了绩效考核的核心目的——对结果的评估。

第一个常见误区是，技术主管会努力补充团队成员的不足之处，在考核时过分关注他们的能力提升，而忽略了他们对目标成果的贡献。例如，有的技术主管发现某位下属的总结提炼能力不足，便经常要求其进行总结分享。然而，这位成员可能是一位出色的技术专家，擅长项目工作，只是在总结分享方面有所欠缺。如果技术主管仅因其未能进行分享总结就给予低绩效评价，这是不恰当的。毕竟，项目成果的绩效权重应大于分享总结。管理团队应发挥成员的优势，而非一味地弥补他们的短处。虽然团队成员的成长值得考虑，但结果仍是衡量绩效的首要标准。

第二个误区是对团队中高能力和高潜力成员的过度激励。通常，技术主管会愿意给予这类成员更多机会，希望他们能够迅速成长为团队的核心力量。然而，在这样做时，技术主管需要注意与这些成员事前约法三章：首先，考核因你不同的增量贡献；其次，好机会也意味着高标准，一旦没有达到相应要求，机会有多好风险就有多高；最后，从全局利益出发，如果实在无法胜任，将安排其他人接手，以确保团队能够达成目标。提出这样清晰明确的要求，可以让他们既感到兴奋又感受到压力，从而实现既激发个人潜能又为结果负责的效果。

4. 绩效考评要拳拳到肉

绩效考评如果不能以理服人，那么往往就是管理失败的重要标志。团队成员有时为了避免与技术主管发生冲突而选择忍受，但这样的相处方式会积累负面情绪，最终可能在日常沟通中爆发，其破坏力可能更大，严重时甚至引发团队的信任危机。

对于绩效不佳的成员，技术主管的评价应尽可能客观，避免过多的主观判断。评价应基于设定的绩效目标，明确指出哪些方面做得不足，以及与优秀表现的差距。团队成员往往难以接受诸如"思考不够深入""做事缺乏条理"等抽象评价。技术主管需要具体指出在哪些事情上，团队成员采取了不恰当的做法，这些做法对结果产生了什么影响，以及更好的处理方式是什么。只有这样的考评才具有意义，团队成员才能清楚地理解团队的期望和标准，以及如何努力改进。

对于绩效优秀的成员，如果考评激励不当，那么同样危险。他们可能不清楚为何获得高绩效，也不了解如何继续保持。这可能导致他们放松要求，随意应对，从而可能导致下一次绩效下降。更糟糕的是，他们可能不知道如何发挥自己的长处，无法为团队树立榜样，也无法带来积极的变化。例如，一个能力出众的成员完成了一个重大业务项目并获得了高绩效。如果技术主管的考评仅是因为他完成了重大项目，那么这样的考评是不充分的。技术主管应详细说明成员在项目架构方案质量、项目风险控制、项目沟通协作等方面的努力和贡献，以及给团队和项目组带来的独特价值。如果考评理由未能体现这些细节，那么团队成员不仅无法得到有效激励，还可能给团队带来不良风气，误以为只要参与大项目就能获得高绩效。

11.4.3 绩效是团队的指挥棒

绩效考核是对团队成员努力结果的认可，这一环节不仅涉及经济利益，更重要的是，它需要在过程中明确地向团队传达"我们鼓励什么"和"我们不提倡什么"。尽管许多公司的绩效考核结果被保密，但这并不能阻止结果在私下的传播。人们往往不会只看技术主管说了什么，而是会从绩效结果中推断出组织的价值观和偏好。因此，绩效考核就像一只无形的大手，引导着团队前进的方向，并在考核过程中筛选出能够一同前行的伙伴。

11.5 开启有深度的绩效对话

对于大多数技术主管来说，定目标、追过程、打绩效可能并不是最令人焦虑的，真正困难的是坐下来与团队成员就绩效考核结果进行沟通。在打分时的纠结只是技术主管内心的挣扎，而与团队成员面对面的谈话才是真正的考验。

当与低绩效成员沟通时，缺乏管理经验的技术主管可能会将谈话视为例行公事，只想方设法让成员接受结果，以避免冲突。然而，成员一旦听到低绩效的评价，往往会立即反驳，提出各种理由来对抗技术主管的观点。这样的绩效谈话可能会不欢而散，甚至加剧矛盾，需要更多人介入并重新评估绩效结果。

与高绩效团队成员的绩效考评谈话也不一定总是顺利的。有些技术主管可能未能充分表达肯定，导致成员感觉自己取得的成绩只是因为"矬子里拔将军"，而不是自己应得的。

这类绩效结果面谈是无效甚至错误的。绩效考评谈话不应只是对结果的宣布，而应是一场深入的对话，对过去的工作进行总结，对未来的工作提供指导。

11.5.1 倾听是对话的基础

谁是绩效考评谈话的主角，这个看似基本的问题却常常被忽视。如果双方在绩效结果沟通中没有明确自己的角色定位，那么谈话可能会事倍功半，甚至可能导致沟通的扭曲和失败。

1. 谈话不应只是宣读结论

许多技术主管可能将自己视为谈话的主角，认为这是作为管理者必须完成的一项任务。这种认知可能导致技术主管在沟通时陷入任务式的谈话误区。例如，技术主管可能会与团队成员面对面坐着，从绩效考核系统或自己的记事本中调出成员的考评结果，逐条宣读，最后给出整体的绩效考评结果和理由。

这种程序化的谈话方式过于刻板，容易让人感到压抑。绩效对话不仅是关于结果的评估，更应是对过程的梳理、反思和对焦。只有深入探讨过程，技术主管与团队成员就具体事件交流观点，纠正认知偏差，才能实现真正的绩效对话。

2. 要压制表达的欲望

技术主管如果对自己的角色定位有误，可能会表现出强烈的表达欲望。在这种设定下，技术主管可能认为自己更像是一个销售员，需要用观点来说服团队成员，将自己的绩效考评结果"推销"给他们。这样的绩效谈话可能会变成单方面的高强度输出，没有给对方留下表达的空间。

实际上，大部分人在与技术主管有观点冲突时，通常不会选择正面冲突。如果技术主管不控制自己的表达欲望，就难以了解团队成员的真实想法，比如他们取得结果的动机，或者是什么心理因素导致他们不敢突破，从而未能达成预期结果。这种单方面的强压式对话无法为未来的工作提供有效的指导。

在绩效对话中，团队成员才应该是主角，而技术主管则应扮演引导者的角色，引导他们深入反思取得结果的过程。引导的过程不应是技术主管的单方面输出，而更多的应该是倾听，倾听他们在表达什么，在想什么，以及背后的原因。

11.5.2 有启发式的引导

绩效管理是一种工具，旨在激发组织和个人的能力与潜力，以实现组织目标。如果说绩效评分是对目标实现情况的评估，那么绩效对话则应更多地关注激发和引导团队成员的个人能力成长。

1. 拷问灵魂的问题

高质量的对话不是单向输出，而是双方互动、有问有答。能够激发个人能力成长的反思，需要高质量的问题。高质量的问题能让人瞬间警醒，让强者不骄、弱者不馁。这样的问题被称为拷问灵魂的问题。

高质量的问题不是由套路和方法论催生出的形式化问题，而是具有以下两个特点：

◎ 必须是**开放性**问题，答案为"是"与"否"的问题无法有效触发思考，也无法形成进一步的互动。

◎ 必须是**个性化**问题，根植于团队成员在取得结果的过程中的具体事例，任何泛化的问题都是流于形式的。

可以采用回溯还原法来提问，即回溯到团队成员做某件具体事情的当时，引导其反思是否有更好的可能性，以及当时的内心活动。挖掘和激发内心深层次动机对成长帮助最大。例如，团队成员在推进项目时，可能认为暴露风险是在得罪人。在绩效谈话中，可以通过提问来纠正这种认知："在做某某项目时，遇到某某风险，你其实已经看到了但没有及时暴露风险，当时是怎么想的呀？为什么项目组的 B 成员会暴露这个问题，他用的是什么技巧呢？如果再发生类似的情况，你会怎么做呀？"通过这样的问题，让谈话聚焦在具体事情上，通过互动来助力其反思，这样对团队成员成长的帮助更有效。

2. 关注沟通氛围

在沟通绩效时，要注意不能让氛围过于压抑，尤其是与低绩效成员谈话时，更容易让团队成员情绪低落。一旦对方陷入低落的情绪中，技术主管的任何谈话都是无用的，必须先解决情绪问题，再做后续的绩效谈话。对于高绩效的团队成员，也不能让氛围过于高昂，让对方极度兴奋，这种情绪也会让团队成员无法有效接受技术主管的任何建议。

在绩效沟通时，除了要做真正的倾听者，还要关注团队成员的情绪，控制谈话氛围，建议做到以下三点：

◎ 平视对方。技术主管在绩效谈话时要平视对方，表现为既平等也正式，在需要时也可以表现为严肃。

◎ 点到为止。技术主管要做到即使团队成员工作做得再不好也得点到为止，对话的目的在于达成共识而不在于批评过错。

◎ 适当留白。技术主管不要一味输出观点，需要根据团队成员的反应或反馈来做下一步沟通的打算，留白是较好的选择。若一次绩效谈话无法解决问题，则可以开启第二轮谈话，不要操之过急，不要在不合适的氛围下做急功近利的谈话。

11.5.3 正式且明确的反馈

绩效对话是绩效考评的下一步动作，它需要对团队成员的目标达成情况进行完整全面的沟通反馈。

1. 是反馈不是对质

绩效对话需要基于事实和逻辑，以理服人，这是对技术主管的基本要求。许多技术主管在这方面会投入大量精力，对团队成员所做的工作进行深入了解和访谈，并准备充分的案例和理由。因此，在谈话中，技术主管可能会这样对团队成员说："在 A 事情上，你在某某方面做得不够好，这最终导致了某某业务结果没有达成，你同意吗？"如果团队成员对这件事的记忆不够清晰或者有所疑问，就可能会说："A 事情不是这样的，我可以解释一下……"而技术主管可能会回应："你不用说了，这件事我已经调查过了，事实就是这样，你在某某方面确实做得不对……"

这样的对话实际上已经偏离了深度绩效对话的初衷，更像是双方在对质。反馈与对质的最大区别在于，反馈是基于共识的事实进行观点和看法的交流，以及提出改进建议。而对质则是围绕客观事实的争论。要想将对质转变为反馈，关键在于绩效的过程管理。在日常工作中，技术主管应该做好关键事项的跟踪，确保与团队成员就哪些事情做得好、哪些事情需要改进达成共识。这样，在绩效对话时，双方就能基于共同的理解和认识进行深入的交流和建议，而不是争论事实的真相。

2. 关键问题要说透

一些技术主管可能担心直接指出问题会让成员难以接受，因此采用三明治谈话法，即先表扬，再提出问题，最后再鼓励。例如，对于代码质量低的问题，三明治谈话法可能是:"你最近加班很多,写了大量代码,为项目分担了压力,作出了贡献,值得表扬。但是,有些关键代码质量不够好,导致生产环境故障。希望你继续努力,做好代码自测,为团队做出更大贡献。"然而,三明治谈话法用在绩效谈话中是有问题的。被谈话的人根本不会从这段话中理解到自己的代码有很严重的问题需要改进,反而会认为他承担了很大的项目压力,应该得到高绩效。不管技术主管是出于内心不敢直面冲突,还是出于让对方好接受的好心,这样的绩效谈话都没有效果。关键问题不说透、不讲明,是对团队成员最大的不负责任。语气可以柔和,但观点必须要明确。

3. 有结构化的反馈

高质量的绩效对话应让双方都放松下来,促进深入思考。但这并不意味着对话可以随意进行,而是需要结构化反馈,如图 11-9 所示。

- ◎ **目标及其完成情况**:绩效管理的核心,所有绩效管理动作都应围绕这一中心。
- ◎ **点赞点**:汇总成员在达成目标过程中做得好的方面,鼓励应具体,避免空洞。
- ◎ **改进点**:汇总成员在达成目标过程中做得不好的地方,以及前序对话共识的改进点。
- ◎ **发展建议**:绩效对话的根本目的是面向未来,提供清晰的发展建议。

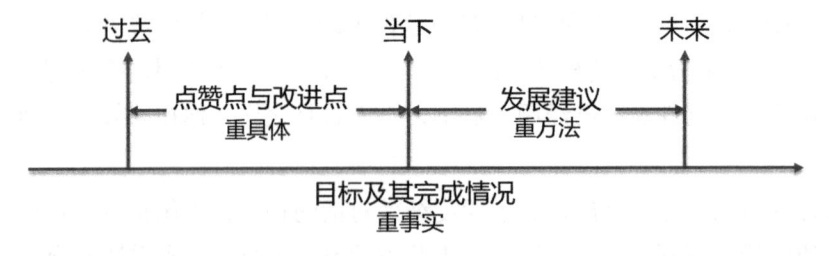

图 11-9 结构化反馈

11.5.4 是终点也是起点

绩效管理可以分为几个关键周期:目标设定、过程管理、绩效考评和绩效谈话。绩效谈话不仅是这四个阶段中的压轴戏,而且能够贯穿前面三个环节。无论是对于组织还是个人,只有通过深入的绩效对话,才能清晰地向组织传达期望的目标和避免的目标,以及什么样的过程是可取的,什么样的过程是不可取的。绩效谈话不仅是当前绩效周期的终点,也是开启下一个绩效周期的起点。

第 12 章
技术目标的拆解与咬合

技术主管除了承担团队管理职责，还有一个重要职责，就是帮助业务成功，即带领技术团队帮助业务实现商业目标。在一些公司，技术主管被称为技术一号位，意味着他们需要回答许多技术性问题。例如，如何通过领域模型简化复杂性，如何通过架构提升复用性和灵活性等。然而，技术主管更重要的事情是关注那些超越技术本身的问题，如业务需求与技术发展的关系，业务目标与技术目标的关系，技术目标、路径与里程碑的关系等。

如果将技术编码做项目视为行动力，将技术架构视为直达问题本质的思考力，将技术主管对团队的管理视为管理力，那么这三者的结合构成了更综合全面的技术领导力。这种领导力是技术团队设定目标的起点，是确定技术价值和发力点的关键，也是确保技术团队取得成果的逻辑保障。

12.1 技术演进与业务发展的双螺旋促进

想必很多技术主管都会被问到过这些问题：加班加点完成的业务项目最终没有带来预期的增长，技术团队的辛勤付出有什么意义？技术团队长期只是承接需求，高深技术没用几个，团队如何成长？从目前的业务量来看，似乎不必太严苛，使用前沿技术是否属于过度设计？竞争对手公司似乎能够快速完成各种任务，为什么我们做不到？

即使这些问题很难回答，技术主管也必须直面并清晰地解答。因为这些问题本质上都在探讨技术团队在商业成功中扮演的角色及其贡献的价值。

12.1.1 没有业务成功，就没有技术先进性

阿里巴巴的双十一大促活动使技术在应对高性能、大容量、数据一致性和灾备多活等挑战方面取得了质的飞跃。如今，在人工智能、隐私计算、大模型和区块链等新兴技术的推动下，技术为业务的转型和超越提供了新的机遇。

尽管这种技术浪潮令人振奋，但它也可能导致技术团队过于专注于技术本身，而忽视了其对业务价值的贡献。例如，有些团队可能会选择开发新的中间件，而不是使用现成的类似工具；有些问题本可以通过简单的规则解决，却偏要使用复杂的人工智能算法；有些业务流量仅在百万级别，却设计出能支撑亿级流量的系

统。这些做法看似技术先进，实际上却无法有效解决实际的业务问题。

皮之不存、毛将焉附，技术的先进性必须以业务成功为支撑，否则将陷入盲目的理想主义。技术需要傲骨但不能有傲慢。

12.1.2 缺乏技术先进性，就丧失业务可能性

从商业角度来看，技术价值应该支撑业务更多的可能性。以隐私计算为例，随着各个国家和地区对客户隐私数据保护要求的提高，例如，欧盟的《通用数据保护条例》（GDPR）、美国的《加州消费者隐私法案》（CCPA）、中国的《中华人民共和国数据安全法》等，都对个人数据的收集、使用和共享做出了明确规定。这些规定使得依赖大数据聚合进行个性化推荐的场景应用变得更加困难。然而，隐私计算技术能够在不暴露数据的情况下解决数据可用性问题，即使在严格的数据隐私保护要求下仍然可以进行营销活动。这样的技术发展使得原本不可行的业务变得可行。

在日常工作中，技术的陈旧可能导致业务失败。为了让业务成功，一般有两种做法：一种是"ALL IN"，即全力投入直到取得结果；另一种是不断尝试，找到最有成功可能性的机会点再投入。除非是掌握垄断性资源的公司，否则大部分公司会选择第二种方式，即小步快跑、快速试错。这种方式对技术的要求是降低试错成本。如果业务背后的技术太陈旧，每次试错的成本都会很高，那么业务就会失去更多的机会点。

因此，团队如果只关注眼前的项目上线，总是选择"苟且"的临时技术方案，就会失去对长远技术先进性的投资，也可能会错过下一个技术浪潮。正如俗语所说，"晴天修房顶，下雨才无须补漏"，团队应该提前投资于技术先进性，以便在业务需要时能够迅速适应和利用新技术。

12.1.3 技术与业务的双螺旋促进

技术最大的遗憾莫过于两点：一是拥有领先的技术，却未能成就伟大的业务；二是伟大的业务没有催生出领先的技术。然而，技术与业务之间的关系并非完全独立，也非简单的因果关系，而是一种相互促进的关系。这就像和面时面粉与水的关系；如果面粉多了，就加一些水；如果水多了，就再加一些面粉。

1. 业务发展催生技术深度

业务的发展阶段对技术的要求也是有规律可循的，如图 12-1 所示。

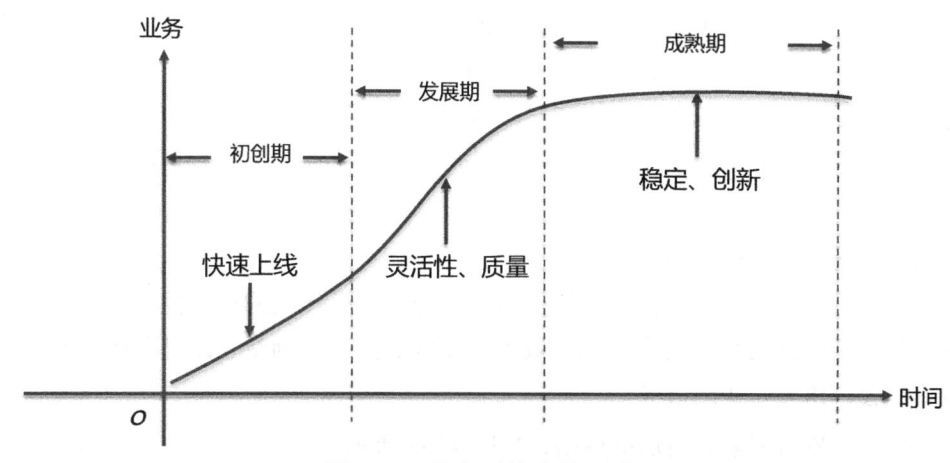

图 12-1 业务对技术的要求

在业务初创期，应优先考虑快速上线，将产品推向市场以验证可行性。此时，对技术架构的要求是以快速实现为目标。

进入业务发展期，重点应转向提升产品的灵活性和质量，要补齐"人有我无"的能力，并打造"人有我优"的差异化竞争优势。技术架构需要具备足够的灵活性，以便能够基于现有能力快速整合新功能，并开始关注质量和用户体验。

在业务成熟期，随着规模的扩大，应在稳定的基础上进行创新，建立核心竞争力。技术架构需要满足稳定性、容量、性能和技术创新等更高要求。

技术架构会随着业务阶段的发展而不断进化，技术深度也将在这个过程中被激发。以支付宝在历年双十一支付峰值为例，随着阿里电商交易量的逐年增长，支付宝的核心技术能力也在不断突破和升级。如图 12-2 所示。

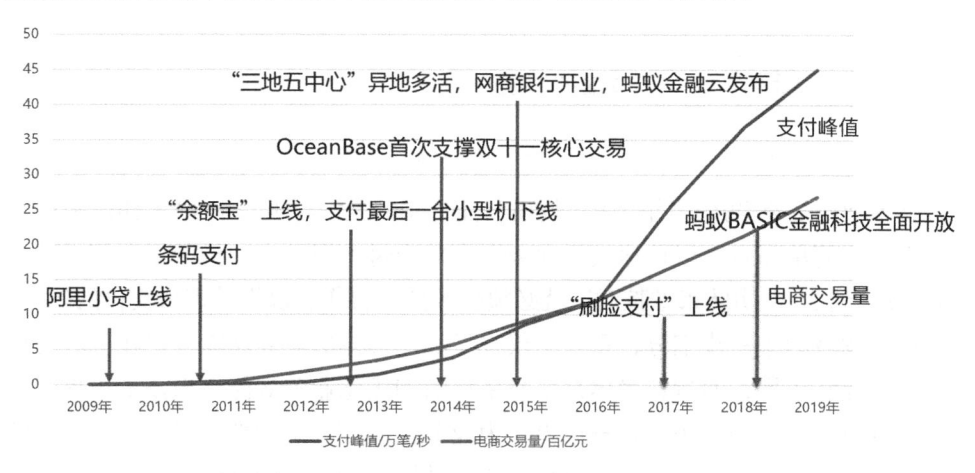

图 12-2 电商交易量与支付峰值的对比图

在电商交易量几乎每年翻倍增长的推动下,支付宝的支付峰值显著提升,并催生了一系列领先技术:2014 年,OceanBase 首次支持双十一核心交易,峰值支付突破 3 万笔/秒;2015 年,实现"三地五中心"异地多活,网商银行开业,蚂蚁金融云发布;2017 年,推出"刷脸支付";2018 年,蚂蚁 BASIC 金融科技全面开放……

2. 技术积累拓展业务边界

火枪装上扳机降低了使用门槛,马鞍提升了骑马作战的稳定性,瓦特因给蒸汽机装上冷凝器而大幅提高了能量效率,技术的探索、创新、改进和积累不断塑造着社会,拓展商业的边界。

技术积累与创新有自己的脉络,如图 12-3 所示。

技术积累与创新

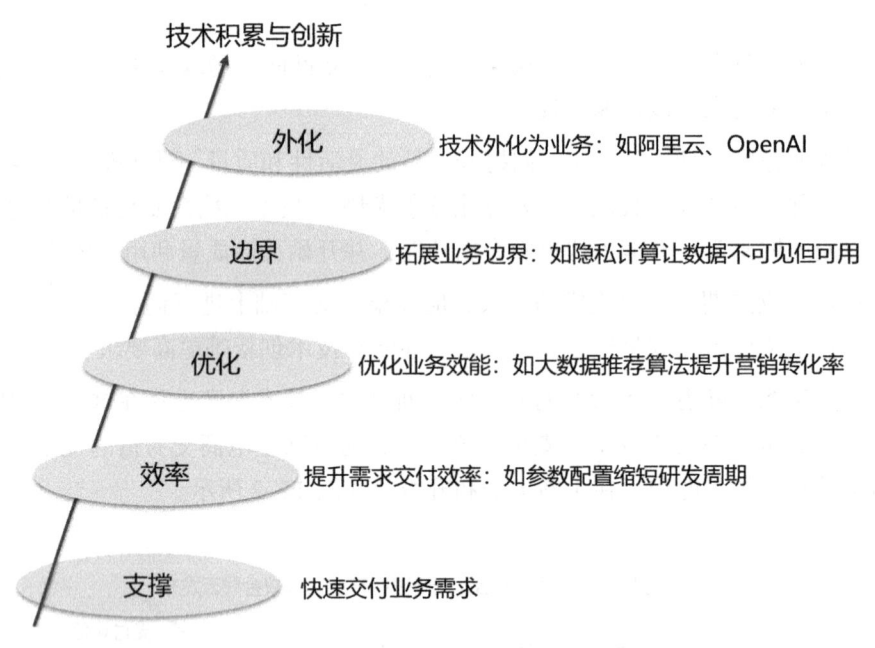

- 外化：技术外化为业务：如阿里云、OpenAI
- 边界：拓展业务边界：如隐私计算让数据不可见但可用
- 优化：优化业务效能：如大数据推荐算法提升营销转化率
- 效率：提升需求交付效率：如参数配置缩短研发周期
- 支撑：快速交付业务需求

图 12-3 技术积累与创新的脉络

技术架构的复杂度应当与团队规模和能力相匹配。对于一个 10 人团队来说,技术架构应简单高效,以快速支撑业务需求的交付。当技术架构的复杂度提升,需要 10 人到 30 人团队来掌控时,就必须引入分工协作,以提升需求交付的效率。随着技术领域的进一步细分,重点不仅在于实现具体的业务功能,更在于对底层数据的沉淀和积累,通过技术体系本身来反哺和优化业务效能。当技术积累达到一定深度时,它将开始拓展业务边界,为业务提供更多可能性。最终,当技术发展至卓越水平时,它将像阿里云和 OpenAI 一样,成为业务本身的一部分。

3. 技术和业务的双向奔赴

在组织中，最令人煎熬的是为提升效率需要专业分工，而专业领域的发展又使得各自有各自的目标。当这些目标不一致时，就会产生内耗。对于技术人来说，最大的挑战在于：业务追求"速度"，而技术追求"稳定性"；业务关注"当前"，而技术关注"长期"；业务需要"个性化"，而技术强调"抽象复用"。从各自的角度来看，这些要求都是合理的，但最终的结果往往不尽如人意。

然而，技术和业务并非水火不容，它们可以相互奔赴，共同进步，如图12-4所示。关键在于以下两点核心理念。

首先，拉长时间周期。从长远的角度来看，技术和业务的最终目标是一致的，即实现商业成功。通过终局思维，可以找到技术和业务的辩证关系，确保它们朝着共同的目标前进。

其次，用节奏化解冲突。在业务压力较大时，技术可以适当调整目标，帮助业务取得先机。而在业务压力较小的时候，技术应专注于沉淀核心能力，进行前沿技术的布局，为业务的下一次爆发做好准备。

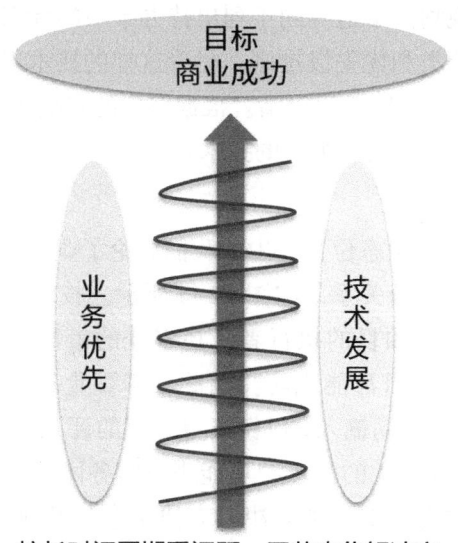

图 12-4 技术和业务的双向奔赴

技术团队应与业务团队同心协力，对成功保持执着，但不过分痴迷。一个好的技术架构目标应该是这样的：既脱胎于业务又超然于业务，战时，咬合业务战略目标为业务拼尽全力；闲时，积蓄力量有自己独立的发展目标与布局，提前给业务的下一步发展扫清障碍。

12.2 技术规划的高度、深度和锐度

每个技术团队都会在年初制定规划，在年底进行总结。这两个时刻对技术主管来说往往是充满挑战的。特别是在制定技术规划时，他们经常会面临以下问题：

◎ 今年的技术规划与去年有何不同？今年的规划是否也适用于明年？
◎ 这个技术规划的内容似乎平淡无奇，缺乏吸引力。
◎ 在这个技术规划中，哪个部分最为关键？
◎ 这个技术规划是否体现了对未来的洞察？
◎ 这个技术规划面临的主要挑战和难点是什么？

......

这些问题可能会以不同的形式被上级技术主管、其他团队或下属提出。这些问题的本质是如何评估技术规划的优劣。

12.2.1 为什么谈高度、深度和锐度

许多人都将技术规划简单地等同于列出待办事项的计划，稍好一些的规划可能会对这些事项进行分类和优先级排序。尽管这样的技术规划显然不够完善，但具体哪里不对，人们往往一时难以说清。根据多年的实战经验，我们可以用高度、锐度和深度这三个维度来定义一个好的技术规划。

1. 技术占 1/3

在 10.1 节"架构师的生态位置"中，我们讨论了业务人员、产品经理和技术人员之间最佳的关系是三角关系，如图 12-5 所示。技术人员应作为实现业务目标的决策者，而不仅仅是项目的执行者。在多变的市场环境中，没有人能够准确预测未来，确保所有项目都能成功。因此，需要业务需求、产品设计和技术先进性（即技术壁垒）的共同输入，以做出更合理的评判。业务需求是多样化的，尤其是面向企业客户（ToB）的需求，可能来自财务团队、运营团队、技术团队等多个方面。技术需要有针对性地解决具有决策意义的业务需求。例如，Stripe 公司推出的只需 7 行代码即可集成的支付功能，就很好地洞察了客户在技术集成方面的痛点，并成功地打开了市场。

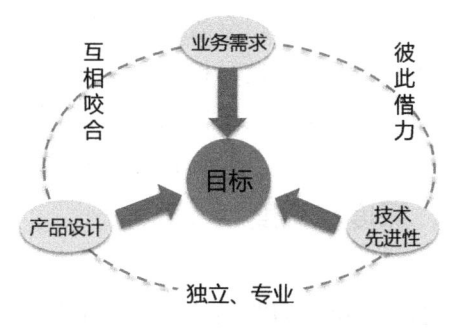

图 12-5 业务、产品与技术的关系

技术要想影响业务决策，最合适的方式是在技术规划中，从构建竞争壁垒的角度为业务提供策略建议。因此，技术规划必须具有前瞻性，既要能洞察技术目标与业务战略之间的逻辑联系，也必须要有自己独立的思考判断，明确能构建竞争壁垒的关键因素。

2. 立足当下看未来

技术规划应当"立足当下看未来"，即首先对未来的业务发展做出合理的假设和预判，然后基于这些预判，倒推回当前，明确技术团队需要立即采取的行动、筹备的事项和布局的方向，如图 12-6 所示。这样的规划既要考虑业务的长期发展愿景，也要关注业务当前所处的位置和阶段。这是一个动态的过程，涉及过去与未来、局部与整体、价值与投入、市场与自身之间的比较，而不仅仅是静态分析。这种方法与技术架构的设计思路相似，因此，技术主管实质上就是一名优秀的技术架构师。

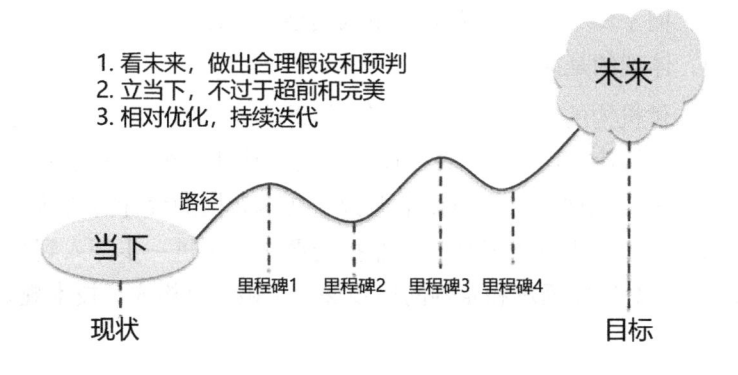

图 12-6 立足当下看未来

正因为如此，技术主管的架构意识会激发他们的创新思维，使他们能够看得更远，拥有理想主义情怀。然而，在进行技术规划时，这种思维可能会导致他们过于追求超前和完美。为了避免受到现实情况的限制，同时避免过于理想化，技术主管需要在高度、锐度和深度这三个维度上进行相对性和立体化的平衡。

12.2.2 什么是高度、深度和锐度

1. 加一是高度

技术规划的首要考虑是定位，即明确技术团队在上级团队中的位置，以及上级团队在公司整体业务中的位置。定位涉及承担的职责和发挥的作用。例如，在为中后台团队制定技术规划时，通常会强调提升中后台的运营效率，支持前台业务。如果再提升一个层次，中后台还能够为前台业务提供竞争力。这是因为支撑中后台的能力往往是难以被模仿的，它是随着时间和问题的解决逐渐积累形成的壁垒。例如，在监管机构要求第三方支付机构上缴备付金之前，这些机构的客户资金管理中台就能够利用客户备付金获得收益。这种中后台能力的释放，使得第三方支付机构能够实现对客户提现免收手续费，从而提升其商业竞争力。

因此，定位决定了技术规划的方向和范围。每提升一个层次的定位，就能制定出具有更高一级高度的技术规划。例如，阿里巴巴集团的使命"让天下没有难做的生意"和"让信用等于财富"等，是从全社会的角度出发，而不仅仅是从公司自身的角度考虑的。这种思维方式同样适用于技术团队。

2. 穿透是深度

技术规划中的深度是指解决当前问题的困难程度以及现状与目标之间的差距。差距越大，技术规划的深度就越深。技术规划向上延伸到业务层和客户价值层，体现的是高度；向下深入到技术架构、领域模型、关键风险、工具方法，甚至是技术组织层面，体现的是深度。

以第三方支付机构的支付成功率为例，如果业务目标是把支付成功率从30%提升到85%，高于行业平均水平，技术团队就需要构建一个能够实现、持续实现、高效实现、智能化实现这一目标的技术架构。技术架构的设计需要从简单的逻辑功能实现开始，逐步深入支付成功率的监控与调优，再进一步深入到数据算法、人工智能等方面。对这些困难和瓶颈的逐步深入突破，就构成了技术规划的深度。

3. 支点是锐度

在技术规划中，锐度可以类比为观点的鲜明性和精准性，即是否能够明确指出问题的关键所在。具有锐度的技术规划能够在复杂情况中抓住问题本质和突破点，找到投入产出比最高的点，从而撬动整体价值的最大化。缺乏锐度的技术规

划无法明确指出最紧迫的任务。

例如，在跨境数字支付行业中，支付成功率是竞争取胜的关键指标。支付成功率的提升可以直接转化为商家总交易额（GMV）的提升，而要实现 GMV 的相同比例增长，通常需要大量的营销或流量费用。因此，数字支付技术团队在制定技术规划时，如果能够针对支付成功率提出明确的目标，就很可能为业务带来本质上的突破和改变。实际上，某著名第三方支付公司在 2013 年就是通过主打支付成功率的提升，孵化出了快捷支付产品，从而重塑了整个数字支付行业的格局。

12.2.3 怎样求高度、深度和锐度

1. 从全局中求高度

寻求高度是在技术规划中从"WHAT"（是什么）向"WHY"（为什么）的溯源过程。在许多技术规划中，常见的表述是建立某个系统、能力或功能。这种描述的问题在于，规划者可能知道"WHY"，但其他人并不清楚。这样的技术规划即使逻辑正确，也可能无法被正确实施。

"WHY"是起点，是全局，是团队探讨的基础。只有当"WHY"站得住脚，技术规划才有意义；只有当"WHY"达到一定层次，技术规划才具有高度。通过多次追问"WHY"，可以从空间维度（点、线、面、体）和时间维度（过去、现在、未来）进行升维思考。维度越高，看待问题越全面。从全局中寻求高度，就是找到与团队当前状态相匹配且稍加努力能够达到的层次。层次定得太高可能导致不切实际的追求，而层次太低则可能无法发挥大的作用。

以跨境支付技术团队为例，假设该团队对下一年规划的初步判断是降本增收。从这个判断开始追问"WHY"：为什么要降本增收？答案是增加财务收入。再问，上一级业务为什么需要增加财务收入？答案是借助汇率优势、币种覆盖等拓展海外市场。继续问，需要覆盖哪些币种？是欧美的还是旅游热点东南亚的？通过这一系列的"WHY"追问，可能会发现降本增收这个规划可能与上级目标不完全一致，高度不够。

2. 从细节中求深度

寻求深度最有效的方法是探底，即从"WHAT"（是什么）向下探索"HOW"（如何实现）的过程。许多技术规划喜欢用数字来描述目标，听起来令人振奋，例如有些技术团队提出的生产环境运维保障目标是"1 分钟响应，3 分钟应急，10 分钟恢复"。这样的目标听起来确实激动人心，但如果缺乏具体的实施办法，就无法落地。

许多技术主管认为技术规划只需确定方向，设定一个大致目标以引导团队前进即可。然而，这样的技术规划缺乏深度，最终可能只是堆砌了一堆功能。技术规划应该从目标中拆解出所需的能力，让技术团队达成从"WHAT"到"HOW"的共识，并一层层深入探究，直到找到真正可以落实到代码的具体细节。然后，从这些细节中找出具有挑战性的关键点，以实现真正的技术深度。

以生产环境运维保障目标"1 分钟响应，3 分钟应急，10 分钟恢复"为例，要实现 1 分钟响应，就必须能够对生产系统进行秒级监控和日志采集、处理和计算。假设生产系统每天产生 1TB 的日志数据，那么 1 分钟响应意味着每天 1TB 的日志数据需要实现秒级采集和计算，这还不包括自定义报警规则可能带来的计算量激增问题，无疑是一个重大的技术挑战。

一个看似简单的目标背后，实际上需要一个庞大且深入的技术体系来支撑。只有深入技术关键细节，才能真正看到这一点。

3. 从极简中求锐度

寻求锐度最有效的方法是运用奥卡姆剃刀原理，即在删除一切不必要的元素之前，必须首先将系统的各个方面都拆解清楚。一个系统由目标、连接和要素构成，各要素相互作用，形成整体，并朝着一个目标运行。系统不仅需要基本结构，还需要一套运行机制，这通常由增强回路、调节回路和反馈延迟组成。

技术规划也是一个系统，它将客户价值、市场环境、产品目标、技术架构、组织状态等多个要素连接起来，形成一个统一的整体，以实现特定的目标。例如，生产环境故障防范是一个复杂的系统问题，涉及团队新人比例高、技术能力不足、业务不熟练、技术架构负债多、故障处理过程漫长等多个方面。

在全面了解了复杂问题之后，需要根据实际情况对拆解的各个方面进行取舍和筛选。例如，如果团队中有 80% 是新员工，并且 80% 的问题都是由新员工引起的，那么技术规划应该重点放在新员工的培训上，并将生产系统变更的管理规范落到实处，甚至将其作为技术架构能力的一部分。在这种情况下，技术规划应该简化并专注于新员工的培训。

另一种情况是，即使团队中 80% 都是新员工，且 80% 的问题都是由新员工引起的，但如果每个新员工的需求都由经验丰富的老员工来完成，生产环境仍然会出现故障，那么很可能是某个架构负债超出了团队的能力范围。在这种情况下，技术规划应该简化并专注于解决这个架构负债。

在深入分析每一个问题后，需要对已经拆解的其他问题进行评估，判断这些问题是痛点还是痒点。如果是痒点，可以先暂时忍受，集中精力解决痛点问题。

通过这种方式，可以确保技术规划更加精准和有效，从而解决最关键的问题。

技术规划既重要又不重要。说它重要，是因为技术团队确实需要这样的行动方针和指南，没有规划就没有确定性。说它不重要，是因为技术规划必定是日常工作的延续，只不过是潜伏在日常工作之中。就像那句名言，"未来已来，只是分布不均"。如果一个技术团队一直在做基础产品迭代，却在年底突然决定转向 AI 大模型的底层研发，那要么是公司战略决策发生了调整，要么就是技术主管盲目行事。因此，技术主管应在平时下功夫，将思考融入日常工作中，时刻思考下一个阶段团队应交付什么样的结果，以及如何用有高度、深度和锐度的技术规划引领团队前进。

12.3 技术规划的目标、路径和里程碑

尽管技术规划年年做，很多时候技术规划也的确"站得高、挖得深、做得专"，但这些仅体现了思考能力，并不一定能够转化为有效的行动计划。而要真正使团队落地实施，技术规划还必须要形成目标、路径和里程碑。

12.3.1 目标的关键在于咬合

黄金圈法则教导我们，大多数人习惯于从现象出发，然后考虑具体措施，最后才探究原因，即从 WHAT（是什么）到 HOW（怎么做），再到 WHY（为什么）的思考路径。然而，更有效的方法是反过来，首先从 WHY 开始，搞清楚"为什么"要做这件事，然后是 HOW"如何"去做，最后才是 WHAT"具体做什么"。在技术规划中，目标扮演着 WHY 的角色，它解释了技术与业务的关系，本目标与全局战略的关系，以及本团队与整个组织的关系。

1. 技术目标咬合业务目标

技术目标的设定往往会陷入两个误区：一个是把业务目标当成技术目标，另一个是只考虑技术目标。

（1）咬合但不盲从。

技术是业务实现的关键力量。把业务目标当成技术目标是有一定合理性的，否则只埋头纯粹技术，显然不妥。但把业务目标当成唯一目标，又会使技术完全丧失专业性和独立的价值贡献。

技术应与业务紧密结合，但不盲目追随。例如，若业务目标是引入 10,000 家商户，技术目标不应简单设定为"支持引入 10,000 家商户"，而应深入分析实现这一目标的具体技术需求。如现有系统无法批量处理商户信息，导致商户体验不佳。因此，技术目标应设定为"通过建设商户入驻自动化能力，实现系统自动获

取 80% 的商户的 80% 的信息，确保商户 1 天内完成入驻，全年实现 10,000 家商户入驻"，这样的技术目标既与业务目标紧密结合，又具有独立的价值贡献。

（2）避免"铁路警察"。

在大型组织中，为了提升效率，分工协作是必然的。例如，第三方支付业务涉及多个团队的合作，包括商户入驻、支付风险控制、客户资金管理等。这种分工确实提高了效率，但也可能导致"铁路警察，各管一段"的问题，即团队可能过于专注于自己的专业领域，而忽视了整个对客业务的价值。

以支付风险控制团队为例，他们可能会不断追求降低支付风险比例，如从万分之一到亿分之一。然而，这种极致的风险控制可能会提高业务运营的门槛，影响用户体验和业务发展。

技术团队在支持这些业务方时，需要超越单一领域的专业支撑，考虑如何贡献于整个对客业务的价值。需要明确，技术支持的到底是业务方还是真正的对客业务。

以支付风险控制目标设定为例，技术目标应与市场状况和对客业务的需求相结合。在市场成熟时，可以适当提高风险控制标准，而在市场发展初期，则可能需要设定更为灵活的技术目标，如："将支付风险交易识别正确率从 80% 提升到 90%，以适应不同市场阶段的风险控制需求。"这样的目标既考虑了风险控制的专业性，也兼顾了业务的整体发展和市场需求。

2. 技术目标咬合趋势变化

在设定技术目标时，不仅要与业务目标紧密结合，还要关注业务和技术的发展趋势。对业务发展趋势的洞察是技术规划具有前瞻性的关键。例如，如果技术团队意识到第三方支付业务的发展趋势是支持中小商户，那么技术规划就不仅要考虑当前接入 10,000 家商户的需求，还要预见到未来可能接入十万家甚至百万家商户的情况。这样的规划将促使技术团队从提升内部效率转向构建平台开放能力，以便更多商户能够自助入驻。

同时，对技术发展趋势的把握是技术创新及形成竞争优势的关键。例如，面对全球对客户隐私数据监管的加强，技术团队如果能在隐私计算领域有所突破，就能实现在保护数据隐私的同时进行数据合作，这既能促进业务发展，又能满足监管要求。这种能力的培养虽然周期长、见效慢，但一旦形成，将成为业务的核心竞争力。

3. 技术目标咬合客观情况

在设定技术目标时，必须考虑团队的现状和发展能力。过于超前的目标可能导致团队承受不必要的风险，而将过于宏大的愿景强加于实力不足的团队，则可能导致失败。例如，在生产环境故障相关的技术风险目标或技术效能提升目标中，追求零风险或零研发投入的目标往往不切实际。

因此，建议将技术目标分为承诺型目标和愿景型目标。承诺型目标是基于团队当前能力和资源，设定具体可实现的成果，以此激励团队持续进步。愿景型目标旨在为团队的下一步发展进行投资，它不仅确保稳健的成果，还为团队带来更多的可能性。

12.3.2 路径选择的关键在于拆解

在团队内部达成技术目标和价值层面的共识通常相对容易，但选择实现这些目标的路径却更为复杂且关键。不同的路径可能意味着不同的资源投入、时间成本和风险程度。因此，选择最合适的路径对于确保以最小的代价实现目标至关重要。

1. 拆解不是分解

一个目标的实现需要通过拆解而非简单的分解。以零生产环境故障目标为例，分解只是将总体目标机械地分配给每个团队成员，如每个小团队和每个成员都要实现零故障。这种方法类似于数学问题中的指标摊派，它没有提供实现目标的实际路径。

相反，拆解则是深入分析实现零生产环境故障目标所需的具体行动，如研发自测、生产变更管控、风险事件预案等。拆解过程中，团队会详细评估每个环节所需的能力建设和风险防控效果。这样，拆解后的目标不仅明确了每个环节的具体动作，而且这些动作是可执行的，能够被实际落实。

2. 拆解后的融合

在目标拆解的基础上，制订行动计划并明确责任分配是实现目标的关键步骤。然而，这种方法可能存在缺陷，即拆解后的具体目标可能并不完全符合整体目标的需求。例如，在制订零生产环境故障的计划时，尽管研发自测、生产变更控制和安全事件应对等具体目标都取得了进展，但这些进展可能并未真正降低生产环境的故障风险。

这种情况通常源于目标拆解时忽视了关键要素，或者拆解后的具体目标之间缺乏协调性。例如，安全事件应对计划可能需要人工干预而非自动执行，从而导致生产风险转化为实际故障。另外，生产变更控制和安全事件应对可能针对不同的系统，导致整体防控效果不佳。

这是目标拆解执行后，再融合到目标时必定面临的问题。上述生产故障的拆解可能遗漏了最关键的一环：风险事件预案需人工执行，而系统无法通过规则自动触发，导致生产风险恶化成生产故障。另一种可能是，生产变更管控优先考虑系统可用性，而风险预案优先考虑资金安全性，由于对象不一致，导致生产环境故障防控效果不佳。

要跳出这个逻辑怪圈，需要时刻反思并回到最初的目标和初心。检查目标拆解过程中是否存在逻辑漏洞，或者拆解后的具体目标之间是否因节奏问题而无法有效融合，从而无法贡献最终价值。

识别何时需要跳出来思考也很关键，如图 12-7 所示。通常，某件事进行得太顺利，结果过于简单，或者过于复杂导致无法取得成果，都需要警惕。例如，试图通过流量灰度方法完全避免故障，或者通过对所有变更进行严格流程管控来防范故障，这两种做法都可能忽视了基本规律或走进了死胡同。在这些情况下，需要重新审视目标拆解和执行策略，确保每个具体目标都能有效服务于整体目标，并实现最终的成功。

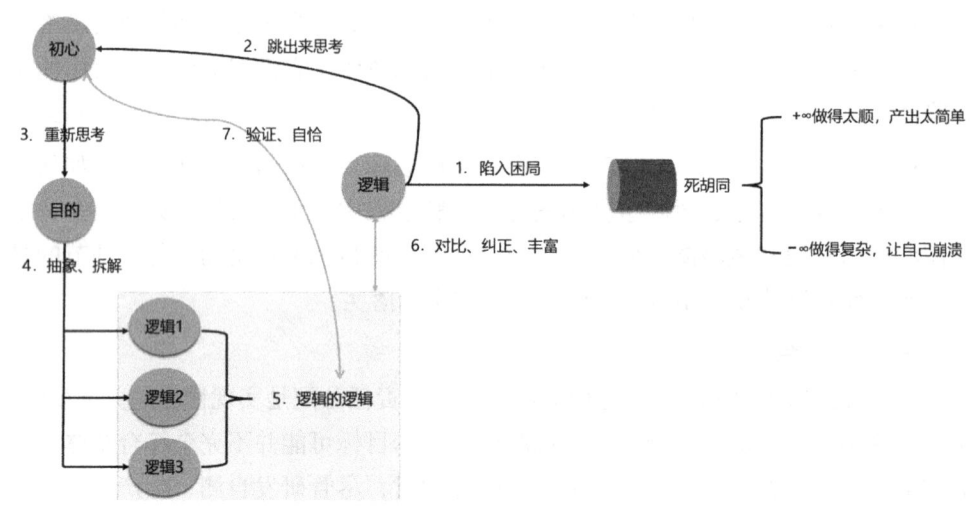

图 12-7 跳出来思考

跳出来思考的关键在于回归初心，即最初要解决的问题是什么。这是让实现目标的"HOW"重新与目标问题的"WHY"对齐的过程。基于初心，需要重新将目标抽象和拆解为具体的里程碑，并在此过程中进行二次验证，确保拆解逻辑背后的逻辑是完整和有效的。

例如，在零生产环境故障目标的第一次拆解中，我们关注了"事"的维度，即通过研发自测、生产变更管控和风险事件预案来防范故障，如图 12-8 所示。然而，当我们深入逻辑背后的逻辑时，可能会发现我们忽视了"人"的维度。要有效防范故障，不仅需要事情本身被清晰梳理和执行，还需要堵住人容易犯错的点，减少对人操作的依赖。

因此，在目标拆解和执行过程中，我们需要同时考虑"事"和"人"两个维度。这可能意味着在研发自测环节中加入更多的人为因素考量，比如通过设计更加人性化的自测度指标来减少人为错误；在生产变更管控中，除了流程和规则的制定，还需要考虑如何提高人员意识和技能培训；在风险事件预案中，除了自动化触发机制，还需要确保人工干预的准确性和效率。

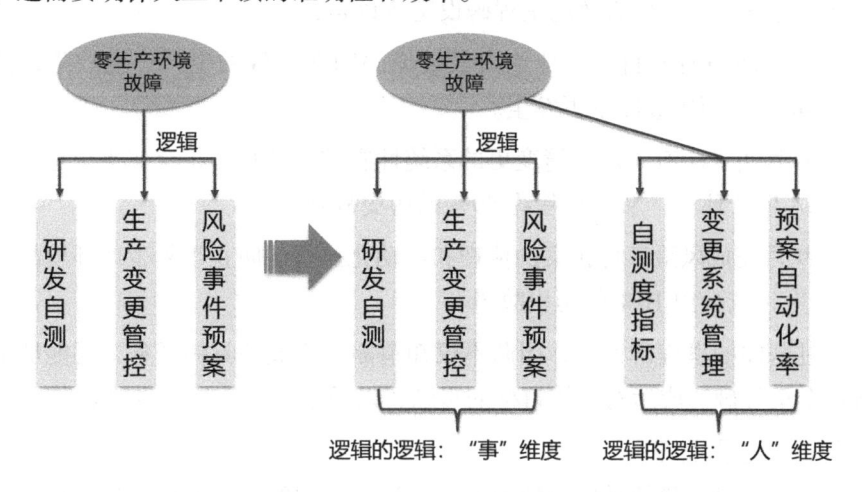

图 12-8 跳出来思考：零生产环境故障案例

跳出来思考的意义不仅在于从逻辑的层面纠正之前的拆解路径，更重要的是回到初心，重新审视和纠正源头的目标。以零生产环境故障为例，当我们深入思考这个目标的本质时，可能会意识到追求零故障实际上是不切实际的，因为人为错误是不可避免的。因此，我们需要调整目标，使其更加符合实际情况和规律。

真正有效的目标可能是减少重大故障、低级故障和重复故障的发生，而不是追求完全零故障。这样的目标更加具体、可实现，并且能够有效地提升生产环境的稳定性和可靠性。通过这种方式，我们不仅纠正了实现目标的路径，还从源头上修正了目标本身，使其更加务实和有针对性。

12.3.3 里程碑的关键在于反馈

里程碑在目标实现过程中的作用就像是在旅途中设置的路标，它们指示着团队已经走过的距离，并激励他们继续前进。设定里程碑的关键不仅在于逻辑的严谨性，更在于能够提供快速反馈。

1. 里程碑是进度条

很多人对里程碑的理解存在误区，常常将其与要执行的动作混淆。例如，设定 12 月达到零生产环境故障的目标，然后制定 3 月提升研发自测能力、6 月完成生产环境变更能力建设、9 月实现风险事件预案梳理等里程碑。然而，这种设定方式只是列出了一系列任务，而没有真正体现里程碑的本质。

好的里程碑设定应该是基于最终目标的拆解，并且能够清晰地展示整体目标的完成进度。里程碑应该被视为目标完成情况的进度条。通过里程碑的状态，团队可以直观地了解他们距离最终目标还有多远。

在上述案例中，更有效的里程碑设定应该是：

◎ 3 月加强研发自测，杜绝由低级编码问题导致的生产环境故障，使得约 40% 的历史故障不再发生。

◎ 6 月实现所有生产环境变更的系统性管控，防止不符合变更规范的变更进入生产环境，从而消除约 50% 的历史故障。

◎ 9 月完成风险事件预案的梳理和自动化执行，防止重复生产环境故障的发生，减少约 10% 的历史故障。

通过这样的里程碑设定，团队不仅知道需要完成的具体任务，还能够清晰地了解每个里程碑达成后对整体目标的贡献，以及整体目标的进展状态。

2. 里程碑是小胜即庆

里程碑是目标价值链中拆解出的小目标，它们的达成不仅对最终目标有反馈和修正的作用，还能够激励团队的士气。正如古人所说，"一鼓作气，再而衰，三而竭"，如果战线过长，目标实现过程过于艰难，那么团队可能会失去动力。而庆祝里程碑完成时的小胜利能增强团队的信心。

这也是为什么里程碑需要以最终目标进度的形式来制定，而最终目标应该以客户价值为锚点来设定。里程碑的完成不仅是对团队努力的认可，也是对目标实现过程中取得的具体进展的体现。

在团队中，不是所有人都是先相信后看到，很多人需要先看到结果才会更加投入。因此，里程碑的设定和达成对于提升团队动力至关重要。当团队成员看到他们的努力带来了实际的效果，他们更有可能继续投入和推进。

从更广泛的角度来看，里程碑达成的业务价值有助于吸引业务人员、产品经理、运营人员等多个角色的参与，进一步推动目标的实现。这些里程碑就像是通向最终目标道路上的坚实脚印，它们标志着团队在实现目标过程中的每一步进展。

12.3.4 技术规划是工作之锚

战略的制定是许多公司用来获得竞争优势的重要手段。战略的本质在于"战"与"略"的平衡，即在何时采取积极行动（战），何时保持谨慎或保守（略）。这种取舍的决策需要通过技术规划来具体承接，并通过技术目标来明确界定。

技术目标的设定需要考虑与业务目标的紧密结合（咬合），将整体目标拆解为可执行的具体任务（拆解），并通过快速反馈机制来验证和调整目标（反馈）。这样的体系能够确保技术目标经得起推敲、检验和纠偏，从而更加科学和有效。

技术主管在宣布技术规划时，并不是因为其职位赋予的权威，而是因为规划经过了严谨的论证和分析，与业务目标紧密结合，并能够逻辑自洽。这样的规划能够以理服人，激励团队成员跟随并致力于实现技术规划中的目标。

技术规划不仅是团队工作的方向和重心的锚，也是技术主管设定目标的逻辑起点。要实现有效的团队管理，必须有良好的技术规划作为引导。而优秀的技术规划则需要技术主管具备架构思维，能够思考、构建和提炼复杂问题。这是技术主管在管理和架构方面的重要职责，也是其能够集管理和架构于一身的关键所在。

12.4 技术底盘的底线、理想和决心

就像世界上跑得快的汽车不仅需要先进的发动机，还需要先进的刹车系统一样，互联网业务要取得市场成功，不仅需要优秀的产品体验和服务保障，还需要一个坚固的底盘，包括强劲的动力和可靠的安全系统。对于技术团队而言，技术与业务必须同心协力。技术规划应与业务战略紧密相连，制定合理的目标、路径和里程碑。

然而，这样的技术规划可能会让技术人员感到一些失落，因为他们可能会认为技术只是支撑业务发展的工具，而没有自己的发展方向和创新空间。这是一个专业且有信仰的技术团队应该自觉思考的问题，也是技术主管必须面对和解决的关键问题。

12.4.1 技术底盘不止于技术风险

技术底盘的概念对于技术人来说，往往首先想到的是技术风险防控。诚然，技术风险是技术底盘中非常重要的一环，但它绝对不是技术底盘的全部。通常，那些不需要依赖前线业务人员或产品经理提供信息，技术团队能够基于自身掌握的相对完整信息进行决策的系统能力建设，被统称为技术底盘。技术底盘在全局的位置如图 12-9 所示。

技术应用	用户体验	创新应用	迭代速度
技术架构	简化复杂性	提升复用性	提升灵活性
技术底盘	业务发展的连续性要求	技术系统的可靠性要求	技术系统的效能与成本要求

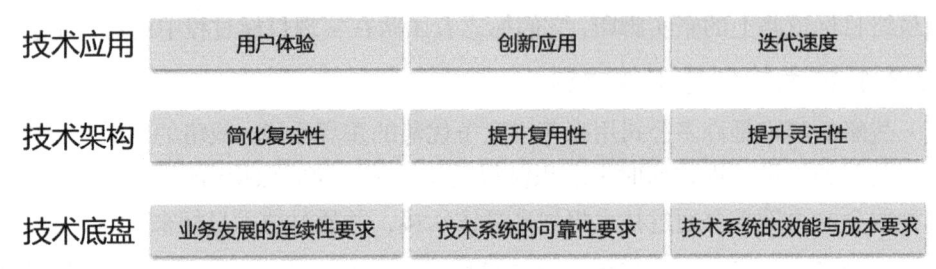

图 12-9 技术底盘在全局的位置

首先，产品自身是在聚光灯下直接交付给客户的显性化价值，这是业务成功的第一要素。其次，幕后工作，即技术底盘的一部分，包括业务发展的连续性要求、技术系统的可靠性要求等，这些工作虽然不直接展现在客户面前，却是产品能够顺利表演的基础。最后，舞台本身，即技术系统的效能与成本，是确保产品能够在上面放心表演的基础。从实践经验来看，技术底盘工作包括以下几个方面。

1. 业务发展的连续性要求

（1）业务对外服务的性能。这是指系统响应速度和用户体验。例如，如果购物界面在 10 秒内无法打开，用户可能会失去购买的兴趣。

（2）业务对外服务的稳定性。系统的稳定性对于用户信任至关重要。即使功能再强大，如果系统经常出现故障，也会导致客户流失。

（3）业务对外服务的容量。系统需要具备应对高峰期流量和数据量的能力。例如，在阿里双十一大促这样的购物高峰期，系统需要能够自动扩展以满足高流量需求。

（4）业务处理的准确性要求。对于金融级系统，如第三方支付，准确性至关重要，必须确保每一笔交易都准确无误。

2. 技术系统的可靠性要求

（1）系统处理数据的合规性要求。这涉及遵守行业规范和数据隐私保护法律，如欧洲的 GDPR。GDPR 要求企业对个人数据进行保护，违反者将面临高额罚款。

（2）系统安全性要求。包括系统自身的防攻击能力、依赖的中间件版本管理和漏洞处理等，以确保系统免受恶意攻击，避免数据泄露。

3. 技术系统的效能与成本要求

（1）技术系统对应的软硬件成本。这些成本最终会影响到财务收入和支出，成本过高可能降低业务竞争力。

（2）技术系统支撑业务的效能。系统架构应能高效地支持业务需求，如快速交付重复或类似的业务需求。

（3）技术系统的基础研发效能。这包括公共研发成本，如测试用例的回归、生产代码的发布和生产变更等。例如，修改一行代码需要 3 到 5 天才能够上线，就表明技术效能低下。

12.4.2 用底线思维控技术风险

据公开资料，蚂蚁金服将每年的 5 月 27 日定为技术节日，以纪念 2015 年 5 月 27 日因光纤被挖断导致的系统中断事件，该故障持续了近 2 个小时，对蚂蚁金服的技术团队造成了巨大打击，并一度引发了业务团队对技术团队的信任危机。可以看出，技术专业性既是成就技术团队的关键，也是可能导致团队信任受损的变量。技术专业性使技术团队获得认可和尊重，但重大的技术风险也可能瞬间颠覆大家对技术的信任。因此，对于一个技术团队而言，坚守风险底线，确保不突破，是其内在基因中不可更改的潜意识。

1. 穿越质量周期

质量与效能是软件研发领域中硬币的两面，往往难以完全兼顾。追求"多快好省"通常只是一个口号，而不是实际执行的策略。在软件研发中，特别是在项目周期紧张或压力大的情况下，技术风险意识可能会逐渐松懈。当研发节奏加快时，质量问题往往会随之出现。

生产环境故障的增加往往会导致技术主管加强风险意识，强调质量问题，并进行架构治理和升级，以解决质量问题。然而，这个过程往往是一个循环，质量问题可能会在一段时间后再次出现。根据实践观察，质量问题往往以大约 6 个月为一个周期爆发，超过这个周期，团队成员的懈怠心态和侥幸心态可能会增加，技能也可能开始生疏。

除了周期性因素，特殊事件也会影响质量问题。例如，大假或大节过后，由于风险意识的松懈，可能会导致质量问题。新人加入团队并开始投产时，由于对新系统的熟悉度不足，可能会暂时降低团队的技能水平，导致生产问题。如图 12-10 所示。

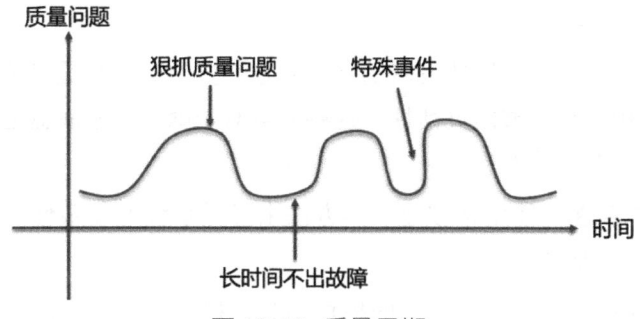

图 12-10 质量周期

理解认知规律，我们才能利用这些规律。掌握质量周期规律后，我们才能对其进行逆向调节，以避免重大生产环境故障的发生。例如，在连续几个月没有发生故障时，我们需要加强历史故障的学习，提高对技术风险的意识；在连续几个月面临质量压力并且风险得到控制后，应适当放松，避免过度紧张导致"弦"绷断；在特殊事件发生时，需要临时加强质量管控，以安全渡过危险期。

2. 技术风险遵守"少即是多"

技术风险是无法完全规避的，作为技术主管，不应追求风险控制的绝对主义。零生产环境故障可以作为一个口号来强调对风险的敬畏意识，但不应成为实际的技术目标。在设定技术目标时，应遵循"少即是多"的原则，集中精力解决最关键的技术风险问题。

做技术规划时，技术主管可能会希望包括所有可能的需求和目标，但这种"什么都想要"的心态可能导致团队陷入不聚焦的陷阱。工作会自我膨胀，不断占用团队成员的时间和精力。相反，通过运用支点原理，选择 1 到 2 个关键点作为专攻突破项，尤其是与技术风险相关的事项，可以更有效地集中资源和精力，从而达到事半功倍的效果。

"少即是多"的另一个重要原因是对执行成本的考虑。完美的规划可能由于执行成本过高而难以实现，而成本低、易于执行的技术规划意味着操作简单，不容易出现动作变形，并且能够较快地取得阶段性成果，从而产生正反馈。

12.4.3 用业务视角做能力建设

在技术领域中，有一种说法认为一个系统架构能够运转 3 年就是相当不错的设计了。这种说法部分源于业务快速发展的需求，随着业务的发展，原有系统可能无法满足新的需求，因此需要不断更新和重构。

"千里之堤，溃于蚁穴"，技术底盘的崩溃往往是从一些看似微不足道的小问题开始的。

1. 无法自适应的架构

能够很好地支持业务快速发展的技术底盘需要具备三个关键要点：简化复杂性、足够的复用性和足够的灵活性。这些要点对于确保技术底盘能够适应不断变化的业务发展需求至关重要。

- **简化复杂性**：使用领域建模等方法来降低系统的复杂性，使系统更加易于理解和维护。
- **足够的复用性**：通过适当的模块划分来提升代码的复用性，减少重复工作，提高开发效率。
- ◎ **足够的灵活性**：使用配置来驱动系统运行，允许在不发布代码的情况下改变系统行为。例如，关闭系统的某个功能通过参数配置来实现，甚至系统的代码逻辑也用 Groovy 脚本进行配置化，这样的设计看似使系统灵活、具有扩展性，可以在不发布代码的情况下就改变系统行为。

然而，随着时间的积累，系统中可能存在成千上万条配置，没有人清楚这些配置的具体作用，也不知道更改某条配置会对哪些功能产生影响。当需要复用某个业务功能时，不仅要评估代码逻辑，还要头疼地分析需要哪些配置才能使系统正常运行。越来越多的配置实际上表明系统的信息架构混乱。信息架构开始混乱之时，也就是系统的底层能力逐步崩溃的开始。这种无法自适应的架构设计实际上是在用战术上的勤奋掩盖战略上的懒惰。

2. 首要目标是对客界面

大多数人认为，只要领域模型设计得好，架构分层清晰，关键风险得到控制，就能构建一个理想的技术底盘。而真正优秀的技术主管在实际操作中，不仅从技术角度思考，还会从业务视角来纠正技术的盲区。

在技术底盘能力建设过程中，技术主管首先考虑的是最终客户、交付物和操作界面。将抽象的技术能力通过清晰直观的操作界面展示出来，这不仅是对系统架构自适应的要求，更是对技术底盘价值的前瞻思考。这种方法能够帮助团队成员和业务方更好地理解和实施技术能力。

例如，在第三方支付系统中，智能路由选择是关键能力之一。通过智能路由找到成功率最高、成本最低的银行渠道对于用户体验至关重要。

这种以用户为中心的设计方法，将技术底盘能力转化为直观易用的界面，能够更好地服务于业务，提升用户体验。通过这样的设计，技术底盘不仅能够实现其技术价值，还能够更好地与业务目标相结合，实现业务的成功。

12.4.4 保持战略定力做三年工程

技术底盘的建设和投入往往需要较长的时间，一年、两年甚至是三年后，才能看到明显的回报。这个过程可能不是简单的"春耕秋收"，而是需要耐心和持续的努力。技术主管在这个过程中需要顶住压力，展现出足够的决心和战略定力。

1. 技术底盘专属资源池

技术底盘承担了业务发展的连续性、技术系统的可靠性、提升系统效能与降低成本这三个方面的中长期能力建设的重任。因此，对技术底盘的支持不能是空头支票，必须要落实在行动上，落实在技术资源的投入上。投入技术底盘建设的资源要独立于业务项目的资源，若混在一起，则一定会让业务需求挤压掉技术底盘的改造需求。所以技术底盘的资源要有专属的保障。

通常实践经验表明，将团队资源的 15% 到 20% 投入到技术底盘建设中，是比较合适的。例如，在一个 10 人的团队中，可以有 8 人到 8.5 人全力专注于业务需求的研发工作，而 1.5 人到 2 人则持续投入到技术底盘能力的建设中。对于一个小团队来说，资源可能只够进行一些局部的优化和升级工作。但对于一个拥有 30 人的二级团队来说，就有 5 人到 6 人可以专注于长期的技术底盘建设，这构成了相当可观的战斗力。

2. 显眼和露脸仅一步之差

优秀的技术主管应坚持长期主义，具备延迟满足的能力，并敢于投资为期三年的工程。然而，事以密成，在技术底盘能力得到充分业务价值案例支撑之前，应避免高调宣传。长期投资并非人人都能理解，大多数人因看见而相信，而长期主义者则因相信而看见。

以接口契约治理为例，不执行，大家也习以为常。即使大家在项目中痛苦联调测试，也不愿承担改变风险。只有坚信接口契约治理能带来大规模组织提效的技术主管，才敢于投重资推进，此类项目往往需 1~2 年方见成效。对于这类战略项目，应低调行事，避免在价值效果普通时过度宣传。捧杀可能对战略投入项目造成致命伤害。技术底盘产出应力求精品，一炮而红，既鼓舞士气，也为获取下一阶段投资提供重要支持。

回顾过去，真正导致技术团队失败的往往是技术团队自身。原因很简单，如果业务项目的价值效果未达预期，可能还受市场环境等因素的影响，那么技术导致的某个项目延期也未必是严重的错误。然而，如果技术风险导致了业务损失，那绝对是技术团队的责任，因为这事只有技术团队自己能懂。技术目标的设定不仅要考虑业务目标，构建关键能力，更要从技术专业性的角度出发，构建一个稳固的技术底盘，以确保业务的行稳致远。

第 13 章
技术团队的成长与发展

能打仗、能打胜仗，是对技术团队的基本要求。但想要打造一个长期健康发展的优秀技术团队，还不能止步于此。如果把技术团队整体看成一个人，那么他有自己的发展阶段，也有自身的惯性和惰性，需要加强自身能力的提升（提升专业能力），需要强身健体（培育新人，培养人才），更需要精神世界的丰富（建立团队深厚的情谊，丰富团队精神文化）。技术主管是技术团队成长与发展的第一责任人，需要突破自身的局限，有更大的格局和更深入的思考，有责任有义务带领团队持续进步。

技术团队的成长与发展是一个复杂而宏大的话题。本章仅提供部分视角，甚至只是切面，或许，"有一颗想成就卓越团队的心"才是最好的引导。

13.1 用专业夯实团队的发展

技术人常常面临短期生存与长期发展的双重压力。短期生存要求团队产出成果，而长期发展则需要个人成长。这一看似矛盾的要求，正是技术主管需要直面解决的问题。解决这一问题的关键在于专业能力。专业能力不仅帮助团队拿下结果，促进发展，还能帮助个人建立良好声誉。

13.1.1 经验丰富不等于专业

团队成员屡次克服挑战，对系统了如指掌，对业务需求总能找到解决之道。若此时有人质疑团队的专业性，技术主管定会激烈反驳，捍卫团队荣誉。然而，深入思考后会发现，丰富的项目实战经验并不完全等同于专业。以下现象值得反思。

◎ 技术团队内部沉淀的知识往往是碎片化的，相同含义的知识点可能散落在不同的地方。尽管团队成员有可能知道这些知识点在具体情境中的意思，但由于缺乏明确的官方定义，新人很难理解。

◎ 技术人员在与业务人员、产品经理等进行交流时，常常使用专业术语。例如，在向业务人员解释技术架构时，技术人员可能会说技术架构是规划、设计、构建的过程及最终成果。这样的表述可能会让对方感到困惑，而技术人员可能还觉得这种表述很酷，认为这是专业壁垒的体现。但实际上，这种交流方式并没有达到有效沟通的目的。
- ◎ 技术团队沉淀的知识与行业共识之间存在较大差距。例如，在电商支付系统中，针对电商请求到支付系统的下单动作被命名为"交易"，英文翻译为"trade"。然而，在行业内，这实际上是一个"收单"概念，应该翻译为"acquire"。这不仅仅是一个翻译准确度的问题，而是技术人员是否真正理解这个行业。实践经验表明，如果技术工作很难用流利的英语表达，那么基本上很难与行业接轨。

可以看出，通过项目积累的经验具有明显的局限性。这些经验是团队成员在自然工作过程中沉淀下来的，可能没有经过专职人员的体系化梳理。它是团队成员对所做业务的理解，未必与行业知识相符合。而真正的专业应该包括丰富的项目实战经验，并通过体系化的总结和梳理，使这些经验规范化，以便团队内部顺畅交流，并确保该知识体系能够与行业接轨。

13.1.2 团队管理的阴与阳

在商业环境中，达成商业目标是首要任务，所有职能团队都应以此为目标。在这个过程中，大家最关心的是是否能够完成交付。例如，业务人员通常认为技术团队的主要职责是实施具体项目，最重要的是按时按质按量完成需求交付。至于技术团队的专业性发展，这通常不是他们优先考虑的问题，他们可能只是为了让项目更好地实施，尽力向技术团队解释清楚那些偏僻或陌生的业务概念。

实际上，不仅业务人员这样思考，许多技术主管也是如此。他们认为技术人员只需完成编码工作，只要没有明显的缺陷即可。至于技术人员是使用中间件完成工作，还是自己编写代码，是否真正理解中间件的原理，这些在项目实施过程中往往不会去考虑。

长期如此，技术团队可能在交付方面表现出强大的战斗力，但由于缺乏沉淀和深入理解，团队在业务领域知识和技术深度上的专业性没有得到有效提升，导致团队成员缺乏成就感和成长感。

如果说团队在交付方面的能力是显而易见的"明线"，那么团队的专业性就是背后的"暗线"，如图13-1所示。明线确保团队生存，暗线促进团队发展。在下一个阶段，暗线的经营将推动明线取得更好的成果。技术主管不仅需要关注明线，更要重视暗线，只有两者交织运营，团队才能持续领先发展。团队专业性的提升，尤其是暗线的强化，是最根本的。

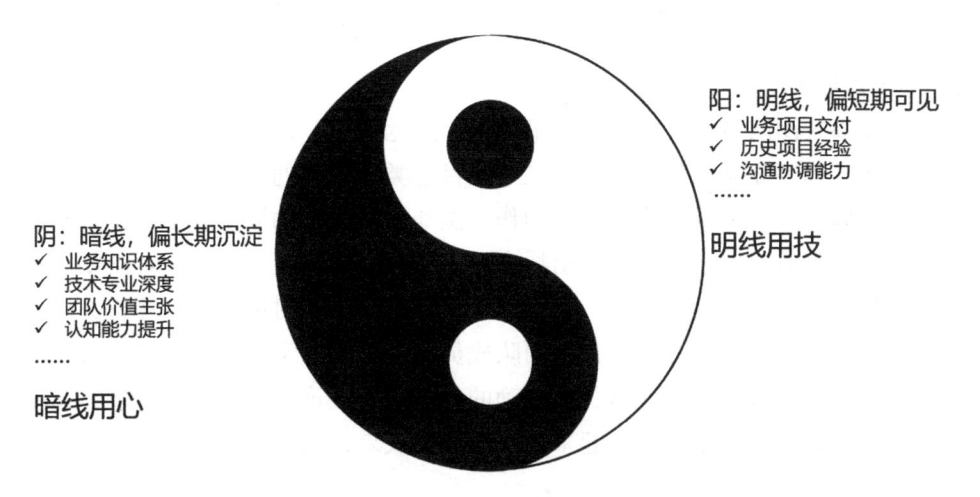

阳：明线，偏短期可见
✓ 业务项目交付
✓ 历史项目经验
✓ 沟通协调能力
……

明线用技

阴：暗线，偏长期沉淀
✓ 业务知识体系
✓ 技术专业深度
✓ 团队价值主张
✓ 认知能力提升
……

暗线用心

图 13-1 团队管理的阴与阳

13.1.3 风物长宜放眼量

提升团队的专业性是一项复杂的任务，类似于身体需要固本培元，需要持之以恒，要有做三年工程的决心和毅力。

1. 着重整体氛围的培养

技术主管若能巧妙利用从众效应，就能塑造团队的专业氛围。当团队普遍追求专业时，大部分成员自然会跟随。要培养出这样的团队氛围，需要树标杆、演双簧。例如，技术专利是技术团队专业性和技术创新的绝佳体现。在我所就职的公司中，获取国家授权专利的相关人员会获得一定的奖金奖励。为了提升团队的技术专业性和创新意识，我用申请专利这个点去做突破：在各种群聊、会议甚至一对一的对话中，不断强调专利的重要性，并分享撰写专利的心得和方法。在团队沟通的大群中，分享之前获得授权的专利样本截图，尤其是专利奖励金的发放截图。我还会告诉大家，作为技术人员，赚钱可以如此简单。通过这种方式，既晓之以理，又诱之以利，使得整个团队的专利数量在事业群技术团队中名列前茅。

对于团队中的优秀个人，应设定高要求和个人目标，将个人能力转化为团队实力。缺乏这种机制的团队可能面临风险，一旦关键岗位的人才离开，可能导致团队崩溃。为解决这一问题，可采取师徒制传承和文档沉淀分享两种方法。师徒制传承是一种有效的技能传递方式。它通过"我说你听、我做你看、你说我听、你做我看"的闭环过程，强化技能的传承。沉淀文档并进行分享，可以扩大团队受益面。通过将专业性知识提炼并记录在文档中，不仅可以使得这些知识更加系统和规范，还可以方便团队成员随时查阅和学习。这种方式有助于将专业性落到实处，并且通过分享，可以改善团队氛围，促进团队的逐步成长。

2. 从一个动作开始

对于提升团队专业性，很多技术人总是感觉"虚"，既不切实际又有点不知所措，还不如写完某段代码、拿下某个项目这类实打实的事情。对于这类"虚"事必须实做，要落地到一个具体的动作。例如，在团队的周会上，安排团队成员分享一个竞争对手的特性，并给出技术团队应该为此做些什么，或者需要储备哪些能力来应对或借鉴这些特性，再将每次分享的内容和讨论结果整理成文档，存入团队的知识库中。这样可以帮助团队成员随时回顾和学习，同时也为未来的项目提供参考。用这样一个非常具体明确的动作来承接这样一件"虚"事，让团队成员都动起来、学起来、讨论起来，逐步累积成果，熏陶氛围，慢慢提升整个团队的专业性。

3. 在于频次而不是强度

对于提升团队专业性，许多技术主管的想法和做法都是很好的，但往往难以持续坚持下去。这其实和运动很相似，运动的效果不在于强度而在于频次，每天坚持跑 3km 比一周一次跑 20km 的效果要好得多。技术主管应该避免对团队进行运动式的自虐，而应该追求长久的坚持。

这里还存在一个隐忧，提升专业性本来是需要全员参与的事情，非得技术主管亲自参与不可。如果技术主管将一系列尚未顺利运行的专业提升动作授权给团队中的某个成员去推进，那么，可能会使得这件事情更加难以落实，不仅事情做不成，而且也培养不出人才。

技术人员是匠人，其内核就是专业性。专业性是技术人员发展的基石。只有具备专业素养的技术人员才能与业务人员有效沟通，做出具有前瞻性的技术判断，才能从日常的琐碎工作中抽象出本质，为业务的长期发展积蓄力量。然而，这种专业性往往不是被外界明确要求的，因为市场通常只关注结果而非过程中的努力。阿里巴巴集团的理念有一条是"为结果买单，为过程鼓掌"，市场对技术工作的评价标准也是如此。

因此，技术主管需要精心培养和经营团队的专业性，这是团队发展的根本。发展团队的明线是技巧，发展团队的暗线是用心，只有用心才能够使得团队持续保持精进。

13.2 带领团队做持续的突破

团队的发展通常经历组建、成长、迷茫、突破、成熟和精进等阶段。作为团队主管，可能会明显感受到团队的不同状态：有时充满干劲，有时虽自认表现最佳却看不到成长方向，有时则因技术架构无法跟上业务发展而感到无助。这些现象在一定程度上是技术主管的现状或弱点通过团队表现出来的放大效应。

13.2.1 主管可能是团队的上限

1. 胸怀决定团队的格局

从小事中往往能洞察到大问题。技术主管的胸怀和格局不仅体现在宏伟的远景目标上，更能在日常小事中显露。以生产环境故障的责任界定会议为例，技术主管的表现可分为三种。

（1）用部分的数据和事实来证明非己方团队责任，保护团队绩效。

（2）指责对方团队的问题，以证明责任在对方，同样是为了保护团队绩效。

（3）完整还原事实，客观评判，从根本上提出技术解决方案以防止故障再次发生，并承认和改进己方团队的不足。

相信大多数人会认同第 3 种做法。然而，当技术主管置身事内，面对团队绩效受损的风险时，依然保持这种做法应该有难度。在面对好事时，保持大格局相对容易，但在可能损害自身利益、感到委屈或面临冲突时，技术主管需要克服"小仁"，向团队传递正确的信号。只有技术主管能够展现出宽广的胸怀，团队才能成就更高层面的事业。

2. 认知决定团队的高度

在产品经理与技术人合作的过程中，技术人经常用这样一句话来回应产品经理提出的需求："只要明确了需求，就没有写不了的代码。" 这确实说明了需求明确的重要性，同时也体现了技术方案的灵活性。面对一个方案，是采用临时方案，类似于云南白药，暂时缓解业务上的"痛楚"，还是进行全面诊断，制定一个完整的解决方案，以解决业务发展的潜在问题？这实际上在考验技术主管对业务发展速度与技术架构支持效率矛盾的理解和把握。

例如，在产品频繁被投诉用户体验不佳时，技术主管大致有三种表现。

（1）按产品经理提出的用户体验优化需求，确保需求交付的进度和质量。

（2）分配专门资源来保障用户体验优化需求的方案产出和快速迭代，迅速解决主要投诉问题。

（3）从用户行为数据分析、技术架构改进、团队保障等多角度出发，寻找解决方案，并制定里程碑并逐步实施。

这三种表现没有绝对的对错，取决于业务发展阶段和产品成熟度。如果技术主管只关注执行细节，可能无法看到目标策略；如果只关注局部问题，可能无法实现全局优化；如果只看到短期困难，可能无法洞察长期价值。技术主管的认知限制着整个团队发展的高度。

3. 深度决定团队的厚度

技术团队若不追求技术深度，很难证明其独特价值。从事业务研发的技术团队在交付业务项目上承受着巨大的压力，因此，对技术深度的追求这件重要的事情通常会让位于对业务需求编码这件紧急的事情。然而，技术主管的技术深度及其对深度的追求，实际上能够影响和决定团队的技术厚度。

例如，负责资金清结算的技术团队配合业务方降本增收时，技术主管的表现可以分为三种。

（1）积极与业务人员探讨降本增收方案，并组织资源保障实施。

（2）深入理解降本增收的业务原理，例如，分析客户资金到账需求和不同区域清结算网络特性，将其抽象为规则，并升级为系统架构能力以实现业务目标。

（3）结合交易数据、客户行为数据和业务规则，构建自动化引擎探索降本增收，形成优化建议并执行。

对技术主管而言，尽管实现业务目标是首要任务，技术深度方案可能不是短期内的最佳选择，但它有利于业务和团队的长期发展。若不在这些关键事项上锻炼团队的技术深度，则一旦遇到更复杂的大型项目，团队可能因缺乏深厚积累而无法做出应有贡献。

13.2.2 突破自我，不做团队发展的天花板

作为团队的主管，需要深度思考，如何突破自我，不让自己成为团队的天花板。对于具体如何做，我的总结如图13-2所示。

图13-2 带领团队突破

1. 从本质中找意义

人无远虑必有近忧，对个人如此，对团队亦是如此。没有长远的目标总是会陷入成就感虚无缥缈的危机中。对于团队主管来说，为团队找到工作的意义，不仅仅是追求升职加薪，更是为了在遇到挑战和迷茫时，能够引导团队快速达成共识，形成统一的前进方向。

寻找团队工作的意义是一个需要团队主管深度思考的话题。一个有效的实践方法是化繁为简，回归本质，从本质上寻找努力的方向和意义。如果团队专注于内部业务平台的研发，其核心本质可能是降低上游系统支持业务创新的成本。团队可以从这个角度出发，计算典型行业项目的研发成本，并提出具体的目标。例如，对于一个接入第三方支付渠道的内部业务平台，团队可以设定一个目标：实现零研发配置式接入支付渠道，从而显著降低成本和提高效率。

如果团队从事的是面向客户的行业应用系统研发，其核心本质可能是以最低成本帮助业务实现客户价值，从而赢得市场。团队可以设定具体的技术目标，比如 Stripe 提出的"7 行代码集成支付能力"，这样的目标既具有挑战性，又能明确地指导团队的工作方向。

2. 从数据中找问题

在技术管理中，发现问题、定义问题和解决问题是关键步骤。但在这些步骤之前，对信息数据的筛选和处理至关重要，以确保能够尽可能公正客观地还原事实。以下是执行这一动作的具体步骤。

（1）**数据驱动的决策**：对于感知到的问题，应使用数据来还原事实，不能仅凭印象或个别案例做决策。例如，如果技术主管感觉团队协作有问题，那么应通过跨团队协作的技术方案反复次数，或由协作导致的生产环境故障数等数据来客观评估情况。

（2）**注意数据分层与整合**：对分层数据的片面理解可能会导致事实的扭曲。例如，在量化团队的研发质量时，不仅要考虑整体质量，还要细化到下一级团队，以避免平均数好看但局部问题严重的情况。例如，在评估系统接口耗时时，除了看平均数，还要检查 95 分位数是否也很好。

（3）**警惕数据的片面性**：由于获取完整数据可能不现实，技术主管应意识到可能存在对数据维度考虑不周或数据采集者带有偏见的情况。因此，在获取数据后，还应从个案角度验证数据是否符合实际情况。将感受转化为数据有助于确保决策逻辑的正当性，但让数据回归去解释感受才能真正解决问题。

3. 从差距中找深度

技术深度是技术人追求的核心目标，但同时也是他们晋升时最容易被挑战的地方。很多技术主管对技术深度的理解存在误区，他们认为业务的特殊性、技术实施的复杂性或特定场景下的技术解决方案就是技术深度。然而，这些只是技术方案的背景复杂，并不能算作真正的技术深度。

真正的技术深度是用来缩小理想目标与现实情况之间差距的。例如，支持 10 亿用户的读写并发，不同的情况会有不同的技术深度。

情况一：如果现有系统已经支持分库分表，那么实现这个目标可能并不需要太多的技术深度。因为现实情况的基础条件已经很好，要展现技术深度，可能需要提高预期目标，比如支持跨洲容灾的 10 亿用户读写并发。

情况二：如果现有系统还是单体应用而不是分布式服务，那么要实现这个目标就需要进行业务模型拆分、分布式改造、分库分表甚至读写分离等多种技术课题的攻坚，这本身就是具有较高技术深度的。

在现实情况和理想目标都明确的情况下，技术深度的高低一目了然。但对于技术主管来说，这两端通常都是不明确的，这就使得培养团队的技术深度变得更加困难。技术主管可以尝试以下方法来培养团队的技术深度：逼迫团队使用数据的方式来还原现实情况，这样可以更清晰地了解当前的技术水平和存在的问题；设定一个较高的目标，让团队去努力实现，这样可以在实践中锻炼团队的技术深度，同时也能够激发团队成员的潜力和创造力。

4. 从胜利中找破局

一场显著的胜利能够显著改变团队的认知、提升能力和士气，尤其在以下团队状态下效果最佳：

（1）团队长期面临业务项目高压，但缺乏明显的业务突破。

（2）技术架构的迭代升级持续进行，但未能转化为业务价值。

（3）生产环境故障频繁，导致团队经常熬夜至凌晨。

……

当团队处于疲于奔命但价值无法释放的状态时，技术主管需要采取两步策略来寻求这场胜利：

（1）**聚焦价值，拆解里程碑**：与合作方重新聚焦价值和拆解里程碑，将其细化到 1~2 个迭代内实现业务效果的粒度。

（2）**重兵投入，集中力量攻坚**：调集团队关键人才，集中力量快速攻克关键问题，以快速获得最小业务价值。此时，阶段性胜利的象征意义大于实际意义，激发团队情绪，恢复战斗力比单纯的结果更重要。

13.2.3 你是什么样，团队就是什么样

所谓兵熊熊一个，将熊熊一窝。作为团队的灵魂人物，主管的优点和缺点都会被团队放大。因此，你是什么样，你团队就是什么样，你团队是什么样，多半你就是这样。团队主管需要不断深入思考、持续自我提升，带领团队穿越迷茫期、危险期、困难期、瓶颈期。

13.3 负反馈是团队精进的力量

技术主管对自己的团队有一种天然的保护欲，听到负面反馈时可能会本能地反驳。在生产环境故障的定责场景中，技术主管可能会带头寻找证据来证明是其他部门的过失。在项目出现进度风险时，技术主管可能会将责任归咎于业务需求的不合理性。在与其他团队出现合作问题时，技术主管可能会讨论边界问题，以避免自己的团队成员承担责任。

很多人认为这些"护犊子"的行为是应当的，是在全力维护集体荣誉。许多技术主管也以此为荣，认为自己作为团队的领导者，这样做是理所应当的。然而，笔者认为这不是一个好现象。正如一句古语所说，"惯子如杀子"，放任团队的行为实际上可能是在毁了这个团队。

13.3.1 是能力，也可能是阻力

技术主管的核心工作是建团队、拿结果。成功的技术主管懂得如何借助团队的力量去拿结果。将团队比作一个人的话，技术主管就如同大脑，而团队成员则是四肢，他们能够迅速响应指令，能给予技术主管强大的支持力量。然而，技术主管如果只看到这一点是不够的。就像牙齿有时会咬伤舌头一样，团队的支持力量有时也可能变成阻力。

1. 个人利益与团队利益冲突

团队的力量源自每个成员，但个人利益的简单相加并不等同于团队利益。例如，技术团队近期研发质量下降，原因是一些成员在研发过程中接受了产品团队的新需求，导致测试不充分。尽管团队有明确的流程规定，但仍有成员会为了个人利益而违反规定，这种行为类似于现实生活中的"走后门"。这是个人利益与团队利益冲突的典型例子。

团队需要遵守规则，控制风险，保证质量。然而，实际执行任务的成员可能会有提升个人协作关系和口碑的诉求，这与团队利益相冲突。当这种私下关系变

成潜规则时，会导致更严重的问题，其他团队可能会认为这是与该团队合作的正确方式，不合理的要求会扩散到整个团队，最终导致整个团队为个人利益买单。

2. 团队利益与团队目标的冲突

一旦一个团队形成，它就会有自己的价值主张和共同利益，这也是人性的一部分，人们自然会团结在一起。然而，正是这种团结有时会导致团队利益与团队目标之间的冲突，在一定程度上，团队利益可能会成为实现团队目标的阻力。

以第三方支付系统中的支付渠道集成团队为例，这个职能团队拥有完整的业务、产品、技术团队来承接渠道的集成工作、渠道运营工作及渠道智能路由以提升支付成功率的工作。这个团队会形成自己的利益诉求，并有自己的目标和价值优先级判断标准。在一段时间内，技术团队可能会专注于渠道智能路由能力建设以提高支付成功率。然而，从第三方收单支付业务的整体视角来看，当前最紧迫的可能是接入特定的几个渠道，以快速占领市场，而不是优先进行智能路由能力建设。

在这种情况下，支付渠道集成团队的技术主管想要推动整体团队目标的进展时，技术团队可能会成为阻力，因为技术团队被"绑架"在小闭环的团队利益中。

13.3.2 从低阶平衡到高阶平衡

一个有效运转的团队，内部结构和协作关系是相对平衡的。在这种状态下，技术主管可能会感到松懈，因为一切似乎都在掌控之中：业务需求有技术骨干负责，架构治理有架构师监督，新成员也在逐步成长，与上下游兄弟团队的协作关系良好。这时，团队似乎处于一个稳定的状态。

然而，对于一个追求持续成长和精进的团队来说，这种老平衡是需要不断被打破的，以便跃迁到一个新的平衡状态。推动团队从现有能力状态提升到更高能力状态的有效力量，就是团队的负反馈，也称为问题清单。如图 13-3 所示。

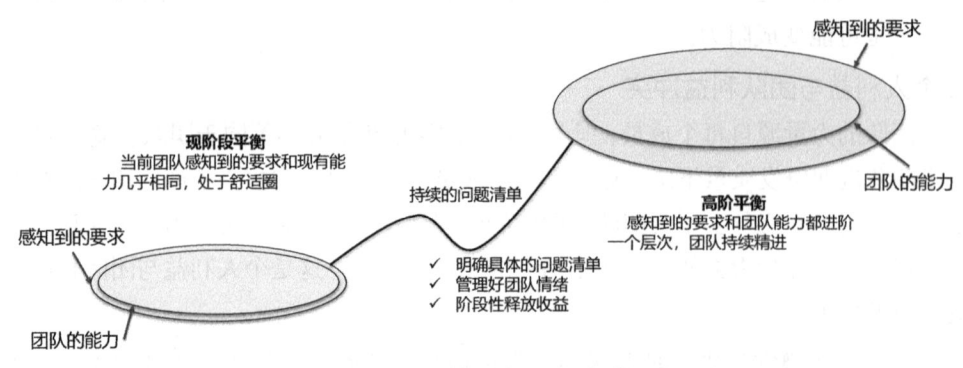

图 13-3 从低阶平衡走向高阶平衡

1. 要明确具体的问题清单

许多技术主管倾向于将具体问题上升为团队合作、人性或哲学层面的问题，这往往是一种逃避解决实际问题的做法。要真正解决问题，必须回归到具体问题的本质，并给出明确具体的问题清单。

明确具体的问题清单的目的不是追责，而是还原客观事实。人们常常将个人观点误认为是客观事实。例如，说"今天天气很冷"是一种主观感受，而"今天气温只有 10 摄氏度"则是一个客观事实。因此，在收集问题清单时，使用"什么时候什么人做了什么事造成了什么影响"这样的句式会更加有效，它有助于避免将讨论引导到关于个人能力或合作态度的主观评价上。

在收集问题清单时，技术主管还要注意放低姿态。如果表现得过于自负，谁会愿意提供真实的反馈？如果没有给对方足够的安全感，谁敢给真实的反馈？

2. 要管理好团队情绪

本质上，技术主管是用问题清单来对抗团队的惯性和阻力的。很显然，并不是每个团队成员都能立即理解问题清单的重要性，有些人可能会误解为"有人在投诉，有人在告黑状"。对于这些情绪，技术主管如果不加以妥善管理，就可能会导致误解和不满情绪的扩散，进而引发团队成员之间的对立。

因此，技术主管必须有效地管理团队成员的情绪，确保大家能够专注于事实，回归到问题本身。

3. 内化目标外放收益

一个民族在面临外部危机时往往展现出最大的团结，这一现象同样适用于团队管理。收集问题清单的主要目的是利用外部力量来克服团队内部的阻力，推动团队进行变革和提升。

职能团队可以通过外部反馈的问题清单来调整其工作重点和方向，将这些问题的解决方案内化为团队目标，从而引导团队进行持续的迭代和优化。例如，上述支付渠道集成团队就是通过解决收单支付行业反馈的支持不足问题，调整资源分配，以助力整个行业在市场上取得成功。

问题清单中可能并非所有内容都是问题，也并非都能立即解决。但关键在于，对于能够解决的问题要尽力解决，对于无法解决的问题要解释清楚原因，对于需要时间解决的问题要明确计划和进度，并定期反馈内部改进的成果。这样，每个问题都能得到妥善处理，每项工作都有回应，才是问题清单发挥作用的关键。

反馈问题清单的团队愿意提供问题清单，并非仅仅出于对管理者的信任，而是因为他们通过这种方式真正解决了面临的问题。只有不断解决问题，让团队感受到成就，他们才会持续提供问题清单，确保这一机制的有效运行。

13.3.3 好团队是直面问题的勇士

团队因为有结构所以才能高效地应对问题，但也正是因为这样的结构，使得团队有非常大的惯性及其利益追求，这可能会影响团队的方向和动力。技术主管作为团队的领头羊，必须回答清楚团队应该往哪里去，以及如何去的问题。因为没有人能够用自己的手把自己提起来，单一视角是有极大盲区的。

技术主管应该充分信任团队，同时需要不时从团队中跳出来，从外部协作方的视角来看待问题，尤其是在协作不顺畅的情况下思考团队的现状和改进方向。问题驱动是团队不断精进的关键。面对越艰难的问题，尤其是那些拷问灵魂的问题，团队往往能够实现更大的优化和改进。

团队需要明确正向的目标和及时的负面反馈，这两者相结合的力量能够推动团队朝着长期正确的方向发展。

13.4 打造生生不息的优秀团队

一个好的技术团队通常被赋予许多积极的特质：技术精湛、责任感强、战斗力旺盛、能够取得显著成果、拥有良好的团队氛围和融洽的成员关系。然而，这些特质虽然重要，但并不是优秀团队的内核。

单纯以团队业绩来评判团队优劣可能过于片面，而仅凭团建活动来评价也难以令人信服。通过长期的实践和观察，我认为从团队成长和发展的角度来看，更容易洞察优秀团队的内核。一个优秀的技术团队应该是生生不息、互相陪伴、共同精进的。如图 13-4 所示。

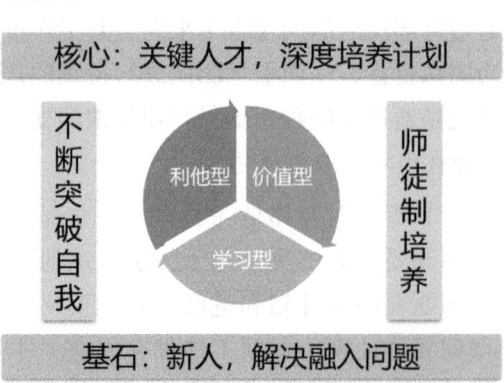

图 13-4 生生不息的团队

13.4.1 统一思想，才能统一行动

无论是加入一个现有团队还是创建一个新团队，最关键的不是技能的快速培养，而是确立团队的工作理念和价值主张。统一的思想是统一行动的基础。因此，形成对团队愿景的共识至关重要。这些共识构成了团队凝聚力的基础，当团队面临困难和挑战时，它们能够激励团队成员坚持下去，不轻言放弃。

1. 利他型团队

团队的核心在于通过合作实现共同目标。团队成员之间的长期多次合作需要基于利他精神，这是团队运作的基础。利他精神是团队共识的体现，是团队成员能够和谐共处的前提。

然而，在实际工作中，我们常常会做非利他的事。例如，团队缺乏文档积累，或者团队成员习惯将文档保存在个人记事本中，导致项目背景材料、决策逻辑和理由等信息无法有效共享，必须通过口头传递。这种现象可能被忽视或被认为是无伤大雅的个人习惯问题，但实际上，说严重一点，这是在利用信息差来获取个人利益。

为了团队的持续传承和发展，必须将个人能力转化为团队能力。这意味着团队需要积累和共享知识，确保信息的透明和流通。因此，团队不仅要有利他精神，还要将这种精神转化为实际行动，促进团队合作和共同进步。

2. 价值型团队

技术团队在业务中的价值定位是一个深刻的问题，它类似于人生的哲学思考。技术团队需要明确自己的角色和贡献，避免两种极端做法：

◎ 第一种是技术团队完全专注于技术本身，仅仅满足于需求的研发和交付，这样会将技术团队降格为单纯的劳动力资源，失去了在业务决策中的话语权。

◎ 第二种是技术团队过于追求与业务的贴近，涉足市场调研、客户走访、产品设计和战略设计等非技术领域，却忽视了技术本职工作的执行。

这两种做法都没有找准技术团队的独特价值。实际上，技术团队的价值定位应该包含几个层面。

（1）技术实施：技术团队的基础工作，确保技术需求的研发和交付，这是团队的核心职责，也是最有价值的工作之一。

（2）资源管理：技术团队需要管理好技术资源，确保资源的消耗与业务战略目标相匹配。通过对技术资源的有效管理，团队可以提供关于资源投入与业务目标匹

配度的分析和建议，帮助业务优化资源分配。

（3）**辅助决策**：技术团队应该利用其专业知识和技能，为业务提供技术解决方案，揭示潜在风险，推动技术创新。技术团队的能力可以辅助业务拓展商业边界，提供决策支持。

技术团队应该立足于技术本身，同时着眼于客户价值，贡献技术独特的价值。这是团队需要统一的思想认知，以确保技术团队在业务中发挥其应有的作用。

3. 学习型团队

对于一个追求持续进步的团队而言，学习是不可或缺的。团队必须培养善于学习和持续学习的习惯，尤其在面临困难时，更应加强学习。

团队的学习应当与解决实际问题的需求相结合。例如，如果团队希望改善协作，可以推荐阅读《团队协作的五大障碍》等书籍。阅读后，团队应组织一次共创会议，讨论以下问题：

◎ 我们从中学到了什么（WHAT）？

◎ 为什么这些观点值得我们关注（WHY）？

◎ 我们打算如何应用所学（HOW）？

通过这样的共创活动，团队不仅能够深入理解和消化书籍内容，还能针对团队的具体问题提出解决方案。借助外部知识来解决内部问题，是团队学习的关键所在。

13.4.2 己所不欲、勿施于新

招聘新人是技术主管的一项重要职责，但仅仅将新人招入团队是不够的。如果没有适当的培训文档、没有指定经验丰富的同事进行指导，也没有创造一个友好的氛围帮助新人融入，那么新人的成长将会变得艰难和缓慢。技术主管和团队老人常常认为新人应该独立自主，不应该有玻璃心，不要等、靠、要，需要主动去寻求帮助，但这种观点可能会让新人在适应过程中感到孤立无援。

团队对待新人的态度反映了团队的文化和温度。新人进入一个新环境时，需要通过不断的尝试来适应，而团队的职责就是降低新人适应的成本和难度，帮助他们更快地融入团队并发挥作用。这不仅有助于新人的成长，也是提高团队整体战斗力的关键。

为了帮助新人快速融入，我践行过一个"新人打怪升级任务表"（如表13-1所示），通过让新人完成一系列任务来更好地融入团队。通过实施这种方法，50名新人都成功地融入了团队，没有一个掉队。

表 13-1 新人打怪升级任务表

序号	事项	完成时间
1	与本小组的每一位吃次饭或者聊次天	
2	与你团队对口的业务人员聊一聊我们在做的业务	
3	与你团队对口的产品经理聊一聊我们在做的产品	
4	与你团队对口的测试人员聊一聊我们如何对待质量/风险	
5	认识你二级团队的所有成员，并记住名字	
6	找一个周围公认的技术牛人聊聊他/她是如何成为技术专家的	
7	找一个在公司工作了5年的人聊聊公司的文化和价值观	
8	找你的主管、二级主管聊一次天	
9	给团队成员做一次分享，内容自定	
10	为团队组织一次活动，哪怕是订一次餐	

这样的任务表实际上为所有团队成员设定了明确的期望和要求。它传递了一个信息：新人的融入和成长需要大家的帮助，当新人寻求帮助时，老员工应当给予回应和支持。这张任务表成为了新人的"尚方宝剑"，使他们能够更有信心和底气地向老员工寻求帮助，因为这是团队的规定，而不仅仅是依靠新人的个人主动性。这样的做法减轻了许多新人由于害羞或担心打扰他人而不敢开口的尴尬，促进了团队成员之间的互动和沟通，有助于构建一个更加开放和支持性的团队文化。

13.4.3 十年树木、百年树人

新人是团队的基石，他们代表着团队的基础力量和未来的潜力。而核心骨干则是团队的腰部力量，他们是团队中不可或缺的关键人才，对于团队的发展和稳定起着至关重要的作用。

1. 岗位盘点避免"卷"

最近，"卷"这个词越来越多地被人们提及。它所代表的是一种内耗型、无意义的过度竞争，这种竞争最终可能导致所有人都不受益。在技术团队中，也存在着人才密度过大、高阶人才过多而导致的"卷"的现象。

首先，高阶人才为了生存，不得不绞尽脑汁寻找新的想法，试图开拓自己的领域，这导致了领域划分越来越细，协作成本也随之增加。

其次，专业能力等级的通货膨胀，使得相同等级的人才实际水平参差不齐，

这使得按照等级任用人才变得困难，高才低用，甚至不知道如何任用，整体的执行效率也因此降低。

最后，整个团队变得浮躁，能力不足的成员也急于晋升以应对通胀，这使得团队结构从金字塔型迅速转变为橄榄型，非常不健康。

在业务高速发展阶段，这些问题可能还不太明显，但一旦业务从高速发展转向精细化管理阶段，问题就会变得严重。对于一个想要健康可持续发展的团队来说，需要通过岗位盘点来纠正这些问题。

岗位盘点的本质意义在于，从业务的商业目标拆解出来，技术团队需要一个什么样的结构来支撑整个业务商业目标的达成。岗位盘点会从以下几个维度进行。

首先，清晰认知团队目标。不同的团队目标背后支撑的生产工序不同，所需的团队能力自然也不一样。例如，对于 C 类客户业务的团队，要求可能更偏向于产品体验；而对于 B 类客户业务的团队，要求可能更倾向于售后服务。只有明确了不同的团队需求，才能制定出合适的人才策略。

其次，梳理生产工序。按照生产工序进行盘点，了解有多少个环节，有多少个业务领域。通过梳理，能够清晰地呈现端到端的价值链，避免团队设计无法匹配业务价值交付。每个环节/业务领域的粒度应该以具备独立可交付的业务价值为宜，最后梳理出每个环节/业务领域的专业深度和复杂度。

最后，以业务领域的专业性和复杂性为基础，设定岗位职责范围和团队目标，组建最小化作战单元。需要拆解到：多少人负责业务分析和技术架构设计；多少人负责系统分析，多少人负责基础编码。

人不患寡而患不均，从商业目标角度出发，盘点清楚团队的岗位需求，能够在很大程度上避免由于缺少顶层设计而导致的盲目"卷"，这也是奠定团队健康发展的基石。

2. 关键人才深度培养

对于团队发展而言，理想状态是所有成员都能与业务共同成长，与团队共同进步，互不辜负。然而，团队主管的发力点不应均匀分布在所有成员上，因为如果每个人都是重点，那就失去了真正的重点。主管必须对关键人才进行深度培养。

（1）超目标的设定。一个令人振奋的超目标应具备两个特点：一是具有极大的挑战性，要求人才跳出自身的工作职责；二是目标必须具有连续成长性，如同一个目标阶梯，不断助力人才向上攀登。例如，对于作为团队关键架构师培养的人才，可以设定目标：在效能上，比上一代架构提升 10 倍，在容量上提升 100

倍。这样的目标看似不可能达成，却能激发人才的潜能，实现突破。

（2）师徒制的培养。许多技术主管认为对人才的培养就是放手让他们去做，尤其是对高阶人才。他们可能觉得自己不足以指导下属，或者认为让人才自己领悟会更好。然而，这种做法并不能真正培养出人才。高阶人才需要通过师徒制的传帮带和多轮训练来培养，而不是简单的放权。深度培养人才意味着主管需要投入时间来换取人才的成长，必须在辅导和反馈上花足够的时间。仅仅让人工作而不提供指导反馈的，不能算是深度培养。

（3）权责利对等。核心人才的深度培养面临一个难题：全面培养不现实，必须对看好的人才进行深度培养。但一旦开始深度培养，人才可能因意识到自己被选中而失去进一步精进的动机。同时，主管可能因为投入的沉没成本过大，在人才犯错时不敢给予惩罚。这种权责利不对等的行为不利于关键人才的成长。享受深度培养权利的人才必须承担无法完成目标的后果。尤其在人才遇到困难时，主管不应立即提供帮助，而是要主动让团队经受考验。一个无法证明自己价值、无法与团队共患难的人才，并不值得深度培养。

一个事业的成功可能需要几代人的努力，团队成员也会经历多次更迭。因此，一个能够持续发展的团队至关重要，它需要合理的岗位设计、关键人才的深度培养，以及新人的融入和帮助机制。只有这样一个生生不息的团队，才能继往开来，勇往直前。这样的团队能够聚集一群有情有义的人，他们共同努力，经历辛酸，付出回报，一起快乐工作，不仅为了工资，更为了那份共同的事业。

13.5 源于工作而超越工作的情谊

天下没有不散的宴席，在这个快速变化的时代，一个主管与团队共同奋斗的时间往往不会太长。当工作发生调动时，一些技术主管可能会感到困惑，他们可能会想，投入这么多精力去经营的团队，最终能得到什么。我认为，最好的状态应该是：聚是一团火，散是满天星。

13.5.1 一定要有独特的味儿

这样的团队可能在外界看来非常成功：业绩出色、协作高效、成员可靠。然而，它们往往缺乏一种难以言喻的"味儿"——那种在共同经历挑战、分享喜怒哀乐中培养出的战斗情谊，以及在压力之下相互支持、关怀的温暖。这种"味儿"不仅仅是团队合作的表面和谐，而是深植于团队成员之间的共鸣和理解，是大家共享的价值观和工作理念的体现。

这种"臭味相投"的团队文化，是团队成员在共同目标和愿景的基础上，通过日常互动、沟通和协作逐渐形成的。它不仅仅是工作关系，更是一种情感联系，使得团队成员在面对困难时能够相互扶持，共同克服挑战。这种文化让团队成员感到，他们不仅仅是在为工作而工作，而是在共同追求一个更大的目标，这种追求赋予了他们的工作更深层次的意义，如图 13-5 所示。

- 价值驱动目标导向
- 全局优先于局部
- 坚持长期主义
- 保持足够开放透明
- 追求成长型心智
- 感性为人理性做事
- 不求完美但要进步
- 只为成功找方法
- 因你不同的价值
- 持续优化改进流程

图 13-5 团队独特的味儿

1. 价值驱动目标导向

团队的核心目标不应仅仅是为了完成任务，而是应该致力于实现客户价值，从而获得商业成果。商业成果是团队生存和发展的基础。然而，不同的人对价值的认识可能存在差异，为了确保团队力量的集中和一致，需要建立一个共同的价值判断标准。最有效的标准就是客户视角，即解决客户的痛点。

客户痛点是指那些让客户感到担忧甚至夜不能寐的问题。例如，对于从事电商出海的商户来说，他们最担心的问题可能是境外资金无法合规入境，或者境外银行倒闭导致无法回款。能够有效解决这些问题的方案，才有真正的客户价值。

目标导向是团队努力的方向，也是评估团队成员表现的准则。虽然这种方法可能不完美，因为它可能无法完全反映个人的付出和努力，但在现实的商业环境中，以目标达成的程度来衡量结果是一种相对现实和公平的方式。一个优秀的团队应该有愿赌服输的气魄，接受以结果为导向的评价标准。

2. 全局优先于局部

当全局目标与局部目标发生冲突时，团队做出什么样的取舍决策，是衡量团队成熟度的重要指标。一个成熟的团队会坚持局部利益服从全局利益，个人目标让位于团队目标的原则。

虽然这个原则听起来简单，但在实际操作中，团队可能会因为各种复杂因素而偏离这一原则。例如，在团队绩效管理中，如果主管不直接指出下属的问题，看似是在照顾下属的感受，但实际上可能会让下属无法意识到问题的严重性，也无法自我改进。

类似的情况也可能发生在团队协作的边界争论中，团队可能会选择对自己有利的方案，但这可能会牺牲客户和公司的利益。团队之所以被称为团队，是因为它应该具备利他思维，为了共同的目标而努力，而不是各自为政。

3. 坚持长期主义

在与人协作的过程中，可能会遇到囚徒困境的情况，即个体理性可能导致集体非理性的结果。为了打破这种困境，可以采取的一种策略是增加博弈的次数。在多次博弈中，参与者会开始考虑自己当前的选择如何影响对手的未来决策，从而反过来影响自己的策略选择。这种考虑会让大家都更加克制，更倾向于选择对双方都有利的合作方案。俗话说"抬头不见低头见"，相互帮助总比相互算计要好。这意味着团队应该坚持长期主义，选择做那些难而正确的事情。

对于技术团队来说，长期的思考和投入尤为重要。在初期可能很难获得他人的理解和支持，但坚持下来往往能够开拓新的业务领域。例如，阿里云的创始人王坚博士在创办阿里云时，几乎没有人看好这个技术方向，但他坚持不懈，最终为阿里巴巴的业务发展做出了巨大贡献。

坚持长期主义的技术团队通常更具韧性和生命力。当团队投入大量精力开发的项目没有立即产生预期的业务效果时，团队成员可能会感到气馁、不自信，甚至产生怨言。然而，从长期的角度来看，不是每一次都要取得即时的成功，而是要追求长期积累下来的最大收益。团队应该学会欣赏为了业务成功而不断探索和尝试的努力，同时也要思考如何降低创新成本，以便更好地支持长期的探索和发展。

4. 保持足够开放透明

互联网时代的核心在于利用极低成本的信息流通来提升效率。然而，在现实中，一些团队中可能存在利用信息差来获利的情况，这种内耗对团队士气是有害的。为了防止这种情况发生，团队应该保持高度的开放和透明，让信息自由流动。

信息的自由流动对团队有着巨大的价值。它可以让"好事"被有洞察力的人发现并最大化其价值，也可以让"坏事"被及时识别并得到干预。这种开放透明的环境有助于团队成员建立信任，促进合作，提高工作效率。

对于技术主管来说，这一点尤其重要。如果技术主管不够开放透明，那么团队成员可能会花费大量时间去猜测主管的真实意图，这会给团队带来极大的干扰，甚至导致严重的内耗。团队成员如果每天都在猜测主管的心思，就无法专注于工作，这对团队的效率和成果都是不利的。

5. 追求成长型心智

心理学上将人的思维模式分为成长型思维和固定型思维，这两种思维模式并没有绝对的好坏之分。固定型思维并不意味着守旧不变，它其实强调的是在处理模式化的事情时能够非常高效。而具有成长型思维的人在面对困难和挑战时，更倾向于通过不断学习和提升自己的能力来解决问题。

在技术快速迭代和不断创新的环境中，技术团队既需要固定型思维的成员来高效处理成熟的工作，也需要成长型思维的成员来应对创新性工作。团队更需要追求成长型心智，即团队成员需要不断学习和提升自己的技能，以便承担更大的责任。一个成熟的人的标志是不断丰富和完善自己，同样，一个成熟的团队也应该不断突破和提升，丰富和完善团队的整体能力。

6. 感性为人、理性做事

对于技术团队而言，偶尔的项目受挫和团队士气的小幅波动是可以理解的，因为每个人都是感性的，面对挫折时需要释放压力和宣泄情绪。然而，从根本上来说，技术团队应该保持稳重、自信和理性。

技术团队常常面临两个普遍的挑战。首先是《人月神话》[1]中提及的问题，即在业务项目资源紧张时，人们倾向于通过增加人手来解决问题。这种想法类似于认为如果一只猫妈妈怀孕两个月能生一只小猫，那么两只猫妈妈就能在一个月内生一只小猫，这显然是不现实的。其次是对于生产环境故障的期望。所有团队都希望实现零生产环境故障，但这是不切实际的，因为人总会犯错。

技术团队应该理性思考，尊重客观规律，并能够识别、发现和利用规律。如果违背这些规律，团队的行为就会变形，可能导致更严重的后果。例如，违背《人

---

[1] 《人月神话》是布鲁克斯写的一本关于软件研发的书。书中提到一个现象，大家喜欢用加技术资源来换取功能发布时间的提前，即用资源换时间，这是不符合客观规律的。

月神话》的规律可能会导致交付不合格的项目，或者项目匆忙发布后出现一系列生产环境故障。违背"人总会犯错"的规律可能会导致政策与对策之间的矛盾，改变对零生产环境故障的定义，最终使目标变得模糊不清，变成一种数字游戏。

7. 不求完美、但要进步

在做决策时，不仅要看到事情好的一面，还要充分考虑到可能出现的最坏情况，并评估自己是否能够承受。以零生产环境故障为例，如果团队做出这样的决策，可能是因为最近生产问题频发，需要迅速采取措施来控制局面。在这种情况下，可能需要采取一些极端措施，即"矫枉必须过正"，才能真正遏制问题的发生。如果在做决策时，就已经考虑到这可能导致的数字游戏，并为此设定了观察指标和补救措施，那么这就是技术团队理性思考的体现。

技术工作的本质是严谨的逻辑，因此技术人往往会有完美主义的倾向。然而，在实际工作中，追求完美可能会限制团队的行动。首先，现代工作的分工非常细，外部环境复杂多变，很多问题需要根据环境的变化进行调适性的解决。其次，追求完美的成本往往非常高昂。如果技术方案不能提供高投入产出比，那么在市场上将缺乏竞争力，也就无法实现其价值。

因此，在技术团队中，应该鼓励团队成员不过分追求完美，而是具备成本收益思维，快速行动，不断迭代，以实现持续进步。

8. 只为成功找方法

面对困难时的态度决定了团队能够取得的成就。最佳的态度是：不为失败找借口，只为成功找方法。

真正的乐观是在面对困难时依然能够保持积极的心态。即使面对看似不可能克服的障碍，即使成功的可能性只有1%，仍然能够保持乐观，积极寻找解决方案，这才是真正的乐观主义。团队应该坚信：一定有解决问题的方法，只是目前还没有找到；一定还有更优秀的解决问题的方法，只是目前还没有发现。团队应该保持这样的乐观态度，去定义问题，寻找解决方案，并努力实现成功。

9. 因你不同的价值

在团队或项目中，许多人存在贡献认知偏差，倾向于夸大自己的作用，将团队成就归功于个人，甚至将业务成果误认为是技术成就。这种倾向导致了对个人贡献的夸大和对他人责任的忽视。

大型项目通常资源丰富、团队支持强，因此取得成果相对容易。相反，小型任务往往缺乏关注，其成果可能较小且不易被察觉。单纯以绝对价值来衡量贡献是不公平的，更合理的方法是评估增量价值，即每个人都需要做出因自己而不同的价值。这种评估方式鼓励每个人发挥主观能动性，尽最大努力实现个人最佳表现。

10. 持续优化改进流程

即便是最精密的仪器，长时间运行后也会出现故障，团队运作亦是如此，难免会遭遇各种问题，尤其是流程相关的问题。诚然，流程本身是有益的，它汇集了前人的经验，形成了标准的操作步骤，以防止后人重复犯同样的错误，从而在很大程度上避免了低级错误的产生。然而，标准化的流程也可能抑制创新和个人才华的展现，不知不觉中限制了人们的思维，使他们想不到对流程进行优化和改进。

实际上，没有什么工作比推进优化现有工作更加重要。团队应该有一个共识：现有的流程和工作机制未必是最合理的。它们可能解决了历史问题，但并不意味着能有效地解决当前问题。我们有责任和义务不断地改进和优化这些流程。

13.5.2 聚是一团火、散是满天星

我认为，同事之间的关系远不止于简单的竞争与合作关系。一个团队应该由相互支持、背靠背作战的战友组成，他们是一起把蛋糕做大，而不是想着如何在存量中计较谁多分一点谁少分一点。一个优秀的团队不仅能够共同创造业绩，还能培养出深厚的战斗情谊，为未来打下更坚实的基础。

历史总是由后人来书写的，一个团队的真正内涵在团队成员开始离开时才得以体现。优秀的团队能够激励每个人成为更好的自己，聚在一起时犹如熊熊火焰，分散时又如繁星满天，各自在新的领域用独特的味儿继续创造传奇。

第 14 章
技术领导力的自我修炼

技术主管对自身职位的认知决定了他们愿意承受多大的压力和委屈。一种看法是：技术主管既是创业者，也是实干家。因为他们有机会利用公司的资源来实现自己的理想，同时也必须直面现实问题。而另外一种看法：技术主管既是梦想家，又是外交家，他们在复杂的协作环境中锻炼自己的团队管理能力、灵活的协作能力，以及取得有情感和有意义结果的能力。面对高压力和高前景的诱惑，技术主管需要不断提升自我能力，为成为 CTO 迈出坚实的一步。

14.1 优秀的技术主管抓什么

技术主管的岗位对综合能力的要求极高：他们需要掌握业务知识，以跟上市场步伐，避免带领团队偏离方向；他们需要具备扎实的技术功底，带领团队攻克技术难题；因为他们需要拥有深厚的技术架构能力，洞察本质、化繁为简，从而开发出卓越的系统；他们需要理解人性，因为还要负责团队管理；他们还需要强大的领导力，不仅领导自己的团队，还要协调兄弟部门和上下游协同部门，共同朝着目标努力。

一个人同时具备如此多优秀品质固然可嘉，然而，要求越多元，越容易导致混乱；目标越繁杂，越容易令人迷失。这往往是许多技术主管日复一日挣扎的根源。要达到卓越，确实需要一定的天赋，但实现优秀应该有一定的方法和途径。多年的实践经历让我总结出了一些优秀技术主管的工作要点。

14.1.1 回归本职工作

许多技术人担心未来可能被行业淘汰，因此会尝试扩展自己的能力范围，从技术深度的专业化转向技能广度的多元化。例如，他们可能会开始探索项目管理、产品设计或沟通协作等能力。此外，一些技术主管在绩效考核目标制定上可能存在偏差，认为仅仅完成本职工作是基本要求，要想获得更好的绩效评价，必须有超越本职工作的贡献。

这种趋势可能导致技术团队变得浮躁，出现职责错位的现象：技术人员可能过度介入产品设计，而产品经理可能过分关注业务市场的变化。这种组织混乱的代价是高昂的，也是内卷现象的原因之一。这种错位对技术主管的影响尤为显著，容易让他们迷失方向。

不忘初心，方得始终。技术团队的大部分时间应该投入到业务技术项目的交付上。对于技术团队而言，没有什么比这更重要。技术主管需要回归到技术的本职工作，专注于以下几个方面。

（1）项目交付：按时按质按量交付业务技术项目是技术团队生存的基础。技术主管需要亲自把握重大业务项目的实施方案、质量和进展，并通过实践指导团队如何正确地工作，建立正确的态度和评判标准。

（2）接口契约：对外接口是团队的承诺，它清晰地表达了团队的定位及与其他团队的边界。技术主管不应将这些工作完全委派给团队成员，尤其是新手。一旦委派将是技术架构失控的前兆。

（3）领域模型：领域模型是对业务的高层次抽象，是系统的核心。领域模型的变化意味着业务领域的重大变化。尽管领域模型至关重要，但在实际项目实施中往往不是关键点，这导致领域模型作为基础设施被忽视。技术主管需要通过跨项目横向管理来维护领域模型的清晰和一致性，以避免技术架构的混乱和长期业务交付速度的下降。

（4）数据模型：数据模型是业务最终呈现的形式。如何将业务信息转化为结构化数据，如何控制数据质量，如何利用数据挖掘机会以促进业务发展，这些都需要技术主管亲自掌控，而不能依赖他人。

技术人做好技术本身是正确且必要的。只有在做好本职工作之后，额外的补位才会显得格外珍贵。

14.1.2 基本功练到极致

如同武林高手将基础招式练习到极致一样，要成为一名优秀的技术主管，也必须将基本的技能磨炼到精湛的水平。正所谓："重剑无锋，大巧不工"，真正的技巧不在于花哨，而在于对基础技能的深刻理解和精湛运用。

技术主管需要摒弃不切实际的期望，专注于三个基本功：目标、架构和团队，以及如何在三个基本功中分配精力，如图14-1所示。这些能力是技术主管成功的关键，也是他们在职业生涯中不断精进的基础。通过不断磨炼这些基本功，技术主管能够更好地引领团队，实现技术目标，并推动项目的成功。

图 14-1 技术主管的工作模型

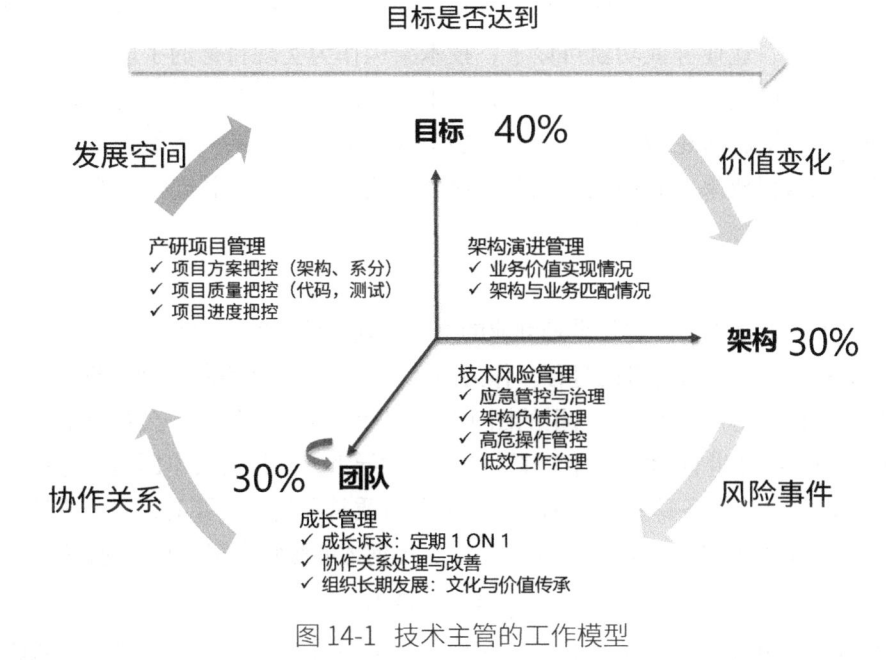

1. 目标

团队的目标是技术主管的首要任务，它关乎团队价值的证明和组织的期望。技术主管需要明确：组织的要求是什么，团队应承担何种目标，为何选择这个目标，如何量化目标，如何向团队传达目标的价值和意义，如何将目标拆解为可执行的任务，如何跟踪目标的执行，以及如何提炼目标的业务效果。

许多技术主管可能并未始终强迫自己去回答这些问题，但团队似乎也能正常运转。这种情况可能由两个原因造成：一是团队被业务需求压得喘不过气，忙于项目而无暇思考这些问题；二是团队成员虽然意识到某种缺失，但难以言表，也不敢提出。在这种状态下，尽管工作能够应付，但团队缺乏活力和意义感，更缺乏长远发展的想象力。

2. 架构

技术主管的根本职责在于理解和规划支撑团队负责业务的系统架构。这包括明确业务未来发展对技术的要求，确定应该采用何种能力的架构来支撑业务，识别当前架构存在的问题，评估当前架构的最大风险，规划如何将当前架构演进到目标架构，以及确定最应该首先治理的当前架构的哪个方面。

技术架构不仅要适应业务的发展情况，还要考虑团队当前的实际情况。技术架构是一系列复杂的动态决策过程。许多技术主管可能会在心里质疑，尤其是那些专注于应用技术，直接面向客户业务功能交付的技术团队，他们可能会认为，只要紧贴业务，让业务成功就可以了，技术架构作为实现目标的手段真的那么重要吗？有这样的疑问不奇怪：如果只是追求短期结果，杀鸡取卵式地往系统里面"树烟囱"，写临时逻辑总能让业务功能上线，那么技术架构当然不重要。但要想团队长期取得成果，利用技术创新为业务打造竞争壁垒，就必须仔细思考和管控技术架构。

3. 团队

人对了，事就成了，这几乎是创业的不二法则。共事实际上是一种双向选择，是一个不断寻找志同道合者的过程。作为团队的成员一定在不断探询：我在这里工作能获得什么，能有何成长，这里的团队氛围是否符合我的期望，公司所推崇的价值观是否与我的处世哲学相契合。作为团队的领导者，同样需要不断地思考：我们需要的团队成员应具备哪些特质和能力，哪些特质是我们不需要的，团队成员的状态如何，他们遇到了哪些困难，有哪些诉求，如何才能激励大家一起实现目标。

然而，有些技术主管可能只是将团队成员视为资源，只关注任务的完成，而忽略了团队成员的个人成长和需求。这种做法是错误的，因为它忽视了团队成长的本质。一个团队的成长就像培育一棵树，需要投入精力和心血，陪伴团队成员慢慢成长。

4. 精力分配

技术主管的精力分配对于团队的影响至关重要。团队成员不仅会听其言，更会观其行。如果技术主管口头上强调架构的重要性，但实际上从不参与架构讨论或优化工作，团队成员很可能会认为技术主管只是空谈，并不会真正致力于架构的改进。因此，技术主管的行动比言语更能体现其立场。

通常建议技术主管在目标、架构和团队方面的精力分配比例大约为 4∶3∶3，但这个比例并非固定不变，应根据不同团队及其发展阶段灵活调整。更重要的是，技术主管需要敏锐地捕捉到精力分配变化的触发条件。以下是一些关键的触发条件。

（1）技术主管关注的事项是否达到预期目标。例如，如果技术主管最近将 30% 的精力投入到技术架构上，目标是梳理当前风险基线和处理前三件高危风险事项，那么一旦目标达成，就应该主动调整精力分配，避免过度关注导致团队偏离方向。

（2）客户价值的变化导致目标改变。当目标发生变化时，技术主管需要投入更多精力来应对，包括总结上一个目标完成情况，清晰地论述下一个目标及其变化背景、原因和决策逻辑，确保团队理解和共识，并顺利完成整体转向。

（3）严重的技术风险事件。例如，重大的系统可用性故障或资金损失故障会打乱团队节奏，技术主管需要重新调整精力，不仅要进行严肃的故障复盘，还要仔细检查各个环节的漏洞，并迅速修复，以防止连续故障对团队信心造成影响。

（4）协作关系的变化，尤其是对外协作关系的恶化。这种变化可能会长期影响团队成员的工作效率。技术主管应及时介入，解决矛盾，改善协作关系，避免让团队成员自行消化问题。

（5）团队发展空间问题。技术人才追求不断成长，如果团队失去发展空间，各种问题可能会暴露和放大。技术主管需要特别关注绩效考核、晋升和市场招聘周期等因素，引导团队朝着扩大蛋糕的方向发展，而不是在既定蛋糕中争夺更大的份额。

14.1.3 无招胜有招

面对复杂的工作，人们常常会寻求方法、原则和模型来总结经验，以应对未来可能出现的问题。然而，无论多么努力，仅仅依靠模板化的方法只能帮助我们避免一些明显的错误，达到基本的 60 分水平。要想达到优秀的 90 分，必须通过深入的思考和不断的打磨来实现。

在技术主管的成长过程中，学习和掌握团队管理、目标设定、技术架构等具体技能是非常重要的。但一旦这些基础技能已经能熟练运用，技术主管需要再次将自己归零，从实际出发，深入研究问题。我总结了一个"搬家理论"：就像搬家时总能清扫出平时不易察觉的灰尘一样，团队在发展过程中，即使看似一切顺利，也可能隐藏着许多问题。这也是为什么组织结构变动或新主管上任时，团队中可能会爆发问题的原因。

要成为优秀的技术主管，最低成本的方法是能够随时从团队中抽离出来，重新审视团队的目标、架构和团队管理等方面的问题，进行"起底"式的检查和清理。这样的过程就像是搬家时的清扫，可以帮助我们发现并解决那些平时被忽视的问题，对团队进行不断地优化和调整。通过这种方式，技术主管可以确保团队始终保持高效和健康的发展状态。

14.2 超越组织的边界

许多技术主管原以为，在经历了团队目标设定、人员激励、组织发展等重重挑战，打造出一个令行禁止、指哪儿打哪儿的团队之后，便可以高枕无忧，坐享团队发展的成果。然而，当影响力超出本团队范围时，他们发现原先有效的方法和手段不再奏效。这是每位技术主管在跨越组织边界时都会遇到的问题,而且往往是对本团队掌控力越强的主管面临的挑战越大。

14.2.1 权力与影响力

很多技术主管混淆了组织赋予的权力与个人影响力的概念。组织赋予的权力是特定于岗位的,而个人影响力是独立于职位的,是实实在在地属于个人的。一旦不再担任技术主管,这种组织赋予的权力也就随之消失。如图 14-2 所示。

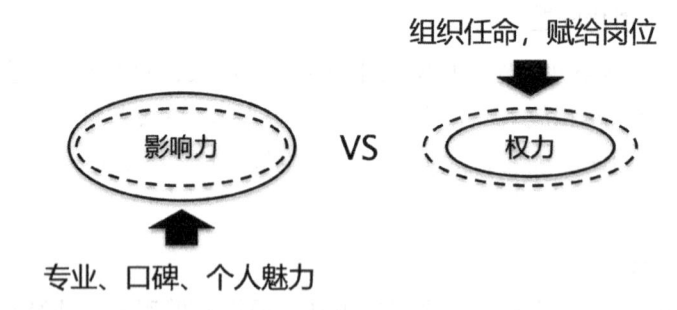

图 14-2 影响力与权力

人们对组织赋予的权力往往会产生依赖性。当权力在手时,能够通过一句话就解决问题,这会让技术主管很难强迫自己用十句话去做说服,更别提严谨的论述和分析了。这种依赖权力解决问题的方式在跨团队协作时尤其困难,因为权力是有组织边界的。

技术主管应当谨慎使用组织赋予的权力,更多地培养和运用个人影响力。个人影响力建立在个人的专业能力、沟通技巧、领导风格和人际关系上,这些因素超越了职位的界限,能够更持久地影响他人和团队。通过建立个人影响力,技术主管可以在没有直接权力支持的情况下,仍然有效地推动工作,实现跨团队的合作和目标的达成。

14.2.2 注重个人品牌积累

在多角色协作的大型组织中,要建立跨越组织边界的个人影响力,首先要注重个人品牌的积累。因为技术主管代表着整个团队,周围的人如何看待你,就会如何看待你的团队。如果大家看不起你,也就不会看得起你的团队;反之,如果大家尊重你,也会尊重你的团队。

1. 求真务实解决真问题

分工协作虽能提升效率,却也容易滋生"官僚主义"。团队合作时,过分强调等级、过度汇报、推诿责任等行为,都是官僚作风的表现。技术主管若沾染此陋习，口碑将迅速恶化。技术主管的行为模式会迅速传播，尤其是高级主管。

哲学家认知世界，实干家改变世界。技术主管的底色是实干家，应通过技术创新解决业务痛点。这是大家对技术人的基本期待。作为技术主管，必须求真务实，解决问题。判断其是否具备此能力，至少要看其是否首先关注问题本质、目标及解决方案。若一开始就谈论分工、资源优先级或协作关系，而非实际问题，则这样的技术主管尚未达到实干家的标准。

2. 共享信息不打信息差

技术主管通常拥有比下属更丰富的信息资源，包括业务规划和技术战略方向等，这自然形成了信息差优势。有些技术主管可能会无意间或故意保持这种优势，以显得自己的决策更为明智和具有远见。

然而，依赖信息差优势可能会形成一种依赖，导致人们更多地关注关系而非个人能力的提升。实际上，利用信息差来保持优势是团队成员最鄙视的行为之一。技术主管应该充分共享信息，并营造一个开放透明的团队氛围，让有价值的信息自由流动，鼓励所有团队成员贡献智慧，共同做出最佳决策。在外部协作中，技术主管尤其不应依赖信息差，因为一次信息的不透明可能会被视为不诚实，这会损害合作声誉。

3. 向内修而不是向外求

评估团队合作状况的关键时刻并非在合作顺利时，而是在面临问题时团队成员的反应。许多团队在遇到困难时，往往会本能地将责任推给外部环境、其他团队，或是不同岗位的成员。在处理事务时，他们也可能专注于处理人际关系而非问题本身，这种做法是一种向外寻求借口的行为。

实际上，技术主管能够直接影响和改变的只有自己和自己的团队。在大多数情况下，甚至连其他技术团队都难以影响，更不用说改变产品团队、销售团队或其他跨职能领域的同事了。技术主管能做的，就是向内寻找原因：反思自己哪些方面做得不够好，思考自己还能做些什么来改善局面。只有当自己开始改变，团队才有可能随之改变，而团队的改变可能会促使周围的人也发生变化。即使是小的改变，积累起来也能产生显著的影响。在某种程度上，愤怒只是无能为力的表现，只有不断向内寻求改变，才能让自己变得更加强大。

14.2.3 舍得分享发展利益

一个优秀的技术主管应该做到荣誉归于整个团队，而责任则由自己承担。在跨团队协作中，一个能够取得成果、慷慨大方、重情重义的技术主管是大家愿意合作的理想对象。

1. 胸怀和担当缺一不可

技术团队通常采用明确的分工方式：一方面是专注于满足客户需求的功能交付，即业务技术团队；另一方面是负责平台能力积累和沉淀，即平台技术团队。以支付钱包App为例，业务技术团队负责研发客户可感知的功能，如充值、转账、提现等，而平台技术团队则负责对接银行接口，进行真实的资金管理。

在这样的分工协作下，面向客户的业务技术团队依赖平台技术团队提供的底层资金管理服务，同时，平台技术团队也需要业务技术团队提供的信息输入，以更好地构建平台。胸怀和担当不仅仅是口号，更应在利益冲突时体现在团队的具体行动上。例如，在业务项目中，平台技术团队可能需要趁机构建通用能力，这时业务技术主管是否有胸怀包容这种尝试，并敢于承担项目延期的风险？在业务压力巨大时，如果不得不在平台中建立临时逻辑，平台技术主管是否有胸怀接受并承担后续架构改进的工作？只有当技术主管展现出胸怀和担当，协作的团队才能真正相互促进、共同成长。

2. 向外看而不是向内耗

在上述案例中，业务技术团队需要具有前瞻性，关注客户、市场、竞争对手的动态，并研究外部变化，以确定团队应该做出哪些改变。如果团队只关注内部，可能会发现平台技术团队虽然拥有多种能力，但这些能力并不能完全复用，导致在业务项目压力增大时产生许多不满和抱怨。反之亦然，如果平台技术团队不参考行业做法，不思考如何借鉴外部能力以促进业务快速发展，一旦前线业务遇到困难，加上建立的一堆"烟囱架构"，就会反过来吐槽业务技术团队什么业务结果都拿不到，反而到处有"烟囱架构"，打乱平台的建设。

团队过分关注内部问题是最大的挑战。只有当团队成员都转向外部，积极解决真正的客户问题，才能将内耗转化为共赢。技术主管作为团队的灵魂，只有他的思想认知开始转变，才能推动整个团队意识的转变。扩大蛋糕的规模，而不是在内部争夺如何分配现有资源，应该是优秀主管优先考虑的事项。

3. 甘做组织发展的垫脚石

做主管的核心理念是成就他人，这一理念同样适用于团队合作。为了组织的发展，主管应该愿意成为他人的垫脚石。

在项目成功时，将合作团队的同事包括在表扬信中是一种浅层次的利益分享。更深层次的分享应该是让合作团队享受到业务发展的红利。以业务技术团队和平台技术团队为例，业务技术团队应充分利用平台技术团队建设的能力，发挥其业务价值，并将业务发展的预测信息反馈给平台技术团队，进行交流与共创。同时，将项目遇到的问题不断反馈给平台技术团队，帮助他们打造更好的平台。这样的动作在大型组织中尤为重要，因为分工可能导致信息严重衰减，平台技术团队急需有效的信息输入来找准发力点。当一个团队开始成就另一个团队时，它的口碑才真正开始积累。

一个优秀的技术主管应具有强大的人格魅力、有情有义、胸怀整个组织。当一个人从关心自己转变为关心他人时，他就具备了做主管的潜质。当他从成就团队扩展到成就整个组织的每一个人时，他的影响力将超越组织边界，成为优秀的技术主管。

14.3 不断丰富完善自己

技术主管是集技术专业力、技术架构力和技术领导力于一体的综合型人才。他们需要应对日常工作的复杂性，关注团队士气，承担业务项目交付的压力，处理技术负债问题，并思考未来的技术架构。技术主管的岗位对技术人的职业发展至关重要，因为它是培养管理目标、架构和团队这三个基石技能的理想职位。任何希望成为CTO的技术人，都必须首先成为技术主管，并且是优秀的技术主管。

14.3.1 承认自己的不完美

大多数技术主管都有完美主义的倾向，他们认为自己作为团队的负责人，应该对所有事情都有深入的了解和正确的答案。主管的明确见解和判断确实非常重要，它们可以给团队成员带来安全感，是带领团队走出困境的优秀品质，也是建立团队权威的关键。然而，过度自信可能导致主管陷入封闭和偏执的状态，使他们无法看到自己的盲点，也无法接受有益的建议。

事实上，没有完美的人和事，这是客观规律。作为团队的技术主管，适当地承认自己的不足，在团队面前展示脆弱，不仅不会损害自己在团队中的权威形象，反而会赢得团队成员的真正认可。因为只有承认了弱点和不足，团队成员才会开始真正讨论面临的问题，并探索解决方案。相反，如果主管总是摆出高高在上的姿态，无法实事求是地解决问题，那么团队可能会错失许多发展机会。

14.3.2 借用团队的力量蜕变

团队就像技术主管的放大镜，会将其缺点放大许多倍。不重视与其他团队联系的主管，其团队往往也比较封闭，协作不顺畅。不喜欢分享的主管，其团队成员也可能各自为战，缺乏真正的团队精神。因此，作为技术主管，需要不断改进自己的不足，促进团队与个人的共同成长。

然而，一个人的改变很难长期坚持。实践中，将个人自律转变为团队习惯，借助团队力量相互监督、共同成长，是一个好方法。例如，如果想提升团队的专业性，让团队拥有更广阔的行业视野，主管一个人默默研究行业报告可能会感到乏味。但如果让整个团队一起学习研究，每个人主动分享自己的理解、对业务的借鉴意义，以及应采取的行动，这样的团队学习氛围不仅能快速提升专业能力，还能将所学应用于实践。

14.3.3 用创业的心态干事业

对工作的认知决定了你的投入程度和期望回报。如果仅以普通员工的心态担任技术主管，可能会感到付出与收获不成比例，因为技术主管需要解决与团队相关的各种问题。更合适的心态是将技术主管的工作视为内部低风险创业。

技术主管可以看作是使用公司提供的资源（而非资金）进行创业项目的创业者，其中最有价值的资源是团队成员。与真正的创业不同，技术主管不必承担高风险，因此也不会有高风险溢价。即使项目成功，技术主管也不会获得真正创业者那样的高收入，但至少有保障，即使项目失败，公司仍然会支付工资。

转变这种心理认知后，技术主管在面对日常工作的难题时会有不同的思考方式。作为自己的事业，面对困难时没有退路，只能寻找解决办法。将困难视为问题后，可以使用各种工具来解决，如麦肯锡的五步问题解决法、结构化思考、5W1H等。没有退路也会迫使自己更加乐观地处理事情，乐观不是表面的轻松，而是在看透问题本质后仍能积极寻找解决办法。技术主管必须坚信任何困难都有解决方案，只是尚未找到。保持这种信念，积极寻求解决方案，才是真正的乐观。

从打工人心态转变为将工作视为自己的事业，也会使技术主管在处理问题时更加灵活。如果技术主管仅将自己定位为实施业务需求的角色，那么可能会陷入专业陷阱，只关注如何用代码实现复杂需求，而忽略了真正解决客户痛点的目标，导致目标与手段混淆。而将自己定位为创业者，首要目标是解决客户问题以获得市场成功，而非仅从专业角度出发提出建议。这样的转变不仅使技术更加灵活，还能更好地发挥技术的独特优势。

14.3.4 完善自己的底层思考模型

优秀的技术主管不仅仅是把团队管理的标准动作做到位，还要不断将自己的思考、领悟和实践融入底层思考模型中，如图14-3所示。随着时间的推移，这些底层模型能够持续演进，以充分积累个人的所思所得。

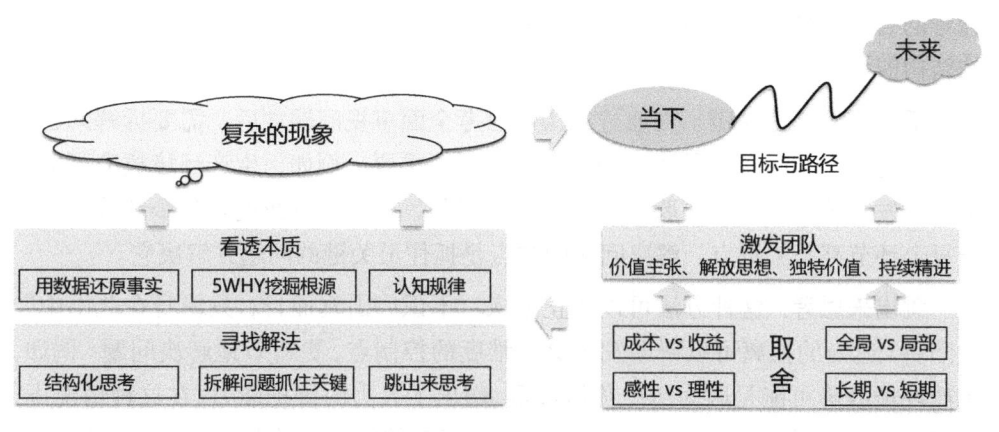

图 14-3 底层思考模型

1. 看透本质

第一层是看透本质，即从现象到本质的转换。技术主管需要建立并内化一种认知能力，意识到所看到的一切都只是现象，而非事物的本质。现象往往是复杂多变的，甚至可能被故意包装，因此，技术主管不应仅凭现象就做出决策。一个决策的失误可能不仅影响技术主管本人，还可能影响整个团队，甚至是相关的合作团队。试想一下，如果系统的数据模型因莽撞决策而受损，那么修复代码和数据将付出巨大的努力。

看透本质的实践方法主要有三种。

用数据还原事实，避免被个人主观感受带偏。在合作人数众多的情况下，更要有包容性，只有通过数据才能客观地界定一个现象是好是坏及其好坏程度。

连问"5 个为什么"（5WHY），深入挖掘问题的根源，解释数据与实际感受之间的差异，以及逻辑与事实之间的差异。

使用认知规律解释，因为有些客观事实可能无法仅通过逻辑解释。例如，人都会犯错是一种规律，即使是最严谨的逻辑推导也无法完全防止生产环境故障发生。

2. 寻找解法

第二层是寻找解法，即从问题到解法的转换。在看透本质之后，技术主管需要找到真正的问题并制定合适的解决方案。这主要有三种方法：结构化思考、拆解问题抓住关键、跳出来思考。

结构化思考：这种思考方式其实并不复杂，它的核心是思考需要一个结构来支撑。例如，在复盘一个生产环境故障时，最好的结构就是事件发生的时间轴。时间轴作为一个思考结构，可以帮助梳理和归置信息，减少大脑的负担。结构化思考的目的不是要求所有问题都用同一个结构，而是找到一个能够支撑逻辑自洽的结构即可。

拆解问题抓住关键：在通过结构化思考全面审视问题之后，需要拆解问题并抓住关键点。并非所有导致问题的因素都同等重要。例如，生产环境故障可能发生在研发自测、测试人员验收、全量用例回归、生产环境灰度等各个环节，但并非每个环节都是关键点。解决问题的重点是抓住最关键的问题并解决它。

跳出来思考：这种方法可以防止陷入"不识庐山真面目，只缘身在此山中"的陷阱。适当的抽离可以帮助发现更高维度的控制点，更有效地解决问题。例如，生产环境故障可能是因为历史负债过重，超出了人力的维护能力。在这种情况下，仅仅在具体措施上打补丁可能效果不佳，真正的解法可能是治理架构，简化复杂度。

3. 目标与路径的取舍

第三层是目标与路径的取舍。制定什么样的目标取决于对未来判断的准确性，对未来判断越准确，目标就越有效，越容易成功。而路径的选择不仅取决于目标，关键在于对当下的认知。路径是根据对未来的展望，从结果倒推出来的过程，而且路径的实际执行结果可能会直接反馈到目标的修正。

在目标与路径的相互作用过程中，最重要的是激发团队。一个有明确价值主张的团队，思想是解放的，既有坚持长期主义、做正确的事情的信仰，也有灵活做事的技巧。一个追求独特价值贡献的团队，能够清楚判断目标与手段之间的辩证关系，并从专业角度给出业务发展的建议，让业务成功，让团队成长。这样的团队一定是孜孜不倦、追求精进的。

作为团队的掌舵者，技术主管需要清晰地认识到，在逻辑世界中可能有完美主义，但现实世界只有取舍。要成为真正的实干家、创业者，必须学会权衡取舍。而且，"舍"往往比"取"更重要，因为只有当你要舍弃的时候，才会调动全身力量去思考你真正想要的目标是什么，在有限的资源约束下能做什么，哪些舍弃的代价可以接受，为了获得的收益要付出多大的成本，为了短期收益要牺牲多少长期潜力。

虽然我们希望将所有美好的形容词都赋予技术主管，期待他们成为理想中的典范，但现实中这是不可能实现的。一个更为实际的方法是将技术主管视为一个不断进化的产品，通过小步快跑和持续迭代来优化自己。因此，成为一个能够不断丰富和完善自己的技术主管显得尤为重要。拥有这种自我提升的意识固然宝贵，但那些敢于不惜一切代价去改变自己的技术主管，才是真正值得我们敬佩的。

后记

技术人有两个梦想：一是创造的代码世界能真正发挥作用，能帮助他人；二是不断自我提升，构建更完善的逻辑帝国。成长是技术人最根本也最崇高的追求，同时也是最令人困惑和持久的挑战。基于超过 10 年的行业经验，我分享一些关于技术人成长的心得。

1. 寻找成长的原动力

每个人都渴望成长，但很少有人深入思考到底是什么真正推动了我们的成长。是享受历练、思考和感悟的过程，还是渴望得到他人的认可、反馈和评价？在一切顺利时，这个问题可能显得微不足道，但在遭遇低绩效、晋升失败，或看到不如自己的人却获得晋升时，重新思考成长的初衷能帮助我们调整心态，摆脱困境。我认为成长的动力源泉有两点：一是内心的恐惧，它是驱使我不断前进的根本力量；二是内心的渴望，它是引领我持续进步的核心动力，让我勇敢面对挑战，不断前行。

（1）恐惧是成长的最强推力。我并非科班出身，本科毕业后就直接进入了一家大公司工作。当时，我找工作的技能完全是自学的，而与我一起加入公司的同事大多都是研究生。公司一直强调高绩效文化，所以我最担心的是因为绩效不佳而被淘汰。因此，在毕业后的前三年，我几乎每个周末都会花至少一天，有时甚至两天的时间去公司加班，学习业务知识、阅读系统代码、研究中间件文档、调试源代码等。我当时唯一的想法是，即使有一天真的被淘汰，至少我现在学到的东西能够增加面试成功的概率。因此，在前三年里，我努力打下了坚实的技术技能和业务基础。

也许正是这种害怕被淘汰而不断努力前进的动力，让我积累了做事的能力和良好的口碑。我不仅能够生存下来，还能获得晋升，承担起更大的责任。然而，内心的恐惧并没有消失，反而随着工作年限和层级的提升而增加。在开始带领项目组进行大型项目架构时，我充满了对技术细节无法掌控的恐惧；在带领一线团队时，我担心从事技术管理会丧失技术的敏锐性；在带领上百人的团队时，我同样担心自己的能力配不上职位，担心能力被平台放大而不是真正具备实力……但也正是这些内心的恐惧，驱使我不敢懈怠、不断进取。

（2）渴望是精进的最大拉力。如果说内心的恐惧是不断推动我前进的力量，那么内心的渴望则是引领我不断向上的动力。我渴望成就一番事业，将遇到的困难和挑战都视为需要解决的问题，通过解决这些问题来锻炼自己、提升能力，并享受解决问题后事业向前推进的喜悦。在这个过程中，我不断修正自己的观念，丰富和完善自己的认知和思考。

在负责公司内部平台建设的过程中，我曾面临巨大的压力：大量的业务项目导致核心成员流失，团队力量削弱，平台也被指责是业务发展的瓶颈；平台建设的长期目标、路径和里程碑难以决策；业务人员、产品经理和技术人员无法有效协作，导致平台建设进展缓慢。面对外部的质疑和内部的困惑，我内心并非感到害怕，而是充满了带领团队走出困境的渴望，我非常想要把这件事做成，笑到最后。因此，我常常将面临的挑战定义为问题，问题的定义越清晰、越客观，解决方案也就越有效。通过不断定义和解决问题，并在带领团队取得一场又一场胜利的过程中，我及我的团队逐渐走出了迷茫，平台建设也取得了初步成效。在这个过程中，我自己也获得了事业成功的成就感。

2. 找准成长的法门

找到成长的原动力仅仅是开始，如果没有扎实的基础，这些动力也很难转化为实际的成果。这就好比练习高深的武功，仅有心法而不掌握招式，是无法成为高手的。在探讨具体技巧之前，我们首先要深入探究事物的本质，只有透彻理解了本质，才能找到其中的规律，进而找到正确的方法和途径。

（1）**保持持久的好奇心**。技术领域的创新速度非常快，大模型的兴起正在改变各行各业。大模型不仅能绘制图像，替代一些游戏绘图师的工作，还能编写剧本，取代一些重复的工作。甚至有尝试使用大模型来编写代码，以替代一些低价值的编码工作。如今，大模型不再是技术爱好者的玩物，而是真正改变行业、影响我们每个人的强大工具。

如果我们把研发过程比作一条微笑曲线（如图1所示），并使用VUCA（易变性、不确定性、复杂性、模糊性）来区分整个过程，我们会发现需求洞察、方案设计，以及持续优化和价值跟踪是 VUCA 程度较高的部分，而代码研发和功能测试则是相对 VUCA 程度较低的部分。VUCA 程度较低的工作最容易被工具取代，这正是工具的优势所在。例如，流量监控完全可以由大模型来完成，不仅效果更好，而且成本更低。

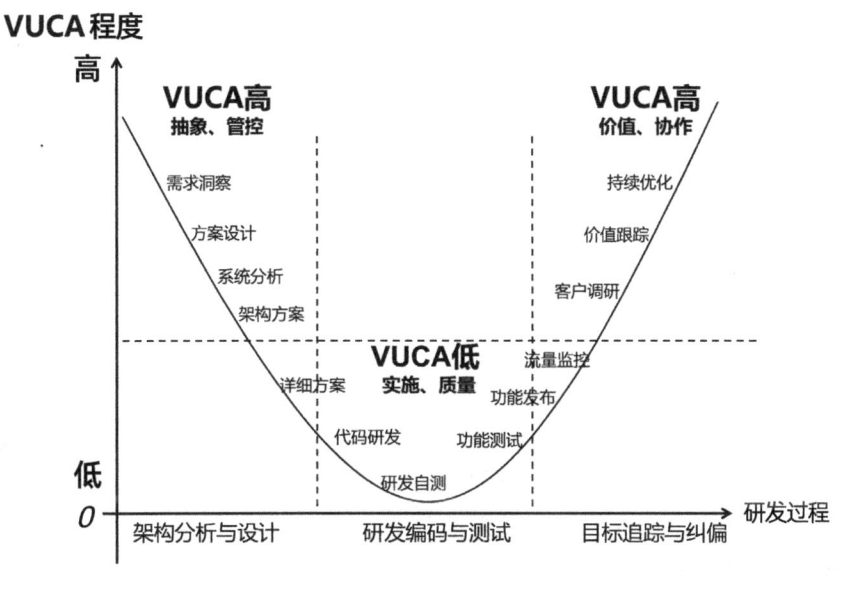

图 1 研发微笑曲线

然而，取代人类的并非大模型本身，而是那些能够有效利用大模型的人。面对这一趋势，我们应该做的是把握机遇，顺应潮流，保持对新技术和新工具的持续关注和好奇心。就像学习编程时写的第一个"Hello World"程序一样，我们应该尝试掌握这些新技术，将其应用于我们负责的系统代码中，将工作重心转移到 VUCA 程度更高的抽象分析和价值创造领域。利用新技术和新工具来支撑业务，提升效能，将过去认为不可能的事情变为可能。

（2）利用时间的复利。我认为成长的核心在于日积月累，即利用时间的复利效应。如果一个人每天能进步 1%，那么在 365 天内，他将比原来厉害 37.4 倍，这个计算可以用公式 $(1+1\times 1\%)^{365}$ 来近似表示。

日积月累的过程是量变引起质变的过程。图 2 所示的曲线充分展示了成长的速度：在最初的 130 天左右，曲线相对平坦，但随着时间的推移，曲线变得越来越陡峭，累计的收益也越来越大。在前 292 天，成长只能积累到 18.1，也就是说，在 80% 的时间里，成长只能达到目标的 48.9%。因此，利用时间的复利效应关键在于坚持，特别是在还没有引起质变的时候，我们决不能半途而废。

图2 成长曲线

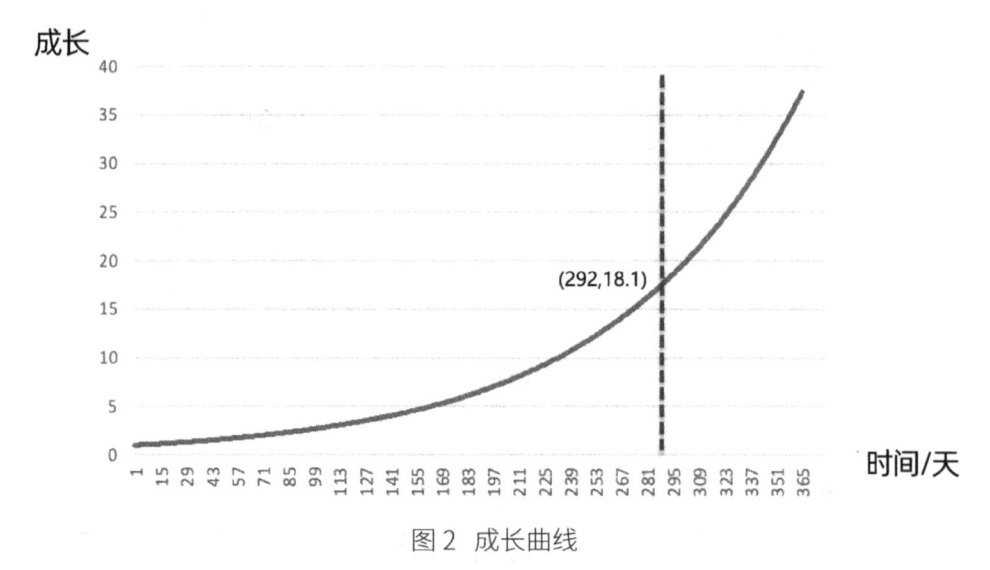

成长可以用一个数学公式来描述：

$$能力 = 初始能力 \times (1+ 单份积累能力)^{次数}$$

在这个公式中，我们将时间转换为次数，因为次数更能代表能力积累的动作。因此，成长的意义在于摒弃不切实际的幻想，脚踏实地地积累每一份能力，并用长期的时间来证明这一切。

（3）**能力积累的实践**。如何有效地积累每一份能力？很多人会直观地认为需要加强思考，尤其是结构化思考，这在很多晋升场合常常是评委的反馈。但具体如何加强思考，却往往没有明确的行动指南。根据我多年的实践经验，我将每一份能力的积累都拆解为两个关键动作：敏锐反思和总结成文。

我们每天的工作中有 80% 可能只是为了生存，比如编写代码、撰写文档、进行沟通等。如果我们把全部精力都投入到这些生存必需的事情中，就几乎没有机会去寻求发展和成长。这也是为什么有些人工作了 10 年，重复了 100 次，却和第一年第一次做事时差不多。要打破这种局面，就需要进行敏锐反思：这件事是否做得好，如果重新做，还有哪些地方可以改进。因此，敏锐反思是启动成长的"扳机"，没有扣动这个"扳机"，成长是无法实现的。

然而，仅有反思是不够的。大脑天生懒惰，不思考是其天性，因为思考会消耗大量能量。当我们反思时，大脑可能会补充很多没有思考清楚的内容，让我们误以为自己已经思考透彻，实际上可能只是一知半解。为了克服这个缺点，我的做法是必须将反思总结成文。一旦开始写作，就是在逼迫大脑开始认真、细致、全面地思考。这个动作能够很好地引导我们进行有结构、有条理的深度思考，这正是思考的精髓。

只有想清楚了，才能讲清楚；只有写清楚了，才是真正想清楚了。为此，我提出了"以写代想，以想促讲，以讲验真"的成长实践模型，如图 3 所示。

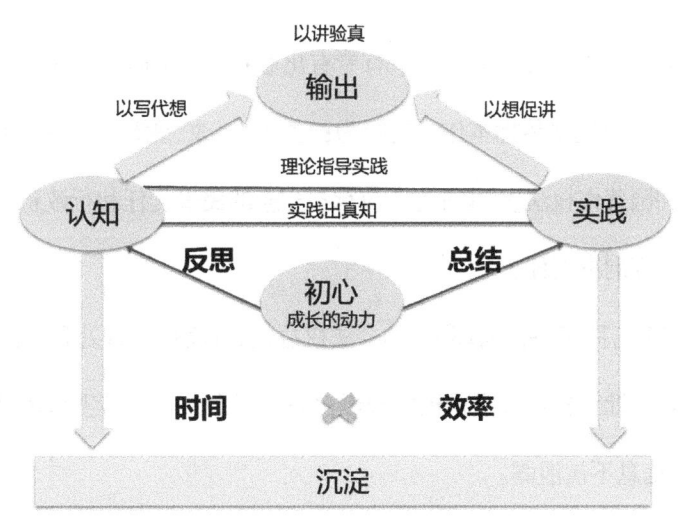

图 3 成长实践模型

最终的成长公式为：

$$能力 = 初始能力 \times (1+ 反思 \times 总结)^{次数}$$

3. 成长是持久的历练

成长的公式虽然朴素简单，却揭示了一个基本的事实：看起来不难，做起来却并不容易。其难点在于，它有些违反人性，因此很少有人能够主动扣动"反思"的扳机，很少有人能够坚持"以写代想"，并长期利用好时间的复利效应。

当你在实践过程中遇到困难时，回想一下你的原动力，思考一下为什么要成长。如果你感到过于舒适和自满，就加入一些"恐惧"的燃料来激发自己；如果你感到迷茫和无助，就加入一些"渴望"的燃料来鼓舞自己。成长没有永动机，只有持续的历练。

希望每个人都能够不断精进，享受成长带来的快乐。

反侵权盗版声明

电子工业出版社依法对本作品享有专有出版权。任何未经权利人书面许可，复制、销售或通过信息网络传播本作品的行为；歪曲、篡改、剽窃本作品的行为，均违反《中华人民共和国著作权法》，其行为人应承担相应的民事责任和行政责任，构成犯罪的，将被依法追究刑事责任。

为了维护市场秩序，保护权利人的合法权益，我社将依法查处和打击侵权盗版的单位和个人。欢迎社会各界人士积极举报侵权盗版行为，本社将奖励举报有功人员，并保证举报人的信息不被泄露。

举报电话：（010）88254396；（010）88258888

传　　真：（010）88254397

E-mail: dbqq@phei.com.cn

通信地址：北京市万寿路173信箱　电子工业出版社总编办公室

邮　　编：100036